Anna Menzel
Hören-Können vor dem Antworten-Müssen

Anna Menzel

Hören-Können vor dem Antworten-Müssen

Zur alteritätsethischen Relevanz des Hörens und Gehört-Werdens im Recht

VELBRÜCK
WISSENSCHAFT

Meckenheimer Str. 47 · 53919 Weilerswist-Metternich
info@velbrueck.de
www.velbrueck.de

Printed in Germany
ISBN 978-3-95832-417-6

Bibliografische Information der Deutschen Nationalbibliothek
Die Deutsche Nationalbibliothek verzeichnet diese Publikation in der Deutschen Nationalbibliografie; detaillierte bibliografische Daten sind im Internet über http://dnb.d-nb.de abrufbar

Inhalt

Einstimmung. Hören-Können vor dem Antworten-Müssen . . . 9
1. Verortung 15
a. Standpunkt 16
b. Strenge Objektivität und Standpunkttheorie . . . 22
2. Vorverständnis: Hören, Alterität und Recht 27
a. Hören-Können (als kommunikative Praxis und menschliche Existenzweise) 27
b. Alterität (als Erfahrung) 34
c. Recht (als Ausdruck kollektiver Einbildungskraft) . . 43
3. Thesen und Gedankengang dieser Arbeit 51

I. Hören-Können. Hermeneutischer Ausgangspunkt 57
1. Hören in einer Kultur des Sprechens-ohne-Hinzuhören 58
a. Hören als stille Unterseite (westlicher/abendländischer) Philosophiegeschichte . . 58
b. Hören als wirkmächtiges sinnliches Register (im Recht) 64
2. Hören-Können als »freie Öffnung in die Dimension des Anderen« 71
a. Zur Offenheit des Hörens – Hingabe an die Verletzlichkeit und hermeneutische Tiefe . . . 71
b. »Öffnung in die Dimension des Anderen«: alteritätsethische Hermeneutik 84
c. »[I]n Wahrheit« frei? – emanzipatives Potential des Hörens 94
3. Gehört-Werden als Bedingung des Sprechen-Könnens . . 102
a. Verstummte Andere vs. taubes Selbst 103
b. Differenzen Hören: Subversives Hören und die Macht des Schweigens 111

II. Antworten-Müssen. Recht in alteritätsethischer Exposition . . 119
1. Antworten-Müssen: Interdependente Subjektwerdung als menschliche Bedingung von Recht 120
a. Alterität nach Lévinas: verantwortliche Subjektwerdung im Anspruch der Anderen 120
b. Alteritätsethik *nach* Lévinas: Den Anspruch der Anderen in der Welt denken (Butler) 134
c. Vielstimmiger Anspruch als alteritätsethische Herausforderung zur Recht-Fertigung. 144
2. Rechtlich Antworten: An-Ordnung der Stellvertretung . . 155
a. Recht für notwendig halten: Geltung durch Fiktion. 156
b. Rechtlicher Geltungsanspruch in einer Anordnung der Stellvertretung 172
c. Warum modernes Recht für notwendig halten? Souveränitätsphantasma (im) Recht 179
3. Rechtlich Antworten-Müssen? – Alteritätsethische Ir-/Responsivität des Rechts 193
a. Alteritätsethische Ir-/Responsivität des Rechts. . . 194
b. Rechtliche Anordnung der Stellvertretung als alteritätsethische Anmaßung?. 204

III. Alteritätsethischen Relevanz des Hörens und Gehört-Werdens im Recht: Beispiele und Potenzial. . . . 210
1. Hören auf rechtliche Geltungsansprüche: Vorbereitung zum (Un-)Gehorsam. 211
a. Bedeutung des Hörens für Recht als Phänomen der Geltung (Zusammenfassung) . . 211
b. Emanzipatives Potenzial im Hören 213
c. Hören als kritisch reflexive Vorbereitung zum (Un-)Gehorsam 216
d. (Un-)Gehorsam als Festigung und Suspension rechtlicher Geltungsstruktur 222
2. Rechtliches Gehör als Recht-Fertigung 225
a. Hören und Gehört-Werden als sinnlich-leibliche Bedingung recht-fertigender Bezüge 226
b. Vergleich Institutionalisierter Hörweisen im Recht 229
c. Recht-Fertigender Einsatz des Rechts auf richterliches Gehör 232
d. Stiftet das rechtliche Gehör Gerechtigkeit? 242
e. Subversives Hören und Schweigen vor Gericht . . 249
f. Rechtliches Gehör und Gerechtigkeit: Die Öffnung eines Zwischenraums 251

3. Sorge für Rahmenbedingungen des Hören-Könnens und Gehört-Werdens als alteritätsethischer Sinn von Recht 253
a. Von Rechtssinnen und dem Sinn von Recht. . . . 255
b. Sinn und Sinnlichkeit geltenden Rechts 260
c. Der Sinn von Recht im Verhältnis Alteritätsethik-Politik-Recht – Eine Rekonstruktion 272

Dank 288

Abbildungsverzeichnis 289

Literatur 290

Einstimmung.
Hören-Können vor dem Antworten-Müssen

Das Hören-Können geht dem Antworten-Müssen voraus, so die zentrale These dieser Arbeit. Im Nachdenken über Recht mit dem sinnlichen Register des Hörens zu beginnen, betont die sinnliche und leibliche Bedingung von Recht. Der Weg über das Hören gibt Aufschluss über das Verhältnis der Sphären (Alteritäts-)Ethik, Politik und Recht. Zwei auf den ersten Blick einander so fremde Themenbereiche wie Recht und Hören-Können aufeinander zu beziehen, mag zunächst etwas abstrakt und vielleicht sogar surreal anmuten. Daher leihe ich mir zur Einstimmung das oben abgebildete Kunstwerk von René Magritte: »Die Lektion der Musik oder der Klang der Glocke«. Zu sehen ist ein menschlich geformtes Ohr, an dessen Ohrläppchen eine Glocke hängt. Sie ist ungefähr so groß wie das Ohr und wirkt, als hätte sie eine gusseiserne Schwere. Die Glocke ist durch ein mechanisches Verbindungsstück mit dem Ohr verbunden und so entsteht unser surreales Objekt: die Ohrglocke. Durch die Schattierungen entsteht der Eindruck, sie würde vor einem tapetenähnlichen Hintergrund aus Rauten und Punkten schweben. Der Druck lässt sich im Surrealismus verorten, indem durch Assoziationen realistischer Abbildungen in überraschenden Kombinationen und »durch das Unbewusste eine tiefere Form der Realität« mobilisiert werden soll.[1] In unserem Fall das menschliche Ohr und eine Glocke bzw. analog dazu in dieser Arbeit das Hören und das Recht. Ihr Zusammenspiel regt die Imaginationskraft an und gibt den Impuls zur »Bewegung des Surrealismus«.[2] Die materielle, bzw. leibliche Bedingung ist das verbindende Element der überraschenden Kombination und führt uns im Ergebnis auch die normativen Bedingungen des Rechts vor Augen, die ich, so eine These dieser Arbeit, in der Alteritätsethik verorte. In der Betrachtung surrealer Bilder umkreisen wir wider Willen den

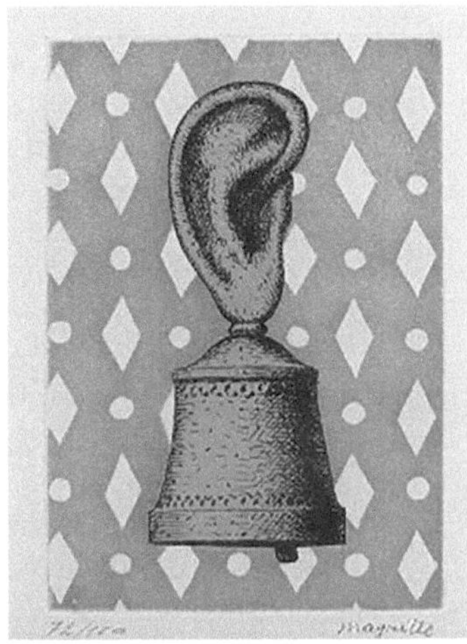

Abbildung 1: La Leçon de Musique or Son de Cloche *(1968), René Magritte*

1 Susanne Biber, *Mysterium der Wirklichkeit bei René Magritte* 2010, S. 9.
2 Vgl. zu dieser Bewegung, ibid.

Zusammenhang von »Wahrnehmung und Wirklichkeit« und stellen ihn zumal auch auf die Probe.[3] Magritte stellt Objekte aus der Erfahrungswelt sehr realistisch dar, wie hier Ohr und Glocke, platziert sie aber dann in einem fremden Kontext und verknüpft sie unerwartet. Die realistische Darstellung von Objekten oder Körperteilen in komischer oder grotesker Anordnung spricht zwar erlernte Funktionszusammenhänge und Erwartungshaltungen an, stellt sie aber zugleich auch auf den Kopf. So gesellt sich zu der Frage nach Wahrnehmung und Wirklichkeit zusätzlich unsere Imaginationskraft. Dieser Dreiklang kommt auch im gesellschaftlichen Phänomen Recht nahezu parademäßig zum Ausdruck. Denn es handelt sich beim Recht vielleicht um eine der gesellschaftlich wirkmächtigsten Verschmelzungen von Wahrnehmung, Imagination und Wirklichkeit. Denn Recht, so eine weitere These dieser Arbeit, hält sich maßgeblich durch die Kraft der Fiktion in Geltung und wird in einem vielschichtigen und kulturell bedingten Prozess zum Ausdruck gesellschaftlicher Einbildungskraft, für den wir Verantwortung tragen. Die skurrile Zusammenstellung von Körperteil und Objekt betont, dass die Verschmelzung zu etwas Neuem auf dem Papier Ausdruck einer Form von Freiheit und Kreativität ist, die gesellschaftliches Zusammenleben prägt. Das bedeutet die Freiheit, eigene, singuläre Wahrnehmungsweisen der Wirklichkeit mit Hilfe der Einbildungskraft zu beschreiben, medial zum Ausdruck zu bringen, zu vermitteln und im Austausch mit anderen neu oder anders zusammenzufügen. Magrittes Ohrglocke ziehe ich als einen solchen Ausdruck heran und beziehe ihn auf das Phänomen Recht und seine leibliche Bedingung. Sie soll als Inspiration dienen und unsere Handlungsspielräume und Verantwortung in Bezug auf die Ausgestaltung und unser Mitwirken am geltenden und kommenden Recht in Erinnerung rufen. Mit den Themen Hören und Recht im Hinterkopf deute ich die Ohrglocke wie folgt:

In der »Ohrglocke« ist ein menschliches Ohr abgebildet, welches mit einer Glocke, einem kulturellen Gegenstand vielfältiger Funktionen, mehr mechanisch als organisch verbunden zu sein scheint. Sie hängt dem Ohr wie ein Schmuckstück an, verschmilzt aber spätestens bei der Lektüre ihres Untertitels zu einem einzigen Resonanzkörper. Wie klingt sie? Stille Rezeption und lauter Ausdruck fallen in eins; aber nicht in Wirklichkeit, sondern nur in der Betrachtung der »Ohrglocke«, wenn dieses Objekt in der Vorstellung zum Leben erwacht. Der sinnliche Eingang des abgebildeten, menschlichen Ohres wird mit einem menschengemachten materiellen Klangkörper verbunden. Der Klöppel der Glocke scheint in Bewegung zu sein und so kann sich in der Betrachtung der Abbildung imaginativ auch ihr Klang entfalten. Damit werden wenigstens einen surrealen Moment lang binäre Unterscheidungen wie Subjekt

3 Ibid.

und Gesellschaft oder Innen und Außen suspendiert, die unser Verstehen ordnen. Die Ohrglocke lese ich daher als surrealen Ausdruck der phantastischen Vorstellung einer körperlosen Stimme, die abgespalten und aus dem Kontext jener Menschen und Ohren enthoben, die sie hören können, vorgestellt und verhandelt wird. Das Phänomen einer solchen Stimme wurde, für das in dieser Arbeit mobilisierte philosophische und kulturelle Erbe prägend, als »Selbstbewegung, als freies Erzittern in sich selbst« bezeichnet.[4] Die Ohrglocke schwebt vor einem tapetenähnlichen Hintergrund verweist uns damit auf eine Abwesenheit, Beliebigkeit oder zumindest Austauschbarkeit des Kontextes. Sie ist für mich Sinnbild der lauten Stille jener Stimmen, die kein Gehör finden. Denn ebenso wenig, wie menschliche Ohren in der Erfahrungswelt vor gemusterten Tapeten schweben, können Stimmen oder gar Sprechakte aus sich selbst heraus erklingen und im gesellschaftlichen Text der Sprache wirksam eingewoben werden. Für das Recht ist dieser Punkt auf einer grundlegenden Ebene für das Verständnis dessen ausschlaggebend, was Recht ist, weil es daran erinnert, dass Recht als soziales Phänomen nicht jenseits seines Kontextes existieren und als Phänomen verstanden werden kann. Mit Kontext meine ich die spezifischen leiblichen und medialen Bedingungen und Verwobenheit mit den jeweiligen Eigenheiten der Subjekte und ihrer Gesellschaft. Dieser Kontext ist dem Recht mehr als eine gemusterte, womöglich austauschbare Tapete, denn das Recht wird erst in den Subjekten lebendig, die es als geltend erfahren oder nutzen. Kurz: Recht ist auf menschliche Resonanzkörper angewiesen. Das gilt vor allem und solange es in einer Kultur existiert, die – wie die Philosophin Gemma Corradi Fiumara schreibt – im Zeichen des »Sprechen-ohne-Hinzuhören«[5] steht und zudem ganz konkret seine Geltungskraft wirkmächtig aus stimmlichen Äußerungen zieht. Die menschlichen Resonanzkörper des Rechts sind wiederum ihrerseits leiblich-sinnlich in der Welt verortet. Von der Frage nach der medialen Relevanz des Hören-Könnens und Gehört-Werdens im Recht kann demnach die Frage nach den Resonanzkörpern, durch welche diese rechtlich erhobene Geltungsansprüche erklingen, nicht abgespalten werden. Ich fokussiere mich in dieser Arbeit auf menschliche Resonanzkörper des Rechts. Das Phänomen Recht reflektiere ich also unter Berücksichtigung der Lebenswirklichkeit und körperlichen Bedingungen jener Menschen, die juristische Erfahrungen machen und kontinuierlich ein Bewusstsein und Verständnis darüber entwickeln,

4 Jürgen Trabant, *Traditionen Humboldts*, Frankfurt am Main: Suhrkamp 1990a, S. 172. Trabant zitiert § 351 aus Hegels Enzyklopädie.

5 Gemma Corradi Fiumara, *The Other Side of Language. A Philosophy of Listening*, London and New York: Routledge 1990, S. 3. Sofern nicht anders gekennzeichnet, sind die Übersetzungen von mir. An ausgesuchten Stellen zitiere ich zusätzlich das Original.

dass und *wie* Recht gilt. Das geht, wie bereits angeklungen, jeweils auch mit der Gestaltung individueller und kollektiver Imaginationskraft einher. Denn Recht ist als gesamtes, wie auch konkret kulturell verankertes Phänomen bildlich nur schwer oder gar nicht greifbar. Wir können es uns als unsichtbare Ordnungsmacht vorstellen oder aber auch als etwas, was sich in gesellschaftlichen Institutionen und ihren Architekturen manifestiert. Die Ohrglocke ist eine Möglichkeit mir einen eigenen Resonanzkörper des Rechts vorzustellen, der natürlich seinerseits surreal bleiben muss. Sie ist Ausdruck eines Resonanzkörpers der gesellschaftlich derzeit dominanten Vorstellungen von geltenden Normen zum Ausdruck bringt, die äußerlich, aber vor allem auch innerlich umgesetzt werden. Ein solch surreales Bild vom Recht bringt zum Ausdruck, dass es ein menschengemachtes Phänomen ist, welches sinnlich und leiblich bedingt ist und zu seiner Verankerung und Resonanz in der Materie wesentlich auf fremde Körper und deren Imaginationskraft angewiesen ist.

Diese Deutung steht gängigeren Bildern von Recht entgegen, in denen es oftmals eher als abstrakt und für sich stehend, als Normenpyramide oder aber gar als körperlos inszeniert wird, dann aber leider wenig Fläche und oftmals keinen Kontext bietet, um seine leiblich-sinnliche Bedingungen kritisch zu reflektieren.[6] Anders jedoch bei Andreas Engelmann, der die Normenpyramide gewissermaßen auf den Kopf stellt und von »hängenden Dächern des Rechts« schreibt, wobei Recht erst in einer stabilen (kulturellen) Infrastruktur seine Geltung entfalten könne.[7] Oder auch bei Merlin Eichele, der Durchlässigkeit und dezentrale Steuerung modernden Rechts betont und es mit einem Seestern vergleicht, weil bei beiden »die stachlige Haut [...] das Innenleben des kopflosen Körpers« zwar einerseits von der äußeren Umgebung trenne, zugleich aber das Innen mit dem Außen verbinde.[8] Wenn das Recht vom Hören herkommend und damit vor

6 Während Studierende der Rechtswissenschaft in meinen Seminaren, auf die Frage in welcher Gestalt oder Form sie sich das Recht vorstellen nahezu einstimmig Dreiecke oder Pyramiden zeichnen, ist das Bild bei Studierenden aus Disziplinen jenseits der Rechtswissenschaft diverser. Mehrheitlich bringen zwar auch sie geometrischen Formen, Netzmuster, überlappenden Kreise, Käfige oder Boxen vor. Weniger kommen bewegte, meist mechanischen Gebilde, wie fahrenden Maschinen vor. Vereinzelt gibt es Versuche mit unscharfen Konturen, wie bei der Imagination von Recht als Nebel.

7 Er wendet den Blick nach oben und lässt sich von einer Installation von Christina Iglesias inspirieren, vgl. Andreas Engelman, *Rechtsgeltung als institutionelles Projekt*, Weilerswist: Velbrück Wissenschaft 2020, S. 50ff.

8 Merlin, Eichele: *Wo steht dem Recht der Kopf?*, Weilerswist: Velbrück Wissenschaft 2025, S. 369. Er greift ein Bild von Niklas Luhmann auf und gestaltet es mit Jean-Luc Nancys Überlegungen zur Haut und dem »Wechselspiel von Reiz und Reaktion« aus. Der Vergleich mit dem Seestern wird bei ihm zur »Blaupause für eine radikale Demokratietheorie des Rechts«, ibid.

allem mit Rücksicht auf seine sinnlich und leibliche Bedingung gedacht wird, steht als erstes die Abwesenheit eines genuinen Körpers von Recht und dessen Gestaltlosigkeit im gedanklichen Raum. Diese Abwesenheit schärft die Sinne für all jene Körper, die alltäglich und manchmal auch wider willens, faktisch zum Resonanzkörper des Rechts werden. Dann rücken die Gebilde, seien es Pyramiden, Seesterne, hängende Dächer oder Nebel in den Vordergrund, die wir dem Recht in unserer Vorstellungskraft zuordnen, um zu verstehen, was es ist und wie es gilt. Bei meiner Interpretation von Magrittes Ohrglocke zeigt sich das Phantastische des Phänomens Rechts, in seiner Ausprägung des modernen Rechts, unter anderem etwa daran, dass es als freischwebend und abgetrennt vor einem zweidimensionalen, tapetenähnlichen, kulturellen und gesellschaftlichen Hintergrund imaginiert wird. Letzter bleibt dann aber immer nur als eine Art Beiwerk des Rechts, der sich nicht in das Recht selbst einschreibt, sondern sich womöglich, wie eine Tapete, einfach überkleben, abreißen oder übermalen ließe. Im Kontrast zu einer solchen Vorstellung soll in dieser Arbeit, etwa im Hören-Können auf rechtliche Geltungsansprüche, hervorgehoben werden, wie Recht als Ordnungsmacht in der Erfahrungswelt *tatsächlich* in Resonanz gerät. Beispielsweise in Form von expliziten oder internalisierten rechtlichen Geltungsansprüchen zu deren »Recht-Fertigung« unweigerlich auf gesellschaftliche Narrative verwiesen wird und der durch mediale Inszenierungen in einen kulturellen Kontext eingebunden ist.[9] Recht wird so als ein menschengemachtes Phänomen und als wirkmächtiger Ausdruck kollektiver Einbildungskraft verständlich, welches gerade nicht im luftleeren Raum schwebt, sondern stets kulturell zu verorten ist und auf eine sinnlich-leiblich bedingte Wahrnehmung und Deutung angewiesen ist.

S. 371. Die Menschen und ihre Körper, genauer »eine unbestimmte Vielzahl Köpfen«, kommen aber erst bei der »Deutungsherrschaft über das Recht« ins Spiel, ibid.

9 Mit dem Bindestrich hebe ich den doppelten Zug von Legitimierung und Herstellung in rechterzeugenden Praktiken hervor. Zur Schreibweise von »Recht-Fertigung«, die sich auch bei Rudolf Wiethölter findet, der dessen Einsatz wie folgt kommentiert: »Und danach habe ich gesagt Recht-Fertigung mit Bindestrich. Und der Bindestrich ist das Problem«, vgl. Rudolf Wiethölter, »›L'essentiel est invisible pour les yeux‹«, in: Christian Joerges und Peer Zumbansen (Hg.), *Politische Rechtstheorie Revisited: Rudolf Wiethölter zum 100. Semester*, Bremen 2013, S. 190. Thomas Vesting mobilisiert die Schreibweise unter Bezugnahme auf Wiethölter, wenn er von einer »fließende[n] Kombinatorik des Rechts« schreibt, die uns auf eine Seite des Rechts verweise, »die durch das Recht selbst nicht beherrschbar ist, die Möglichkeit immer wieder auftretender Risse, Brüche und Ungewissheiten im Prozess der laufenden ›Recht-Fertigung‹ des Rechts«, vgl. Thomas Vesting, *Die Medien des Rechts. Sprache*, Velbrück Wissenschaft 2011a, S. 37–38.

Warum aber mit der Ohrglocke ein Bild und damit den visuellen sinnlichen Kanal bemühen, um über die Relevanz des Hören-Könnens zu schreiben? Magrittes Ohrglocke ist in ihren surrealen Aspekten nicht nur Sinnbild der leiblichen und gesellschaftlichen Verankerung von Recht, sondern kann auch als künstlerischer Ausdruck synästhetischer Verflochtenheit verschiedener sinnlicher Register sowie für die Widersprüche und Seltsamkeiten dieser Arbeit stehen. Das bedeutet auch, dass es mir einerseits tatsächlich darum geht, ins Bewusstsein zu rufen, dass der Mensch unter anderem über den Kanal des Hören-Könnens in vielerlei Hinsicht selbst zum gesellschaftlichen Resonanzkörper des Rechts wird. Bedingung ist dafür im Grunde die wahrnehmende Empfänglichkeit in aller sinnlichen Offenheit gegenüber der Welt. Vorliegend konzentriere ich mich aber nur auf ein sinnliches Wahrnehmungsregister. Wichtig ist mir der Punkt, dass der Körper zwar de facto zum Ort gesellschaftlicher Wirkmacht wird, aber zugleich auch jener verletzliche Ort ist, an dem sich das menschliche Subjekt im Anspruch der Anderen überhaupt erst konstituieren kann. Und das geschieht, wie ich mit Philosoph:innen wie Emmanuel Lévinas und Judith Butler nachvollziehen werde, zwar *nolens volens*, aber eben nicht ohne Spielraum.[10] Denn im Hören-Können auf Andere eröffnet sich stets auch ein womöglich zwangsresistenter Freiraum, und zwar etwa in der Art und Weise, *wie* gehört wird. Es gibt verschiedenste, kunstfertige Praktiken des Hörens, in denen aktive und passive Elemente variieren. Wie aus dem Alltag möglicherweise bekannt, reichen die Spielarten des Hörens von hingebungsvollem, genervtem, subversivem, devotem, reflektierendem, wissbegierigem bis hin zum ungeduldigen Hören, um nur eine kleine Auswahl zu nennen.

Im und für Recht ist das Hören-Können und Gehört-Werden daher auf verschiedenen Ebenen und in verschiedensten Spielarten relevant. Mit dieser Arbeit will ich zunächst dem Hören und dem menschlichen Ohr im Nachdenken über Recht einen Raum eröffnen. Und zwar nicht zuletzt, weil es zum einen die stille, aber konstitutive Unterseite des bis heute wirkmächtigsten und dominantesten Mediums ist: der Stimme. Recht ist von seinen Medien geprägt und diese stehen wiederum unter der Bedingung sinnlich, mit einer entsprechenden kulturellen Technik wahrgenommen und interpretiert zu werden. Vom Hören herkommend über Recht nachzudenken, führt uns zugleich auch an dessen normative Voraussetzungen heran, die ich im Hören-Können des Anspruches der Anderen und damit in der Alteritätsethik verorte. Der Gedankengang dieser Arbeit gliedert sich in drei Kapitel, entlang des im Titel angelegten Programms: Hören-Können vor dem Antworten-Müssen. Im ersten

10 Im Plural verwende ich die Schreibweise mit Doppelpunkt z.B. Autor:innen, um das ganze Spektrum geschlechtlicher Identitäten zu verweisen. Im Singular nutze ich das generische Femininum. Zitate belasse ich in ihrer Form.

Teil befasse ich mich mit dem Hören-Können und seiner sinnlich-leiblichen Bedingung, sowie hermeneutischen Bedeutung. Der zweite Teil des Titels, also *dass* geantwortet werden muss, ist Ausdruck der unhintergehbaren alteritätsethischen Verantwortungslage des Rechts, also seines normativen Fluchtpunktes. Denn Recht und sein Geltungsanspruch können sich überhaupt erst in alteritätsethischer Exposition entfalten, wie ich zweiten Teil dieser Arbeit darlegen werde. Das dritte Kapitel widmet sich anhand einiger Beispiele der spezifisch alteritätsethischen Relevanz des Hörens und Gehört-Werdens im geltenden Recht und dem emanzipativen Potential einer feineren Stimmung des Hörens für die Arbeit an einem alteritätsethisch sensibleren Recht.

Im einstimmenden Kapitel verorte ich die vorliegende Arbeit gesellschaftlich und normativ (1.). Zur Erleichterung der inner- und transdisziplinären Verständigung führe ich in die Bedeutungen drei zentraler Begriffe dieser Arbeit ein und skizziere mein Vorverständnis von Hören, Alterität und Recht (2.). Zuletzt stelle ich meine Thesen zur alteritätsethischen Relevanz des Hörens und Gehört-werdens im Recht und den roten Faden dieser Arbeit vor (3.).

1. Verortung

Eine Verortung ist die »Zuordnung, Eingliederung in ein Bezugssystem« von etwas oder einer Person bzw. eine physische oder geografische »Standortbestimmung, räumliche Ermittlung der Position im Raum«.[11] Im sinnlichen Register akustischer Wahrnehmung, von dem ausgehend ich denken will, dient die Praxis der Verortung zuerst der Orientierung für eine sichere und zielgerichtete Bewegung in Resonanz mit anderen Körpern im Raum. Daher will ich zuerst versuchen die Position offenzulegen, aus der heraus ich schreibe, höre und denke. Damit will ich betonen, dass ich bei all diesen sinnlich-leiblich bedingten Praktiken auf jenen Raum zurückgeworfen bin, der mir erlaubt, die Welt wahrzunehmen: meinen Körper. Inhaltlich berührt es mein Erkenntnisinteresse, das ich vor dem Hintergrund meines Erfahrungshorizontes kurz skizzieren möchte. Dafür ziehe ich unterstützend literarische Überlegungen zur Praxis der Verortung und Bewertung von performativen Sprechpositionen heran (a.). Darüber hinaus geben Ansätze »strenger Objektivität« Aufschluss über zeitgenössische wissenschaftliche Praxen der Verortung (b.).

11 Vgl. dazu den Eintrag zur Verortung im DWDS: https://www.dwds.de/wb/Verortung (abgerufen am 06.04.2023).

a. Standpunkt

Interpretation und Verständnis der eigenen Wahrnehmungen schreiben sich in ein biografisch und kulturell bedingtes Erfahrungswissen ein, wobei dessen kritische Reflektion für eine Transformation desselben sorgen können. Sich aktiv zu verorten und dies auch zu thematisieren, bedeutet etwas über die eigene Position und Erfahrungswelt preiszugeben, sich zu exponieren und verletzlich zu zeigen. Aber was genau »›Exposition‹ heißt, lässt sich nicht einfach exponieren«, schreibt der Rechtstheoretiker Ino Augsberg in »Elemente einer Theorie des expositiven Rechts«.[12] Das gilt, so denke ich, umso mehr, wenn die Exposition nicht nur ein Thema, eine These oder ein Phänomen wie Recht als solches und die Vorstellung betrifft, die wir uns dazu machen, sondern auch und gerade dann, wenn es um die Beschreibung der eigenen Position in der Welt geht. Hier sei die Exposition wie er schreibt »ein Akt im doppelten Wortsinn: der Vollzug einer Selbstentblößung«.[13] Denn zum einen scheint es keine Methode zu geben, mit der die Sache zufriedenstellend und ein für alle Mal erledigt wäre, wie die ständige Problematisierung und Veränderung von gegenwärtigen Politiken der Verortung zeigen. Zum anderen fühlt sich in diesem Kontext jeder Versuch, etwas über die eigene Position preiszugeben, ungelenk und zu kurz greifend an, sobald er schwarz auf weiß zu lesen ist. Schnell stellt sich heraus, dass das »Schreiben selbst [...] oft zu falschen Fixierungen« verführt, wie es Franz Kafka ausdrückt.[14] Denn im Gegensatz zum bloßen Reflektieren der eigenen Position in der Welt unterliegt der schriftliche Ausdruck derselben einer »Schwerkraft der Sätze, der man sich nicht entziehen kann«.[15] Kafkas Schreiben ist, wie die Zitat-Stücke verdeutlichen, geprägt von einem paradoxen und poetischen Ausdruck der Versuche seiner Selbstbeobachtung. Dessen schriftliches Zeugnis entfacht in der Vorstellungskraft eindrückliche Bilder. Kafka türmt dabei

> »Körper aufeinander, Gedanken, Schichten einer Skulptur, deren Entfaltung in der Zeit, im Raum den Preis hat, dass ihre Teile einander ununterbrochen gegenseitig verdecken und nach und nach undurchdringliche Dunkelheit schaffen«.[16]

12 Ino Augsberg, *Elemente einer Theorie des expositiven Rechts,* Weilerswist: Velbrück Wissenschaft 2021, S. 8.

13 Ibid.

14 Diese Worte wählt Franz Kafka 1914 in einem Brief an Grete Bloch. Franz Kafka und Felice Bauer (Hg.), *Briefe an Felice und andere Korrespondenz aus der Verlobungszeit. Hrsg. v. Erich Heller, Jürgen Born,* Frankfurt/M: Fischer Taschenbuch Verl. 1988, S. 555.

15 Ibid.

16 Vgl. Franz Josef Czernin, *Sechs tote Dichter,* Wien: Sonderzahl Verl. 1992, S. 49. Czernin sieht in dieser Dunkelheit bei Kafka eine »Rückseite der

Diese Versuche der Selbstbeobachtung verleiten den Kafka-Forscher und Lyriker Franz Josef Czernin dazu, Kafkas Schriftstücke in dieser Sache als »jämmerlichen Versuch, auf den eigenen Schatten zu steigen« zu bezeichnen.[17] Warum also überhaupt unangenehme Gefühle des Scheitern-Müssens und Zustände »undurchdringlichen Dunkelheit« auf sich nehmen und eine Selbstverortung versuchen? Die einstimmenden Gedanken zum Surrealismus aufgreifend, denke ich, dass eben jenes Schaffen gedanklicher Skulpturen und Erkundung ihrer Schatten zum Verständnis der eigenen Position in der Welt beitragen kann. Surreale Kunst und poetische Sprache werden in diesem Zusammenhang zum Paradebeispiel für die bestehende Vielfalt an Praktiken der Selbstbeobachtung oder Verortung und deren Ausdruck und Interpretationen von außen. Wertvoll ist an einer expliziten Praxis der Verortung also vermutlich weniger der (zum Scheitern verurteilte) Versuch den exakten Standort seiner selbst vermitteln zu wollen, sondern sich in der Einstimmung auf eine Thematik selbst jenen Anstoß zur Selbstreflexion zu geben, die ein kontextsensibleres Verständnis ermöglicht.

Ich habe diese Arbeit als im deutschen und französischen Recht ausgebildete Jurist:in geschrieben und dabei im Rahmen eines Masterstudiums im Feld der Praxis und Theorie der Rechtsvergleichung auch immer wieder Einblicke ins Common Law erhalten. Wider Willen habe ich im Verlauf der Arbeit dennoch oftmals von Recht als solchem oder gar dem Recht geschrieben, ohne näher zu präzisieren, von welchem Recht konkret die Rede ist. Ich denke beim Recht ist es leicht, es immer wieder als etwas zu imaginieren, was einem selbst äußerlich ist und dabei zu vergessen oder zu verdrängen, dass man selbst gewissermaßen immer schon im Recht drinsteckt, und wie ich mit dieser Arbeit hervorheben möchte, selbst zum Resonanzkörper seiner Geltungsansprüche wird. Das, was ich mir unter Recht aber jeweils vorstelle, und auch die Frage danach, ob es notwendigerweise so sein muss oder auch anders sein könnte, entspringt jedoch verschiedenen kulturellen Kontexten, darunter auch dem Erproben von nichtstaatlichen, aber dennoch rechtlich ordnenden Strukturen. Mein Erkenntnisinteresse ist von dem Willen getragen, nach meinem besten Vermögen im Hier und Jetzt zu verstehen, wie Recht gilt, in welcher Verantwortung es als soziales Phänomen steht und welche Rolle dem Hören und Gehört-Werden hierbei zukommt. Mit diesem rechtstheoretischen Dissertationsprojekt zum Hören-Können *vor* dem Antworten-Müssen, welches die alteritätsethische Relevanz des Hörens und Gehört-Werdens im Recht thematisiert, greife ich den gedanklichen Faden eines vorhergehenden Forschungsprojektes auf, von dem ausgehend

enthusiastischen früh-romantischen Selbstphilosophie«, aus der heraus »Zweifel an der Möglichkeit der Selbstbeobachtung« erwachsen, vgl. ibid.

17 Ibid.

sich folgende Fragen entlang unserer sinnlichen Bedingung und Verantwortung füreinander entsponnen haben, die ich wie folgt übersetze:

> »Und wenn man, anstatt vorschnell zu sprechen, damit beginnen würde, vor allem hinzuhören? Und wenn wir, anstatt dem gefräßigen Auge nachzugeben, damit anfangen würden, die Welt mit unseren Blicken zärtlich zu streicheln? Und wenn das Hören und Schauen so eine gerechtere Art und Weise würden, die Andere zu berühren, bevor wir sagen, was wir sagen müssen?«.[18]

In der Übersetzung stoße ich auf die Schwierigkeit, dass sich das französische »*on*« nicht zufriedenstellend ins Deutsche übersetzen lässt. Es oszilliert zwischen *wir* und *man*. Die Wahl dieser ambivalenten Sprechpositionen verstehe ich als Ausdruck meiner Sozialisierung im Studium der (Rechts-)Wissenschaft, in der Studierende sich einen zunächst intuitiv eher sperrig oder aber auch objektivierenden Schreibstil zu eigen machen (müssen). Dieser verdeckt rhetorisch nahezu systematisch die eigene Position und inszeniert das Geschriebene nach verschiedenen Methoden als logisch aus dem Zusammenspiel von Normen und Sachverhalten ableitbar. Warum nicht damit aufhören und nun durchgehend lediglich aus der ›Ich‹-Position schreiben? Denn diese Schreibweise würde zumindest der Situation gerecht werden, dass ich nicht anders kann als selbst den Stift zu ergreifen, die Tastatur zu bedienen oder etwas zu diktieren. Jedoch beinhaltet die Sprechposition des französischen ›on‹ oder aber auch des deutschen ›man‹ und ›wir‹ in der fragenden Verwendung auch die rhetorische Möglichkeit der Inszenierung einer pluralen Stimme und einen einladenden Gestus in Bezug auf die Frage nach Veränderung und Veränderbarkeit derzeit als normal geltender Umgangsweisen sowie in Bezug auf jene Vielstimmigkeit, die (noch kein) Gehör findet. Auch wenn es also streng genommen dahingehend nicht korrekt ist, als Einzelne für ›man‹ oder ›wir‹ in dem Sinne zu sprechen, dass man die Sprechenden selbst vollumfänglich repräsentieren könne, so kann es dennoch hilfreich sein, eben solche Sprechpositionen zu wählen, die zumindest rhetorisch eine Vielzahl an Stimmen unter sich bündeln.

Die Rechtstheoretikerin Angela P. Harris schreibt, am Beispiel des »We the people« in der US-Amerikanischen Verfassung, dass in einem solchen *wir* wenigstens metaphorisch das Bild einer einzigartigen sowie einheitlichen Stimme entstehe, die mehrere gleich gestimmte Stimmen unter sich vereint. Darin werden aber alle dissonanten Stimmen dazwischen ausgeblendet. Diese könnten allerdings im Konzept eines

18 Anna Menzel, *Être à l'écoute de l'autre - dans la comparaison des droits,* (Mémoire sous la Direction de Pierre Legrand), Paris: Sorbonne 2014. Die hörende Haltung war Ausgangspunkt für eine kritische Auseinandersetzung mit positivistischen Methoden der Rechtsvergleichung, um auf eine gerechte Re-präsentation des eigenen und jeweils fremden Rechts hinzuarbeiten.

»multiplen Bewusstseins«, ein Zuhause finden.[19] Das ist zum einen interessant in Bezug auf die Wirkmacht der Inszenierung der von ihr unterschiedenen Stimmformen. Zum anderen steht damit die These im Raum, dass jedwede Stimme, sei sie auch als singuläre Stimme in Szene gesetzt, stets ihrerseits einem »multiplen Bewusstsein« entspringe und daher zugleich alle erst genannten Stimmformen in ihr in Resonanz gebracht werden könnten. Das amerikanische »We the poeple« liest Harris mit James B. White daher als Inszenierung einer Sprechposition, die »einheitlich und universal« als Stimme des Volkes gehört werden könne und in der Autorenschaft und Auditorium in eins fallen sollen.[20] Auch in der Präambel des deutschen Grundgesetztes wird ein sprechender, verfassungsgebender Akt durch den Autor »das Deutsche Volk« inszeniert. Im Vergleich tritt allerdings die Wahl der indirekten Form hervor:

> »Im Bewußtsein seiner Verantwortung vor Gott und den Menschen, [...] *hat sich das Deutsche Volk* kraft seiner verfassungsgebenden Gewalt *dieses Grundgesetz gegeben*«.[21]

Hier wird weder eine singuläre noch eine einheitlich klingende Stimme Vieler inszeniert, sondern vielmehr wie aus dem Off, aus einer Art auktorialen Erzählposition, von dem Vorgang der Verfassungsgebung berichtet. Im nachfolgenden Satz wird sodann mit performativer Wirkmacht festgestellt, dass das Grundgesetz damit für das gesamte deutsche Volk gelte.

Während dort also vielleicht auf die Kraft einer theatralen Inszenierung von überzeugenden Sprechpositionen selbst gesetzt wird, hält man hier an dem bezeugenden Charakter einer verborgenen Erzählstimme fest, der man Glauben schenken möchte. Hier wie dort erheben aber faktisch weder »the People of the United States« noch »das Deutsche

19 Vgl. Angela P. Harris, »Race and Essentialism in Feminist Legal Theory«, in: *Stanford Law Review*, 42: 3 (1990), S. 584. Harris schreibt: »The metaphor of ›voice‹ implies a speaker. I want to suggest, how- ever, that both the voices I have described come from the same source, a source I term ›multiple consciousness‹. It is a premise of this article that we are not born with a ›self‹, but rather are composed of a welter of partial, sometimes contradictory, or even antithetical ›selves‹. A unified identity, if such can ever exist, is a product of will, not a common destiny or natural birth«, ibid. Harris bezieht sich auf zwei Arten von Stimmen: Die Idee einer einzigartigen Stimme in einer literarischen Betrachtung und die Idee einer vereinheitlichende Stimme im »we the people« der Unabhängigkeitserklärung, ibid., 582ff. Das Konzept des »multiplen Bewustseins« gibt diesen und allen Stimmen dazwischen ein Zuhause, vgl. ibid., S. 584.

20 Ibid., S. 582.

21 Vgl. die Präambel des deutschen Grundgesetztes. Die Hervorhebung ist von AM.

Volk« wirklich ihre Stimme. Vielmehr werden insbesondere vereinheitlichende Sprechpositionen, sofern sie performativ wirken sollen, medial und rhetorisch inszeniert und nicht etwa faktisch dokumentiert. Die Inszenierung und mediale Anordnung, sowie die Frage nach Verortungen von Sprechpositionen gibt den Impuls zum Vergleich: Wie sieht es mit dem Erheben einer singulären Stimme einer einzelnen Person und dessen medialen Ausdruck aus? Dies beschreibt die erste Stimmform von den zweien, zwischen denen Harris unterscheidet. Bei ihr kommt ein zweiter Aspekt des Konzepts »multiplen Bewusstsein« zum Tragen. Denn mag auch die faktische Dokumentation einer einzelnen Stimme umsetzbarer anmuten, so ist jedenfalls aber die zugespitzte Vorstellung eines von seinem relationalen Umfeld völlig autonomen oder abgrenzbaren *Ichs*, das eine singuläre Stimme erhebt und aus sich selbst heraus zum Erklingen bringt recht fantastisch. Letzteres tut jedoch der Wirkmächtigkeit einer solchen Inszenierung keinen Abbruch. Für die Frage danach, welche Inszenierung einer Sprechposition denn nun das kleinere Übel sei, hat Harris einen ernüchternden Befund:

> »Beide Stimmen sind monologisierend; beide hängen von einer Stille von Anderen ab. Der Unterschied ist lediglich, dass die erste Stimme keine anderen kennt, während die zweite sie zum Schweigen gebracht hat«.[22]

Vielleicht genügt es an dieser Stelle, sich auf die Idee einzulassen, dass aus dem Selbst oder dem jeweiligen Ich wenigstens vermittelt auch andere Positionen (in mir und außerhalb von mir) zur Sprache kommen. Und zwar jene Stimmen, die Harris als »all' die Stimmen dazwischen« bezeichnet und die insbesondere dann hörbar werden, wenn bewusst ihr Ausdruck in der Sprache versucht werde.[23] Diese fast schon notwendige Natur der Vielstimmigkeit beim Erheben der eigenen Stimme bringt der französische Dichter Arthur Rimbaud 1871 in einem Brief an Paul Demeny zum Ausdruck, wenn er schreibt: »Je est un autre« – »Ich ist ein Anderer«.[24] Seine Feststellung selbst aus einer Vielzahl an Stimmen oder gar Identitäten zu bestehen, ähnelt Harris Konzept des »multiplen Bewusstseins«. Mit Harris und Rimbauds Überlegungen im Rücken

22 »Both voices are monologues; both depend on the silence of others. The difference is only that the first voice knows of no others, while the second has silenced them«, ibid., S. 583.

23 Ibid., S. 584. Im Original heißt es: » [A]ll the voices in between«.

24 Arthur Rimbaud, *Oeuvres complètes. [oeuvres et lettres, 1868-1875. Oeuvres en prose et en vers, 1868–1873. Une saison en enfer. Illuminations. Lettres de Rimbaud et de quelques correspondants, 1870–1875. Vie et documents, 1854–1891]*, Paris: Gallimard 2009, S. 343–344.Für die gängige Übersetzung diesen Ausdrucks, vgl. Arthur Rimbaud u.a., *Prosa über die Zukunft der Dichtung. Die Seher-Briefe*, Berlin: Matthes & Seitz 2010, 17ff., 23ff., 27.

verwende ich daher diese Arbeit nicht durchgehend die Ich-Perspektive, halte aber meine Verortung im Hinterkopf und versuche mich der Aufgabe eines »kreativen Ringens, welches das multiple Bewusstsein reflektiert« zu stellen.[25] Und zwar indem ich auf das rhetorische *Wir* und *Man* nicht gänzlich verzichte, sondern mit ihrer Verwendung unter anderem verinnerlichte Normen zum Ausdruck bringe und preisgebe. Die Mehrstimmigkeit, die im sprachlichen Ausdruck strukturell angelegt ist, ist wissenschaftlicher Arbeit nicht hinderlich, sondern hilfreich, um zu versuchen das, was da ist, genauer zu verstehen oder es wenigstens zu beschreiben. In den von Max Brod veröffentlichten Fragmenten und losen Notizen stellt Kafka Überlegungen zur Rolle des »Chors« an. Diese sind im Anschluss das Harris'sche »multiple Bewusstsein« und das Rimbaud'sche »Ich ist ein Anderer« insbesondere dann aufschlussreich für den Umgang mit Mehrstimmigkeit, wenn sie im Zusammenhang mit dem persönlichen Anspruch auftreten, über etwas, z.B. die eigene Verortung, die Wahrheit sagen zu wollen. Kafka steht Versuchen des Wahrsprechens, grundsätzlich skeptisch gegenüber.[26] Wenn überhaupt, so können sie nach ihm sinnvollerweise nur in einer Art dezentrierter Vielstimmigkeit des bereits erwähnten Chors liegen. Das betrifft auch und gerade den Versuch einer Selbstbeobachtung sowie deren Bezeugung, also den Versuch, Auskünfte zur eigenen Identität zu geben. Kafka schreibt:

> »Das, was man ist, kann man nicht ausdrücken, denn dieses ist man eben; mitteilen kann man nur das, was man nicht ist, also die Lüge. Erst im Chor mag eine gewisse Wahrheit liegen«.[27]

Die Voraussetzung für eine Teilhabe an der Vielstimmigkeit dieses Chors wäre im übertragenen Sinne, dass in ihm jede einzelne Stimme den Anspruch, die Wahrheit (über sich) zu sagen, im doppelten Sinne »preisgibt, sie nicht für die ›absolut‹ wahre erklärt«.[28] Und dafür, so fährt er fort, bedarf es eines besonderen Einsatzes: »Alle müssen ihre Positionen verlassen«.[29] Diese doppelte Preisgabe lese ich als Plädoyer für zwei

25 Im Original heißt es: »[T]he creative struggle that reflects a multiple consciousness«, vgl. Harris, op. cit., S. 616.

26 Die Art des Wahrsprechen, um die es hier geht, ist das zentrale Thema der späten Vorlesungen Foucaults. Vgl. etwa am Beispiel des Sokrates, Michel Foucault, *Vorlesung am Collège de France 1982/83*, Berlin: Suhrkamp 2012, S. 397–405. Ähnlich wie bei Kafka wird die Parrhesia hier als Sorge und zugleich Preisgabe von sich selbst verstanden, die bis zum Äußersten reicht – dem eigenen Leben. Die Praxis des Wahrsprechens als Parrhesia gliedert Foucault in vier Elementen: Verfassung, Einfluss, Wahrheit und Mut, vgl. ibid., 221ff.

27 Vgl. Franz Kafka, *Hochzeitsvorbereitungen auf dem Lande und andere Prosa aus dem Nachlass*, [Frankfurt am Main]: S. Fischer 1986a, S. 249.

28 Wilhelm Emrich, *Franz Kafka*, Bonn: Athenäum Verlag 1958, S. 52.

29 Ibid.

Handlungsschritte. Und zwar erstens, sich den eigenen Standort bewusst zu machen und ihm Ausdruck zu verleihen. Das heißt Informationen über sich mitzuteilen und sich verletzlich zu zeigen. Zweitens gilt es sich in Bewegung zu setzen, um diesen Standpunkt räumlich wie metaphorisch zu verlassen, also Bereitschaft für Veränderung und Perspektiverweiterung zu zeigen, indem der eigene Platz preisgegeben wird. In der Vorstellung einer mit anderen immer schon geteilten Welt, im Mit-Sein mit den Anderen, entsteht so womöglich eine Art Vielstimmigkeit, ein sich ständig dezentrierender und in Bewegung befindlicher Chor. Frei nach Kafka wäre dies eine Art künstlerischer Ausdruck vielstimmigen Wahrsprechens. Kafkas Idee eines solchen Chors ist ein kraftgebender und transformativer Gedanke in Bezug auf die Frage, wie und von welchem Standpunkt aus gesprochen und gehört werden kann – und sollte. Denn er ist poetischer Ausdruck der Möglichkeit, sich selbst mit Hilfe von anderen Menschen stetig zu dezentrieren und den Impuls, den Standort zu wechseln ganz ähnlich wie in der gut koordinierten Beweglichkeit eines Schwarms, wahrzunehmen und weiterzugeben. Das heißt, eigene und fremde soziokulturelle Identitäten bewusst zu erleben und sie hin und wieder auch zu hinterfragen, ggf. zu transformieren, daran zu scheitern und sich stets neu in einer Umwelt einzufinden. Um Missverständnissen vorzubeugen: Jedweder Standortwechsel setzt einen vorherigen Standort voraus und bleibt körperlich verankert, weil wir nicht aus unserer Haut herauskönnen. Alle Anstrengungen des Geistes, und sei es die Vorstellung einer je nach Geschmack utopischen oder dystopischen Vorstellung einer körperlosen Bleibe, sind an den Körper gebunden, dem sie entspringen. Er ist der »kleine utopische Kern im Mittelpunkt der Welt, von dem ich ausgehe, von dem aus ich träume, spreche, fantasiere, die Dinge an ihrem Ort wahrnehme«, wie Michel Foucault in seinen Heterotopien so eindrücklich betont hat.[30] Damit schließt sich der Kreis zum Anfang des Versuchs meiner Verortung und der These, dass jedwede Praxis der Verortung zwar bei jenem Körper endet und beginnt, aus dem heraus sie vollzogen wird. Dessen Position im Raum kann allerdings nur sinnvoll in Relation zu anderen erfahren werden.

b. Strenge Objektivität und Standpunkttheorie

Auf wissenschaftlicher Ebene bietet sich die mittlerweile verbreitete Praxis der Verortung im soziokulturellen Kontext an, um eine »strenge Objektivität« im Sinne der Standpunkttheorie zu verfolgen und sich an

30 Michel Foucault, *Die Heterotopien, der utopische Körper. Zwei Radiovorträge,* Berlin: Suhrkamp 2013, S. 34.

situiertem Wissen zu orientieren (»situated knowledge«).[31] In Bezug auf gesellschaftliche Machtverhältnisse hat sich dabei eine Politik der Verortung etabliert, die ich als eine Art Stützrad auf dem Weg in ein zukünftiges Zusammenleben lese. Sie ist Teil der Arbeit an einer Welt, in der das, was da *ist* – unendliche Vielfalt –, gleichermaßen da sein *darf*. Sie kann aber wegen der oben thematisierten Hürden nur eine Art Hilfestellung in der Selbstreflexion und Anerkennung der eigenen Abhängigkeit von Anderen und einer dementsprechenden Verantwortungsübernahme im sozialen Miteinander sein. Es gibt keine einheitliche Methode, aber die Orientierung an gesellschaftlichen Markierungen und Konzepten, die Aufschluss über Machtgefüge geben sollen, scheint ein durchgehendes Motiv zu sein. Mary John schlägt im Sinne einer solchen Politik der Verortung bereits 1966 vor, »sich an den Achsen [*Race*], Klasse, Geschlecht und Sexualität zu positionieren«.[32] Wenn ich demnach schreibe, dass ich aus der Position einer *weißen*, in bildungsbürgerlichen Verhältnissen aufgewachsenen, körperlich fitten, queeren Person, im Feld der Rechtstheorie schreibe, so kann dies hilfreich sein, um mein Erkenntnisinteresse und Erfahrungshorizont zu kontextualisieren. Es ist zudem Einladung, sich beim Lesen selbst die eigene Position entlang dieser oder anderer Achsen bewusst zu machen. Allein dadurch entsteht eine Öffnung des Denkens gegenüber Fragen von struktureller Macht und Herrschaft durch multiple gesellschaftliche Achsen der Unterdrückung und macht sie jedenfalls auch thematisierbar. So wird die Verletzlichkeit und Abhängigkeit von und innerhalb von gesellschaftlichen Normierungsprozessen nicht verdrängt, sondern offengelegt. Allerdings stiftet ein solches Vorgehen möglicherweise auch Unbehagen. Ich denke an die oben zitierten Zeugnisse von Kafka und daran, dass Schreiben »oft zu falschen Fixierungen [verführt]. Es gibt eine Schwerkraft der Sätze, der man sich nicht entziehen kann«.[33] Daher will ich

31 Vgl. einführend zu dieser Methode: Sandra G. Harding (Hg.), *The feminist standpoint theory reader. Intellectual and political controversies,* New York: Routledge 2004. Sowie grundlegend dazu: Donna Haraway, »Situated Knowledges: The Science Question in Feminism and the Privilege of Partial Perspective«, in: *Feminist Studies, Vol. 14, No. 3 (Autumn, 1988)*, Vol. 14., Nr. 3 (1988).

32 Maria do Mar Castro Varela, Nikita Dhawan, »Postkolonialer Feminismus und die Kunst der Selbstkritik«, in: Hito Steyerl (Hg.), *Spricht die Subalterne deutsch? Migration und postkoloniale Kritik,* Münster: Unrast-Verl. 2012, S. 281. Zur Betonung der Intersektionalität schreiben sie, dass »Sexismus und Rassismus [...] höchst agile, in sich heterogene, dynamische und sich beständig verändernde Figurationen« seien, die als »dehnbarere Repräsentationen und Machtpraktiken, die auf vielfältige und einander durchaus widersprechenden Weisen verknüpft werden können«.

33 Kafka und Bauer, op. cit., S. 555.

auch Gefahren einer Politik der Verortung ansprechen, die insbesondere dann drohen, wenn sie nicht mehr nur als Art Stützrad, als Durchgangsmoment in eine andere Gesellschaft gelesen, sondern zum Selbstzweck wird. Denn insbesondere dann besteht eine Gefahr von Essentialisierungen von Gender oder Race, weil beispielsweise gerade jene Kategorisierungen, an die ja eigentlich nicht mehr diskriminierend angeknüpft werden soll, erneut mobilisiert und gefestigt werden.[34] Sabine Hark und Paula Irene Villa heben dabei hervor, dass

> »[w]eder »Rasse« noch Geschlecht [...] Körpern inhärente Eigentlichkeiten [sind], wenngleich sie beide in je spezifischer Weise mit körperlichen Aspekten gekoppelt, an Körpern gelesen und als körperliche Natur ontologisiert werden«.[35]

Eine Einordnung auf verschiedenen Achsen der Macht entlang Diskriminierungs- bzw. Dominanz- oder Privilegierungserfahrungen ist demnach also auf den ersten Blick methodisch einfach durchführbar. Sie kann Selbstreflexion, Verortung und dadurch auch ein kontextsensibles Verständnis im gesellschaftlichen Kontext befördern. Sie sollte jedoch immer nur ein Durchgangsmoment, eine Orientierungshilfe beim Zurechtfinden und Bewusstwerden der jeweils einzigartigen Situation in verzahnten gesellschaftlicher Machtstrukturen bleiben. Im Bewusstsein ihrer Grenzen eingesetzt, ist eine Praxis der Verortung daher sinnvoll, sollte aber nicht mit bloßer Identitätspolitik kurzgeschlossen werden, auch wenn sie durchaus ähnliche Gefahren birgt, wie etwa Perpetuierung problematischer Fremdzuschreibung oder die Verwechslung von Fremd- und Selbstzuschreibungen.[36] Mit der Literaturtheoretikerin Miriam Nandi lohnt

34 Eine ähnliche Problemlage sieht Brown in der gleichzeitigen repressiven und ermöglichenden Folgen von der Mobilisierung der Rechte in emanzipativen Bewegungen: Wendy Brown, »Die Paradoxie der Rechte ertragen«, in: Christoph Menke-Eggers und Francesca Raimondi (Hg.), *Die Revolution der Menschenrechte. Grundlegende Texte zu einem neuen Begriff des Politischen*, 470ff.

35 Sabine Hark und Paula-Irene Villa, *Unterscheiden und herrschen. Ein Essay zu den ambivalenten Verflechtungen von Rassismus, Sexismus und Feminismus in der Gegenwart,* Bielefeld: transcript 2018, S. 15. Ontologisiert meint in diesem Kontext so viel wie naturalisiert, also dass bestimmte Interpretationen von Körpern oder Körperteilen als naturgegeben inszeniert werden und nicht als das, was sie sind: eine Möglichkeit der Interpretation.

36 Denn anders als bei intersektionalem Denken ist es »das Dilemma der [bloßen] Identitätspolitik, dass diese nie in der Lage war, die miteinander verquickten Achsen der Unterdrückung zu erfassen oder ihnen gar zu widerstehen. Innerhalb solcher komplexen Prozesse wird die Last der Repräsentation ein Testfall für den Bestand aktueller feministischer postkolonialer Praxen. Was früher eventuell noch als Privileg durchgegangen wäre, wird nun als Verantwortungslosigkeit und gestattete Ignoranz sichtbar« Maria do Mar Castro Varela, Nikita Dhawan, op. cit., S. 281. Es geht also,

es sich daher zu betonen, dass es bei einer Praxis der Verortung primär darum gehe relevante gesellschaftliche Bedingungen der Selbstreflexion zu benennen. Das sei hilfreich um die »Umstände und Bedingungen der eigenen intellektuellen Produktion in den Blick zu nehmen«.[37] Es geht also im besten Fall darum, Differenzen und die Möglichkeit einer Pluralität, welche Andersheit nicht ausradiert, überhaupt zur Sprache zu bringen. »Statt Differenz identitätslogisch zu denken, wollen wir *in* Differenz über Differenz nachdenken und *zwischen* Differenzen differenzieren«, schreiben Hark und Villa.[38]

Ein solches, differenziertes und differenzierendes Denken sowie Schreiben und Sprechen ist einerseits hilfreich, weil es einem bevormundendem und generalisierendem *Sprechen-für* oder *Sprechen-über* oder anmaßenden *Sprechen-im-Namen-Anderer* entgegenwirken kann, indem bewusst bleibt, dass eine Selbstbezeichnung etwas anderes ist als eine Fremdzuschreibung. Greifen wir auf das Beispiel der amerikanischen Verfassung zurück, ist es laut Harris so, dass genau genommen trotz des rechtlich erhobenen Anspruchs auf Gültigkeit im »We the people« die Inszenierung einer vereinheitlichten und universalen Stimme nicht für alle spricht,

> »sondern für einen politischen Teil, der versucht sich als Einheit vieler verschiedener Stimmen zu konstituieren; ihre Kraft hält nur so lange an, wie widersprechende Stimmen zum Schweigen gebracht bleiben«.[39]

wenn überhaupt, um eine intersektionale Form der Identitätspolitik. Denn so wünschenswert es ist, sich lediglich auf die geteilte Verletzlichkeit der Menschen als das gemeinsame und verbindende Element zu konzentrieren, so konfrontiert die globalisierte Weltordnung mit einer Ungleichheit in der Ausgesetztheit gegenüber der Verletzlichkeit. »Solange Rassismus, Sexismus, Homophobie oder Antisemitismus das Leben und die Entfaltungsmöglichkeiten von Menschen einschränken, solange die ›Normalität‹ sie zu ›Anderen‹ macht, wird es auch klassenübergreifende Bündnisse gegen diese Ausschlüsse und Diskriminierungen brauchen«, vgl. auch sonst mit einer differenzierten Auseinandersetzung zum Themenfeld Identitätspolitik: Silke van Dyk, Identitätspolitik gegen ihre Kritik gelesen. Für einen rebellischen Universalismus 2019: https://www.bpb.de/shop/zeitschriften/apuz/286508/identitaetspolitik-gegen-ihre-kritik-gelesen/?p=all#footnode50-50, (abgerufen am 1.5.2025).

37 Miriam Nandi, *Gayatri Chakravorty Spivak. Eine interkulturelle Einführung*, Nordhausen: Traugott Bautz 2009, S. 10. Das betrifft privilegierende und unterdrückende Aspekte der eigenen Verortung und dessen Bedeutung im jeweiligen Kontext. Nandi bezieht sich auf die folgende Aussage Spivaks: »I will not marginalize myself in the United States in order to get sympathy from people who are truly marginalized«.

38 Hark und Villa, op. cit., S. 15.

39 Harris, op. cit., S. 583. Im Original heißt es: »Despite its claims, however, this voice does not speak for everyone, but for a political faction trying to

In der Frage, welche Stimmen hier zum Schweigen gebracht werden, zeigt sich, dass üblicherweise etwa mit Hilfe von »man« oder aber auch »wir« aus der indirekten Rede heraus inszenierte Sprechpositionen zwar als *neutral* wahrgenommen werden, sich jedoch auf den zweiten Blick meistens als dominante Position im gesellschaftlichen Machtgefüge herausstellen. Diesen rhetorischen Effekt bezeichnete die Philosophin Donna Harraway als »god trick«.[40] Damit ist die Inszenierung einer göttlichen Beobachtungsposition aus dem Nirgendwo gemeint. Durch wiederholte und performativ wirkmächtige Mobilisierung einer gesellschaftlich dominanten Position, die als neutrale Beobachtungsposition markiert wird, wird eine Illusion von Objektivität erzeugt. Diese wird von der (irrigen) Grundannahme getragen, dass sie »die Gemeinschaft und ihre Teile adäquat und vollständig [...] repräsentieren« könne, wie der Philosoph Sergej Seitz schreibt. Wird diese Annahme mit der »Behauptung, dass es keine (relevanten) Ausschlüsse« gebe, gekoppelt, entsteht

> »eine gewaltsame Geste der Souveränität, insofern sie impliziert, über einen privilegierten Blick zu verfügen, dem nichts entgehen kann«.[41]

Das ist wesentlich für diese Arbeit, weil mit dieser Problemlage zugleich die existenzielle Frage verknüpft ist, wer überhaupt als Subjekt anerkannt wird. Im Rahmen geltenden Rechts oder auch in der Rechtstheorie könnte dies als Frage nach expliziten oder impliziten Regeln der Distribution von Aufmerksamkeit verhandelt werden. Maßgeblich ist dabei, ob und inwiefern Recht in dem Prozess beteiligt ist oder sein kann, Räume zu schaffen oder aber auch zu versperren, in denen eine gleichberechtigte Subjektwerdung und der Vollzug von gegenseitiger Anerkennung möglich ist. Um diesen Fragen gründlich nachzugehen, braucht es als ersten Schritt eine irgendwie geartete Bewusstmachung der eigenen gesellschaftlichen Position innerhalb der Achsen des strukturellen Macht- und Herrschaftsgefüges. Und zwar, um gerade dort zu lernen, sich auf andere Standpunkte einzulassen, wo es durch die eigene Sozialisierung besonders erschwert wird. Eine Praxis der »*interne[n]* Selbsthinterfragung oder Selbstdezentrierung«, ist also Voraussetzung, um sich der Frage zu stellen, wer oder was von der gegenwärtigen Position ausgehend gehört werden kann.[42] Nur so kann bis

constitute itself as a unit of many disparate voices; its power lasts only as long as the contradictory voices remain silenced«.

40 Donna Haraway, op. cit., S. 581.

41 Sergej Seitz, »Zwischen Ethik und Politik. Butler und das Denken der Alterität«, in: Gerald Posselt u.a. (Hg.), *Judith Butlers Philosophie des Politischen. Kritische Lektüren,* Bielefeld: transcipt 2018, S. 92.

42 Nikita Dhawan, »Können Nicht-EuropäerInnen philosophieren? Transnationale Liberalität und planetarsiche Ethik in einem globalen Zeitalter«, in: *Allgemeine Zeitschrift für Philosophie* (2017b), S. 148.

dato Unerhörtes zur Kenntnis genommen und das eigene Gehör feiner justiert werden.[43]

Aus diesen ersten Gedanken zur Verortung nehme ich die Frage mit, wie ich zumindest immer wieder einen Moment lang eigene Geltungsansprüche suspendieren, sowie meinen Standort preisgeben kann. Die praktische Übung, also den Versuch der eigenen Verortung, denke ich demnach nicht in Kategorien der Exaktheit oder des Gelingens, sondern als Anlass, sich in Bewegung versetzen zu lassen und dabei eigenes Erfahrungswissen für eine kritische Reflektion zu exponieren. Schließlich erinnert die Verortung uns an die eigene sinnlich-leibliche Bedingung und daran, dass es faktisch keine neutrale Sprechposition gibt. Und zwar auch dann nicht, wenn sie durchaus wirkmächtig inszeniert und performativ genutzt wird. Kurz: Egal, ob in Form von ›ich‹ oder auch ›man‹ oder ›wir‹ oder indirekter Rede inszeniert – die dahinterstehenden faktischen Sprech- und Hörpositionen in der Welt sind relevant. Und zwar nicht zuletzt, weil sie uns Aufschluss über den Kontext und das jeweils mobilisierte (Erfahrungs-)Wissen geben können.

2. Vorverständnis: Hören, Alterität und Recht

Nachfolgend skizziere ich Einsatz und Vorverständnis von drei zentralen Begrifflichkeiten in dieser Arbeit: Hören (a.), Alterität (b.) und Recht (c.).

a) Hören-Können (als kommunikative Praxis und menschliche Existenzweise)

In der phänomenologisch inspirierten Auseinandersetzung mit dem Hören-Können hat sich im Verlauf dieser Arbeit abgezeichnet, dass ich Hören-Können als soziale Praxis mit besonderem hermeneutischen und alteritätsethischen Potenzial verstehe. Hören-Können ist darüber hinaus

43 Das kann unter Umständen zum Standort und Perspektivwechsel anregen, ähnlich wie sie in der post- und dekolonialen Theoriebildung gefordert wird. Dort geht es in einer dem visuellen Bereich entlehnten Metaphorik um den Versuch, »eurozentristische Denkmuster aufzubrechen, die globale Landkarte nach Süden und nach Osten auszudehnen, uns selbst dort zu sehen, wo andere uns sehen könnten«, vgl. Nandi, op. cit., S. 18. Nandi fährt mit Referenz auf Homini Bhaba fort: »What does that mean? [...] It means realizing that when western people look at the non-western world what they see is often more a mirror image of themselves and their own assumptions than the reality of what is really there, or of how people outside the west actually feel and perceive themselves«, ibid.

aber auch (ein) grundlegender Ausdruck der sinnlichen und leiblichen Bedingung des Menschen. Insofern ich mich dem Hören-Können als Praxis der Wahrnehmung und Kommunikation annähere, unterscheide ich zunächst grob zwischen zwei Zwecken und Effekten dieser Praxis: Einerseits dem Hören, um (sich) zu verstehen und andererseits dem Hören als Öffnung eines Resonanzraumes. Beide beinhalten eine hermeneutische und alteritätsethische Dimension und gehen in der Praxis des Hörens faktisch ineinander über. Im Rahmen dieser Arbeit ist eine Differenzierung aber deshalb hilfreich, weil die mit den beiden verschiedenen Annäherungsweisen verbundenen Effekte des Gehört-Werdens womöglich Auskunft über ein genaueres Verständnis des Hörens geben könnten. Diese Unterscheidung wird deutlich anhand zwei verschiedener Erwartungshaltungen an die Kulturtechnik des Hörens, von denen die eine weitaus verbreiteter ist, wie sich an dem folgenden literarische Beispiel veranschaulichen lässt.

Kleist schreibt in einer seiner kleinen Schriften, »Über die allmähliche Verfertigung der Gedanken beim Reden«, er habe immer wieder erlebt, dass sich ein scheinbar undurchschaubares juristisches oder mathematisches Problem allein dadurch löste, dass er es seiner Schwester erzählte.[44] Eine naheliegende und auch gängige Interpretation dieses Textstücks ist, dass sich (neue) Gedanken erst beim Aussprechen formen. Kurz: » [L]'idee vient en parlant« – die Idee kommt beim Sprechen.[45] Ich interpretiere das Textstück unter Berücksichtigung der besonderen Bedeutung des Hörens etwas anders. Dafür gilt es zunächst, aus zentralen Mustern der Haupt- und Nebenfigur und bedeutsamen Kulturtechniken auszubrechen, indem die Aufmerksamkeit für die sprechende Person etwas reduziert wird, um die Sinne für die Rolle der anderen, also hier der zuhörenden Person zu schärfen. Die gängige Interpretation fokussiert die Sprechposition und thematisiert die Notwendigkeit, gehört zu werden, nicht eingehend. Davon ausgehend stellen sich mir eine Reihe von Fragen: Warum wird für die These, dass die Idee beim Sprechen geformt werde, ausgerechnet eine Situation beschrieben, in der eine Andere, hier die Schwester, zuhört? Was ist dieser stille, vermeintlich passive Zustand des Hörens und was genau bedeutet es für den sich in der Stimme und im Gesagten zeigenden Gedanken, gehört zu werden? Ist

44 Heinrich von Kleist, »Über die allmähliche Verfertigung der Gedanken beim Reden«, in: Helmut Sembdner (Hg.), *Heinrich von Kleist – Sämtliche Werke und Briefe,* München 2001.

45 Ibid., S. 319. Espinet deutet diesen Ausspruch als intrinsische Vielstimmigkeit der Sprache. In diese ist der Mensch beim Denken und Sprechen immer schon eingelassen. Allerdings kann man im »Spielraum möglicher Artikulationen« die Erfahrung machen, »daß ein Wort die Sache trifft«. Vgl. David Espinet, *Phänomenologie des Hörens. Eine Untersuchung im Ausgang von Martin Heidegger,* Tübingen: Mohr Siebeck 2016a, S. 14.

Hören nur bloße Zeugenschaft, rezeptives Beiwerk der Denkenden und Sprechenden oder nicht eigentlich selbst performativer Teil des sich zeigenden Gedankens? Kleist selbst schreibt zur Rolle der Person, die zuhört Folgendes:

> »Es liegt ein sonderbarer Quell der Begeisterung für denjenigen, der spricht, in einem menschlichen Antlitz, das ihm gegenübersteht; und ein Blick, der uns einen halbausgedrückten Gedanken schon als begriffen ankündigt, schenkt uns oft den Ausdruck für die ganze andere Hälfte desselben«.[46]

Wenn es aber nicht nur um den Blick, sondern auch ganz grundsätzlich um die körperliche Präsenz der hörenden Position und um den spezifischen Effekt des Gehört-Werdens ginge, ließe sich der oben skizzierte Grundgedanke von »L'idee vient en parlant« primär aus der Kraft des Hörens und erst sekundär aus dem Sprechen entfalten.

Diese beiden Interpretationsweisen legen unterschiedliche Möglichkeiten nahe, um sich dem Phänomen des Hörens zu nähern. Die erste Position, die vom Sprechen ausgehend denkt, fasst das Hören zuvörderst als eine Art Instrument auf, *um zu verstehen*, was die andere Person sagt. Wenn es jedoch möglich ist, einen Moment aus dieser alltäglichen Sprechen-und-Hören-Logik herauszutreten und gedanklich primär beim Hören anzuknüpfen, eröffnet sich folgende Perspektive: Hören ist dann nicht nur ein hermeneutisches Instrument, sondern zuerst die Öffnung eines (Resonanz-)Raumes, in dem die sprechende Person stimmlich existiert, sowie ihre Gedanken in diesem Bezug entwickeln und artikulieren kann. Eine solche hörende Haltung gewinnbringend einzunehmen wäre im Ergebnis also womöglich weniger auf das Wissen der sprechenden Person ausgerichtet, d.h., nicht nur einem zugreifenden Verstehen dessen, was die sprechende Person sagt, gewidmet. Vielmehr ginge es dann um eine hörende Haltung, die im hermeneutischen Sinn eine Art Gegenbewegung zur wiederkehrenden Form der Selbsteinkapselung schafft, welche darin liegt, »immer nur das zu hören, was wir schon verstehen«.[47] Es ginge darum, eine interpretative Haltung einzunehmen, welche zuerst (lediglich) eines Aufhorchens gegenüber der Anderen bedarf.

Hören und Verstehen unterscheidet sich dabei insofern, als das Hören überhaupt erst die Voraussetzung für ein »differentes Verstehen« bildet, welches sich in einem zweiten Schritt als Effekt des Hörens einstellen kann. Der Phänomenologe David Espinet schreibt hierzu: »Differentes Verstehen hat allererst das Vermögen zu hören, ohne zu verstehen«.[48] Im Kleist-Beispiel wäre demnach sowohl ausschlaggebend, *dass*, als auch *wie* die Schwester zuhört. Es scheint, dass es Kleist in seinem

46 Kleist, op. cit., S. 320.
47 Espinet, op. cit., S. XVI.
48 Ibid.

Schriftstück an dieser Stelle weniger um das Verständnis des Vernommenen geht und mehr um den Effekt ihres Hörens auf sein eigenes Verstehen, Denken und Sprechen-Können. Denn er bringt in der zitierten Passage zum Ausdruck, dass er selbst als Sprechender durch das Zuhören der Schwester, etwas neu oder anders versteht. Im Gehört-Werden eröffnet sich jener Resonanzraum, in dem sich Gedanken entwickeln können.[49] Dabei lassen sich verschiedene Funktionen des Hörens jeweils relativ zur Bedeutung für die hörende und die sprechende Person bereits hier wie folgt skizzieren:

Von der hörenden Position ausgehend gedacht, kann Hören entweder schwerpunktmäßig darauf ausgerichtet sein, einen Raum für die Ansprache der Anderen zu eröffnen, oder aber darauf, selbst etwas zu verstehen bzw. ein differentes Verstehen vorzubereiten. Im zweiten Fall wäre Hören die Bedingung eines Verständnisses, welches darauf gerichtet ist, dem, was die Andere sagt, gerecht zu werden. Letzteres müsste stets mit einer potenziellen Infragestellung und Erweiterung des eigenen Wissens einher gehen. Aber auch wenn die Bedeutung des Hörens von der sprechenden Person herkommend gedacht wird, sollte im Hinterkopf behalten werden, dass diese stets auch die Anwesenheit eine Hörerin impliziert.[50] Ein Hören in die Stille hinein ist umgekehrt möglich ohne das gesprochen wird, während man sich beim Sprechen in die Stille hinein zumindest selbst zuhört. Sprechen denke ich daher im Kontext dieser Arbeit immer auch als *An*sprache, weil jede Rede eine Adressatin hat und sich insgesamt in ein größeres, allgemeines Sprachspiel einschreibt. Hören denke ich als stille, aber notwendige Unterseite des Sprechen-Könnens. Das hat eine performative Dimension, in der es zunächst (noch) nicht ausschlaggebend ist, verstanden, sondern überhaupt *gehört zu werden*. Schon darin kann sich auch auf emotionaler Ebene oder im Bezeugen der Anderen ein anerkennender Effekt einstellen. Zunächst geht es mir hier aber ganz praktisch darum, dass der mediale Ausdruck des Sprechens strukturell unter der Bedingung der Gehört-werdens steht. Hans-Georg Gadamer schreibt zu ersterem von der Möglichkeit, dass »der Redende von der stillen Antwort des Zuhörens aufgenommen wird«.[51] Der zweite Aspekt findet sich pointiert bei Martin Heidegger: »Hören ist für das Reden konstitutiv«.[52]

Mit dieser Arbeit versuche ich nun nicht nur Sprechen vom Hören herkommend zu denken, sondern das Hören-Können auch zum Ausgangspunkt über mein Verständnis von Recht zu machen. Um sich in

49 Jean-Luc Nancy, *Être singulier pluriel,* Paris: Galilée 1996a, S. 21.

50 Das kann eine externe oder innere Hörerin sein, etwa wenn im stillen Selbstgespräch verinnerlichte Andere zur Sprache kommen.

51 Hans-Georg Gadamer, »Über das Hören (1998)«, in: ders., *Hermeneutische Entwürfe. Vorträge und Aufsätze,* Tübingen: Mohr Siebeck 2000c, S. 51.

52 Martin Heidegger, *Sein und Zeit,* Tübingen 1967, S. 217.

meinem Vorverständnis dem »Hören« weiter anzunähern ist ein kurzer Exkurs in die Etymologie dieses Wortfeldes hilfreich.[53] »Hören, horchen, lauschen – écouter, entendre, apprendre – hearing, listening, attending« – In drei verwandten europäischen Sprachen lassen sich ungefähr übereinstimmende Differenzierungen zusammenstellen: Akustisches Hören, hörendes Verstehen und hörendes Lernen.[54] Im Französischen wird diese Unterscheidung besonders deutlich: *écouter* (aufmerksames [Zu-] Hören), *entendre* (wahrnehmendes Hören, einander Verstehen) und *apprendre* (hörendes Lernen).[55] Wobei bei den ersten beiden Worten im französischen Sprachgebrauch die Unterscheidungen zwischen bloßem Wahrnehmen und dem auf das Verstehen ausgerichteten Hören fließend sind.[56] *S'entendre* kann schließlich auch bedeuten, dass man einander

53 Verwandtschaft besteht zum griechischen ›ich höre‹ (›akoúō‹), zum Verb ›beachtet‹ (›akéuei‹), ohne das auslautende -s- zum ›ich bemerke, vernehme, höre‹ (›koéō‹) im Indogermanischen und zum lateinischen ›caveō‹: ›ich nehme mich in Acht, sehe mich vor‹. Vgl. zum Eintrag ›Hören‹ nur Friedrich Kluge und Elmar Seebold, *Etymologisches Wörterbuch der deutschen Sprache,* De Gruyter 2012. Im *Historischen Wörterbuch der Philosophie* findet sich kein Eintrag zum »Hören«, jedoch ein ausführlicher Eintrag zum »Sehen«. Vgl. Joachim Ritter u.a., *Historisches Wörterbuch der Philosophie online,* Basel: Schwabe Verlag 2017.

54 Max Ackermann, »Hörwörter - etymologisch«, in: Volker Bernius u.a. (Hg.), *Der Aufstand des Ohrs. Die neue Lust am Hören,* Göttingen: Vandenhoeck & Ruprecht 2006a, 60ff., 74. Dabei bleiben stets jeweils eigentümliche und sich der Übersetzung entziehende Besonderheiten. Den dies ist es stets auch ein Über-Setzen in dem Sinne, dass die Übersetzung zwar Bedeutungen zu rekonstruieren sucht, aber im Sinngeflecht der Sprache, in die übersetzt wurde steht und so teileweise Bedeutungsmuster überdeckt oder überschreibt. Damit verändert sich die Deutungsmöglichkeit, weil ursprüngliche Verweisungszusammenhänge und Sprachgebräuche wegfallen und andere hinzukommen. Zur Unmöglichkeit und verpflichtenden Aufforderung des Übersetzens im Recht, insbesondere beim Rechtsvergleich: Glanert, Simone Glanert, »Aujourd'hui, maman est morte: traduction littéraire et droit comparé / Today, mum is dead: literary translation and comparative law«, in: *Revue Droit & Littérature*, 4 (2020). »Bien plutôt, la prolématique a trait à ce que le traducteur travaille avec des mots; or, un mot est foncièrement labile – d'où l'impossibilité d'en arrêter le sens, donc d'en fixer le sens en traduction. Mais [...] le fait de l'intraduisibilité du texte ne saurait évidemment signifier que le texte ne doive pas être traduit. Tout impossible soit-elle, la traduction relève [...] de l'impératif«, ibid., S. 373.

55 Die Differenzierung zwischen *écouter* und *entendre* betont Jean-Luc Nancy in seinen Studien über das Hören. Jean-Luc Nancy, *`A l'écoute,* Paris: Galilée 2002b, S. 18–19.

56 Ich danke Katja Leyhausen-Seibert für diesen Hinweis, den sie mit sprechenden Beispielen unterlegt: »J'écoute de la musique - das ist das aufmerksame

versteht. Die Rückversicherung, *c'est entendu?*, fragt nicht nur, ob das Geäußerte gehört und verstanden wurde, sondern – je nach Unterton – vielleicht auch nach Gehorsam gegenüber dem Gesagten. Die feingliedrige Bedeutung des Hörens in der menschlichen Verständigung äußert sich im Deutschen in der Besonderheit einer engen sprachgeschichtlichen Nähe vom Hören zur ›Hörigkeit‹ und zum ›Gehorsam‹.[57] Das ist für den performativen Effekt des Hörens in Bezug auf das Erstarken von Geltungsansprüchen des Rechts relevant, der im Gehorsam oder Ungehorsam gegenüber dem Geltungsanspruch münden kann. Zudem werden im Deutschen eine Vielzahl von Spielarten des zweckgerichteten Hörens über die Bedeutungsveränderung durch verschiedene Präfixe lesbar: zu-, auf-, weg-, ab-, an-, ver-, er- oder überhören. Das lässt auf eine hohe Varianz verschiedener praktizierter Hörweisen schließen, die sprachlich Ausdruck finden. Diese unterscheiden sich teils etwa in ihrer (bewussten) hermeneutischen Zielsetzung und jeweils anderen Effekten des Gehört-Werdens. Diese hohe Varianz von Hörpraktiken und die etymologische Nähe zum (Un-)Gehorsam deuten darauf hin, dass Intentionalität und Machtverhältnisse beim Hören eine wichtige Rolle spielen. Hören kann auf verschiedene Zwecke hin ausgerichtet werden und differenziert sich als soziale und kulturelle Praxis aus, was sich größtenteils in Sprache ereignet und sich dort auch niederschlägt.

Die aktive Qualität des Hörens tritt besonders hervor, wenn nach verschiedenen Zielsetzungen des Hörens unterschieden wird. So können Praktiken des Hörens beispielsweise darauf ausgerichtet sein, etwas aufzunehmen, zu verstehen, zu lernen oder anzuerkennen. Dass dies die verbreitetste und gewöhnliche Annäherung an das Phänomen des Hörens ist, zeigt etwa die aktuelle Bedeutungsübersicht des Dudens. Diese ordnet dem Hören fünf Bedeutungsfelder zu, wobei bemerkenswert ist: Nur ein Deutungsvorschlag widmet sich der (passiven) Funktion des Hörens für die sprechende Person, dem *Gehört-Werden*, während sich die anderen Bedeutungen um Funktionen des Hörens für die hörende Person in Bezug auf das Vernehmen und Verstehen gruppieren.[58] Im Digitalen

Zuhören, aber: T'as entendu ce bruit? Bei beiden geht es vielleicht weniger um eine ›Erweiterung des Wissens‹, als um […] ›Alteritätserfahrung‹«.

57 Ackermann, op. cit., S. 60. Schon früh findet sich die Verwendung im Sinne »auf etwas hören«, oder auch »einem Rat oder einer Aufforderung nachkommen«. »Der ›Rat‹, auf den zu hören war, bezeichnete […] die Existenz einer hierarchischen Beziehung«. Die politisch-rechtliche Dimension wird vor allem im englischen ›Hearing‹ deutlich, welches im 16. Jahrhundert für ›Tribunal‹ und ›Gericht‹ benutzt wurde und erst in der zweiten Hälfte des 20. Jahrhunderts im deutschen Sprachraum so übernommen wurde, vgl. ibid., S. 60–61.

58 Diese gliedern sich wie folgt: 1. Das akustische Registrieren/Wahrnehmen, 2. Jemanden sich zu etwas äußern lassen, um sich ein Urteil zu bilden oder das

Wörterbuch der deutschen Sprache wird zwischen zwei Bedeutungsebenen unterschieden, wobei die erste sich dem verstehenden, aufnehmenden und akustischen Hören widmet und die zweite auf das Gehorchen im Sinne von »auf etwas hören« abzielt.[59] Auch fachübergreifend wird oftmals zwischen (reinem) akustischem Wahrnehmen und auditivem Hören als aktivem Zuhören unterschieden, um jeweils die leiblichen oder die kognitiven Bedingungen des Hörens hervorzuheben.[60] Diese Unterscheidung kann aber nicht trennscharf gezogen werden, weil auch beim akustischen Hören immer schon Elemente der Interpretation oder Zuordnungen mitlaufen. Sie ist aber hilfreich, um körperlich-physikalische oder geistige Bedingungen des Hörens zu betonen und jeweils genauer zu verstehen.

Im Rahmen dieser Arbeit beziehe ich mich schwerpunktmäßig auf gesellschaftliche Bedingungen und Effekte des Hörens, um die alteritätsethische Relevanz des Hörens und Gehört-Werdens im Recht herauszuarbeiten. Neben dem hermeneutischen Effekt des Hörens als Möglichkeitsbedingung eines genaueren und den Horizont erweiternden Verstehens, geht es mir vor allem auch um die performative Kraft des Gehört-Werdens für das Sprechen-Können. Zudem skizziere ich Hören-Können als (einen) Ausdruck menschlicher Existenzweise, die zwar als je singuläre Praxis zu verstehen, jedoch immer in einen pluralen sozio-kulturellen Kontext eingebettet ist und sich erst in diesem Bezug entfaltet. Meinen Auseinandersetzungen liegt damit vor allem die sinnlich-leibliche Bedingung des Hörens als Wahrnehmungspraxis zu Grunde.[61] Im Hören-Können als einer Art und Weise, die Welt wahrzunehmen, die sich durch Spannung, Zurückhaltung, Hingabe, Verletzlichkeit, Offenheit, (aktive) Passivität auszeichnet, wird die alteritätsethische und leibliche Bedingung des Menschen besonders deutlich. Wenn vom Hören-Können die Rede ist, meine ich also eine sinnlich-leiblich bedingte,

Gehörte aufzunehmen und geistig zu verarbeiten, 3. Eine akustische Wahrnehmung verfolgen oder sich nach jemandes Worten richten, sie befolgen, 4. Im Gespräch von etwas Kenntnis erhalten, 5. Mit dem Gehör feststellen oder erkennen, vgl. *Duden-Online*, Eintrag ›Hören‹, https://www.duden.de/node/665625/revisions/1684709/view (abgerufen am 07.09.2018).

59 Vgl. *Digitales Wörterbuch der deutschen Sprache*, Eintrag ›Hören‹. https://www.dwds.de/wb/h%C3%B6ren (abgerufen am 21.04.2022).

60 Vgl. Hilde Weeg, »Im Haus der Sprache«, in: Volker Bernius u.a. (Hg.), *Erlebnis Zuhören. Eine Schlüsselkompetenz wiederentdecken*, Göttingen: Vandenhoeck & Ruprecht 2007, S. 157.

61 Mit dem Hören betone ich hier lediglich *eine* der rezeptiven sinnlichen Praktiken, die ich im Kontext von Recht als korrespondierenden, aber unterreflektierten Gegenpart zur Kraft der Stimme, des Sprechakts oder des Befehls lese. Für eine Einordnung der Kulturtechnik des Hörens in Bezug auf das dominante Medium der Stimme, vgl. Kapitel I.1.b.

menschliche Praxis, die für Prozesse des Verstehens und Sprechen-Könnens (im Recht) in besonderer Weise relevant ist.

b. Alterität (als Erfahrung)

»To be one is always to *become with* the many«.[62]

Ich wähle in dieser Arbeit eine Terminologie der Alterität, um vielfältige Einflüsse und Bedingungen der Subjektwerdung und damit der menschlichen Bedingung von Recht zu thematisieren. Denn die vom Hören herkommende Annäherung an das Phänomen Recht hat mir verdeutlicht, dass der normative Fluchtpunkt meiner Arbeit in der Alteritätsethik liegt. Letztere entfaltet sich in der Verschränkung von phänomenologischen Ansätzen und politischer Theoriebildung.[63] Das Phänomen der Alterität ist daher wesentlicher und ständiger Begleiter dieser Arbeit. Was aber ist gemeint, wenn ich das Wort *Alterität* und darin spezifischer *die Andere* oder *das Andere* schreibe? Wenn ich von dem anderen Menschen spreche, werde ich die Worte *die Andere* bzw., in ihrer Pluralität angesprochen, *die Anderen* verwenden.[64] Darüber hinaus adressiert Alterität im Diskurs aber auch eine unendliche Vielfalt und Andersheit als solche; etwa in Bezug auf Ordnungen oder *das Andere* des Menschen also z.B. seine Welt, Umwelt, Natur, Dinge. Alterität verstehe ich daher als eine Art Oberbegriff, der beide Phänomene benennt und sich dennoch nicht semantisch in ihnen erschöpft.[65] Die Unterscheidung zwischen einem Anderen (Menschen) und dem (ganz) Anderen, bzw. Alterität als Gedanken

62 Donna Jeanne Haraway, *When species meet*, Minneapolis. Minn.: Univ. of Minnesota Press 2008, S. 4. Ähnlich bei Gilles Deleuze und Jean-Luc Nancy, denn »[s]owohl Deleuzes Werden als auch Nancys Mit ist in dieser Wendung über das Verhältnis von Einem und Vielem enthalten: ›Werden mit den Vielen‹«. Für eine detaillierte Rezeption in Bezug auf diese Begriffe von Pluralität:, Ralf Gisinger, *Philosophien der Pluralisierung. Begegnungen des Politischen zwischen Gilles Deleuze und Jean-Luc Nancy*, Fink 2020, S. 198.

63 Matthias Flatscher und Sergej Seitz, »Einleitung: Ethik und Alterität. Randgänge der Phänomenologie«, in: *Zeitschrift für praktische Philosophie*, 1 (2016), S. 80.

64 Dabei bin ich mir bewusst, dass dieser »Trick« wiederum die Tür für Essentialisierungen öffnet, wie sie auch überall dort auftauchen können, wo versucht wird, theoretische Konzepte der Alterität zu entwickeln, die ihr entfliehen wollen. Vgl. zu dieser Konfliktlage Jane Hiddleston, »Spivak's ›Echo‹. Theorizing otherness and the space of response«, in: *Textual Practice*, 21: 4 (2007), S. 624.

65 »›Alterität‹ oder ›Andersheit‹ ist ein Relationsbegriff«, Alexandre Kostka und Sarah Schmidt, »Alteritätsforschung / Interkulturalitätsforschung«, in:

der Vielfalt oder Andersheit als solcher, soll dazu dienen, das Phänomen der Alteritätserfahrung in Bezug auf den Anspruch der Anderen als Bedingung responsiver Subjektwerdung spezifisch benennen zu können.[66] Dabei geht es vor allem um jene Alteritäts*erfahrung*, welche unhintergehbar den Impuls zur responsiven Subjektwerdung gibt. Allerdings gilt es die damit verbundene Abhängigkeit und Verantwortung nicht nur intersubjektiv, sondern auch verwoben mit dem sich stets entziehenden Moment der Alterität zu denken, was auf unendliche Vielfalt verweist. Mit Alterität adressiere ich daher auch die uferlose Vielfalt dessen, was *da ist*: Differenz bis ins letzte Detail, welches selbst kein Ende kennt.[67]

Sich in Sachen Andersheit auf die Terminologie der Alterität, und nicht etwa der Fremdheit, festzulegen ist allerdings weder selbstverständlich noch unproblematisch. Zumal das Wort ein Neologismus ist, der sich aus dem Lateinischen ›alteritas‹ ableitet. Die englischen und französischen Begriffe ›alterity‹ und ›alterité‹ sind gebräuchlicher, wobei im Englischen oft auch ›other‹ bzw. ›otherness‹ verwendet wird.[68] In de- und

Jost Schneider und Regina Grundmann (Hg.), *Methodengeschichte der Germanistik*, Berlin, New York: De Gruyter 2009, S. 34.

66 Zur Alteritätserfahrung bei Lévinas und der responsiven Subjektwerdung im Anspruch der Anderen vgl. Kapitel II.1.

67 Dabei geht es um die Erfahrung des In-der-Welt-Seins (mit ihr verwoben und ihr dennoch doch fremd), die sich in jedweder Situation manifestieren kann und die die Möglichkeit einschließt, von der unendlichen Diversität der Materie überwältigt zu werden. Ich danke Pierre Legrand für den Verweis auf George Steiner, der treffende Worte für die dazu passende Gefühlslage findet: »I would consider a fathomless depth of differentiation, of non-identity, always incipient with the eventuality of chaos. How could the senses, how could the brain impose order and coherence on the kaleidoscope, on the *perpetuum mobile* of swarming existence? [...]. Detail could know no end. A subtle queasiness emanates from such infinities«, George Steiner, *Errata. An examined life*, New Haven: Yale University Press 1988 // 1997, S. 5. Diese Bedeutungsebene der Alterität jenseits des anderen Menschen ist vor allem vor dem Hintergrund der Forschungen des neuen Materialismus geboten, der auf einen Vorrang der relationalen Ebene in der Ding- und Menschenwelt sowie auf der Bedeutungsebene hinweist. Diese Ansätze fordern auf zu einem »spezifischen Denken weltlicher Verwobenheiten. Und zwar von Verwobenheiten der menschlichen und nicht-menschlichen Welt in einem radikalen Sinne: Neomaterialistische Theoriebildung geht davon aus, dass Entitäten den Relationen, in denen sie entstehen, nicht vorgängig sind [...]. Materialität kommt nicht als Substanz, sondern als relationales Werden in Betracht«, vgl. m. w. N. Katharina Hoppe, »Politik der Antwort. Zum Verhältnis von Politik und Ethik in Neuen Materialismen«, in: *BEHEMOTHA Journal on Civilisation*, Vol. 10 (2017), S. 11.

68 »›Alterität‹ [...] steht für ›Andersheit‹. Als solcher wird er in den einschlägigen deutschen Wörterbüchern einschließlich der deutschen Fremdwörterbücher

postkolonialen Studien wird der Begriff »Alterität« vor allem genutzt, um verschiede Unterwerfungspraktiken und daraus folgende Markierungen als andersartig im hegemonialen Diskurs lesbar zu machen.[69] Beispielsweise um den Umstand zu benennen, dass Alterität in kolonialen und neo-kolonialen Diskursen immer von dem (europäischen/westlichen) *weißen* Subjekt ausgehend konstruiert wurde und oftmals auch noch wird. Diesem Bezug wohnt eine Hierarchisierung inne, welche der Anderen die unterworfene, untergeordnete, abgeleitete oder auch bedürftige Position im gesellschaftlichen Gewebe zuweist. Das als unabhängig imaginierte (*weiße*) Subjekt wird so durch eine binäre Opposition zur (schwarzen) Anderen konstruiert.[70] Diese Praktiken werden unter

bis heute nicht aufgeführt. […] Im deutschen Sprachraum wird sowohl [das lateinische] ›alter‹ als auch ›alius‹ weitgehend durch das aus dem ig. Wort ›antero-‹ (ai. ántara- = fern, verschieden, anderer; av. ›an'tara-‹ = der andere, zweite) gebildete gemeingermanische Wort ›ander‹ ersetzt. Als Für- und Zahlwort bezeichnet ›ander‹ zunächst die exklusive Bedeutung von ›alter‹ als des Zweiten oder Entgegengesetzten eines Ganzen, also eine Geteiltheit im doppelten Sinne, übernimmt jedoch bald auch die weitere Bedeutung des ›alius‹ als offene Verschiedenheit oder Anderes unter vielen möglichen Anderen. Das Zahlwort ›ander‹, das vereinzelt noch bis ins 17. Jahrhundert als solches verwendet wurde, wird jedoch von dem Wort ›zweite‹ verdrängt«. Vgl. zur Etymologie der Alterität, Alexandre Kostka und Sarah Schmidt, op. cit., S. 33.

69 Vgl. zum Begriff »alterity« in den Postkolonialen Studien: Pramod K. Nayar, *The postcolonial studies dictionary,* Malden, MA: Wiley Blackwell 2015, 6ff.

70 Ibid., S. 6–8. »Within postcolonial studies the term [alterity, A.M.] is deployed to convey the sense of a radical racial-cultural otherness and the *processes* through which this ›otherness‹ is constructed«, ibid., S. 6. ›Schwarz‹ schreibe ich hier nicht groß, weil es hier, anders als bei Selbstbezeichnungen, um ein Paradebeispiel von Fremdzuschreibungen zu gehen scheint. In Anlehnung an die Critical Whiteness Studies übernehme ich bei *weiß* die kursive Schreibweise. Beide Begriffe beziehen sich damit hier auf eine Position in strukturellen, gesellschaftlichen Machtverhältnissen, die sich nicht bloß auf eine Einordnung nach dem Aussehen bezieht, denn »[j]eder Versuch, das Weiße zu definieren, bleibt notgedrungen widersprüchlich, weil es in erster Linie nicht um Hautfarbe, nicht um skalierbare Pigmentierung geht, sondern um eine kollektive soziale Position, die in Jahrhunderten gewalttätiger Geschichte entstanden ist. Andererseits ist das individuelle Aussehen aber doch wichtig, denn eine offenkundig weiße Person erlebt in der Regel keinen Rassismus«, Charlotte Wiedemann, »Vom Weißsein sprechen«, in: *Le Monde diplomatique,* Januar 2020, 2020: Januar 2020 (2020), S. 2. Diese Praxis ergibt sich aus rassifizierenden Zuschreibungen, die in fortwirkenden Stereotypisierungen sogenannter Rassentheorien ihre Ursprünge findet. Vgl. erklärend zum Begriff der Rasse, bzw. »race«, Nayar, op. cit., S. 129–130.

dem Stichwort des »Otherings«[71] bzw. im Deutschen unter dem Begriff der »VerAnderung«[72] thematisiert, wobei damit einhergehende diskriminierende und verkürzende binäre Denkmuster herausgearbeitet werden. Die Analyse dieser Praktiken beziehen sich größtenteils auf eine bestimmte Praxis bzw. Traditionslinie der Moderne. Und zwar auf jene, in der bewusst oder unbewusst eine gesellschaftlich etablierte Vorstellung der Anderen als (negative) Kontrastfolie benutzt wird, um die eigene Identität zu imaginieren und performativ herzustellen. Dabei kann es sich beispielsweise um rassifizierende Projektionen handeln. Diese Spielart »epistemischer Gewalt«[73] kann womöglich verhindert oder wenigstens verringert werden, indem hinterfragt wird, welche Rolle übergriffige Alteritätszuschreibungen in der Sprache und bei der (eigenen) Subjektwerdung spielen.[74] Im Kontext dieser Arbeit ist wichtig anzumerken, dass das Ziel solcher Praktiken des Otherings oftmals nicht zu sein scheint, die Aufmerksamkeit alteritätssensibel auf Andere zu richten und diese auch wirklich wahrnehmen und verstehen zu wollen. Vielmehr werden hier Andere als man selbst einerseits im Voraus auf bestimmte Eigenschaften festgeschrieben und zugleich als völlig versteh- und erkennbares Objekt (*weißer*) Studien fingiert.[75] Darin geht jedoch die Differenz, welche die Beziehung zu der Anderen prägt, in vielerlei Hinsicht

71 Damit liegt die Betonung auf Praktiken, der Haltung und dem Selbstverständnis, welche die Andere zur Anderen machen (sollen), vgl. Gayatri Chakravorty Spivak und Rosalind C. Morris (Hg.), *Can the subaltern speak? Reflections on the history of an idea,* New York: Columbia University Press 2010, s. 249ff. Spivak schreibt dazu: »The clearest available example of such epistemic violence is the remotely orchestrated, far-flung, and heterogeneous project to constitute the colonial subject as Other. This project is also the asymmetrical obliteration of the trace of that Other in its precarious Subjectivity [sic]«, ibid., 280f.

72 So übersetzt die Soziologin Julia Reuter den Begriff des »Othering«, Julia Reuter, *Ordnungen des Anderen. Zum Problem des Eigenen in der Soziologie des Fremden,* s.l.: transcript Verlag 2002, S. 143. Brunner ordnet diese Praktiken in einen weiteren Zusammenhang der »Kolonialität des Seins« ein, die sich in den Leib der Betroffenen einschreibe. Vgl. Claudia Brunner, *Epistemische Gewalt. Wissen und Herrschaft in der kolonialen Moderne,* Bielefeld: transcript; transcript Verlag 2020b, S. 54.

73 Vgl. für einen Überblick inwiefern Spivak diesen Begriff aufbauend auf Foucaults Überlegungen zum Wissen prägt den Eintrag zu »epistemic violence«, Nayar, op. cit., S. 65–66. Zur Rekonstruktion von Spivaks Überlegungen unter Berücksichtigung der Relevanz des Hörens, vgl. Kapitel II.3.

74 Nandi, op. cit., S. 26–28.

75 Das ist nicht nur Ergebnis individueller rassistischer Handlungen, sondern das kolonial hervorgebrachte Subjekt sollte in einem Machtdispositiv à la Foucault beherrschbar werden. Vgl. dazu m. w. N., ibid., S. 20–21.

nicht nur unter, sondern dieses Vorgehen zeugt auch von einer inneren Widersprüchlichkeit, denn bei diesen Praktiken wird

> »die Differenz des Anderen sowohl *verleugnet* (es wäre unmöglich den Anderen wirklich zu ›kennen‹, wenn er denn völlig anders wäre als man selbst) als auch aufs Heftigste *affirmiert*«.[76]

Der Versuch, die Andere in eine durch gesellschaftliche Vorurteile und die damit verbundenen Projektionen auf ihren Körper und ihre Identität in eine bestimmte Form zu pressen, dient spiegelbildlich zugleich der egologischen Subjektbildung. Das mag überraschen, weil es, wie sich im Verlauf der Arbeit herausgestellt hat, im krassen Widerspruch zum im Kapitel II. näher dargelegten Prozess der responsiven Subjektwerdung steht. Denn hier befindet sich umgekehrt das Selbst stets in der abgeleiteten bzw. nachrangigen Position im Verhältnis zu der Anderen. Diese Vorrangrelation oder auch Asymmetrie ist für Lévinas' Alteritätsethik zentral.

Übergriffige Zuschreibungen der oben dargelegten Art gänzlich zu vermeiden ist nahezu unmöglich, da Sprache stets unfähig ist, zu benennen, was sich zwischen den Zeilen befindet und der Anderen strukturell niemals völlig gerecht werden kann. Diese strukturelle Eigenart von Sprache hat Jacques Derrida 'mit dem Neologismus der »différance« benannt.[77] Für mein Vorverständnis in Sachen Alterität sollte daher festgehalten werden, dass so oder so die Art und Weise, wie Andere gedacht und angesprochen werden, immer in einem vorgängigen sprachlichen Geflecht erfolgt, welches diskursiv entstanden ist. Ansprache und Denken der Anderen erfolgen also (wider Willen) in der jeweiligen vorgefundenen sprachlichen Bedingung. Daher muss die Verwendung des Begriffes Alterität und dessen sprachliche und politische Wirkkraft im Lichte

76 Ibid.

77 Die »différance« ist ein Neologismus geschöpft aus der »différence« (Differenz) und dem Verb »différer« (verschieben) und kann für die unaufhaltbare Verschiebung von Sinn und Bedeutung im Text, als Wesenszug der Schrift, stehen. Im Text bleibt Sinn stets zukünftig, im Kommen (»à-venir«) und damit immer in Bewegung. Vgl. Jacques Derrida, *Marges de la philosophie,* Paris: Éd. de Minuit 1997d, 3-6, 15-16, 22. Diese Bewegung vollzieht sich im Textgeflecht und ist Ausdruck des Spiels im Text (»jeu«), welches Raum für weitere Bewegungen lässt (wie etwa das Spiel eines Scharniers) und gleichzeitig zu einer aktiven Handlung der Interpretation aufruft. Ibid., S. 7. Das gilt auch für die zeitliche Dimension im Sinne einer »Verzögerung (délai), différance«, Jacques Derrida, *Préjugés. = Vor dem Gesetz,* Wien: Passagen Verlag 2017j, S. 47. Für eine Rezeption des Gedankens der »différance« im Zusammenhang mit der Medientheorie für die Rechtstheorie, Vesting, op. cit., S. 20. Und in Bezug auf die Bedeutung des Mediums der Schrift: Thomas Vesting, *Schrift,* Weilerswist: Velbrück Wissenschaft 2011b, S. 15–16.

verschiedener kultureller Gedächtnisse kritisch hinterfragt werden, damit Praktiken der »VerAnderung« oder anderen Essentialisierungen nicht weiter Vorschub geleistet wird. Dieser Herausforderung möchte ich mich stellen, indem ich die Ambivalenzen der Alteritäts-Terminologie hier offenlege und hilfsweise mit der oben begonnenen Methode der Verortung arbeite.[78] Denn wenn dem Punkt Rechnung getragen werden soll, dass »Alterität kein transzendentales Konstrukt ist, sondern faktische Gegebenheit«, braucht es vor allem eine Auseinandersetzung mit der eigenen Position und der damit ggf. verbundenen (Ohn-)Macht in der Welt.[79] Entlang von »sozial-politischen Differenzlinien, wie Geschlecht, Herkunft, Sprache und Ethnizität«, lässt sich die Alteritätserfahrung in der Welt denken und in Bezug auf Machtverhältnisse sprachlich neu reflektieren und verhandeln.[80] Diese Überlegungen zu bestehenden Ambivalenzen im Begriffsfeld Alterität zeigen, dass die Forschungsfelder der queer-feministischen und postkolonialen Theoriebildung, in denen das Thema Alterität von Fragen gesellschaftlicher Macht- und Herrschaftsverhältnisse herkommend angegangen wird, miteinbezogen werden müssen. Daher eignen sich Stimmen aus diesem Feld, um den (transzendentalen) Alteritätsbegriff von Lévinas mit Hilfe der »faktischen Alterität«[81] (die Andere in der Welt) hinsichtlich seiner Anwendbarkeit für gesellschaftspolitische Themenbereiche, wie etwa das Recht, zu befragen und zu erweitern.

Die oben skizzierte Problemlage legt zunächst den Gedanken nahe, dass die von mir gewählte Terminologie der Alterität (lediglich) um ein (neutraler) Gegensatz zum Identischen oder Eigenen sei und damit das, was in der Alteritätserfahrung wesensmäßig fremd bleiben muss, nicht ausreichend thematisieren kann. Der Phänomenologe Bernhard Waldenfels, auf dessen Werk sich einige Überlegungen dieser Arbeit stützen, arbeitet in dieser Argumentationslinie mit einer Terminologie des »Fremden« als Gegenspieler des Eigenen. Er betont so bewusst vor allem die nicht einholbare Andersheit des Phänomens, welches nicht auf ein größeres Ganzes zurückgeführt werden könne, wie es aber z.B. im

78 In Bezug auf die Thematik des Fremden, fordert Brunner eine theoretische Standfestigkeit auf diesem Gebiet ein, um mit den ambivalenten Emotionen umzugehen, die in diesem Bereich oftmals auf den Plan treten, wenn die Darstellung von Alterität »zwischen Faszination und Feindbild, zwischen Bereicherung und Bedrohung changiert«, Claudia Brunner, »Rezension: Claudia Brunner Rezension: Manuela Boatca, Claudia Neudecker & Stefan Rinke (Hrsg.) (2006). Des Fremden Freund, des Fremden Feind: Fremdverstehen in interdisziplinärer Perspektive«, S. 2.

79 Carla Schriever, *Der Andere als Herausforderung. Konzeptionen einer neuen Verantwortungsethik bei Lévinas und Butler*, S. 84.

80 Ibid.

81 Ibid., S. 86.

dialektischen Verhältnis vom »*Selben* und *Anderen*« getan werden könnte.[82] Auch der Rechtstheoretiker Benedict Vischer wählt für seine Untersuchungen zur »Fremdheit des Rechts« weitestgehend diese Terminologie, um Recht zu beschreiben, dass ihm zufolge schon durch die »basalen Strukturen« seiner Verhältnisse einen »Eindruck des Fremden« kreiere:[83] »[D]ie Fremdheitserfahrung durchwaltet die Erscheinungsweise des Rechts und konkretisiert sich darin in vielen Gestalten«.[84] Die »Fremdheit des Rechts« wird so als »Motiv« entfaltet, welches den Bedeutungshorizont der Alterität ausleuchten soll, der im Nachdenken über Recht oft ins Hintertreffen gerät.[85] Diesen verortet er vor allem in der transzendenten Dimension der Alterität, die sich unhintergehbar entziehe und im Recht in sogenannten »Erhabenheitsfiguren« äußere.[86] Von verwandten gedanklichen Ausgangspunkten herkommend, denke ich, dass wir beide die alteritätsethische Bedingung von Recht betonen. Daraus folgt jeweils, dass gerade im Kontext des Rechts »die souveräne Selbstbestimmung« als Ideal grundlegend hinterfragt werden muss.[87] Während Vischer in der Fremdheit des Rechts vor allem das Transzendente der Alterität fokussiert, mit dem seiner Ansicht nach ein fragiles Versprechen einhergeht, kommt es mir ins Sachen Alterität und Recht zuvörderst auf die Abwesenheit eines eigenen Körpers des Rechts an. Damit rückt die Auseinandersetzung mit der menschlichen, d. h. leiblich-sinnlichen Bedingung von Recht ins Zentrum.[88] Die vielleicht ursprünglichste menschliche Erfahrung ist jene der Alteritätserfahrung, die ich im Ausgang und in Weiterentwicklung der Alteritätsethik von Lévinas denke.[89]

82 Vgl. Bernhard Waldenfels, *Grundmotive einer Phänomenologie des Fremden,* Frankfurt am Main: Suhrkamp 2016c, S. 20.
83 Vgl. Benedict Vischer, *Die Fremdheit des Rechts*, Weilerswist: Velbrück Wissenschaft 2021, S.13.
84 Ibid., S. 10. Diese bezeichnet er als »Erhabenheitsfiguren«, die sich dem direkten Zugriff entziehen, uns aber dennoch mit »erschütternden Appell« bedrängen, ibid., S.14.
85 Ibid., S. 32. Während ich im weiteren Verlauf vor allem von der alteritätsethischen Bedingung von Recht spreche und damit den Befund bestärke, dass das Recht selbst keinen eigenen Körper habe, also die Alterität der Materie selbst zum Ausgangspunkt mache, geht es Vischer vor allem darum, vielschichtig jene Stellen aufzuzeigen in der sich Alterität, bzw. in seinen Worten Fremdheit, mittels transzendentaler Bezüge im geltenden Recht Bahn bricht, ibid., S.12.
86 Vgl. ibid., S. 14.
87 Ibid., S. 26.
88 Vgl. Ibid., S.10-13.
89 Vischer verortet deren Ursprünge bei Karl Barth und deren Weiterentwicklung bei Derrida, ibid., S. 117–297.

In der französischsprachigen Philosophie, aus der sich grundlegende Überlegungen der Alteritätsethik speisen, wird ein Wortfeld bemüht, welches um das Phänomen der nicht objektivier- oder benennbaren Alteritäts*erfahrung*[90] kreist, die »jederzeit [...] in der Subjektivität des Subjekts aufbrechen kann«.[91] Mit Lévinas und Derrida kann das sich entziehende Moment der Alteritätserfahrung mit der Metapher der »Spur« imaginiert werden.[92] Die Alteritätserfahrung als Spur zu verstehen, bedeutet, sich zu vergegenwärtigen, dass sie »,hinter die Möglichkeiten des Ich zurück« geht und ihr auf »diachrone Weise voraus« liegt.[93] Mit dem Begriff der Alterität lässt sich zudem auch das semantische Feld der Differenz und Pluralität aufgreifen, zumal im Alteritätsdenken von Lévinas mit der Figur des Dritten die unendlichen Ansprüche der *Anderen* expliziert werden, die in der Alteritätserfahrung, als der Begegnung mit der Anderen in ihrem vielstimmigen Anspruch stets mitschwingen.

Alterität kann demnach zwar durchaus auch in Gegenüberstellung mit dem Begriff des Identischen oder der Identität als dessen Gegenspielerin verstanden werden. So etwa in erster Annäherung an die intersubjektive Konstellation in der Figur des Antlitzes und der responsiven Subjektwerdung bei Lévinas, in der eine Art ausschließende Bedeutungsbildung aktiviert wird: Ich bin, was *die Andere* nicht ist; ich bin *eine Andere* als Du. Gerade dieses Muster, über Ausschluss Sinn zu erzeugen (etwa Alterität

90 Seit den 1970er Jahren hat die Terminologie der Alterität eine Wende durchgemacht. Während sie zuerst das Nicht-Selbst als das, was dem selbst äußerlich sei, adressierte, steht zurzeit die semantische Abgrenzung zur »ipseity (the sense of one's self, self-awareness)« im Zentrum. Die Alteritätserfahrung wird dabei als Voraussetzung thematisiert, um sich überhaupt von der Welt zu unterscheiden zu können. Alterität wird so als etwas dem Bewusstsein Externes verständlich, was dieses aber zugleich auch bedingt. Vgl. dazu, Nayar, op. cit., S. 6.

91 Sophie Loidolt, *Anspruch und Rechtfertigung. Eine Theorie des rechtlichen Denkens im Anschluss an die Phänomenologie Edmund Husserls*, Dordrecht: Springer Netherlands 2009, S. 200. Der große Andere (l'Autre) als »›das Andere‹ schlechthin« dient auch als theologische Referenz, während der andere Mensch meist als ›autrui‹ benannt wird. Vgl. m.w.N. ibid., S. 206.

92 Derrida schreibt von der »Spur [...] der Nicht-Präsenz des Anderen, die im Sinn des Präsenten eingeschrieben ist«, Jacques Derrida, *De la grammatologie*, Paris: Éd. de Minuit 2002f, S. 103. Im Original: »[T]race [...] non-présence de l'autre inscrite dans le sens du présent«. Lévinas bemüht die Metapher der Spur im Zusammenhang mit dem Versuch sich der Verantwortung gegenüber der Anderen zu entziehen, die Spuren hinterlasse, vgl. Emmanuel Lévinas u.a., *Humanismus des anderen Menschen*, Hamburg: Meiner 2005, 73–74 [75].

93 Loidolt, op. cit., S. 210.

ist alles, was nicht Identität ist), läuft jedoch Gefahr, die oben angedeuteten Bedeutungszuweisungen einer verkürzten oder gewaltvollen Alterität zu produzieren. Bezüglich des subjektbezogenen Verständnisses von Alterität würde dies bedeuten, in binäre Denkmuster zurückzufallen. In der kritischen Betrachtung binärer Oppositionen und strenger Ausschlüsse (z. B. Alterität – Identität) besteht aber dennoch auch die Möglichkeit, sich der Bedeutung von Alterität nicht nur durch Opposition, sondern auch durch weitere sinngebende und vernetzende Begriffe anzunähern (Alterität – Pluralität; Alterität – Vielfalt; Alterität – Unbekanntes; ...). Denn Alterität verweist semantisch nicht nur, aber auch auf das Unbekannte, Fremde, sich stets Entziehende. Daher schlage ich die obigen Überlegungen aufgreifend, eine queere Lesart von Alterität vor, die von meiner Lebenserfahrung ausgeht und sich einem binären Verständnis von Alterität und Identität in den Weg stellt bzw. quer zu diesem liegt. Ziel ist, dass das gesamte Spektrum unendlicher Vielfalt, welches sich in der Alteritätserfahrung ereignet auch Resonanz im Begriff der Alterität finden kann.[94] Dieses Vorverständnis von Alterität erschöpft sich daher nicht in einer binären Opposition (Alterität–Identität), sondern verweist auf das Jenseits von Binarität und somit auch auf *das Andere* zur Idee von Identität.

94 Der von der Act-Up-Bewegung in den 1980er Jahren erstmals subversiv angeeignete Begriff des Queer-seins stellt der binären und heteronormativen Geschlechter- und Begehrensordnung ein anderes Konzept gegenüber bzw. in den Weg. Die Idee ist, einen Begriff zu nutzen, welcher sich der hergebrachten Geschlechterkodierung jenseits identitätspolitischer Strategien entzieht. Das betrifft auch Verständnis und Konstruktion von Identitäten über die sexuelle Vielfalt referiert. Vgl. einführend zu der sich im akademischen Bereich entwickelnden Auseinandersetzung, Nikki Sullivan, *A critical introduction to queer theory*, New York: New York University Press 2007. Dass Geschlecht ein Paradebeispiel für die Wirkmacht binärer und hierarchisierende Denkmuster ist, zeigen feministische Denkansätze bereits seit Mitte des letzten Jahrhunderts, indem sie aufzeigen, dass das Feminine meist in Opposition, lediglich als eine Art Ableitung oder als Mangel bzw. Ergänzung zum Maskulinen (Ausgangspunkt) konstruiert wird. Vgl. etwa Simone de Beauvoir bereits 1949: »*La femme se détermine et se différencie par rapport à l'homme et non celui-ci par rapport à elle; elle est l'inessentiel en face de l'essentiel. Il est le sujet, il est l'Absolu: elle est l'Autre*«, vgl. Simone de Beauvoir, *Le Deuxième sexe*, Paris: Gallimard 2004, S. 16.

c. *Recht (als Ausdruck kollektiver Einbildungskraft)*

> »Recht ist in Wirklichkeit nicht nur ein Instrument, das dem Subjekt zur Verfügung steht, sondern einer der Modi zur Herstellung seiner Identität, einer kollektiven oder objektiven Identität des Für-andere«.[95]

Im Anschluss an diese Überlegung des Foucault-Forschers François Ewald verhandle ich Recht als spezifische Ordnungsmacht, die vor allem in »juristischen Erfahrungen« zum Ausdruck kommt.[96] Damit ist ein Rechtsverständnis angestrebt, welches die Frage und Suche nach einem inhaltlichen Rechtssinn zulässt, ohne sie endgültig beantworten zu müssen. Zugleich kann so die lebensweltliche Verankerung von Recht thematisiert werden.[97] Und zwar indem es nachfolgend mehr darum gehen soll, *wie* Recht erfahren wird und gesellschaftlich wirkt, und weniger um die Festlegung dessen, *was* Recht *ist*.[98] Die Frage, was Recht sei, ist und bleibt eine kaum zu beantwortende und dennoch immer wieder zu stellende Frage in der Rechtswissenschaft. Im Wissen um die Schwierigkeit der meist mehr rhetorisch gestellten Frage, was Recht sei, schwingt oftmals das Bedürfnis mit, eigene Vorstellung davon mitzuteilen, was Recht (und recht) sein soll. Das bringt ggf. auch verschiedene dahinter liegende Gerechtigkeitsvorstellungen implizit oder explizit in Anschlag.[99] Der phänomenologisch inspirierte Ansatz und der damit verbundene Anknüpfungspunkt der »juristischen Erfahrung« bietet den Vorteil, die je eigene Verwobenheit mit Recht zu reflektieren.[100] Ähnlich wie Vischer

95 François Ewald, *Der Vorsorgestaat* , Frankfurt am Main: Suhrkamp 2015, S. 41.

96 Ibid.

97 Damit knüpfe ich an Engelmanns These von Interpretation im Kontext von Rechtsgeltung als ein institutionelles und kulturelles Projekt an. Vgl. Andreas Engelmann, *Rechtsgeltung als institutionelles Projekt. Zur kulturellen Verortung eines rechtswissenschaftlichen Begriffs*, Weilerswist: Velbrück Wissenschaft 2020.

98 Gehring merkt an, dass Recht an sich keine »Form der ›Evidenz‹ oder des ›Erscheinens‹ hat, der in phänomenologischer Terminologie Rechnung getragen werden könnte« und betont »die Schwierigkeit Recht zu erfahren, weil es weder als Gegenstand des Bewusstseins [...] noch als empirischer Fakt [...] in Erscheinung tritt«, Petra Gehring, »Can the Legal Order ›Respond‹?«, in: *Ethical Perspectives: Journal of the european ethics network*, 13: 3 (2006), S. 470.

99 Vgl. dazu mit Bezugnahme auf Charles Sanders Peirce: Thomas-Michael Seibert, *Die Lehre vom Rechtszeichen. Entwurf einer allgemeinen Rechtslehre*, Berlin: Duncker & Humblot 2017a, S. 53.

100 Ewald, op. cit., S. 41.

strebe ich damit ein inklusives Verständnis von Recht an, dass den »Bedeutungsrahmen, der impliziert ist, wo etwas als Recht erfahren, verstanden, ausgeübt und behauptet wird« mitdenkt.[101] Das hat den Vorteil die jeweils vorgetragene Referenz auf Recht, welches in der Erfahrung zum Ausdruck kommt, epistemologisch zu situieren, hinterfragen, bestätigen oder transformieren. Daher möchte ich im Rahmen dieser Arbeit, so gut es geht, darauf

> »verzichten, aus dem Recht eine Essenz, eine Idee oder etwas anderes zu machen, was sich als solches in einer juristischen Erfahrung widerspiegelt. Damit geht das Eingeständnis einher, [...], daß die Behauptung, die Wahrheit über *das* Recht zu sagen, keinen Sinn macht, gehört doch jeder Diskurs über das Recht einer juristischen Erfahrung an und muß sich in Beziehung zu ihr situieren«.[102]

Die Frage, was Recht, oder recht im Sinne von gerecht und richtig ist, wird damit aber weder hinfällig noch weniger drängend.[103] Die Versuche, sie zu beantworten, sind so vielstimmig und vielfältig, wie es Personen gibt, die sie zu beantworten suchen. Denn die

> »[d]ie Lehre vom Recht ist selbst ein Zeichen und kennt ihren Gegenstand nicht. Nur Einzelne, die darüber sprechen, haben ›Recht‹, aber sie haben es nur als das eigene mögliche, nicht als wirkliches Recht. [...]. Recht kann nur in degenerierter Form angeschaut werden. Das kann man bedauern, wird aber auf Anschauung doch nicht verzichten«.[104]

Innerhalb des rechtswissenschaftlichen und vor allem des rechtstheoretischen Feldes herrscht daher stets (produktive) Uneinigkeit darüber, was unter Recht zu verstehen ist. Die Vielfalt der Ansätze reicht von streng positivistischen oder pragmatischen über kultur- und medientheoretisch informierte[105] bis hin zu kritischen, dekonstruktiven und ex-positiven

101 Vischer, op. cit., S. 33.

102 Ibid.

103 Vgl. für einen historischen Überblick zum »Streit um den Rechtsbegriff« im deutschsprachigen Raum: Peter Koller, *Theorie des Rechts. Eine Einführung*, Wien: Böhlau 1997, 19ff. Auch in jüngeren einführenden Werken der Rechtstheorie oder -philosophie finden sich Erläuterungen zum je eigenen verwendeten Begriff oder Verständnis des Rechts. Vgl. exemplarisch Uwe Volkmann, *Rechtsphilosophie. Ein Studienbuch*, München: C.H. Beck 2018, 247ff.

104 Seibert, op. cit., S. 489. Mit semiotischem Schwerpunkt beschreibt Seibert Recht als »Justizdispositiv« im speziellen in »seiner theatralen Verhandlungsform« wobei er »die Entscheidung durch Dritte« als »wesentliche Zutat zum Rechtzeichen« fokussiert, ibid., S. 490.

105 Vgl. für die Medien Sprache, Schrift, Buchdruck und Computernetzwerke Vestings *Medien des Rechts* (2011-2017) erschienen in Weilerswist bei Velbrück Wissenschaft. Für die spezifische mediale Bedeutung von Akten:

Ansätzen – wahlweise auch in Kombinationen. Jedenfalls werden aber stets, je nach dem normativen oder beschreibenden Anspruch dieser gedanklichen Zugänge zum Recht, verschiedene Eigenschaften, Ziele und Funktionen des Rechts als wesentlich herausgearbeitet. *Positivistische* Ansätze betonen etwa eher statisch den Setzungsakt und *pragmatische* Ansätze heben etwas dynamischer die Vollzüge hervor, in denen sich Recht herausbildet.[106] Während letzterer Strang mit postfundamentalistischen Ansätzen gemein hat, auf Letztbegründungsversuche zu verzichten, zeichnen sich expositive Ansätze, wie der von Augsberg darüber hinaus dadurch aus, Recht als etwas zu verstehen, das »sich selbst exponiert«.[107] Dabei komme es entscheidend darauf an, dass Recht in den konstituierenden »Operationen der Aussetzung, Ausstellung und Auslegung [...] um die eigene Abgründigkeit weiß«.[108] Ein neo-materialistischer Ansatz würde dem hinzufügen bzw. betonen, dass dieses Wissen um den Abgrund in der Begründungssuche nicht im luftleeren Raum schwebt, sondern leiblich in der Welt verortet und eingebunden ist.

Die Vielfalt gedanklicher Ansätze, Recht begrifflich zu fassen und die damit verbundenen Möglichkeiten der Kombinationen und Ausschlüsse entlang dieser theoretischen Stützen ein Verständnis von Recht zu entwickeln, ist darüber hinaus aber vor allem eines: Ausdruck des gesellschaftlichen und »semantischen Kampf[es]«[109] bzw. Aushandlungsprozesses um die Bedeutung des Rechtsbegriffes. Dass Schlüsselbegriffe zum Schauplatz semantischer Kämpfe werden, ist nicht ungewöhnlich und zeichnet (geistes-)wissenschaftliche Prozesse sogar aus.[110] Das Ringen um Definitionshoheit über einen Begriff des Rechts hat aber eine besondere Brisanz, weil darin implizit auch darüber verhandelt wird, was als

Cornelia Vismann, *Medien der Rechtssprechung, Fischer Taschenbuch: Frankfurt a. M. 2011.*

106 Engelmann, op. cit., S. 10.

107 Augsberg, op. cit., S. 7.

108 Ibid.

109 Vgl. für einen Eindruck der Bedeutung des »semantischen Kampfes« für Entscheidungen im Recht, Friedrich Müller, *Politik, (neue) Medien und die Sprache des Rechts,* Berlin: Duncker & Humblot 2007, S. 12. »Besser verzichtet man auf die Wunschvorstellung, die Wahrheit des Rechts sei vor der Lösung des Falls im Verfahren bereits vorweg fixiert [...]. Dieses Bewusstsein öffnet den Weg zu einer *relativen Rationalität im Verfahren,* [...] im Bemühen um eine Entscheidung, welche sich auf Argumente stützt, die – jedenfalls vorläufig – alle gegen sie vorgebrachten Gesichtspunkte sei es zu widerlegen, sei es zu integrieren vermögen«.

110 Das gilt auch für die Rechtswissenschaft, die als eine besondere, weil »*angewandte Geisteswissenschaft*« bezeichnet wird, Helmut Coing, *Die juristischen Auslegungsmethoden und die Lehren der allgemeinen Hermeneutik,* Köln: Westdeutscher Verlag 1959, S. 23.

Recht gilt und was nicht. Daher müsste allein das Wissen um verschiedene Verständnisse von Recht, herrschende und sogenannte andere Ansichten, Bewusstsein und Verantwortung für die Wirkkraft der jeweils eigenen Beteiligung an ihnen hervorrufen. Das Bedürfnis nach einem überschaubaren Vorverständnis von Recht kommt nicht von ungefähr: Auch wenn Recht komplex ist, sollen zumindest Jurist:innen und jedenfalls die Richter:innen wissen können, was Recht ist und was nicht – so die gesellschaftliche Erwartungshaltung. Rechtspraktisch zu arbeiten oder sich als (Rechts-)Wissenschaftlerin damit auseinanderzusetzen und die entsprechenden Vorannahmen darüber zu treffen, was Recht ist und was nicht, hat aber unter Umständen performative Wirkkraft oder wenigstens einen Einfluss darauf, was im Diskurs insgesamt als Recht angesehen wird und was nicht. Mit anderen Worten: Es kommt durchaus darauf an, *wie* Recht verstanden wird und auch darauf, welches Rechtsverständnis kollektiv weitergetragen wird und zum herrschenden Wissen über Recht avanciert.

Wird Recht als etwas Gewachsenes und ortspezifisch, kollektiv Kultiviertes verstanden, wird deutlich, dass jedem Beschreibungsversuch der direkte Zugriff auf diese Materie entzogen ist. Wenn Recht lebendig ist und sich der Sache nach auch anders oder gar entgegen normativen Zuschreibungen oder deskriptiven Beschreibungen über Recht entwickeln kann, relativiert sich die Wirkmacht des jeweils im rechtswissenschaftlichen Diskurs vorherrschenden Rechtsverständnisses. Und dennoch besteht weitestgehend eine kollektiv geteilte »doppelte Selbstverständlichkeit, dass es etwas spezifisches Rechtliches gibt und dass es gilt«.[111] Diesen Punkt arbeitet Andreas Engelmann heraus, indem er »Rechtsgeltung als institutionelles Projekt« erklärt, wobei Recht seine Geltungskraft vor allem aus Glauben an das Recht ziehe. Engelmann schreibt

> »Recht ist kognitiv *und* normativ offen: Jede rechtliche Operation ist durch einen Rechtsglauben bedingt, der besagt, dass das Recht das Recht ist.«[112]

Damit würde zugleich die Deutungshoheit in Bezug auf kulturell etablierte und geteilte Vorstellungen dessen, was Recht (bzw. recht) ist, im übertragenen Sinne in der Gesellschaft selbst liegen.[113] Zwar prägt der spezielle rechtswissenschaftliche Diskurs demnach durch Selbstzuschreibungen den gesellschaftlichen Begriff von Recht dahingehend,

111 Engelmann, op. cit., S. 160.

112 Ibid., S. 18.

113 So Eugen Ehrlich, der den »Schwerpunkt der Rechtsentwicklung […] weder in der Gesetzgebung, noch in der Jurisprudenz oder Rechtsprechung, sondern in der Gesellschaft selbst« verortet: Eugen Ehrlich, *Grundlegung der Soziologie des Rechts,* Berlin: Duncker & Humblot 2022, S. 21.

dass wenn von Recht die Rede ist, meist modernes (staatliches) Recht als Ordnungsmacht gemeint ist. Damit verschwindet aber nicht, was jenseits rechtswissenschaftlicher Zu- und Einordnungen in der Welt als Recht entsteht, entstehen könnte und wirklich gilt. Robert Cover bezeichnet dieses Recht als Nomos, der eine rechtliche Lebenswelt abbildet.[114] Denn

> »auch wenn die Rechtserzeugung formell zentralisiert wird, kann sie, weil sie sich innerhalb eines Nomos abspielt, immer nur kollektiv ausgeübt werden. «[115]

In diesem Sinne sind beispielsweise in Bezug auf staatliches Recht nicht »nur Richterinnen und Offizielle«,[116] sondern grundsätzlich und potenziell alle wirksam an der Aufgabe beteiligt, »die Verfassung zu verstehen»[117]. Zudem kann ein enger (staatlicher) Rechtsbegriff weder Recht in seiner breiteren soziologischen Beschreibung »als Kulturtatsache« noch in seiner politischen Dimension angemessen erfassen.[118]

Der durch diese Arbeit verfolgte Anspruch, Recht anders zu denken, erwächst aus den zuvor genannten Überlegungen zum Recht und zielt zudem auf eine alteritätsethische sensible Beschreibung und Verhandlung von Recht. Diese versuche ich vom Hören herkommend gedacht zu vollziehen, indem ich auf verschiedenen Ebenen die alteritätsethische Relevanz des Hören-Könnens und Gehört-Werdens im Recht thematisiere. Damit gehen auch Frage und Suche nach einem alteritätsethischen Sinn von Recht, also seinem normativen Fluchtpunkt einher. Für dieses Vorhaben ist ein Begriff des Rechts nötig, der, möglichst durchgehend, als Referenz dafür dienen kann, über das nachzudenken, was jeweils lokal als geltendes Recht wahrgenommen und bezeichnet wird. Zugleich müsste ein solcher Rechtsbegriff mit der faktischen Gegebenheit des

114 Robert M. Cover, »The Supreme Court, 1982 Term -- Foreword: Nomos and Narrative«, in: *Harvard Law Review*, 4 (1997b), S. 4.

115 Engelmann, op. cit., S. 167.

116 Ibid.

117 Cover, op. cit., S. 33.

118 Bereits Radbruch bezeichnet den Gegenstand der rechtswissenschaftlichen Betrachtung »als Kulturtatsache«, dabei aber die Betrachtung des »Kulturwerts des Rechts« und Überlegungen zu seinem »Wesen oder denn seiner Wesenslosigkeit« abspaltete, um sie der Rechtsphilosophie und der Religionsphilosophie des Rechts zuzuordnen, Gustav Radbruch und Ralf Dreier (Hg.), *Rechtsphilosophie. Studienausgabe*, Heidelberg: C.F. Müller 2003, S. 12. Vgl. für den englischsprachigen Raum einführend dazu Lawrence Rosen, *Law As Culture. An Invitation*, Princeton: Princeton University Press 2017. Für einen interdisziplinär und insbesondere kulturwissenschaftlich informierten Zugang zu (staatlichem) Recht, vgl. Thomas Vesting, *Staatstheorie. Ein Studienbuch*, München: C.H. Beck 2018g, S. 24–25. Sowie Engelmann zu »Recht als Kultur«, Engelmann, op. cit., S. 175–188.

Rechtspluralismus[119] umgehen können und dürfte verschiedene Rechte, Rechtsordnungen und Rechtskulturen in ihrer jeweiligen Singularität nicht überschreiben. Es bedarf also eines weiten Rechtsbegriffes, der aber wesentliche Problemfelder des Phänomens Rechts adressieren kann. Damit unterscheidet sich der in diesem Vorverständnis angestrebte Rechtsbegriff von engen Rechtsbegriffen, die insbesondere im kontinental-europäischen Recht aus staatszentrierter Perspektive entwickelt werden.[120] Sie können weitreichend und in Bezug auf staatliches Recht auch präzise, aber eben nicht umfassend Aufschluss über Recht geben, welches hier oder dort als geltend erfahren wird.[121] Sinnvoller für die Fragestellung dieser Arbeit ist daher ein phänomenologisch inspiriertes

> »Verständnis des Rechtlichen in menschlichen Belangen überhaupt. [...]. Ein Rechtsverständnis in diesem Kontext [...], strebt ein umfassendes

119 Zur Einführung in Überlegungen zum Rechtspluralismus: Susanne Baer, *Rechtssoziologie. Eine Einführung in die interdisziplinäre Rechtsforschung,* Baden-Baden: Nomos 2021, 99ff.; 104. Für einen Rechtsbegriff des Rechtspluralismus anhand historischer Phänomene des Pluralismus der Rechte und einer Genealogie des Rechtspluralismus, vgl. Ralf Seinecke, *Das Recht des Rechtspluralismus* (Dissertation), 20ff. Zusammenfassend und zur Einordnung der »kaum mehr zu überschauende Zahl von Konzepten und Definitionsvorschlägen«: Christina Brauner und Antje Flüchter (Hg.), *Recht und Diversität. Lokale Konstellationen und globale Perspektiven von der Frühen Neuzeit bis zur Gegenwart,* Bielefeld: transcript; Bielefeld University Press 2020, 13,10ff. Wie ich in Bezug auf die Frage »Was ist Recht? « skizziere, wird hier auch in Sachen Rechtpluralismus die Tendenz zur Grundsatzdebatte hervorgehoben. So fragen Auseinandersetzungen um Recht und Diversität immer auch zugleich normativ danach, was als »Recht« zu gelten habe und was nicht. Vgl. ibid., S. 13.

120 Für ein Rechtsverständnis, dass auf rechtsstaatliches Recht in europäischer Tradition ausgelegt ist, andere normative Praktiken unter dem Begriff der normativen Ordnung führt und den Rechtsbegriff für staatliches oder staatsähnliches Recht reserviert: Volkmann, op. cit., 248–239 Rn.. 238. Volkmann optiert für diese Einengung, weil nur im staatlichen Recht etwas für das Recht wesentliches, eine Radbruch'sche »Rechtsidee« am Werk sei: Die »Begründung eines Status gleicher Personen oder die Verbindung zu einer allgemeineren Vorstellung von Gerechtigkeit, die das Recht auch von seinem Begriff her kennzeichnet«, ibid. Gegenbeispiele geltenden Rechts, jenseits staatlichen Rechts, sind jedoch mannigfaltig. Vgl. dazu Brauner und Flüchter, op. cit.

121 Diese Ansätze sind aber denoch hilfreich, zumal Vorstellungen von staatszentriertem Recht in der heutigen Welt prägend für gewachsene und vorherrschende Vorstellungen von Recht und Gerechtigkeit sind. Allerdings sind sie oftmals auch darauf ausgerichtet den »modellbildenden Charakter staatlichen Rechts« auch für »alternative Rechtsbegriffe« zumindest bei deren Entwicklung nicht auszublenden, vgl. Volkmann, op. cit., 248 Rn.. 238.

Verständnis von Legitimation und Legitimität aus einer subjektiv-intersubjektiven Grundsituation heraus an«.[122]

Mein Vorverständnis von Recht richtet sich daher auf einen Nexus von Normen und Institutionen, die sprachlich und medial bedingt sind und in einer Form gesellschaftlich wirksam werden, die als geltend bezeichnet werden kann.[123] Recht kann so als spezifische sprachliche und von menschlichen Beziehungen[124] geprägte Praxis in seiner Wirkweise als Ordnungsmacht thematisiert werden. Dieses Vorverständnis führt – verdichtet ausgedrückt – zu folgenden Annahmen über das Phänomen Recht: Recht gilt, es ist sprachlich und unhintergehbar alteritätsethisch bedingt. In seinen Grundlinien verweist dieses Rechtsverständnis auf verschiedene Bedeutungszusammenhänge und verschiebt, die Frage *was* Recht ist, hin zu der Frage, *wie* sich Recht zeigt. Die Ebene der Geltung eröffnet eine Perspektive auf den Befehlscharakter juristischer Erfahrungen bzw. auf die Normativität des Rechts. Denn Recht zeigt sich als »soziales Phänomen« unter anderem durch einen »spezifischen Autoritätsanspruch«.[125] Dieser entsteht jedoch nicht abstrakt, als reines Recht im Sinne einer nackten Normativität oder bloßen Form im luftleeren Raum, sondern ist stets an kulturelle Kontexte und Institutionen gebunden. Dabei werden diverse soziale Praktiken, z.B. des

Zur historischen und philosophiegeschichtlichen Genese von »Rechtsphilosophie als ›Rechts- und Staatsphilosophie‹« vgl. Thomas Vesting, *Rechtstheorie. Ein Studienbuch,* München: C.H. Beck 2015f, 17 Rn.. 27. und ibid., 91ff. Am Staat führt kein Weg vorbei, weil staatlich geprägte Vorstellungen von Recht im kollektiven Gedächtnis so präsent sind. Brauner deutet daher auch die »vehemente Abwehr von Etatismus und moderner, staatszentrierter Beschreibungssprache« in der Debatte um *legal pluralism* als Beleg für eine »fortdauernde Wirksamkeit« der Macht staatszentrierter kontinentaleuropäischer Narrative des Rechts. Vgl. Brauner und Flüchter, op. cit., S. 14.

122 Loidolt, op. cit., S. 307.

123 Diesen Arbeitsbegriff des Rechts formuliere ich im Anschluss an zeitgenössische Positionen der Rechtstheorie. Die hier vorgenommenen Überlegungen machen »ein Recht zum Ausgangspunkt, das in gesellschaftliche Verhältnisse verwoben ist und dessen Strukturen sich in ständigen Wechselbeziehungen zu seinen sozialen Umwelten entwickeln, stabilisieren und rekonfigurieren«, Ralph Christensen und Andreas Fischer-Lescano, »Einleitung: Neue Theoriepraxis des Rechts«, in: Sonja Buckel u.a. (Hg.), *Neue Theorien des Rechts,* Tübingen: Mohr Siebeck 2020, S. 3.

124 Es ist daher unabdingbar »Recht als ein bestimmtes Verhältnis zwischen Menschen« zu lesen und diese spezifische Form der Beziehung (»das Rechtsverhältnis«) zu bedenken. Vgl. Alexander Somek, *Rechtstheorie zur Einführung,* Hamburg: Junius 2017, S. 25.; Alexander Somek, *Rechtsphilosophie zur Einführung,* Hamburg: Junius 2018, S. 10.

125 Ibid., S. 15.

Glaubens, Anerkennens, Gehorchens oder der Gewalt in Verbindung mit entsprechenden recht-fertigenden Narrativen wirksam und fordern die Autorität rechtlich erhobener Ansprüche auf Geltung heraus. Diese Praktiken sind ihrerseits eingebettet in Sprache und finden in verschiedener Medialität Ausdruck. Thomas Vesting betont in seinen Schriften zu den »Medien des Rechts«, dass sich »die Geltungskraft und Verbindlichkeit des Rechts der Rechtsordnung selbst« aber entziehe und Recht in seiner Geltung »auf das gemeinsame Wissen einer praktischen Kultur« angewiesen sei.[126] Recht als Phänomen der Geltung zu verstehen, erfordere daher in Anerkennung der sprachlichen Bedingtheit des Rechts auch eine mediale und kulturelle Annäherung. Mit der vorliegenden Arbeit verfolge ich diese Annäherung unter besonderer Berücksichtigung der Bedeutung des Hörens und der alteritätsethischen Bedingung von Recht. Gemeinsames Wissen als maßgebliche Quelle und Bedingung von Rechtsentstehung mitzudenken, bedeutet auch Recht in seinem kreativen und politischen Potential ernst zu nehmen: Als verdichtete Erfahrung von gesellschaftlicher Vorstellungskraft. Rechtsgeltung erwächst aus kollektiver Imaginationskraft[127] und prägt auch über die Sphäre des

126 Vesting verweist damit auf ein Feld, welches er »jenseits der Reichweite der Intentionen und der Verantwortung der Subjekte« verortet, vgl. Vesting, op. cit., S. 38. Dem stimme ich insoweit zu, als sich das »gemeinsame Wissen einer praktischen Kultur« der Beherrschung durch ein einzelnes Subjekt entzieht. Etwas anderes sieht es in Sachen Verantwortung aus. Denn subjektive Entscheidungen beeinflussen durchaus die Frage, *welches* Wissen letztlich zur Orientierung in einer (rechtlich) geordneten Welt herangezogen wird oder gerade nicht mobilisiert wird. In der menschlichen Subjektwerdung im alteritätsethischen Sinne gibt es keinen Verantwortungsbefreiten Raum, vgl. dazu Kapitel II. Problematisch erscheint mir in diesem Sinne nur das kreative und schöpferische Potenzial moderner Rechtssubjektivität hervorzuheben, ohne die reproduktive Seite der Moderne und Kontext und Auswirkungen der Kolonialisierung zu thematisieren. So etwa in den »Persönlichkeitsideale[n] des modernen schöpferischen Menschen – des Gentlemans, des Managers und des Homo Digitalis«, Thomas Vesting, *Gentleman, Manager, Homo Digitalis. Der Wandel der Rechtssubjektivität in der Moderne,* Weilerswist: Velbrück Wissenschaft 2021h, S. 7. Vesting betont hier bewusst »den aktiven Modus der Subjektivität, die schöpferische Freiheit [...] und weniger den passiven Modus der Subjektivität, die Adaption und Einordnung«. ibid., S. 62.

127 Vgl. Einführend zur »konstitutiven Kraft des Imaginären im Sozialen« bei Castoriadis, Harald Wolf, »Einleitung«, in: ders., *Das Imaginäre im Sozialen. Zur Sozialtheorie von Cornelius Castoriadis,* Göttingen: Wallstein Verlag 2012, S. 9. Die konzeptuelle Arbeit von Castoriadis ermöglicht es, die Bedeutung kollektiver Einbildungskraft hinsichtlich der Politizität und dem gesellschaftlich nicht nur stabilisierenden, sondern auch transformativen Potential zu erfassen, in dem symbolische und verdichtete Vermittlungen dieser

Rechts hinaus den hermeneutischen Horizont wesentlicher gesellschaftlicher Vorstellungen, die sich zu Normen verdichten. Auch die unhintergehbare Pluralität von Recht(en) gilt es, im Hinterkopf zu behalten. Sie gibt Aufschluss über die sich in der sprachlichen und medialen Bedingtheit des Rechts zeigende Relevanz von Alterität als radikale Vielfalt und unhintergehbare Bedingung des Rechts. Dies bedeutet zum einen, dass Recht, sofern es Recht ist, stets (nur) ein Recht unter vielen anderen möglichen und existierenden Rechten oder Rechtsordnungen ist. Vor diesem Hintergrund unhintergehbarer Pluralität muss Recht als verhandelbarer Ausdruck kollektiver Einbildungskraft verstanden werden, welches mit den Worten von Cover wie eine »Brücke, [...] ein Konzept der Realität mit einer imaginierten Alternative verbindet«.[128] Die Verhandelbarkeit und Einsicht, dass Recht immer auch anders sein könnte und anderswo auch anders ist, geht jedoch Hand in Hand mit der

> »[k]ultur- und [t]extwissenschaftliche[n] Einsicht [...], dass wir die Welt auch dann *machen*, wenn wir sie nicht *beherrschen*. [...] Recht als kulturelle Praxis ist nichts, worauf man einen direkten Zugriff hat, statt über Recht zu verfügen, kann man nur mit ihm umgehen«.[129]

Zum anderen gilt in alteritätsethischer Hinsicht, dass auch wenn sich die Genese rechtlicher Geltung dem umfassenden Zugriff einzelner Subjekte entzieht, jeder rechtlich erhobener Anspruch in alteritätsethischer Verantwortung steht.

3. Thesen und Gedankengang dieser Arbeit

Ausgehend von der sprachlichen und kulturellen Bedingtheit des Rechts soll die rechtstheoretische Befassung mit der Fragestellung, welche alteritätsethische Relevanz das Hören und Gehört-Werden für das Recht hat und haben könnte, zu Fragmenten einer alteritätsethisch verantwortlichen Rechtstheorie beitragen. Denn die Beschäftigung mit dem Hören-Können vor dem Antworten-Müssen hat für mich in Bezug auf das Phänomen Recht zu der Erkenntnis geführt, dass Recht von Anfang an alteritätsethisch in doppelter Hinsicht herausgefordert wird. So war und ist das Hören-Können und dessen Bedeutung für Recht zwar

Vorstellungen im Recht in den Blick genommen werden können. Vgl. zur Wirkmacht der Figur der Souveränität in emotiver Anbindung an die Angst vor Anderen sowie die transformative Kraft von Narrativen und Vorstellungen: Anna Menzel, »Brüchige Phantasien der Souveränität im Recht«, in: *Zeitschrift für Kritik - Recht - Gesellschaft*, 3 (2022b).

128 Robert M. Cover, »Violence and Word«, in: *The Yale Journal of Law*, 95 (1986a), S. 1604.

129 Engelmann, op. cit., S. 19.

Ausgangspunkt meiner Untersuchung, aber es hat sich herausgestellt, dass die Alteritätsethik ihr Fluchtpunkt ist. Das Phänomen der Alterität wird in der Rechtstheorie meistens nur als Rand- oder Grenzfigur in Bezug auf Recht skizziert, aber ihr kommt dabei eine umso wirkmächtigere Rolle zu. Um sich dieser Überlegung zu öffnen, gilt es »die Idee eines autonomen Rechtskörpers aufzugeben und sich damit selbst auf das für sie Andere und Fremde einzulassen«.[130] So formulierte es Vesting in Bezug auf das Entstehen von Fragmenten einer zeitgenössischen Rechtstheorie. Diese bedürfe einer transdisziplinären Öffnung, die im Sinne eines Programms »der Grenzüberschreitung, für ein In-Kontakt-Treten mit dem Anderen, für eine Änderung der juristischen Denkart« sorge.[131] Die größte Herausforderung liege sodann darin, »den ›Einbruch des heterogenen Anderen‹ [...] unter den Bedingungen der Postmoderne produktiv zu wenden«.[132] Im Rahmen dieser Arbeit versuche ich Alterität in Bezug auf Recht aber nicht als nur Einbruch von außen zu denken, mit dem es dann produktiv etwas zu tun gilt, sondern vor allem als dessen ethisch-ontologische Bedingung, welche die (postmoderne) Rechtstheorie von Anfang an alteritätsethisch im doppelten Sinne herausfordert.[133]

Um dieser alteritätsethischen Bedingung und Herausforderung von Recht nachzugehen, stehen sinnlich-leibliche Bedingung und die Verortung von Recht und jenen Subjekten, die Recht schaffen, am Anfang meiner Überlegungen. Das gilt insbesondere in Bezug auf die Empfindsamkeit und Fähigkeit, die Welt – die Anderen, die da sind – wahrzunehmen. Diese Verletzlichkeit, die zugleich auch Empfänglichkeit ist, zeichnet die menschliche Bedingung aus. Sie kommt unter anderem im sinnlichen Register und der sozialen Praxis des Hörens, im Hören-Können als eine Art der menschlichen Existenzweise zum Ausdruck. Diese leibliche Bedingung ist zum einen für kommunikatives Handeln relevant und zum anderen Voraussetzung dafür, dass wir dem Anspruch der Anderen derart ausgesetzt sind, dass eine responsive Subjektwerdung möglich ist. In diesem Sinne steht das Hören-Können auf einen solchen Anspruch notwendigerweise *vor* dem Antworten-Müssen, ist aber zugleich als kunstfertige und bewusste Praxis kein Automatismus. Das Programm dieser Arbeit, *Hören-Können vor dem Antworten-Müssen,* verstehe ich als

130 So formuliert es Vesting in Bezug auf das Entstehen von Fragmenten einer zeitgenössischen Rechtstheorie. Vgl. Thomas Vesting, »»Zuhören ist Lesen mit dem Ohr«. Zur einmaligen Allianz von Schrift und Sprache im jüdischen Recht«, in: Karl-Heinz Ladeur und Ino Augsberg (Hg.), *Talmudische Tradition und moderne Rechtstheorie. Kontexte und Perspektiven einer Begegnung,* Tübingen: Mohr Siebeck 2013d, S. 195.

131 Ibid.

132 Vgl. mit Referenz auf die Forschung von Susan Handelman, ibid., S. 181–182.

133 Vgl. dazu Kapitel II.

Herausforderung, eine hörende Haltung einzunehmen, die von Anfang an als ein Ausdruck der menschlichen Bedingung angelegt ist, aber praktisch immer erst eingelöst werden muss. Diese Lesart ist nicht selbstverständlich, weil Hören, wie im Vorverständnis skizziert und nachfolgend vertieft wird, oft eher als nachträglicher Gegenpart zum Sprechen gedacht wird oder als dessen rezeptives Beiwerk. Daher möchte ich Hören-Können als eine eigenständige Praxis betrachten und darlegen, inwiefern sie ihrerseits die konstitutive Bedingung des Sprechen-Könnens ist.

Im ersten Kapitel nehme ich einen hermeneutischen Ausgangspunkt und arbeite Hören-Können als soziale Praxis heraus, die dem Verstehen vorausgeht. Ein Effekt dieser Praxis liegt im Gehört-Werden. Damit ist zugleich der performative und konstitutive Anteil des Hörens für das Sprechen-Können und des medialen Ausdrucks in der Stimme thematisiert. Darüber hinaus lese ich Hören-Können als *einen* Ausdruck unserer wahrnehmenden Existenzweise, in der sich besonders die leibliche und soziale Bedingtheit des Menschen zeigt.[134] Diese fordert Recht in doppelter Hinsicht heraus. Daher wird im zweiten Kapitel die alteritätsethische Verantwortungslage des Rechts dargelegt. Recht wird vor diesem Hintergrund als Phänomen der Geltung verständlich, dass zur (Re-)Produktion seiner Geltungskraft darauf angewiesen ist, dass rechtliche Ansprüche auf Geltung artikuliert *und* gehört werden. Die Aufmerksamkeit verschiebt sich damit zunächst weg von Sprech- und Setzungsakten, um bei der performativen Relevanz des Hörens und Gehört-Werdens zu beginnen. Das ermöglicht zudem ein neues Verständnis der Rolle von Alterität im Recht. Und zwar als Voraussetzung von Recht als sozialem Phänomen. Im zweiten Kapitel knüpfe ich also primär an das Hören-Können als einen Ausdruck der sinnlich-leiblichen Bedingung der Menschen an, indem ich mit den Philosoph:innen Lévinas und Butler die responsive, also vom Vernehmen des Anspruchs der Anderen herkommende, Subjektwerdung als menschliche Bedingung geltenden Rechts skizziere. Die damit verbundene These ist, dass Recht unhintergehbar in einer alteritätsethischen Verantwortungslage steht, weil es menschlich bedingt ist und erst aus der Interaktion relational abhängiger Subjekte hervorgehen kann.

Im Kapitel zur alteritätsethischen Exposition des Rechts vollziehe ich vom Anspruch der Anderen herkommend nach, warum gegenwärtig geltendes Recht in doppelter Hinsicht durch Alterität herausgefordert wird. Diese Herausforderung bedeutet einerseits, dass ein Bedürfnis nach Recht überhaupt durch eine Art alteritätsethische Überforderungslage in der Subjektwerdung entsteht. Und zwar im Angesicht der unlösbaren Aufgabe dem vielstimmigen Anspruch der Anderen in der Welt gerecht zu werden. Das Phänomen Recht kann demnach, im Verhältnis zu

134 Vgl. zur Auswahl dieses sinnlichen Registers Kapitel I.b.

(Alteritäts-)Ethik und Politik als eine Art notwendige »Antwort« auf die alteritätsethische Überforderung gelesen werden und wird z.B. im demokratischen Rechtsstaat auch als solche inszeniert. Etwa indem ein rechtlich erhobener Anspruch auf Geltung im modernen staatlichen Recht *im Namen des Volkes* erhoben wird.[135] Dies gilt vielleicht sogar umso mehr, wenn eine solche konkrete rechtliche Antwort ungefragt erfolgt und in das Gewand eines »juristisch-hermeneutischen Imperativ«[136] gekleidet wird. Alteritätsethisch betrachtet ist die Recht-Fertigung eines solchen rechtlichen Antworten-Müssens allerdings nicht unproblematisch. Und zwar insbesondere dann, wenn nicht im eigenen Namen, sondern explizit im Namen der Rechtsgemeinschaft, also verdichtet ausgedrückt, im Namen des Rechts geantwortet wird. Denn in der Begründung dieser An-Ordnung der Stellvertretung kommt es womöglich zu einer Anmaßung, welche die Inszenierung einer Notwendigkeit des rechtlichen Antwortens in Frage stellen könnte. Damit meine ich einerseits die Anmaßung, rechtlich im Namen des Rechts antworten zu müssen, und andererseits dies auch überhaupt zu können. Die zweite Ebene der alteritätsethischen Herausforderung von Recht betrifft geltendes Recht, welches als Ordnungsmacht stets durch das ethische Register im Anspruch des konkreten Anderen herausgefordert wird. Die sich aufdrängende Frage danach, ob Recht als Ordnungsmacht selbst in der Lage ist, auf den alteritätsethischen Anspruch antworten zu können, muss im Ergebnis verneint werden. Denn Recht selbst antwortet nicht, es wird höchstens im Namen des Rechts geantwortet. Zwar *wird rechtlich geantwortet* und *gehört,* aber nur in einer medialen und sprachlich bedingten An-Ordnung der Stellvertretung.

Im dritten Kapitel zeige ich verschiedene Ansätze einer alteritätsethischen Relevanz des Hörens und Gehört-Werdens im Recht auf. Dabei

135 Wie in dem gleichnamigen Sammelband einleitend festgehalten wird, beansprucht, wer im Namen des Volkes zu sprechen vorgibt, für sich nicht weniger als »den einzigen Thron, der in modernen Gesellschaften als Sitz legitimer Herrschaft anerkannt ist: die Volksvertretung. Folglich erheben Parlament, Gerichte und politische Akteure allesamt den Anspruch, den ›wahren Volkswillen‹ zu kennen und für das Volk sprechen zu können«: Marvin Neubauer (Hg.), *Im Namen des Volkes. Zur Kritik politischer Repräsentation,* Tübingen: Mohr Siebeck 2021, S. 1. Zugleich schreiben Herausgeber:innen: »Wer das Volk metaphysisch, als einheitliches Ganzes verstehen will, muss zugeben, dass es nicht *als solches*, sondern nur in Gestalt seiner diversen Vertreter*innen in Erscheinung treten kann«, ibid., S. 5. In Kapitel II.2. dieser Arbeit skizziere ich eine alteritätsethisch und medientheoretisch informierte Variante eines solches Verständnisses.

136 Ino Augsberg, *Die Lesbarkeit des Rechts. Texttheoretische Lektionen für eine postmoderne juristische Methodologie,* Weilerswist: Velbrück Wiss 2009a, S. 174.

richte ich die Aufmerksamkeit auf die emanzipativen Potentiale der Praxis des Hörens in Bezug auf die Arbeit an einem alteritätsethisch sensibleren Recht. Hören-Können und Gehört-Werden ist dabei für Recht in doppelter Hinsicht relevant: Zum einen für dessen Recht-Fertigung, im Sinne des performativen Erstarkens des Rechtsgeltungsanspruchs und dessen Legitimation; zum anderen für die Suche nach einem alteritätsethischen Sinn von Recht, der die Arbeit am kommenden Recht anleiten könnte. Hören ermöglicht zunächst grundlegend die stimmliche Artikulation rechtlich erhobener Ansprüche auf Geltung, wobei menschliche Körper auch widerwillig zum Klangkörper des Rechts werden. Inhaltlich eröffnet das Hören auf Geltungsansprüche des Rechts einen freiheitlichen Zwischenraum, indem zwischen Gehorsam und Ungehorsam vermittelt werden kann. In diesem Sinne ist Recht auf sinnlich-leibliche Praktiken wie das Hören angewiesen, um medial zum Ausdruck zu kommen und in Geltung zu bleiben. Zudem werden Kulturtechniken des Hörens und deren anerkennende oder – so die Zuschreibung – Gerechtigkeit stiftende Effekte des Gehört-Werdens im modernen Recht auch inhaltlich zur Legitimation herangezogen, wie eine exemplarische Auseinandersetzung mit dem Grundsatz rechtlichen Gehörs zeigt. Dabei wird deutlich, inwiefern verrechtlichte und institutionalisierte Hörweisen im Recht im Rahmen recht-fertigender Narrative mobilisiert werden und zur Inszenierung des Rechts als (notwendige) Antwortordnung beitragen. Kurz: Recht ist auf Praktiken des Hörens und menschliche Resonanzkörper angewiesen, um seinen Anspruch auf Geltung performativ zu entfalten und mobilisiert dem Hören narrativ zugeschriebene Effekte, um rechtlich erhobene Ansprüche auf Geltung zu legitimieren. Mit Blick auf die alteritätsethische Exposition von Recht wirft das die Frage auf, ob rechtlich, *so* wie gegenwärtig, auf die menschliche Bedingung geantwortet werden *muss*. Damit tritt schließlich der normative Fluchtunkt dieser Arbeit auf den Plan: Der Versuch der Rekonstruktion eines alteritätsethischen Sinns von Recht im gegenwärtig geltenden und in zukünftigem Recht. Wird Recht in seiner alteritätsethischen Herausforderung im Zusammenhang von Alteritätsethik, Recht und Politik ernstgenommen, läge ein solcher Sinn des Rechts darin, *zuvörderst* gerechte Bedingungen des Hörens und Gehört-Werdens zu pflegen, indem es als Rahmung oder Anleitung einer gerechten Distribution von Aufmerksamkeit verstanden wird. Und zwar insbesondre dort, wo die Sphäre des Politischen versagt.

Die Priorisierung des Hören-Könnens *vor* dem Antworten-Müssen soll zum einen grundlegend den Ist-Zustand der leiblich-relationalen Bedingung von geltendem, menschengemachtem Recht ins Bewusstsein rufen. Durch die (menschliche) Verletzlichkeit, also der Disposition, empfindsam zu sein, angesprochen zu werden und den Ruf der Anderen zu vernehmen bzw. deren Präsenz wahrnehmen zu können, ergibt sich die alteritätsethische Herausforderung des Antworten-Müssens in der menschlichen Subjektwerdung. Im geltenden Recht schlägt sich dies als Frage der alteritätsethischen Verantwortung nieder, aus der heraus eine Verantwortlichkeit im Mitwirken am geltenden Recht nicht abgestreift werden kann. Hinsichtlich eines alteritätsethischen Soll-Zustands des Rechts schreibe ich »Hören-Können *vor* dem Antworten-Müssen« als Einladung, die Herausforderung zur Arbeit an einem alteritätsethisch sensibleren Recht anzunehmen. Die darin wohnende Aufforderung richtet sich im Zusammenspiel von (Alteritäts-)Ethik, Politik und Recht zunächst auf Anerkenntnis und möglicherweise Hingabe an die eigene Verletzlichkeit und das Einnehmen einer (alteritäts-)ethischen Haltung. Im Rahmen des Politischen bedeutet es, kollektiv emanzipative Handlungsstrategien im und jenseits geltenden Rechts zu entwickeln. In Bezug auf das Recht artikuliert sich die alteritätsethische Herausforderung als kreative Aufgabe, einen *rechtlichen* Umgang mit ihr zu finden.

I. Hören-Können. Hermeneutischer Ausgangspunkt

»Dabei sind wir vor jeder Selbstwahl immer schon offen: Verschliessung hat – so wie der Betrug das Vertrauen – Offenheit zur Grundlage«.[1]

Sich dem Hören-Können *vor* dem Antworten müssen zu widmen bedeutet in dieser Arbeit zum einen, Hören als performative Bedingung des Sprechens und als Spielraum für einen hermeneutisch genaueren Prozesses des Verstehens zu fassen. Darüber hinaus geben Überlegungen zum Hören-Können Anlass, sich mit der sinnlichen und leiblichen Bedingung unserer Existenz zu befassen. Vom Hören herkommend über Recht nachzudenken ist nicht selbsterklärend in einer kulturellen Tradition, die vielerorts als Kultur des »Sprechen-ohne-Hinzuhören« bzw. als logozentrisch bezeichnet wurde.[2] Hier stand weitestgehend das (sprechende) Handeln im Vordergrund, was dazu führt die performative Kraft des Hörens auch hinsichtlich der Bedeutungsbildung zu übertönen (1.). Für die Genese von Bedeutung kommt es aber nicht nur entscheidend darauf an, *dass*, sondern auch, *wie* gehört wird. Daher skizziere ich die Qualitäten des Hören-Können als leiblich bedingte Existenzweise phänomenologisch und nähre mich seinen hermeneutischen und alteritätsethischen Funktionen an (2.). Hören ist nicht nur strukturell und performativ konstitutiver Teil des Sprechen-Könnens, sondern bestimmt auch ganz konkret unsere Artikulationsmöglichkeiten in der Welt. Das zeichne ich mit einer Interpretation von Gayatri Chakravorty Spivaks Essay »Can the subaltern speak« nach (3.).[3]

1 Matthias *Bertschinger, Freiheit und Krisis. Psychoanalyse des Autoritarismus und psychoanalytische Rechtsanthropologie* 2020, Basel: Schwabe Verlag, S. 521.

2 Fiumara, op. cit., S. 3. »A thinking primarily anchored to saying-without-listening«.

3 Gayatri Chakravorty Spivak u.a., *Can the subaltern speak? Postkolonialität und subalterne Artikulation*, Wien: Turia + Kant 2011, S. 17–118. Deutsche Übersetzung von Alexander Joskowicz und Stefan Nowotny mit Bemerkungen zur Geschichte der Veröffentlichungen und Änderungen. Die Erstfassung erschien 1985 auf Grundlage eines Vortrages, den Spivak 1983 gehalten hat.

1. Hören in einer Kultur des Sprechens-ohne-Hinzuhören

»Ich denke, es leuchtet ein, daß man nur so etwas weiser sieht, wenn man das Wort als Antwort nimmt und daß man das Ohr wie auch alle anderen unsere Sinne zum Horchen und Hinhören erzieht. Hermeneutik ist die Theorie dessen, daß man Hören lernen muß«.[4]

Dass es für die Ausbildung eines sinnästhetischen Verständnisses lohnenswert ist sich tiefer mit dem Hören auseinanderzusetzen, gilt umso mehr im Kontext der abendländischen Philosophiegeschichte, in der sich ein Primat des Sprechens und Sehens ausmachen lässt (a.). Die Konzentration auf das Hören-Können als spezifische Form der Wahrnehmung soll aber nicht zu einer schlichten Umkehrung dieser Dominanz führen oder einer Essentialisierung dieser sinnlichen Praxis Vorschub leisten. Es geht mir darum der stillen Unterseite des wirkmächtigen Mediums der Stimme und des Sprechakts im Recht mehr Aufmerksamkeit zu widmen (b.).

a. Hören als stille Unterseite (westlicher/abendländischer) Philosophiegeschichte

»In Wahrheit gehört die Geschichte nicht uns, sondern wir gehören ihr [...]. Die Selbstbestimmung ist nur ein Flackern im geschlossenen Stromkreis des geschichtlichen Lebens«.[5]

Ein solches Flackern der Selbstbestimmung kann, um in der Metapher des Zitats zu bleiben, jedoch unter Umständen den Stromkreis des geschichtlichen Lebens und damit das vorherrschende Verständnis von »Familie, Gesellschaft und Staat, in denen wir leben«, verändern.[6] Jede Erfahrung der Selbstbestimmung ist bedingt von bereits vorher bestehenden Möglichkeiten und geschichtlich gewachsenen Strukturen und Denkwegen. Entsprechend ist es auch beim Hören so, dass »Erfahrung und Geschichte des Hörens [...] ineinander über [gehen]. Was Hören ist, kann nur im Zusammenspiel beider Ebenen verstanden werden«.[7]

4 Hans-Georg Gadamer (Hg.), *Hermeneutische Entwürfe. Vorträge und Aufsätze,* Tübingen: Mohr Siebeck 2000b, S. 191.

5 Hans-Georg Gadamer, *Gesammelte Werke Band 1. Hermeneutik 1 Wahrheit und Methode,* UTB GmbH 1990a, S. 281.

6 Ibid.

7 Espinet, op. cit., S. 6.

Erst die zeitliche und räumliche Verortung ermöglicht also ein kontextsensibles Verständnis des Hören und Recht. Das im kontinentaleuropäischen Raum vorherrschende Rechtsverständnis ist größtenteils von einem staatszentrierten Rechtsverständnis geprägt, welches der alteritätsethischen Relevanz des Hörens im Recht nicht gerecht werden kann. Das könnte vor allem an der Tendenz des Primats des Sprechens liegen, die in der gegenwärtigen Philosophie vor allem unter dem Schlagwort des Logozentrismus verhandelt wird.[8] Damit ist eine dekonstruktivistische Lesart weiter Teile der Geschichte der Philosophie verbunden, die neue Facetten derselben unter anderem dadurch freilegt, dass die Rolle des Hörens mehr Aufmerksamkeit bekommt. Denn die Kritik an einer Haltung des Denkens, die den Logos[9] in das Zentrum allen Denkens setzt, beinhaltet vor allem, dass in einer »nicht-hörenden Perspektive« Argumente und Diskurse, die sich vom Logos herkommend betrachtet, an der Peripherie befinden, nicht gehört oder abgewertet werden. Und zwar

> »mit dem ultimativen Resultat, dass jedwede ›unlogische‹ Stimme zum Schweigen gebracht wird, die im Verlauf der Debatte gehört werden könnte und die andere Verbindungen herzustellen in der Lage wäre, die wir als nicht notwendig ansehen«.[10]

8 So etwa bei Derrida, der in der Bewegung der Dekonstruktion bei der Schrift ansetzt. Und zwar in Abgrenzung und im Gegensatz zur Bevorzugung der Lautsprache, die er den Strukturalisten zuschreibt in welcher die Stimme zentral ist (Phonozentrismus).

9 Etymologisch kommt der Logos aus dem Griechischen von »*lógos* ›Maß, Berechnung, Vernunft, usw. ‹«, sowie »Sprechen, Rede«, »Wort, Erzählung« und dem dazugehörigen Verb »gr. *légein* ›zählen, berechnen, usw. ‹«, sowie » ›((auf-) lesen, reden, sprechen‹«: Kluge und Seebold, op. cit., 42, 251, 725.Logos verweist uns auf jene vernünftige, gesprochene, gelesene oder aber auch gedachte Rede, die mit Anspruch auf allgemeine Nachprüfbarkeit und Richtigkeit geäußert wird. Sie ist logisch. Heraklit hat den »Begriff des Logos für das Prinzip alles Seins eingeführt. Das allen Gemeinsame ist der Logos als Weltvernunft und Weltgesetz. In der pantheistischen Metaphysik der Stoa ist der Logos die göttliche Urkraft, die, als ›samenhafte‹ Vernunftkraft die Welt gestaltet. Nach Philon von Alexandria ist der Logos der Mittler zwischen Gott und Welt, durch das ›Wort‹ ist Gott Schöpfer der Welt, der Logos ist der erstgeborene Sohn Gottes, der zweite Gott. Der ›Logos in uns‹ erkennt die Schöpfung als Wirkung des heiligsten Wortes und damit das Wort selbst«, vgl. Max Apel, *Philosophisches Wörterbuch*, Berlin/Boston: De Gruyter 2020, S. 177–178.

10 Fiumara, op. cit., S. 45. »In a non-listening perspective, [...] with the ultimate result of silencing of any ›illogical‹ voice that might be heard in the course of the debate and which might create links that we regard as unnecessary«.

Dieses Grundmuster lässt sich in verschiedenen Kontexten nachzeichnen, von denen ich hier lediglich einige exemplarisch heranziehe, um zu zeigen, inwiefern dabei jeweils das Hören vernachlässigt wird. Das gilt einerseits in Bezug auf das Ungleichgewicht in der Dichotomie Hören-Sprechen, was im Diskurs meist unter den Begriffen »Logozentrismus« und »Phonozentrismus« verhandelt wird.[11] Andererseits lässt sich auch im sinnlichen Register insgesamt ein Ungleichgewicht der Metaphern des Hörens und Sehens im erkenntnistheoretischen Feld ausmachen, was spiegelbildlich die »Dominanz des Sehens und die Abwesenheit der anderen sinnlichen Zugänge zur Welt« erklärt.[12] Im Verhältnis von Hören und Sprechen arbeitet Waldenfels im Bereich der Rhetorik und der Philosophie mit Bezug auf die griechische Antike umfassend heraus, »dass die Position des Sprechers wie selbstverständlich gegenüber der des Hörers überwiegt«.[13] Darüber hinaus diagnostiziert er aber auch der jüngeren Philosophie, von Husserl über Austin bis Habermas, eine »einseitige Betonung der Sprecherperspektive«, so dass es weitestgehend auch in modernen Theorien zur Sprache bei einem »Primat des Sprechens« bleibe.[14] Im Ausdruck der »Sprecherperspektive« fallen dann das »Primat des Sprechens« und das »Primat des Sehens« gegenüber dem Hören sogar sinnbildlich zusammen, ansonsten könnte ja auch von einer Sprecher:innenposition die Rede sein.[15] Um einen Kontrapunkt zu diesen beiden Priorisierungen zu setzen, könnte ein Ausdruck wie Hörposition bemüht werden oder jedenfalls mehr über die jeweilige Verortung und Haltung der hörenden Person nachgedacht werden.

Von der vernachlässigten, bzw. in Vergessenheit geratenen, kulturellen Praxis des Hörens zu schreiben verweist semantisch darauf, dass sie im Nachdenken über menschliche Existenz und kommunikative und erkenntnistheoretische Bedingungen in der Philosophie nicht inexistent ist, jedoch in den Hintergrund geriet und neu hervorzuheben ist. Für eine hörsensible Erzählung der Philosophiegeschichte setzt die Philosophin Fiumara in der

11 Der Befund des Phonzentrismus wird aber mit der (Wieder-)Entdeckung der Bedeutung des Ohrs und Hörens in sprachtheoretischen Beiträgen bereits um 1800 relativiert, vgl. Trabant, op. cit., S. 169.

12 Espinet rekonstruiert eine metaphorische Reise des Seh- und Hörsinnes durch die abendländische Philosophie, deren Beginn er im »Zweiklang von Hören und Sehen« bei Heraklit verortet, Espinet, op. cit., S. 5. Zur Dominanz des Sehens: Ibid., S. 29.

13 Bernhard Waldenfels, »Rhetorik, Alterität und Responsivität«, in: Andreas Hetzel und Gerald Posselt (Hg.), *Handbuch Rhetorik und Philosophie,* Bielefeld: transcript 2017, S. 516.

14 Ibid., S. 517.Zum »Primat des Sprechens«: Ibid., S. 516.

15 Gadamer schreibt etwa von einem »weltgeschichtlichen Primat des Sehens« in der Bedeutung des Hörens in Philosophiegeschichte und Lebenswelt: Gadamer, op. cit., S. 48.

antiken Philosophie an, um das Hören als vergessene Seite des Logos freizulegen.[16] Hören wird dabei von ihr als ein stets mitschwingender Kontext des Logos gelesen. Fiumara arbeitet heraus, dass Hören einen Spielraum der Sinnstiftung ermöglicht, der ein zirkulär anmutendes Denken in Frage und Antwort aufbricht.[17] Lauschen wir auf die jeweils mitschwingenden Zwischentöne der Philosophiegeschichte, so finden sich einige Ausnahmen zu dieser logo- und phonozentristischen Tendenz. Exemplarisch lassen sich die Denkbewegungen von Humboldt und Herder heranziehen, bei denen das Hören eine wesentliche Rolle einnimmt. Diese Strömungen werden aber ihrerseits von besonders wirkmächtigen Stimmen im philosophischen Diskurs nicht hinreichend gehört. So konstatiert etwa Jürgen Trabant, dass Hegel, ohne näher auf die »(Wieder-)Entdeckung des Ohrs (gr. *oûs, otós*)«[18] bei Herder und Humboldt einzugehen, vor allem an der Bedeutung der Stimme (*phoné*) festhält und diese als wesentlich im Prozess der Subjektwerdung im Sinne einer »Selbstbewegung, als freies Erzittern in sich selbst darstellt«.[19] Allerdings werde nicht erwähnt, dass die Stimme auch gehört werden muss, wodurch eine stetige Zentrierung auf die Stimme und den Aspekt des Logos, als sagendes und definierendes Denken, gefestigt wird und hörendes Denken in Vergessenheit gerät.[20]

Ein hörendes Denken tritt zudem hinter einem sehenden Denken zurück, insofern die Erkenntnistheorie schwerpunktmäßig von Metaphern aus dem visuellen Bereich geprägt ist.[21] Zu sehenden Augen gesellen sich hier typischerweise auch greifende Hände, als »erkenntnistheoretisches Grundmodell des Westens«.[22] Erkennen gelte als »greifendes Sehen oder sehendes Greifen: *intuitus* und *conceptus*«, wohingegen viel weniger Formulierungen aus dem sprachlichen Umfeld des Hörens entlehnt werden.[23] Seit der »Wende zum vierten vorchristlichen Jahrhundert zeichnet sich so vornehmlich in den Bereichen Philosophie,

16 Vgl. Fiumara, op. cit., S. 1–17. Fiumara bezieht sich auf Heideggers Interpretation des Logos in den Heraklit-Fragmenten.

17 Ibid., 28ff.

18 Trabant, op. cit., S. 170.

19 Ibid., S. 172. Trabant zitiert § 351 aus Hegels Enzyklopädie.

20 Heidegger verweist auf das Verb legein, das in seiner ursprünglichen Verwendung eine praktischer Bedeutung wie sammeln oder (auf-)lesen hatte, vgl. dazu m. w. N., Fiumara, op. cit., S. 14–17.

21 Espinet, op. cit., S. 29.

22 Jürgen Trabant, »Der akromatische Leibniz: Hören und Konspirieren«, in: Holger Schulze (Hg.), *Gespür - Empfindung - kleine Wahrnehmungen. Klanganthropologische Studien*, Bielefeld: transcript 2012b, S. 122. Trabant untersucht die Metaphorik der »westlichen Sprache für den kognitiven Bereich: Wir *halten, sehen, erfassen, begreifen, halten fest*; wir *hören* aber so gut wie nichts«, ibid.

23 Ibid.

Wissenschaft und Kunst« ein Visualprimat ab.[24] Metaphern aus dem sinnlichen Bereich des Hörens tauchen vermehrt erst wieder bei Heidegger und Friedrich Nietzsche auf«.[25] In den Metaphern der Philosophie stand, wie Espinet darlegt, eine »intentionale Einstellung im Mittelpunkt, die einem hörenden Denken meist fremd ist: das philosophische Sehen«.[26] Er merkt mahnend an, dass » [d]ieses theoretische Sehen in Hörvergessenheit umschlagen« könne, und zwar »mit ontologisch weitreichenden Konsequenzen«.[27]

Die Situation als Vergessenheit zu bezeichnen, verweist auf etwas zwar grundsätzlich Bestehendes, jedoch der Aufmerksamkeit Entzogenes und damit auch auf die Möglichkeit, sich das vergessene Hören in Erinnerung zu rufen. Im Textspeicher der Philosophie finden sich viele weitere Spuren des Hörens. Über die dort verwendeten Metaphern des Hörens lassen sich Attribute eines hörenden Denkens nachzeichnen, dem eine besondere Form der Prozessualität und eine Offenheit zugesprochen werden kann, die das Hören als »Möglichkeitsraum« kennzeichnet.[28] Leibniz kann bezogen auf die inhaltliche Ausrichtung seines philosophischen Werkes, eine akroamatische Position zugeordnet werden.[29] Diese vom Hörenden (gr. *akroatés*) abgeleitete Position wird explizit von Humboldt erneut aufgegriffen.[30] Im 18. Jahrhundert hat sich mit Herder gar eine alternative sinnliche Erkenntnistheorie herausgebildet, die sich um das Ohr formierte und Erkennen an »Sprache als phonisches Phänomen« koppelte.[31] Auf der Suche nach den Spuren des Hörens in der Philosophiegeschichte setzt Espinet jedoch noch viel früher, und zwar bei Platons Höhlengleichnis an. Im Höhlengleichnis geht es um das Problem des Wahrheitsverhältnisses von Wahrnehmung und Wirklichkeit. In der Geschichte die Platon erzählt, wird dieses Problem durch in einer dunklen Höhle gefesselten Menschen versinnbildlicht, die über den Umweg der Schatten nach Erkenntnis, dem Licht, streben. Dabei wird das Verhältnis von Wahrnehmung und Wirklichkeit aber le-

24 Wolfgang Welsch, »Auf dem Weg zu einer Kultur des Hörens«, in: Volker Bernius u.a. (Hg.), *Der Aufstand des Ohrs. Die neue Lust am Hören,* Göttingen: Vandenhoeck & Ruprecht 2006, S. 31.

25 Beispielsweise habe der moderne Leser seine »Ohren [...] ins Schubfach« gelegt, vgl. Friedrich Wilhelm Nietzsche und Karl Schlechta (Hg.), *Werke in drei Bänden. Band 2,* München: Hanser 1954, S. 714–715.

26 Espinet, op. cit., S. 77.

27 Espinet, op. cit., S. 77.

28 Ibid.

29 Trabant, op. cit., 124ff.

30 Mit Bezugnahme auf Manfred Riedels Werk »Logik und Akroamatik« (1984), der dies detailliert unter Bezugnahme auf Humboldt und Hegel erforscht, ibid., S. 122.

31 Vgl. ibid. Ausführlich zu dieser Thematik auch hier: Trabant, op. cit., 175ff.

diglich »auf die metaphorische Formel des Schattens gebracht, der als Topos nicht nur in der Bildersprache der Philosophie wiederkehrt«.[32] Der Aufstieg der Menschen aus der Höhle, hin zur Wahrheit, wird von Metaphern des Sehens und des Lichts, jedoch nicht vom Hörsinn begleitet, ganz zu schweigen von anderen Registern der Sinne. Es komme aber für das nachfolgende Denken ganz entscheidend darauf an, welche Metaphern wie verwendet werden und auch welche Metaphern nicht verwendet werden, denn »der Sinn der Metapher entsteht dadurch, daß ›etwas‹ aus der Hörerfahrung auf das Denken übertragen wird, was dieses treffend beschreiben soll«.[33]

> »So *passiv* und *empfangsbereit* unser Hören Geräusche, Laute und Töne vernimmt, die auf das unverschlossene Ohr treffen, so *passiv* und *empfangsbereit* nimmt auch das Denken all jene Gedanken entgegen, die es sich nicht diskursiv aneignet, sondern die ihm unverhofft einfallen. Das den beiden Verhältnissen gemeinsame Begriffs- bzw. Wesensmoment dürfte man dann mit *Passivität*, *Empfangsbereitschaft* oder auch *Offenheit* umschreiben«.[34]

Daher kann Offenheit als eine der Qualitäten entfaltet werden, die das Hören als Existenzweise charakterisieren, was Einfluss auf die hermeneutische und alteritätsethische Bedeutung des Hörens hat.[35] Bevor nun diese und andere Qualitäten des Hörens einzeln und in ihrem Zusammenspiel erkundet werden, lege ich kurz dar, warum ich gerade die alteritätsethische Relevanz des Hörens (und nicht etwa eine andere sinnliche oder rezeptive Praxis) im Recht untersuche. Und zwar insbesondere vor dem Hintergrund der Bedeutung, die der Kulturtechnik des Lesens für die Wissenschaft zukommt.[36]

32 Vgl. dazu Espinet, op. cit., S. 7.

33 Für eine entsprechende Rezeption von Hans Blumenbergs Metaphorologie: ibid., 13ff. Ibid., Zur Frage, welche Bedeutung sematisch getroffen werden kann: S. 19. Espinet schreibt außerdem: »Daß vom Hören aus die Möglichkeitsdimension der Erfahrung (und des Denkens) anders anklingt, mag bereits der Vergleich des Gegensatzpaares Licht-Dunkelheit mit jenem von Klang-Stille deutlich machen. Während die Dunkelheit das Sehen stört, bedarf es stets einer relativen Stille, um überhaupt etwas zu hören«, ibid., S. 10.

34 Ibid., S. 20.

35 Vgl. dazu Kapitel II.2.a.

36 Gehring schreibt, dass die Erkenntnistheorie daher auch mit »gutem Recht ›Lesetheorie‹ heißen« könnte, Petra Gehring, *Über die Körperkraft von Sprache. Studien zum Sprechakt,* Frankfurt: Campus 2019c, S. 51. Denn sofern »Wissen« verhandelt wird, gehe es eigentlich immer um »gelesenes Wissen« oder eines, das »zumindest [...] ›explizit‹ (und damit lesbar) « ist, ibid.

b. Hören als wirkmächtiges sinnliches Register (im Recht)

Vor dem oben skizzierten Hintergrund der Primate des Sehens und Sprechens ist es schlüssig, dass vor allem die expressiven Formen menschlicher Interaktion und die dazugehörigen medialen Bedingungen, zumindest vordergründig, die performative Rechtserzeugung und deren Analysen am meisten zu prägen scheinen. Allerdings sind es im Ergebnis vor allem »Schreiben, Lesen, Reden und Zuhören«, die als eine Art »Ring von Elementartechniken« verstanden werden können, »aus welchen die denkende Arbeit in der Wissenschaft [...] sich zusammensetzt«.[37] Dabei verbleibt zumeist die jeweils rezeptive, wahrnehmende Seite der jeweiligen medialen Ausdrucksformen hintergründig – beim Sprechakt das Hören, beim Text das Lesen.[38] Aber es sind gerade diese stillen, meist unsichtbar bleibenden Kulturtechniken, durch die Sprache »als Auslöser für resonante Selbstbeschreibungs-Prozesse [fungiert]: Informationen werden so gesehen erst bei Lesern und Hörern ›erzeugt‹«.[39] Indem ich mich vorliegend auf das Hören konzentriere, wähle ich bewusst ein spezifisches Register der Wahrnehmung aus. Ich möchte die Haltung, die mit rezeptiven und wahrnehmenden Erfahrungsweisen einhergeht, aber möglichst nicht auf *eine* spezifische kulturelle Praxis reduzieren und noch weniger als einzig relevante im Vergleich zu anderen sinnlichen Registern darstellen.[40] Die Konzentration auf das Hören soll nicht darüber hinwegtäuschen, dass es andere leiblich bedingte, sinnliche Wahrnehmungsweisen und Kulturtechniken gibt, die von Relevanz (im Recht) sind. Vielmehr denke ich, dass es perspektivisch ein synästhetisches Verständnis von Recht brauchen wird, um dessen leibliche Bedingtheit stimmig zu reflektieren. Ein solches würde auch jene wahrnehmenden Sinne miteinbeziehen, die, wie etwa Schmecken, Riechen, Tasten und Fühlen, gegenüber kulturell dominanteren sinnlichen Praktiken noch weiter als das Hören an die Peripherie gedrängt wurden. Es wäre im Ergebnis buchstäblich am sinnvollsten, einen Zugang zu Recht zu entfalten, der aus dem Repertoire aller Sinne schöpft und kunstfertiger(e) Praktiken der wahrnehmenden

37 Ibid.

38 Gehring attestiert der bestehenden Forschungslage einen Mangel an Reflektion relevanter Kulturtechniken und widmet sich dem Lesen als »denkender Textarbeit verstanden«, ibid., S. 51–52.

39 Bernd Scheffer, »Interpretation und Blamage. ›Vor dem Gesetz‹ - Präambeln aus konstruktivistischer Sicht«, in: Klaus-Michael Bogdal (Hg.), *Neue Literaturtheorien in der Praxis. Textanalysen von Kafkas »Vor dem Gesetz«*, Opladen: Westdt. Verl. 1993, S. 146.

40 Dabei kann es aber nicht darum gehen sehendes durch ein hörendes Denken zu ersetzen oder einem anderen sinnlichen Primat Vorschub zu leisten. Zur Gefahr das Sehprimat in ein Hörprimat umzukehren vgl. Wolfgang Welsch, op. cit., S. 36–37.

Erfahrung erforscht und entwickelt, welche die körperliche Bedingung des Wissens ernst nehmen und vertiefen.[41] Ohnehin lässt sich die sinnliche Wahrnehmung auch nicht völlig trennscharf aufspalten. Das gilt sowohl für die sinnlichen Register – Sinne kommunizieren stets miteinander, wenn sie sich gegenüber der Struktur einer Sache umfassend öffnen –[42] als auch für medial vermittelte Formen der Wahrnehmung.

Die Beschränkung auf eine sinnliche Praxis – das Hören –, ist einerseits dem (begrenzten) Umfang dieser Arbeit geschuldet, rührt aber auch daher, dass auf diese Weise vor allem die stille Unterseite von Stimme und Sprechakt betont werden kann. Denn es sind gerade diese Ausdrucksform, die den gesellschaftlichen Kommunikationsraum auf eine besonders dominante Art und Weise prägen,[43] auf den gerade das

41 Zur poetischen Erkundung der Bedeutung des Geruchssinnes für Recht, vgl. Nicole Zilberzcac, *Olfactory Drama: A Fictional Conversation Between the Corpse of Jeanne d'Arc and the Law*, in: Andreas Philippopoulos-Mihalopoulos/Danilo Mandic/Caterina Nirta/Andrea Pavoni, *Smell*, Westminster University Press: 2023, S. 313–320.

42 Vgl. zu dieser These eindrücklich Maurice Jean-Jacques Merleau-Ponty, *Phénoménologie de la perception,* [Paris]: Gallimard 1997, S. 265. Die leibliche Bedingung rechtlichen Wissens legt Zilberzcac in ihrem Ansatz einer körperlich bedingten strengen Objektivität in der Rechtswissenschaft dar, der auf einem Verbund neo-materialistischer und neurowissenschaftlicher Ansätze, der 4E-Cognition, beruht. 4E steht für »embodied, embedded, enacted and extendend«. Für Potenziale einer Transposition dieses Konzeptes in die Rechtswissenschaft: Nicole Zilberszac, *Legal Objectivity – Towards a material and embodied approach*, in: Katja Leyhausen-Seibert/Anna Menzel/Friedemann Vogel, *Wissen in Recht und Sprache – Viele Stimmen, vage Grenzen*, Duncker Humblot: Berlin 2024, S. 87–100.

43 Im öffentlichen Raum können sich dadurch Menschen, welche die entsprechende Fähigkeit zur Wahrnehmung besitzen, privilegiert bewegen während andere Menschen in ihrer Lebensweise behindert werden. In Anschluss an Medina halte ich es für sinnvoll, in Bezug auf die daraus resultierende epistemische Ungerechtigkeit von mangelnder Sensibilität oder Gehörlosigkeit/Taubheit (»sensitivity«/ »deafness«) der Mehrheitsgesellschaft zu sprechen. Das schafft ein Bewusstsein dafür, dass durch einseitige Priorisierung bestimmter Sinne ein verzerrtes Bild vermeintlich unzulänglicher Wahrnehmungsmöglichkeiten von blinden oder in der Hörfähigkeit eingeschränkten Menschen reproduziert wird, vgl. Ian James Kidd u.a. (Hg.), *The Routledge Handbook of Epistemic Injustice,* 1 [edition]. | New York : Routledge, 2017. |: Routledge 2017; José Medina, *The epistemology of resistance. Gender and racial oppression, epistemic injustice, and resistant imaginations*, New York: Oxford University Press 2013, S. xii. Es müsste vielmehr eine vielseitige Sensibilität gegenüber diverse Ausdrucksformen und Wahrnehmungsmöglichkeiten in gesellschaftlicher Teilhabe entwickelt werden. So könnte der von Medina attestierten »Meta-insensibilität« begegnet werden, die sich

Recht zur Entfaltung von Geltungskraft angewiesen ist. Ähnlich wie für die Trennung sinnlicher Register gilt auch für die Kultur- und Körpertechniken Sprechen und Hören, dass sie als expressive und rezeptive Seite eines kommunikativen Prozesses nicht abschließend voneinander getrennt werden können. Ebenso wie beim Schreiben das Lesen nicht trennscharf abgespalten werden kann, gibt es auch kein reines oder nacktes, phonisches Sprechen ohne ein irgendwie geartetes Hören desselben.[44] Indem ich die kulturell etablierte starre Trennung der beider Praktiken aufgreife und von der unterrepräsentierten Seite herkommend denke, kann eine Neugewichtung vorgenommen werden.

Cornelia Vismann und Vesting haben eindrucksvoll nachgezeichnet, wie sich Recht unter jeweils vorherrschenden medialen Bedingungen verändert, von ihnen bedingt ist und geprägt wird.[45] Ihnen zufolge sind es gerade die spezifischen Charakteristika von beispielsweise Sprache, Schrift, Buchdruck, Netzwerk oder Akten, die Recht maßgeblich prägen. Im Anschluss daran treten aber auch die entsprechenden rezeptiven kulturellen Techniken, wie etwa das Lesen, und andere sinnliche Praktiken, wie das Hören, auf den Plan, um ein mediensensibles Rechtsverständnis weiter zu entfalten.[46] Wenn ich Hören gesondert hervorheben möchte, so einerseits, um aufzuzeigen, dass es spezifische Effekte mit sich bringt, die ich im weiteren Verlauf der Arbeit herausarbeiten werde, die durch andere medial

in einem »Mangel an kritischem Bewusstsein darüber zeigt, was wir über die Erfahrungen von Menschen, die signifikant anders sind, wissen oder nicht wissen«, Medina, op. cit., S. xiii. Die Privilegierung einiger sinnlicher Wahrnehmungsweisen über andere schlägt sich zudem in der medialen Gestaltung. Etwa »bei der Entstehung der ersten Medien im 19. Jahrhundert, die hörende Menschen sozusagen ›hörend*(er)*‹ machten, wie zum Beispiel: Phonograph oder Telefon«, Chae-Lin Kim, »(Nicht-)Hören: Deafness vs. Hearingness«, in: Magdalena Zorn und Ursula Lenker (Hg.), *(Zu-)Hören interdisziplinär,* München: Allitera Verlag 2018, S. 106–107.

44 Zum Schreiben und Lesen schreibt Gehring, dass diese Tätigkeiten derart ineinander übergehen, dass nach »dem Lesen nicht gesondert [gefragt wird], sondern nach Sprache im Ganzen und Sprachproduktion«, vgl. Gehring, op. cit., S. 53–54.

45 Vgl. in Bezug auf Akten als Medien der Rechtsprechung Vismann, op. cit., passim. Für Sprache, Schrift, Buchdruck und Netzwerk vgl. Vestings Medien des Rechts: Vesting, op. cit; Vesting, op. cit; Thomas Vesting, *Die Medien des Rechts. Buchdruck,* Weilerswist: Velbrück Wissenschaft 2013c-; Thomas Vesting, *Die Medien des Rechts. Computernetzwerke,* Weilerswist: Velbrück Wissenschaft 2015e. Dabei ist davon auszugehen, dass nicht nur die medialen Bedingungen das Recht prägen, sondern auch umgekehrt das Recht in die Ausgestaltung rechtlich geprägter Medien zurückwirkt.

46 Zur Lesbarkeit des Rechts und zur Textbedingten Interpretationsarbeit vgl. Augsberg, op. cit. Diese Gedanken zum Umgang mit Textarbeit im Recht und als Recht werden fortgeführt in Augsberg, op. cit.

vermittelte Formen der Wahrnehmung nicht ersetzt werden können. Andererseits ist ein »hörendes Denken« in übertragener Hinsicht, etwa als interpretative Haltung, für den Umgang mit Recht in anderen medialen Vermittlungszusammenhängen, z.B. in seinen schriftlichen Ausprägungen, relevant. Sinnvoll wäre daher im Ergebnis nach dieser Arbeit eine Art Transfer des Gedankenganges auf andere sinnliche Praktiken kulturelle Techniken vorzunehmen, um jeweils auch dort deren rezeptive und vermeintlich passive, lediglich »co-signierende« Erfahrung zum Ausgangspunkt der Überlegung zu machen.[47] So ließe sich deren performative Kraft und gesellschaftliche Wirkweise anerkennen, bewusster praktizieren und genauer studieren. Denn für die Relevanz verschiedener Kulturtechniken im Recht macht es einen Unterschied, welche medialen Bedingungen der Geltungserzeugung im Recht jeweils in den Blick genommen werden.

Hören und Gehört-Werden scheinen besonders relevant zu sein, weil es im Recht nicht nur darauf ankommt, mit welcher Autorität ein Anspruch auf Geltung erhoben wird, sondern auch darauf, wie und mit welchen medialen Mitteln die Autorität inszeniert und geformt wird. Text und Sprechakt geben dafür jeweils unterschiedliche Möglichkeiten her: Während im Text die »Autorität [...] auf viele Körper«[48] in einer Art Materialisierung zerdehnter Kommunikation verteilt wird und so eine Pluralisierung und Zerstreuung von Autorität entsteht,[49] ist die Autorität der Stimme äußerst eng an die sprechende Person geknüpft, und zwar auch dann, wenn im Namen von Anderen gesprochen wird.

Allerdings auch das Lesen eines Textes bleibt letztlich an Materialität und Leiblichkeit einzelner menschlicher und nicht menschlicher Körper gebunden, wenn »der Text als Körper und das Lesen als Begegnung von Körpern« phänomenologisch verstanden wird.[50] Die Philosophin Petra Gehring arbeitet in ihrer Auseinandersetzung mit der Kulturtechnik des Lesens heraus, dass das »lesende Ich« eines ist, welches »sich preis gibt: Es verliert sich zugunsten des Sinnes *im* Medium oder auch *an* das Ding namens Text«.[51] Spivak geht noch einen Schritt weiter und schreibt von

47 Damit greife ich die Idee der »co-signature« bei Derrida auf, Jacques Derrida, *L'oreille de l'autre,* Montréal: VLB Editeur 1982a, S. 71.

48 Vesting, op. cit., 118f.

49 Zwar fallen Autorität und Autor:innenschaft nicht notwendigerweise in eins, jedoch besteht nicht nur etymologisch eine Interdependenz. Vgl. dazu m. w. N., Safia Azzouni und Stefan Böschen, »Erzählung und Geltung Ein problemorientierter Ausgangspunkt und viele Fragen«, in: Safia Azzouni u.a. (Hg.), *Erzählung und Geltung. Wissenschaft zwischen Autorschaft und Autorität,* Weilerswist: Velbrück Wissenschaft 2015, S. 22.

50 Mit Verweis auf Überlegungen von Maurice Merleau-Ponty, vgl. Gehring, op. cit., S. 67.

51 Ibid., S. 69.

der Pflicht einer (bedingungslosen) Hingabe der Lesenden an den Text, in der versucht werden soll, auf »den besonderen Anruf des Textes« zu hören.[52] Ein ähnlicher Transfer sinnlicher Register und medialer Kulturtechniken findet sich bei Gadamer, der die Frage, was Lesen sei, folgendermaßen beantwortet: »Sprechen lassen. Gleichwohl heißt das nicht, daß Lesen ein Hören ist, auch wenn man den Hörer einer Vorlesung einen Hörer nennt«.[53] Sowohl Gadamer als auch Spivak geht es um eine persönliche und sinnliche Interaktion mit dem Text, in der aktiv für etwas anderes Platz gemacht wird, ohne dabei die Aufmerksamkeit für eigene Vorverständnisse, Intentionen und den eigenen Standpunkt gänzlich zu verlieren. Gehring ruft in diesem Zusammenhang die von Maurice Merleau-Ponty verwendeten Metaphern der »Verführung, Überwältigung und Machtumkehr« zwischen der Leserin und dem Text in Erinnerung.[54] Lesen kann insofern auch als Aufgabe oder Hingabe[55] des lesenden Subjekts gedacht werden, als ein aufs Spiel setzen eigener Geltungsansprüche, in der die Autorität der Leserin (zunächst) zurücktreten muss, wenn sie sich auf ein (inneres) Gespräch mit dem Text einlassen will. Die Spannungslage aus Präsenz, leiblicher Bedingtheit[56] und Hingabe der Leserin an den Text durch eine Art Dezentrierung ihres Standpunktes ist charakteristisch für eine Kulturtechnik des Lesens, die sich der leiblichen Bedingung dieser Praxis bewusst ist. Die Autorität des Geltungsanspruchs, der im Recht via Text medial artikuliert wird, wäre demnach zwar womöglich im Text pluralisiert und zerstreut, bleibt in ihrer performativen Wirkkraft aber an die jeweils subjektive Leseerfahrung gebunden.

Aus der Pluralisierung des Geltungsanspruchs folgt zum einen eine Pluralität der Sinnschöpfung im Lesen. Der Komparatist Pierre Legrand bringt diesen Umstand im Kontext differenzsensibler Rechtsvergleichung auch performativ auf den Punkt: »Lesen macht Sinn. Hier«.[57] Verweilen wir einen Moment in diesem »Hier«, bzw. von uns aus betrachtet »Dort«, wird deutlich, dass es ebenso viele Lesarten und Orte eines

52 Spivak schreibt, dass man »sich dem Text ergeben müsse« bzw. »den besonderen Ruf des Textes« hören müsse [»*surrender to the text*«, »*the special call of the text*«]: Gayatri Chakravorty Spivak, *Outside in the teaching machine,* New York: Routledge 2009a, S. 183.

53 Gadamer, op. cit., S. 51.

54 M. w. N. vgl., Gehring, op. cit., S. 65.

55 Spivak, op. cit., S. 183.

56 »Das Lesen erscheint so jedenfalls als eine ›leibliche‹ Auseinandersetzung (kein nur physikalischer Körperkontakt). Lediglich ›subjektiv‹ bleibt das beschriebene Geschehen dabei aber nicht. Im Gegenteil: Es geht um eine objektive Machtübernahme seitens des Textes. Das Subjekt verliert dabei nach Merleau-Ponty seinen selbstverständlichen Ort«, vgl. Gehring, op. cit., S. 65.

57 Pierre Legrand, »What Is That, To Read Foreign Law?«, in: *JCL*, 14: 2 (2019), S. 310. Im Original heißt es: »Reading makes sense. There«.

Textes gibt, wie deren Leser:innen.[58] Zum anderen folgt daraus, dass die vermeintlich (lediglich) passive und rezeptive Kulturtechnik des Lesens für das Wirksamwerden und damit auch für die Existenz des Textes im Bedeutungsgeflecht weiterer Texte konstitutiv ist, denn: »Ohne Leseakt kein Text, allenfalls Spuren oder Anzeichen«.[59] Auf das Hören übertragen bedeutet das: Ohne Zuhören, kein Sprechen und keine Rede, allenfalls Laute oder Schwingungen.

Im Hören eröffnet sich nicht nur ein Resonanzraum, als körperlich bedingter Raum in der Sprache, sondern auch eine Möglichkeit für die sprechende Person, sich stimmlich zu zeigen.

> »Die Stimme ist ein Rezeptionsphänomen, das sich mit der Anerkennung (des Anderen, des Gegenübers, der Person) und natürlich auch der Körperwahrnehmung eng verbindet«.[60]

Im Recht ist die Stimme das Medium par excellence, um als individuelle Person, als Mensch, in Erscheinung zu treten. Das äußert sich auch konkret im Recht, etwa in der Institutionalisierung des letzten Wortes der Angeklagten im Strafprozess oder dem Prinzip der Mündlichkeit in der Prozessordnung. Dahinter steht eine »stimmtheoretische These« in Bezug auf »elementare Körperlichkeit der Stimme« in der sich das individuelle einer Person zeige, vielleicht als »Existenz einer, nennen wir es [...] ›Seele‹, die nicht unkörperlich ist, aber als Anzeige eines Jemand im sprachlichen Vollzug dennoch (normalerweise) begreiflich ist«.[61] Diese Vorstellung trägt wohl auch heute noch zum Beibehalten des Grundsatzes der Mündlichkeit im Verfahren bei, etwa um eine Unmittelbarkeit des Rechts zu inszenieren. Allerdings merkt Vismann, womöglich nicht frei von Ironie an, dass dieser Effekt den »unmittelbaren Medien vorbehalten [sei], von denen es nur eines gibt: die Stimme«.[62] Das recht-fertigende Narrativ des rechtlichen Gehörs, schreibt dabei dem Hören zu, dass es für

58 Vgl. Jacques Derrida, *Demeure: Maurice Blanchot. Maurice Blanchot,* Paris: Galilée 1998, S. 126.

59 Gehring, op. cit., S. 56.

60 Im Kontext von Überlegungen zur Möglichkeit und zum Wesen der Lüge, vgl. ibid., S. 160.

61 Ibid., S. 161. Auch Gadamer schreibt von der »Stimme«, die aus vielen »Formen unserer lautlosen seelischen Erfahrungswelt [ertönt.] [...] Ist es der Hauch der Seele? Oder das Schwingen der Saiten? Wir reden von den Stimmbändern und ebenso von den Stimmen der Vögel, aber das Besondere ist doch offenbar, was die Stimme in der Sprache leistet. Sie nennt mit Namen«, vgl. Gadamer, op. cit., S. 49.

62 Vgl. zu diesem Oxymoron der unmittelbaren Medien, Vismann, op. cit., S. 119. Vismann unterscheidet zwischen Feuerbach, der »die Schrift als Transkript der Stimme« erkennt und »Mittermaier, der die Schrift als Medium diskreditiert«, ibid., S. 125.

Gerechtigkeit im Recht sorgen. Es soll Authentizität bzw. eine »jurido-politische Einheit von Subjekt und Stimme« im Recht herstellen.[63] Auf einer grundlegenden Ebene ist die Stimme zudem, insofern sie als »so etwas wie das Initial aller Medien«[64] gedacht werden kann, im Recht strukturell notwendig zur »Performativität der Rechtserzeugung«, wie sie Sabine Müller-Mall in Analogie zur Sprechakttheorie dargelegt hat.[65]

Die Stimme, die sich z.B. in Form des Sprechakts äußern kann, zählt zudem auf narrativer Ebene zu tragenden Figuren des Rechts. Gemeint sind jene Narrative, die den kulturellen Kontext weben, indem an das Recht und seine Geltungskraft geglaubt[66] werden kann bzw. seine gewaltsame Durchsetzung gerechtfertigt wird. Recht lässt sich in diesen Erzählungen als ein Art Befehl imaginieren, im Falle rechtspositivistischer Ansichten als nackter oder reiner, absoluter Anspruch auf Geltungskraft, »Recht als ›reiner‹ Befehl«.[67] Jenseits berechtigter Zweifel daran, ob die »archaische Figur der ›Stimme‹ des Rechts«[68] überhaupt geeignet ist, um modernes Recht im Sinne des Juridischen[69] oder als Ordnungsmacht[70] darzustellen, lässt sich bereits an dieser Stelle der Arbeit festhalten, dass Recht vor Ort jedenfalls wenigstens (noch) teilweise auf die Kraft der Stimme angewiesen ist, um Recht zu sprechen und rechtlich Anspruch auf Geltung zu erheben. Denn Recht kann nicht selbst sprechen, sondern *wird* gesprochen. Recht kann demnach nur mit einer fremden Autorität gesprochen werden, sei sie, wie in rechtlichen Institutionen geliehen, inszeniert oder in gängigen Narrativen der Recht-Fertigung fingiert.[71] In der Hinwendung zum Hören, verschiebt sich die Aufmerksamkeit auf die jeweils responsive Seite, etwa den Gehorsam. Etwa, wenn Recht als stimmlicher Befehl (des Souveräns) vorgestellt wird. Ob darauf Ungehorsam oder Gehorsam

63 Vismann reflektiert kritisch diese Adaptation von Feuerbachs kantisch konturierten Verbindungen zwischen Subjekt und Stimme: ibid., S. 114. Vgl. Zum Einsatz des rechtlichen Gehörs, vgl. Kapitel III.2.

64 Ibid., S. 161.

65 Sabine Müller-Mall, *Performative Rechtserzeugung. Eine theoretische Annäherung*, Weilerswist: Velbrück Wissenschaft 2012.

66 Zur Bedeutung des Glaubens an das Recht, vgl. Engelmann, op. cit.

67 Gehring, op. cit., S. 477. Im Original heißt es: »The law as a ›pure‹ command – that would be more a primal scene pertaining the old Testament or psychoanalysis than a description of operative realities of the juridic, of the *order phenomen* law«.

68 Ibid., S. 485.

69 Vgl. Daniel Loick, *Juridismus. Konturen einer kritischen Theorie des Rechts* 2017. Loick wählt diese Analysekategorie, um Auswirkungen auf geltendes und möglicherweise kommendes Recht zu untersuchen.

70 Diese Herangehensweise wählt Gehring in Anlehnung an Ordnungsmacht bei Foucault, Gehring, op. cit.

71 Vgl. dazu Kapitel II.2. und III.2.

folgt – beide Alternativen können unter Umständen der rechtlichen Geltungskraft dienlich sein –, entscheidet sich aber nur, wenn er tatsächlich auch gehört wird.[72] Zudem lassen sich Rechtfertigungsnarrative rechtlicher Gewalt, etwa der Grundsatz des rechtlichen Gehörs, kritisch in Bezug auf ihre Tragfähigkeit hinterfragen.[73] Die Figur der Stimme im Recht verweist also einerseits auf das In-Erscheinung-Treten, bzw. das Hörbarwerden des Menschen im und vor dem Recht. Andererseits zeigt uns ihre stille rezeptive Unterseite, das Hören, dass Recht auf sinnliche und leibliche Materialität angewiesen ist, um Geltungskraft zu entfalten. Und zwar in besonderer Art und Weise auf den menschlichen Resonanzkörper.

2. Hören-Können als »freie Öffnung in die Dimension des Anderen«

In seinem Essay »Über das Hören« schreibt Gadamer, dass der »Zusammenhang von Hören und Verstehen in Wahrheit die freie Öffnung in die Dimension des Anderen« sei.[74] Dieser These gehe ich in drei gedanklichen Schritten nach. Zuerst lege ich dar, inwiefern Offenheit, Verletzlichkeit und Mehrdimensionalität Grundeinstellung und Qualitäten des Hörsinnes sind, die neue Bedeutungsebenen öffnen und soziale Resonanzräume prägen (a.). Wie sich die »Öffnung in die Dimension des Anderen«[75] im Hören vollzieht, hängt dabei wesentlich von der Einstimmung und Ausrichtung der Hörweise ab – und ist entscheidend dafür, was (in der Sprache) zur Geltung kommen kann (b.). Schließlich hinterfrage ich, inwiefern es sich beim Hören – mit Gadamer gesprochen – »in Wahrheit«[76] eine freiheitliche Praxis handelt (c.).

a. Zur Offenheit des Hörens – Hingabe an die Verletzlichkeit und hermeneutische Tiefe

Mit der Aussage, dass der »Zusammenhang vom Hören und Verstehen« eine »Öffnung« sei, benennt Gadamer den hermeneutischen Effekt der Horizonterweiterung im Verstehen, der sich in einer hörenden Haltung realisieren kann. Die leibliche Bedingung für diese Öffnung liegt meines Erachtens in der sinnlichen Offenheit des menschlichen Hörsinnes. Um die Relevanz und Auswirkungen dieser sinnlichen Bedingung für die

72 Vgl. dazu Kapitel III.1.
73 Vgl. dazu Kapitel III.2.
74 Gadamer, op. cit., S. 48.
75 Ibid.
76 Ibid.

hermeneutische Ebene zu verdeutlichen, unterscheide ich nachfolgend zwischen einer (passiven) Grundeinstellung des Hörsinnes und darauf aufbauen zwischen verschiedenen (aktiven) Hörweisen. Die Offenheit des Hörens ist in erster Linie eine sinnliche Ausgesetztheit gegenüber der Welt, die sich als besondere Verletzlichkeit äußert, der man sich nicht entziehen kann. Das bedeutet jedoch nicht, diese Offenheit bzw. Verletzlichkeit ausschließlich passiv ertragen zu müssen, sondern es ergibt sich ein Handlungsspielraum in der Einstimmung des Hörens und der Hingabe an diese Verletzlichkeit. Dies skizziere ich am Beispiel verschiedener Spielarten und Interpretationen des Sirenen-Mythos (aa.). Die sinnliche Mehrdimensionalität des Hörens in Raum und Zeit begünstigt zudem eine Öffnung gegenüber der Alterität, wodurch das Hören als kommunikative Praxis auf inhaltlicher Ebene für hermeneutische Tiefe sorgen kann (bb.).

aa. Hingabe und Verletzlichkeit. Der Sirenen-Mythos

Das Ohr der hörenden Person ist anatomisch betrachtet offen. Anders als der Sehsinn bringt das Ohr die Welt nicht auf Distanz, sondern lässt sie ein.[77] Die Spannweite der Empfindsamkeit des Hörsinnes und dessen Sensibilität für Differenz werden von Physiolog:innen als höchste unter den fünf Sinnen eingestuft.[78] Zudem lassen sich Ohren, im Vergleich zum Sehsinn, nicht verschließen. Es gibt kein »Ohrenlid«, dass gegenüber dem dauernden Klangteppich, dem Getöse der Welt, wenigstens anatomisch Rast verschaffen könnte.[79] Die »spezifisch akustische

77 Vgl. Wolfgang Welsch, op. cit., S. 39. Espinet spricht von einem »intellektuellen Fernsinn«, David Espinet, »Was heißt Zuhören?«, in: Giovanni Maio (Hg.), *Vom Wert des Zuhörens. Für eine Kultur der Aufmerksamkeit in der Medizin*, München: Herder 2017b, S. 355. Der Vergleich zum Sehsinn, anderen Sinnen oder zum Medium der Schrift erfolgt hier nicht systematisch, sondern um punktuell sinnliche und mediale Besonderheiten des Hörens hervorzuheben.

78 Wolfgang Welsch, op. cit., S. 40. Die akustische Wahrnehmungsspanne des menschlichen Ohrs entspricht für gewöhnlich in etwa 10 Oktaven, die im Frequenzbereich von 16 Hz – 20.000 Hz liegen, Florian Dombois, »Wann Hören? Vom Forschen mit den Ohren«, in: *Chemie - Kultur- Geschichte: Festschrift für Hans-Werner Schütt*, Berlin: Verlag für Geschichte der Naturwissenschaften und 2002, S. 83. Das Auge kann elektromagnetische Wellen zwischen 385-790 THz wahrnehmen, was im Vergleich dem Frequenzumfang einer Oktave entsprechen würde, ibid.

79 So sind es oftmals Motive des »Ohrenlids« als Wunsch nach »Türen für die Ohren«, die Auskunft darüber geben, gegenüber wem oder was wir Ohren im übertragenen Sinne »öffnen« oder »verschließen« wollen, vgl. Ackermann, »Ohr-Geschichten«, in: Volker Bernius u.a. (Hg.), *Erlebnis Zuhören.*

Vulnerabilität«[80] der Menschen äußert sich aber nicht nur im Vergleich der Sinne, sondern auch dann, wenn Hören als stille Rückseite der (Laut-) Sprache betrachtet wird, die eine Offenheit gegenüber dem Herandrängenden, bisher Unverstandenen, in sprachlicher Dimension ermöglicht. Fiktionen, Metaphern und Mythen, Fabeln und Sprichwörter thematisieren die besondere Verletzlichkeit der Menschen im Hören, indem sie sich immer wieder um die Verschließbarkeit der Ohren drehen. Exemplarisch lassen sich verschiedene Versionen des Sirenenmythos als Inszenierung dieser Verletzlichkeit lesen. Einige dieser Interpretationen ziehe ich heran, um zu zeigen, inwiefern es für eine hermeneutische Öffnung gerade auf die besondere Verletzlichkeit des Hörens ankommt, die sich in verschiedenen kulturell etablierten Praktiken des Hörens fortschreibt.[81]

Abbildung 2: Odysseus bei den Sirenen *(1913), Ludwig Bock*

In der Odyssee bleibt der verführerische Gesang der Sirenen größtenteils unerhört, weil er auf verschlossene Ohren trifft. Denn drohend ist

Eine Schlüsselkompetenz wiederentdecken, Göttingen: Vandenhoeck & Ruprecht 2007b, S. 56.

80 Espinet, op. cit., S. 355.

81 Verwundern mögen auf der Fotografie dieses Kunstwerks von Ludwig Bock zunächst die Flügel, der fehlende Fischschwanz, ihre Krallen und die androgynen Züge der Sirenen. Jedoch sind die sich sinnlich an Felsen und Wellen schmiegenden Frauenkörper als Sirenenbilder eher jüngere Entwicklungen der Figur. »Denn die Sirene war ursprünglich alles andere als liebreizend. Sie war von befremdlicher Gestalt, ein Mischwesen aus Vogel und Mensch, mit scharfen Krallen und geflügelt, auf einem Felsen lauernd. Eine Dämonin, die ins Totenreich begleitet, eine Seherin, nicht einmal eindeutig einem Geschlecht zugeordnet; auch bärtige Sirenen mit maskulinen Zügen kamen vor. Ein Zwitterwesen in vielerlei Sinne«, Zora Del Buono, »Der tödliche Gesang der Sirenen. Sirenen begleiten den europäischen Menschen seit fast dreitausend Jahren durch die Kulturgeschichte. Zumeist als sinnliche, aber verwerfliche Versuchung«, in: *mare*, 22 (2000), S. 58.

dem Helden dieser Geschichte Kirkes Warnung und Ratschlag im Ohr geblieben, sich zu wappnen vor dem »hellen Gesang der Sirenen, die auf der Wiese sitzen, von aufgehäuften Gebeinen modernder Menschen umringt und ausgetrockneten Häuten«[82]. Sich der Stimme der Anderen hörend gänzlich hinzugeben, käme im Kopf unseres Helden in dieser Szenerie einem Todesurteil gleich. Dennoch lassen die Erzählungen von den schaurig-schönen Geschöpfen und ihrem alten Wissen in Odysseus die Sehnsucht wachsen, das Lied der Sirenen mit eigenen Ohren zu hören. Die Angst vor jener Lust und jenem Wissen, die er beide für tödlich hält, reicht also nicht aus, um sein Begehren niederzuringen. Vielmehr bleibt ihm eine von Kirke zugeflüsterte List im Ohr, um die Begegnung mit den Sirenen zu überleben und deren Lied hören zu können: Er befiehlt seinen Ruderern, sich die Ohren mit Wachs zu verstopfen, und lässt sich von ihnen unter der strengen Anweisung an den Mast fesseln, die Stricke unter keinen Umständen zu lösen.[83] Er stützt sich also auf die Hilfe seiner Mitmenschen und schafft sich Rahmenbedingungen, unter denen er sich ausgesucht verletzlich zeigen will. Dafür ist er auf ein soziales Netz und auch auf das Vertrauen in den Gehorsam seiner Mannschaft angewiesen.

Eine kritische Interpretation der für die Ruderer angeordneten sinnlichen Abstumpfung gegenüber dem Lied der Sirenen bieten Theodor W. Adorno und Max Horkheimer in der *Dialektik der Aufklärung* an. Sie lesen die Begegnung von Odysseus und seiner Schiffsmannschaft mit den Sirenen als eine »Verschlingung von Mythos, Herrschaft und Arbeit«.[84] Vom Hören herkommend gedacht geht es also zunächst um die Dynamik von Macht und Ohnmacht gegenüber Einflüssen von außen. Dieser Einfluss bündelt sich im Lied der Sirenen. Hier löst sich die antrainierte Trennung von Körper und Gefühl auf. Ihr Lied steht sinnbildlich für eine Übermacht, der vom Selbst abgespaltenen Urgewalten. Und zwar in Adornos und Horkheimers Interpretation vor allem für Gefühle des uferlosen Begehrens, in denen man sich ganz ins Körperliche hingegeben muss. In dieser Lesart werden auf der Irrfahrt von Odysseus die Ohren der Männer als verletzliche Organe gegenüber den Gesängen der Sirenen zum Schauplatz für die Auseinandersetzungen in der gemeinsamen Beherrschung des Sinnlichen. Die Lockung der Sirenen verstehen die beiden Denker also vor allem als eine

82 So spricht Kirke, vgl. Homer und Melanie Möller, *Ilias. Odyssee. Zwei Bände im Schuber*, Ditzingen: Reclam Verlag 2022, XII, 44–46.

83 »Eine der etymologischen als Erklärung für den Namen der Sirenen wird in Seirenes (die Bestrickende, Fesselnde) gesehen«, vgl. Anna Maria Stuby, *Liebe, Tod und Wasserfrau. Mythen des Weiblichen in der Literatur*, Wiesbaden: VS Verlag fur Sozialwissenschaften GmbH 1992, S. 34.

84 Theodor Adorno u.a., *Dialektik der Aufklärung. Philosophische Fragmente*, Frankfurt am Main: Suhrkamp 1969 // 2003, S. 49.

Warnung vor dem Begehren und dem sehnsüchtigen »sich Verlierens im Vergangenen«.[85]

Etwas anders gestaltet sich der Bezug zum Lied der Sirenen, wenn wir ihn als Imaginationsraum verstehen, der sich zum einen nostalgisch in eine verloren geglaubte, ganzheitliche Vergangenheit richtet und zum anderen mit der Möglichkeit lockt wieder eins mit abgespaltenen Gefühlen werden zu können. Dann ist der Gesang der Sirenen nicht mehr bloß eine Art von Kunst, in der Gefühle wir Lust vermittelt werden, sondern es geht um die Öffnung gegenüber der Erfahrung des Lebens und von Naturgewalten selbst. Ihr Lied wird zum Ruf an jenen Ort, an dem Gefühl und Verstand nicht getrennt, sondern (wieder) eins sind.[86] Dieser Ort führt aber im Mythos, sofern man sich nicht listig selbst und mit Hilfe anderer bändigt oder diszipliniert, in den direkten Tod. Aus dieser Überlegung heraus wirkt er folgerichtig gefährlich für den aktuellen gesellschaftlichen *status quo*. Allerdings liegt in dieser Gefahr auch die Chance auf gesellschaftliche Umbrüche. Das Lied der Sirenen wird so zum kunstvollen Ausdruck eines verkörperten Wissens, welches die starre Trennung von Körper und Geist aufweichen könnte. In diesem Sinne deute ich es als utopische Projektion in die Zukunft, in der Gesellschaft und Subjektwerdung weniger von binären Aufspaltungen wie Leib/Verstand, Körper/Seele oder Kultur/Natur geprägt wird.[87] Denn dieses Wissen, und hier kommt die nostalgische Note des Liedes zum Zug, habe es schon einmal gegeben. Demnach sprechen die Sirenen unsere kollektive Erinnerung an und erzählen von umweltsensibleren, wenn man so möchte, ganzheitlichen Lebensweisen. Dieses im Lied der Sirenen lebendig werdende Wissen bedrohe aber, wie Adorno und Horkheimer schreiben,

> »mit dem unwiderstehlichen Versprechen von Lust, als welches ihr Gesang vernommen wird, die patriarchale Ordnung, die das Leben eines jeden nur gegen sein volles Maß an Zeit zurückgibt«.[88]

Das bedeutet aber auch bei ihnen nicht, dass es per se in den Tod führt, den Sirenen Gehör zu schenken. Vielmehr versprechen die Sirenen in

85 Ibid.

86 Das Lied der Sirenen wird daher in einigen Varianten des Mythos auch mit Sehnsucht aufgeladen, wie die Figur selbst, etwa bei »Di Lampedusas Sirene« zur »Verkörperung der menschlichen Sehnsucht nach Versöhnung mit dem Kosmos. Ihre Sprache ist Naturpoesie, eingetaucht in ihre Stimme vermag der Lauschende zurückzukehren zu den Wurzeln seines Ursprungs«, vgl. Stuby, op. cit., S. 26.

87 Vgl. zu dieser Opposition ibid., S. 37. »Als Wesen, die an der Natur und Kultur gleichermaßen Anteil haben, bieten sich die Sirenen als Projektionsfläche für jene Phantasien an, die die Natur/Kultur – Opposition in Bilder des Weiblichen und Männlichen kleiden«.

88 Adorno u.a., op. cit., S. 50.

verschiedenen Überlieferungen, auch ihren Erfahrungsschatz, ihr umfassendes Wissen freigiebig mit den Zuhörenden zu teilen. Sie antworten mit diesem Versprechen auf den tiefen Wunsch die Welt umfassend verstehen zu können. Denn wer das Lied gehört habe, »kehrt fröhlich zurück, und Mehreres wissend. Denn wir wissen dir alles, [...]. Alles was irgend geschah auf der vielernährenden Erde«.[89]

Das sinnliche Wissen der Sirenen ist also mehr Sehnsuchtsort nach einem ungebrochenen Erfahrungswissen, vielleicht Weisheit, denn ein umfassender und formalisierter Wissensbestand. Die Sehnsucht nach diesem ganzheitlichen Wissen wird der Figur der Sirene von Homer als eine Art Verlockung in den Mund gelegt. Es ist also auch seine Sehnsucht. Und zwar jene Sehnsucht, die darin liegt ohne ein weiteres Ziel zu verfolgen in eine fremde Erinnerungserfahrung einzutauchen. Diese kann mit der Literaturwissenschaftlerin Stuby – insofern sie zugleich mit der oben entfalteten Angst vor tödlicher Lust und lebensbedrohlichem Wissen der Sirenen besetzt wird – auch als literarischer »Angriff auf das als erzählbarer Text gespeicherte Wissen des Odysseus« gelesen werden.[90] Denn dieses Wissen ist für Odysseus »nicht verwertbar. Er kann es nicht umsetzen in Handlung, [...] das Wissen der Sirenen ist nicht instrumental, es wird ihn vernichten«.[91] Auch nach Adornos Interpretation ist daher vor allem das rationale, vom Leib vermeintlich abgespaltene und zu verteidigende »Selbst« des Odysseus gefährdet, denn:

> »Furchtbares hat die Menschheit sich antun müssen, bis das Selbst, der identische, zweckgerichtete *männliche* Charakter des Menschen geschaffen war, und etwas davon wird noch in jeder Kindheit wiederholt«.[92]

Die Furcht von den Sirenen gilt nach dieser Interpretation also zum einen der Verletzlichkeit gegenüber der eigenen fragilen und domestizierten (Lebens-)Lust. Zum anderen geht damit die Furcht einher, dass jene, die dem Lied lauschen sich potenziell auch gegenüber dem Schmerz öffnen, der in der Zurichtung zu einem gesellschaftlich funktionalen Charakter zugefügt wurde. Der gefesselte Odysseus stellt sich diesem Schmerz,

89 Gustav Schwab, *Die schönsten Sagen des klassischen Altertums,* Stuttgart: Liesching 1840, S. 161.

90 Stuby, op. cit., S. 32.

91 Ibid., S. 33.

92 Adorno und Horkheimer eilen damit in einer queeren Lesart essenzialisierender Praktiken binärer Geschlechtlichkeit und deren Auswirkungen in der Welt voraus. Vgl. Adorno u.a., op. cit., S. 43–46. Das betrifft nicht nur das Konzept von Gender als wirkmächtige soziale Konstruktion, sondern wirkt sich auf nahezu alle Lebensbereiche und Fragen der Identität oder Subjektwerdung aus. Adorno schreibt: »Je mehr die Denkmaschine das Seiende sich unterwirft, umso blinder bescheidet sie sich bei dessen Reproduktion«, ibid., S. 44.

indem er sich in seinem gesellschaftlich konstruierten Selbst exponiert und der Fragilität aussetzt, was sich durchaus auch als Praxis des Widerstands deuten lässt. Denn wie Stuby schreibt, versetze das

> »Lied [...] den Lauscher in einen Zustand äußerster Willenlosigkeit, die sein Leben und seine kulturelle Identität gefährdet [...], wenn er, den Sirenen lauschend, seinen eigenen Text vergißt«.[93]

Nach Adorno liegt die besondere Kapazität des Odysseus, sich gegen das Lied überhaupt verteidigen zu müssen und zu können, gerade in diesen Leidenserfahrungen der Abspaltung und in seinem erkämpften rationalen »Selbst« verankert. Der Held gibt sich dem Gesang der Sirenen weder passiv noch aktiv völlig hin, denn das wäre sein Tod. Er versucht vielmehr die Wucht der bevorstehenden sinnlichen Erfahrung zu brechen, indem er seine Ruderer die Ohren verstopfen und sich selbst an den Mast fesseln lässt. So will er die Kontrolle über die Ansprache verschiedener sinnlicher Register behalten. Denn der synästhetischen Exposition gegenüber dem Lied der Sirenen, ihrem Erfahrungswissen, scheint die größte Gefahr zu liegen.

Für die gehörlos gemachten Ruderer verkommt das Lied der Sirenen nach Adornos Interpretation im Anblick der singenden Sirenenkörper zum bloßen Ausdruck der Triebe und der Lust. Denn sie müssen sich gegen das Lied im Gehorsam gegenüber den Herrschenden versperren und die Ohren verstopfen. So kann die Produktivität der Arbeit erhalten und kultiviert werden. Odysseus aber, der dem Lied mit offenen Ohren und gefesselten Leib entgegenfährt, um sein befürchtetes, haltloses Begehren durch Stricke zu zügeln, berichtet in Nacherzählungen des Mythos wie folgt vom Lied: »Mir schwoll das Herz im Busen vor Begierde sie zu hören; ich winkte meinen Freunden mit dem Kopf, mich loszubinden«.[94] Als die Mannschaft daraufhin die Stricke lediglich fester zieht, wird das mächtige Lied zum bloßen Schein der Schönheit von allem vergangenem Wissen und nach Adornos Lesart »zum bloßen Gegenstand der Kontemplation neutralisiert, zur Kunst«:

> »So treten Kunstgenuß und Handarbeit [...] auseinander. [...] Das Kulturgut steht zur kommandierten Arbeit in genauer Korrelation, und beide gründen im unentrinnbaren Zwang zur gesellschaftlichen Herrschaft über die Natur«.[95]

Konstruktive Kritik und Erweiterung zu dieser Lesart bringt Stuby, indem sie auf den Kontext des *»narrativen Gabentausches* zwischen

93 Stuby, op. cit., S. 32. »Text« deute ich hier als gesellschaftlichen Text, der eigene Text wären jene Erzählungen die identitätsstiftend oder wenigstens -prägend sind.

94 Schwab, op. cit., S. 161.

95 Adorno u.a., op. cit., S. 51–52.

Gastgeber und Gast, Sprecher und Zuhörer« verweist, in dem Odysseus von seinen Abenteuern erzählt.[96]

Mit Referenz auf Kafkas Version des Sirenen-Mythos zweifelt sie daran, ob die siegesreiche Geschichte, der Macht der Sirenen durch das bloße Verstopfen der Ohren zu entkommen, überhaupt überzeugt.[97] Denn Kafka thematisiert diese Frage in »Das Schweigen der Sirenen« mit Hilfe einer etwas abgewandelte Anordnung. Dabei geht es ihm weniger um die Verletzlichkeit der Hörenden und mehr um das »Dilemma zwischen Sprache und Stummheit«. Indem er den Mythos etwas verändert und zu Beginn »seinem Odysseus gleich die Ohren verstopft« und ihn auf das visuelle sinnliche Register beschränkt, setzt er ihn vor allem dem Zweifel hinsichtlich der »Unbestimmbarkeit von Singen oder Schweigen« aus.[98] Während also wie Kafka erzählt, sein Odysseus im Vertrauen auf eine »Handvoll Wachs und dem Gebinde Ketten und in unschuldiger Freude über seine Mittelchen« den Sirenen entgegen fährt, wird er womöglich durch ihr Schweigen hinters Licht geführt.[99] Denn Kafkas

> »Odysseus [...] hörte ihr Schweigen nicht, er glaubte sie sängen, und nur er sei behütet, es zu hören. Flüchtig sah er zunächst die Wendungen ihrer Hälse, das tiefe Atmen, die tränenvollen Augen, den halbgeöffneten Mund, glaubte aber, dies gehöre zu den Arien, die ungehört um ihn verklangen«.[100]

Kafkas Verdrehung des Mythos verweist uns auf das Spannungsverhältnis zwischen dem Zweifel, der sich rührt, wenn es um das vermeintliche Verstummen der Anderen und der eigenen Fähigkeit, das Schweigen der Anderen erkennen bzw. hören zu können geht.[101] Zugleich vollzieht Kafka durch die eindrückliche Beschreibung seiner Szenerie eine »Verlagerung der sinnlichen Verführung auf das Visuelle« und hebt die Problematik künstlicher Abschichtung sinnlicher Wahrnehmungsregister und der möglichen »Verkümmerung der komplexen sinnlichen Wahrnehmung durch die Privilegierung, *eines* Sinnes, des Blicks«[102] hervor. Diese Lesart unterstreicht die oben skizzierte Tendenz zum Primat des Sehens. Sie unterstützt das Bedürfnis nach komplexen sinnlichen Erfahrungen, die ein tieferes Verständnis dessen, was sich abspielt, verlangen würde. Eine andere Lesart der Szenerie traut Kafka auch eine Umkehrung der

96 Stuby, op. cit., S. 34.
97 Ibid., S. 19.
98 Ibid., S. 25–26.
99 Franz Kafka, *Beim Bau der chinesischen Mauer. Und andere Schriften aus dem Nachlaß ; in der Fassung der Handschrift,* Frankfurt am Main: Fischer-Taschenbuch-Verl. 2008, S. 168.
100 Ibid., S. 169.
101 Vgl zu dieser Unterscheidung ausführlicher in Kapitel I.3.
102 Stuby, op. cit., S. 28.

imaginierten Situation hinsichtlich unserer Held:innen zu. Was wäre, wenn sich die Sirenen nicht winden und recken, um unseren Held zu locken, sondern um selbst einen Blick auf das Objekt *ihrer* Begierde – den gefesselten Odysseus – zu erhaschen?

Die vielschichtigen Deutungen des Sirenenmythos thematisieren jedenfalls alle auf ihre Weise die leiblich und sozial bedingte Subjektwerdung und die verschiedenen Ausprägungen der Subjektivierung innerhalb der jeweils vor Ort bestehenden Machtstrukturen.[103] Für den Kontext dieser Arbeit ist dabei insbesondere von Interesse, dass sie jeweils an der Verletzlichkeit des Hörsinnes ihren Ausgangspunkt nehmen, um die Gefährdung einer handlungsfähigen Autonomie bzw. ihre Fragilität im Angesicht der eigenen Verletzlichkeit hervorzuheben. Bezogen auf die Verletzlichkeit als Grundeinstellung des Hörsinnes verdeutlicht der Sirenenmythos, dass die Verletzlichkeit gegenüber Erfahrungswelt und sozialer Verwobenheit einerseits unhintergehbar ist, was sich, teilweise dramatisch zugespitzt, in der Figur der Sirene als traumatische Verdrängung eines Wissens um gegenseitige Abhängigkeit und Prozesse der Abspaltung und Entfremdung abzeichnet. Zugleich ist es aber auch die Verletzlichkeit, die eine Selbsterfahrung überhaupt ermöglicht. Sie drängt uns also auch in die Aktivität, insofern sie das hörende Wahrnehmen von Stimmen und Klängen ermöglicht, die so dann interpretiert werden können. Der Umgang mit dem Vernommenen ist aber ungleich schwieriger, wenn den Stimmen selbst kein (genaues) Gehör geschenkt wird, sondern ihr Sprechen lediglich über das Hörensagen fortgesponnen wird und so eigentlich eher im (Selbst-)Gespräch ein Eigenleben entwickeln, anstatt vor allem erst einmal Gehör zu finden.

Zudem zeugt das literarische Beispiel davon, dass die sinnliche Offenheit beim Hören im Vergleich zu anderen sinnlichen Wahrnehmungsweisen besonders prägnant als Verletzlichkeit hervortritt, weil – wie das Ersehnen von Ohrenlidern oder aber auch der Griff zu Hilfsmitteln der sinnlichen Abschottung, wie Wachs in den Ohren, zeigt, dass dieses sinnliche Register nahezu pausenlos am Werk ist. Hörend nimmt der Mensch die Welt über große Distanz hinweg und nahezu andauernd wahr, sogar im Schlaf. Leibniz spricht in diesem Kontext von ›petites perceptions‹, den kleinen Perzeptionen, und bedient sich dabei im Wesentlichen akustischer Beispiele, wie dem Klappern des Mühlenrads oder dem Brausen des Meeres[104], um in einer Art sinnlichen Grundlage seiner Philosophie zu zeigen, dass der Mensch niemals nicht wahrnimmt. Respektiv bedeutet dies auch einen ständigen Prozess der geistigen Verarbeitung

103 Inwiefern diese Ausgesetztheit gegenüber der Stimme der Anderen konsequenterweise auch als Ausgangspunkt der Subjektwerdung gedacht werden muss, lege ich im nächsten Teil dieser Arbeit dar, vgl. Kapitel II.1.

104 Trabant, op. cit., S. 126.

dieser Wahrnehmungen.[105] Wenn das Hören aus dieser Grundeinstellung des Hörsinnes als dauerndes Wahrnehmen in eine bewusstere Hörpraxis übergeht, lässt sich in der Bewusstwerdung und Annahme dieser Verletzlichkeit positiv gewendet von Hingabe sprechen. Das beinhaltet im Sinne der Verletzlichkeit einen gewissen Grad an Kontrollverlust und ein bewusstes Einlassen auf das, was gehört werden könnte. Und zwar auch und gerade dann, wenn darin man dadurch – wie im Beispiel der Sirenen – das eigene Selbstbild verletzlich macht. Die Verletzlichkeit zeigt sich etwa in der Sorge, dass die Fragilität eigener Überzeugungen oder gesellschaftlicher Praktiken freigelegt werden könnte. Etwa, indem sich Verstehens-Horizont um anderes Wissen erweitert, weil bisher unerhörte Stimmen in Resonanz geraten. Eine solche Hingabe schafft unter Umständen Raum, um aufzumerken, hinzuhorchen und in eine bewusste Hörweise überzugehen.

Gadamer hält dafür eine gewisse Wachsamkeit für notwendig, die einschließe, »daß man sich nicht einfach dem, was herandrängt, unterwirft, sondern, daß man hinhört«.[106] Sich im Hinhören nicht passiv zu unterwerfen, sondern bewusst zu öffnen, oder gegebenenfalls auch weghörend abzugrenzen, erfordert in der Hingabe einen aktiven Umgang mit Verletzlichkeit. Odysseus lässt sich in einem Akt der (Selbst-)Unterwerfung buchstäblich fesseln, um die Sirenen hören zu können. Er begibt sich damit in die Verantwortung seiner Matrosen und ist so zunächst nicht mehr lebensbedrohlich dem tödlich geglaubten Gesang der Sirenen ausgeliefert, wohl aber der Sorge und Loyalität seiner Mannschaft: Nur sie können ihn losbinden, erneute Befehle oder Versuche der Überredung würden auf ihre verstopften Ohren treffen. Der Gestus, sich gefesselt dem Gesang der Sirenen auszuliefern, dient daher nicht nur als autonom gesetzte Rahmenbedingung der Erfahrung, sondern ergibt sich vor allem aus seiner relationalen Einbindung in die Mannschaft. Die verletzliche Position geht bereits aus einer Position der Macht hervor, denn in der hierarchischen Struktur der Mannschaft – und spiegelbildlich in der Gesellschaft – kann sich eher getrost in die Hände anderer begeben, wer bisher keinen Grund hatte, sie zu fürchten. Die Sprache des Odysseus ist einerseits eine Sprache der Befehle – er ist der Befehlshaber und vertraut darauf, dass seine Anweisungen befolgt werden. Gleichzeitig offenbart sich darin aber auch seine Abhängigkeit: Seine Macht bleibt nur bestehen, solange sich alle an die Absprachen halten. Der Sirenenmythos verdeutlicht damit die Verletzlichkeit des Hörsinnes und zeigt den Menschen als sozial und gesellschaftlich abhängiges Wesen. Odysseus überlebt das tödliche Lied der Sirenen, indem er es unter den von ihm diktierten Bedingungen hört. Ob den Stimmen der Sirenen so im Hören gerecht

105 Ibid., S. 127.
106 Gadamer, op. cit., S. 49.

geworden ist, ob ihr Anspruch gehört wurde und – wenn ja – zu welchem Preis: diese Frage bleibt bestehen und hält sich in der Faszination um den Sirenen-Mythos lebendig und ungelöst. Demnach kommt es in verschiedenen Varianten und Fortentwicklungen dieses Mythos weiterhin auf »die *Geschichte*, die der Mythos erzählt« an:

> »Daß der Sirenen-Undinen-Ophelia-Mythos seit mehr als zweitausend Jahren in den unterschiedlichsten Erscheinungsformen rezipiert und reproduziert wird, verweist auf die tiefe Beunruhigung, die von ihm ausgeht, eine Beunruhigung, der man mit immer neuen Ausphantasierungen der Geschichte zu begegnen sucht«.[107]

Für die Qualität der Verletzlichkeit und der Hingabe gegenüber Alterität im Hören lässt sich von den Sirenen lernen, dass die Hörerfahrung physisch und psychisch tief gehen kann und also eindrücklich für Körper *und* Geist ist.

bb. Mehrdimensionalität und Tiefe im Hören

Im Vergleich zum Hören wird das Sehen oft als distanzierender Wahrnehmungssinn bezeichnet, der an der Oberfläche der Dinge Halt mache. Das unterstellt dem Sehen einerseits einen Mangel an Tiefe und schreibt ihm aber andererseits eine objektivierende Tendenz zu.[108] Solche Beschreibungen werden dem Sehsinn nicht gerecht und können hier nur als Kontrastierung in Differenzierung zum Hörsinn dienen. In Unterscheidung zum Sehen versetzt der Hörsinn Menschen also in Erregung. Die Klangwelt dringt durch das Ohr ein und der Mensch wird buchstäblich zum Resonanzkörper. Im Vergleich zur sinnlichen Wahrnehmung des Sehens ist die hörende Wahrnehmung darüber hinaus vielfach von Mehrdimensionalität geprägt, wodurch zunächst insbesondere die räumliche Tiefe besonders spürbar wird, denn die sinnliche Grundeinstellung des Hörens ermöglicht es, das akustische »Wahrnehmungsfeld […] omnidirektional« zu vernehmen.[109] Dabei wird meistens durch die Wahrnehmung über zwei Ohren ein dreidimensionaler Eindruck der Klangwelt kreiert, indem zwischen verschiedenen klanglichen Einflüssen

107 Stuby, op. cit., S. 12.
108 Vgl. m.w.N. Florian Dombois, op. cit., S. 86. Nietzsche spricht in diesem Zusammenhang auch von apollinischen (visuellen) und dionysischen (auditiv/sinnästhetischen) künstlerischen Erfahrungen; Nietzsche entwickelt die Idee in Die Geburt der Tragödie aus dem Geiste der Musik. Diese Kontrastierung dient mir als ebensolche und wird dem komplexen Vorgang des Sehens an sich natürlich nicht gerecht.
109 Das fällt auf im Kontrast »gegenüber etwa dem Gesichtsfeld, das gerichtet und auf 180° beschränkt ist«, vgl. ibid., S. 84.

unterschieden wird, die in einem weiteren Schritt im Raum mittels intentionalen Hörens verortet und herausgefiltert werden können.[110] Die Mehrdimensionalität des Hörens betrifft aber nicht nur den Raum, sondern auch Erfahrung von Zeitlichkeit. Im Vergleich zum Sehsinn ist der Hörsinn bezogen auf Zeitlichkeit besonders sensibel für das Flüchtige, Vergängliche und Ereignishafte. Anders als der Sehsinn, der vor allem auf das Erkennen von bleibenden Strukturen und Bildern anspringt, funktioniert der Hörsinn überhaupt nur in der zeitlichen Veränderung.[111] Von philosophischen Texten bei Edmund Husserl[112] bis hin zu Kinderbüchern, wie Momo von Michael Ende, wird wiederkehrend das Hören einer Melodie zum Erklären wahrgenommener Zeitlichkeit bemüht. Ein konkretes und zeitgenössisches Beispiel ist das bewusste und aufmerksame Hören Neuer Musik. Hier ist die zeitliche Dimension besonders relevant, insofern sie Hingabe in die Offenheit als aktiver Umgang mit dem Herandrängenden, nicht sofort Verstehbaren ist. Baumann schreibt, dass beim Hören Neuer Musik aktiv hörende Menschen gar nicht anders können als

> »sich ihren durch die Klangimpulse gesteuerten Gedanken und auftauchenden Gefühlen zu widmen. Sie lernen dabei, diese rasch auch wieder zu verlassen und sich dem nächsten Klangereignis zuzuwenden – und so immer weiter«.[113]

Dieser hörende Zustand stößt uns unweigerlich auf besondere eigene Verletzbarkeiten und Erfahrungen und zeigt zugleich ihre Vergänglichkeit. Diese offene Haltung einer aktiven Hörweise lässt sich womöglich auf die Bedeutung des in der Sprache Gehörten übertragen. Auch im Vergleich zum Medium Schrift respektive der dazugehörigen Kulturtechnik des Lesens wird deutlich, dass das Hören mit einem gewissen Kontrollverlust oder, aktiv gewendet, mit einer Hingabe an das zu Hörende einhergeht: Während ein Text in seinem medialen Ausdruck physisch als besonderes Objekt vor der lesenden Person liegt und angreifbar ist, ist man beim Hören auf das gesprochene Wort einer anderen Person einer gewissen Unvorhersehbarkeit im Hier und Jetzt ungleich

110 Ibid. Als Beispiel zieht Dombois den »Cocktail-Party-Effekt« heran: Auf einer Party mit hohem Geräuschpegel und einer Vielzahl an Gesprächen, ist der Mensch in der Lage sich auf ein Gespräch zu konzentrieren und nur diesem zuzuhören. Zu den Einschränkungen der Allgemeingültigkeit und den Norm-Körpern entlang derer sich solche Aussagen orientieren vgl. weiter oben unter Kapitel I.1.b.

111 Vgl. Wolfgang Welsch, op. cit., S. 38.

112 So interpretiert Nancy, op. cit., S. 40.

113 Felix Baumann, »Hören als aktiver Prozess. Was die Neurowissenschaft und Komponisten Neuer Musik über das Hören sagen«, in: *Trajekte*, 15: 29 (2014), S. 37.

mehr ausgeliefert.[114] Das Lesen eines Textes geht also mit einem recht hohen Maß an Kontrolle über die Rahmenbedingungen des Lesens und des Spiels der Interpretation einher. Man kann z.B. beliebig an Textstellen verharren oder vor- und zurückspringen. Beim Hören liegen Autonomie über Sprechtempo und Reihenfolge der Worte hingegen bei der sprechenden Person. Die hörende Person kann zwar um bestimmte Rahmenbedingungen bitten und selbst für diese Sorge tragen; sofern offen zugehört wird, kann sie diese aber nicht kontrollieren, weil sie sich, um bewusst zu hören, der Situation hingeben muss.

Wenn Gadamer den Zusammenhang von Hören und Verstehen als eine Öffnung (in die Dimension des Anderen) bezeichnet, scheint es ihm vor allem um eine Öffnung für ein neues oder anderes Verstehen zu gehen. Und zwar indem innerlich eine offene Haltung eingenommen wird. Er schreibt:

> »Offenheit für den anderen schließt die Anerkennung ein, daß ich in mir etwas gegen mich gelten lassen muß, auch wenn es keinen anderen gäbe, der es gegen mich geltend machte«.[115]

Diese aktive Öffnung, als Hingabe in die Verletzlichkeit, deutet auf eine eigene, zu fällende (ethische) Entscheidung für die Andere hin. Ich lese darin einen Ausdruck des Seins-für-die-Andere im Hören, die uns zugleich auf eine gewisse Zwangsresistenz des Hörens stößt. Denn eine solche innere Haltung kann nur selbst eingenommen und nicht von außen übergestülpt werden. Hier liegt eine der wesentlichen Anschlussstellen für die besondere alteritätsethische Relevanz und Potenz des Hörens (im Recht).[116] In Bezug auf das hermeneutische Potential des Hörens ist diese offene Haltung im Hören eine Erwartungsoffenheit und Bereitschaft, den eigenen Standpunkt in Frage zu stellen und ggf. auch zu verändern. Der hermeneutische Effekt einer Erweiterung bzw. Veränderung des Horizonts geht in Gadamers Wahl dieser Metapher mit der Veränderung des Standortes bzw. des Blickwinkels einher. Es komme auf die spezifische Situation der wahrnehmenden Person an, die

> »einen Standort darstellt, der die Möglichkeiten des Sehens beschränkt. Zum Begriff der Situation gehört daher wesenhaft der Begriff des Horizontes. Horizont ist der Gesichtskreis, der all das umfaßt und umschließt, was von einem Punkt aus sichtbar ist«.[117]

114 Etwas anders ist es bei Audio-Aufzeichnungen und deren medialen Abspielmöglichkeiten.
115 Gadamer, op. cit., S. 367.
116 Dazu weiter in Kapitel III.1.
117 Ibid., S. 307.

Diese visuelle Metapher, Gadamer schreibt von einer »Horizontverschmelzung«,[118] verdeutlicht verschiedene Verortungen (der Lesenden und des Textes) sowie deren Transformation im Verstehensprozess. Dabei werde der »Zeitabstand überbrückt, der den Interpreten vom Text trennt«.[119] In einer auditiven Metapher spreche ich ergänzend bezüglich verschiedener Bedeutungsebenen, die in der Sprache im Gesagten und Gehörten zur Geltung kommen können, von hermeneutischer Tiefe. Im Vergleich zum Horizont, auf den sich wie auf eine Linie blicken lässt, ist das Hören zwar ein hilfreicher Sinn zur Orientierung im Raum, in dem sich wahrgenommene Klänge verorten lassen, jedoch können die Wahrnehmungsgrenzen hierbei nicht trennscharf wie eine Linie am Horizont vorgestellt werden, sondern werden eher als räumliche Tiefe ausgelotet.[120] Die Tiefe der Bedeutungen, das heißt insbesondere die verschiedenen interpretatorischen Dimensionen des Gesagten und dessen Anspruch auf Geltung, die sich durch Hören und Gehört-Werden in der Sprache eröffnen, hängen vor allem davon ab, *wie* gehört wird. Daher richte ich in einem nächsten gedanklichen Schritt die Aufmerksamkeit auf verschiedene aktive Hörweisen, die das Hören als Öffnung »in die Dimension des Anderen« auszeichnen.

b. »Öffnung in die Dimension des Anderen«: alteritätsethische Hermeneutik

Während bezüglich der soeben hervorgehobenen Qualitäten der Mehrdimensionalität und Verletzlichkeit in der Grundeinstellung des Hörsinnes, vor allem an die leiblichen Bedingungen anknüpft wurde, sollen in diesem Kapitel in Bezug auf verschiedene Hörweisen schwerpunktmäßig die sozio-kulturellen Aspekte des Hörens als Kulturtechnik bedacht werden. Das sich im Hören die von Gadamer beschriebene »Öffnung in die Dimension des Anderen« in verschiedenen Spielarten ereignen kann, liegt vor allem an der sozio-kulturellen Bedingung von Hörpraktiken.[121] Auch wenn Hören als Wahrnehmungsweise in hiesigen Kulturen im Vergleich mit Ausdrucksweisen wie Sprechen oder Schreiben

118 Ibid., 311,312. Dafür braucht es immer auch eine Auseinandersetzung mit der »Wirkungsgeschichte«, in die der jeweilige Text eingebettet ist, ibid., S. 305–312.

119 Ibid., S. 316.

120 Zur Synonymgruppe für »ausloten« im DWDS: »(sich) umhören, Erkundigungen einziehen, Informationen einholen, herumfragen, nachhorchen, abklopfen fig., ausloten fig., sondieren fig., (die) Ohren offen halten ugs., (sich) schlaumachen ugs., herumhorchen ugs. «, vgl. https://www.dwds.de/wb/ausloten (abgerufen am 5.11.2021).

121 Zum Zitat: Ibid.

weniger bewusste Ausbildung erfährt,[122] wird dennoch »[d]as Ohr in der europäischen Tradition vorwiegend als soziales, ethisches, kommunikatives Organ angesehen«.[123] Die performative Kraft des Hörens unterscheidet sich meines Erachtens je nach Art der Aufmerksamkeit, Gerichtetheit und Intentionalität der jeweils praktizierten Hörweise. Das bezeichne ich als die Stimmung des Gehörs, die im Ergebnis entscheidend dafür ist, was einerseits verstanden und andererseits (in der Sprache) überhaupt zur Geltung kommen kann. Daher ist es gerade für eine alteritätssensible Hermeneutik relevant, *wie* gehört wird. Der Hörsinn muss also auf die Situation und den verfolgten Zweck eingestimmt werden. So gibt es nicht die eine richtige, zutreffende Weise zu hören, sondern es kommt stets drauf an, was das Ziel ist. So kann beispielswiese Weghören, im Sinne eines »absichtlich nicht hinhören« als bewusste Strategie zwar unter Umständen hilfreich sein, ermöglicht aber kein tieferes Verständnis des Gesagten.[124] Das Eigentümliche an Hörpraktiken ist, dass sich zwischen verschiedenen, zwar sprachlich feststehenden Hörweisen oder Modi des Hörens nicht immer eindeutig unterscheiden lässt. Denn wie Espinet schreibt ist selbst » [s]cheinbar einfaches Hören [...] stets komplexe Artikulation vielfältiger Möglichkeiten«.[125] Um die Relevanz des »Hören[s] als Kulturtechnik«[126] herauszuarbeiten wird unter dem Schlagwort des »acoustic turns« vermehrt thematisiert, in welchen gesellschaftlichen Bereichen dem Hören und Gehört-Werden eine besondere Rolle zukommt.[127] Denn jede individuelle Verortung

122 Volker Bernius, »Neugierig werden auf Hörenswürdigkeiten«, in: Volker Bernius u.a. (Hg.), *Erlebnis Zuhören. Eine Schlüsselkompetenz wiederentdecken,* Göttingen: Vandenhoeck & Ruprecht 2007, S. 10.

123 »Wörter wie *gehorchen* oder *oboedientia* sind die prominentesten Zeugen dieser sozialen Funktion des Hörens«, Trabant, op. cit., S. 122.

124 Vgl. Dwds, https://www.dwds.de/wb/wegh%C3%B6ren (abgerufen am 11.11.2021). Bertschinger beschreibt einen Zustand, der m.E. das Weghören treffend zusammenfasst als Abschottung: »Abschottung vor dem Nächsten und vor Fakten ist ein – situativ auch ›lebensnotwendiger‹ – Selbstbetrug, der ideologisch zur Selbstbestimmung verkehrt und als Selbstbestimmung verklärt wird (Rationalisierung der Abwehr)«, Bertschinger, op. cit., S. 68.

125 Espinet, op. cit., S. 78.

126 Petra Maria Meyer, »Vorwort«, in: dies., *Acoustic turn,* München: Fink 2008, S. 11. In diesem Band wird allerdings teilweise einer Essentialisierung des Hörens Vorschub geleistet, die nicht der Lebenserfahrung aller Menschen entspricht, zumal auch (Lippen oder Gebärden-)Lesen jenseits von Klangerfahrung ein Sprachverständnis ermöglicht. Auch Gehörlosigkeit schließt nicht aus, sich in Sprache verständigen oder sprechen zu können.

127 Hören ist nicht nur im therapeutischen Kontext beziehungsstiftend, wie der Psychoanalytiker Erich Fromm festgestellt hat, indem er kunstfertige Praktiken des Hörens und Kriterien für ein gelingendes Zuhören probierte und

bringt (unbewusst) eine Vorbildung bezüglich der Hörweisen mit und der sozio-kulturelle Kontext und die jeweiligen räumliche Anordnungen, institutionellen Rahmenbedingungen und gesellschaftlichen Zwecke und Zwänge formen die darin entstehenden Weisen des Hörens.[128] Der Philosoph Jean-Luc Nancy spricht in seiner Forschung zum Hören daher auch von einer »pluralen Singularität« des Hörens.[129] Die vielfältige Einzigartigkeit der Hörweisen findet Ausdruck im je situativen Hören, was räumliche und sinnliche Mehrdimensionalität betrifft. Um die Mehrdimensionalität ging es weiter oben schon hinsichtlich des Raum- und Zeitgefüges, sie betrifft allerdings auch die hermeneutische Tiefe des Sinns in der Bedeutung des Vernommenen. Bei Nancy fallen im französischen Wort »sens« Bedeutung und Tiefe in Raum und Zeit zusammen, insofern es sich sowohl als Sinn als auch als Richtung übersetzen lässt. Ein bedeutsamer Sinn existiert allerdings, wie das Weisen in einer Richtung, nur in der Bewegung oder – Nancy zufolge – nur wie er kreisenden Sätzen beschreibt, in

> »der Zirkulation – und diese dringt gleichzeitig in alle Richtungen, durch die Präsenz in die Präsenz, in alle Richtungen aller offenen Raum-Zeiten. Alle Dinge, alles Seiende, alles Existierende, die Vergangenheiten und die Zu-künfte, die Lebenden und die Toten, die Unbeseelten, die Steine, die Pflanzen, die Nägel, die Götter – und ›die Menschen‹, sprich, diejenigen, die Teilen und Zirkulation als solche exponieren, indem sie ›wir‹ sagen, indem sie zu sich wir sagen in jedem möglichen Sinn dieses Ausdrucks, und indem sie zu sich wir für die Totalität des Seienden sagen«.[130]

reflektierte. In seinen Überlegungen zieht er in Bezug auf das Hören den Begriff der »Kunst« dem Begriff der (Kultur-) »Technik« vor, um Situationsbindung, Virtuosität und Singularität verschiedener Hörpraktiken zu betonen. Vgl, Erich Fromm und Rainer Funk, *Von der Kunst des Zuhörens. Therapeutische Aspekte der Psychoanalyse,* Weinheim: Beltz 1991, S. 225.

128 Hören unterliegt der doppelten Bedingtheit durch den sozio-kulturellen Kontext und das hörende Subjekt: »Kein Subjekt, das nicht ein fühlendes wäre. Kein Fühlen – keine Empfindung, kein Gefühl oder Sinn im Wortsinn –, das nicht aus sich selbst den Rücklauf oder die Schleife bildet, durch die ein Subjekt sich ereignet«, Jean-Luc Nancy, »Ascoltando«, in: Peter Szendy (Hg.), *Höre(n). Eine Geschichte unserer Ohren,* Paderborn: Wilhelm Fink; Fink 2015, S. 10. Zur Veranschaulichung beispielhaft einige der gemeinten Kontexte: Therapeutisches Hören, Hören von Musik, Hören im Bildungskontext, z.B. an Schulen oder Universitäten, und Hören in Beziehungs- oder Familiensituationen, Hören auf der Jagd oder Hören in Gefahrensituationen.

129 Nancy, op. cit., S. 3. Im Original: »singularité plurielle«.

130 Jean-Luc Nancy, *Singulär plural sein,* Zürich, Berlin: Diaphanes 2016, S. 21. Im Original heißt es hierzu: »Le présent sonore est d'emblée le fait d'un espace-temps: […] Cet espace lui-même est d'emblée omnidimensionnel et

Damit ist im Hören und der Bedeutungsgenese in diesem Zusammenhang vor allem der Bezug zu existierende Materialität und der leiblichen Verortung adressiert. Denn hier eröffnet jede individuelle Hörpraxis seiner Ansicht nach einen einzigartigen Raum des Verstehens in Sprache, die sich aus einer Vielzahl an erlernten Mustern herausbildet und je eigene Erfahrungen und Gedanken in Resonanz bringt. Mit den Worten Gadamers gesprochen gilt daher: »Es genügt zu sagen, dass man *anders* versteht, *wenn man überhaupt versteht*«.[131] Für das jedem Verstehen vorweggehende Hören ist relevant, dass dabei meistens zusätzlich auch » [g] ehört wird, was gedacht wird. Aber: *Gehört wird auch, was gelernt wurde*«.[132] Er führt weiter aus, » [w]ie wir sehen lernen müssen, was wir leider im Allgemeinen nicht genug auf unseren Schulen üben, müssen wir auch hören lernen«.[133]

Verschiedene Arten, Techniken oder auch Strategien des Hörens zeichnen sich durch eine je unterschiedliche Intensität an Aufmerksamkeit, inhaltlicher Gerichtetheit und Intentionalität aus. Aufhorchen als »aufmerksam zuhören, aufmerksam werden, aufmerken« und »etwas (zufällig) hören, aufschnappen; mit dem Gehörsinn erfassen« bezeichnet den Übergang von der dauerhaft wahrnehmenden Grundeinstellung des Hörsinnes hin zu einer aktiveren Hörweise.[134] Aufhören wird hingegen nur teilweise in diesem Sinn verwendet, meistens eher als Beenden einer Tätigkeit oder als das Zu-Ende-Gehen von etwas, im zeitlichen oder räumlichen Sinne.[135] Die Praktiken Aufhorchen und Aufhören rahmen also bewusste Hörweisen, indem die Sensibilität auf auditive Einflüsse zeitweise erhöht und bewusst ausgerichtet wird. Die sinnliche Grundeinstellung ist zwar weiterhin mehrdimensional, aktive Hörweisen zeichnen sich aber vor allem durch eine Spannung und Gerichtetheit aus, durch welche die jeweils praktizierten Hörweise eine (un-)bewusste Ausrichtung erhält. So bedarf das Hören im Sinne von Hinhören, Zuhören oder anderen Spielarten des bewussten Hörens etwa eines erhöhten Grades an Aufmerksamkeit,[136] die sich auf die Umwelt oder die Position der Person richtet, dessen Stimme gehört werden soll. Das vermeintlich lediglich passive Hören ist dann ein »ebenso *aktiver* Prozess wie der des

transversal à tous les espaces«, vgl. Nancy, op. cit., S. 32. Nancy bezeichnet den klanglichen Raum als Resonanzraum und omnidimensionalen Raum.

131 Gadamer, op. cit., S. 302.

132 Ackermann, op. cit., 50, 57.

133 Gadamer, op. cit., S. 55.

134 Vgl. die beiden Bedeutungsebenen des Aufhorchens: https://www.dwds.de/wb/dwb2/aufhorchen (abgerufen am 11.11.2021).

135 Vgl. https://www.dwds.de/wb/dwb2/aufh%C3%B6ren#wb-2 (abgerufen am 11.11.2021).

136 In den Neurowissenschaften gilt die zuhörende Haltung als »intensive Aufmerksamkeit«, Felix Baumann, op. cit., S. 33.

Sprechens«.[137] Besonders hoch, bzw. sensibel ist der Grad an Aufmerksamkeit beim Horchen oder Lauschen. Nicht alle Hörweisen sind von vorneherein schon auf Jemanden oder auf etwas Bestimmtes hin ausgerichtet, können aber von einer gespannten Erwartungshaltung geprägt sein, wovon Erfahrungen des In-sich- oder In-die-Stille-Hineinhorchens erzählen. Die besondere Aktivität im Zuhören zeichnet sich insbesondere durch ein entschiedenes und präzise ausgerichtetes Spannungsverhältnis aus, das zwischen Zurückhaltung und Zugewandtheit sowie Erinnerung und Erwartung seine Kraft entfaltet.[138] Die Spannung zu etwas hin, im Hinhören, oder von etwas weg, im Weghören, bezeichne ich als Gerichtetheit der Hörweise, die zumindest in bewussten Hörweisen von der jeweiligen Intentionalität gesteuert wird.

Die Intentionalität einer Hörweise, also der angestrebte Zweck, ist ein starker Ausdruck subjektiver Handlungsmacht, der von der Möglichkeit eigene Entscheidungen zu treffen erzählt, die allerdings ihrerseits unhintergehbar in alteritätsethischer Verantwortung stehen, was ich in der Folge näher erläutern werde.[139] Denn für den Prozess des *aktiven* Zuhören ist besonders relevant, dass dieses sich nicht automatisch ereignet, sondern eines Aufmerkens, einer Art Unterbrechung des auditiven Grundrauschens bedarf. Das Ohr sortiert zwar, auch unbewusst, andauernd Klänge, wodurch wahrgenommene Geräusche z.B. als Stimme von etwas oder jemandem erklingen. Wird darüber hinaus aber bewusst und aktiv zugehört, kann dies als Ausdruck einer individuell getroffenen Entscheidung gewertet werden, etwa der vernommenen Stimme Gehör zu schenken und ihr mit einer verständnisvollen Haltung zu begegnen.

Spiegelbildlich steht dem das gegenüber, worauf gehört wird und das bedeutet auch: »[D]ie Exposition der Stimme ist der Anspruch auf ein hörendes Verständnis – eines das immer erst einzulösen ist«.[140] Der alteritätsethische Effekt des Hörens durch ein hörendes Verständnis braucht also die Entscheidung, sich mit einer entsprechenden Haltung dem Anspruch der Anderen zuzuwenden und eine Art affirmatives Element der Willenskraft, die Intentionalität des Hörens.[141] Der lateinische Ursprung des Wortes ›intendere‹ zeugt davon, dass die Intention immer ein Streben

137 Ibid.
138 Florian Dombois, op. cit., S. 86.
139 Zur responsiven Subjektwerdung in alteritätsethischer Verantwortung siehe ausführlicher in Kapitel II.1.a.
140 Espinet, op. cit., S. 101.
141 Besonders eindrücklich zeigt sich dies wiederum im Kontext des Hörens von neuer Musik: »das Ja des hörenden Subjekts, ein ›in der Musik existieren‹ und ein ›Aushalten ohne Absicht‹. […]. Die Absichtslosigkeit […] durch eine Art inneres Nein, gleich welcher Art, blockiert«, Felix Baumann, op. cit., S. 35.

zu etwas hin beinhaltet.[142] Im Hören bestimmt die Intention über die Gerichtetheit der Hörweise, indem der jeweils verfolgte Zweck als Anker dienen kann und sich die Aufmerksamkeit in der hörenden Haltung von hier aus in die gewählte Richtung aufspannt.

Beim Zuhören[143] ist der Zweck auf das Verstehen des Gesagten hin ausgerichtet, wie das richtungsgebende Präfix ›zu-‹ andeutet. Im hermeneutischen Sinne entpuppt sich Zuhören daher als ein Modus des Hörens, der anders als genaues Hinhören oder Lauschen, bereits deutlich um ein (interpretatorisches) ›mehr‹ als die bloße akustische Aufnahme von Informationszeichen bemüht ist. Zugleich erinnert das Präfix im Zuhören daran, dass die Konzentration auf bzw. die Erwartung an einer bestimmten Bedeutung im Gesagten auch verschließend gegenüber anderen Umständen und Bedeutungen wirken kann, wobei im hermeneutischen Sinne jene »Vorurteile und Vormeinungen, die das Bewußtsein besetzt halten« ins Spiel kommen.[144]

Gadamer hat gezeigt, dass Vorurteile zum Prozess des Verstehens immer dazugehören und nicht grundsätzlich negativ bewertet werden sollten. Er unterscheidet aber zwischen »legitimierten oder legitimierbaren Vorurteilen«[145] und solchen, »deren Herrschaft uns gegen die in der Überlieferung sprechende Sache taub macht«[146] und somit einem gerechten Verständnis der Sache, dem Text oder auch der Person im Wege stehen.

Zuhören als Öffnung zu praktizieren, die auf ein hörendes Verständnis ausgerichtet ist, verlangt uns ab, eine Art Spannung aufrecht zu halten. Darin hält sich die hörende Person stets für das Kommende offen und ist bereit sich in eigenen Gedanken und Erwartungen zurückzuhalten bzw. diese zu hinterfragen, ohne aber dabei den Faden zu verlieren oder sich selbst und eigene Standpunkte völlig aufzugeben. Paradoxerweise erfordert diese Art des Zuhörens, die auf die Rede der anderen Person ausgereichtet ist, neben Zurückhaltung auch einen großen Anteil an Selbstreflexion und Präsenz. Im aktiven Hören verschwindet die hörende Person nicht, es geht nicht darum, aneignend verstehen zu wollen, was die andere sagt, indem man in den Geist der anderen eindringt, um so an ihre Stelle zu treten oder umgekehrt die gehörte Information wie ein Schwamm in sich aufnimmt. Vielmehr gilt es ähnlich wie bei einem

142 Vgl. zur etymologischen Einbettung Jean-Luc Nancy, *A l'écoute,* Paris: Editions Galilée 2002, S. 18. Für diesen Zusammenhang in der deutschen Sprache vgl. https://www.dwds.de/wb/Intention (Abgerufen am 8.12. 2021).

143 Das DWDS führt keinen Eintrag unter »zuhören«. Im Duden wird eine semantische Nähe zum »anhören« angeführt. Zuhören heißt hier einer Person »Gehör schenken« und dem Gesagten zu »folgen«, vgl. https://www.duden.de/rechtschreibung/zuhoeren (abgerufen am 11.11.2021).

144 Gadamer, op. cit., S. 301.

145 Gadamer, op. cit., S. 43.

146 Gadamer, op. cit., S. 274.

tanzenden Tango-Paar eine Haltung einzunehmen, die sich aus einer außerordentlich aktiven Passivität der hörenden Person nährt, wodurch der Anderen ein Raum zum Sprechen eröffnet wird, in dem sie hörend gehalten wird. Bezeichnenderweise wird bei einer gegenteiligen Haltung, also einer Haltung, die derjenigen dies Spricht keine dezidierte Aufmerksamkeit schenkt, eine Metapher aus dem Bereich des Sehens verwendet und es ist dann von blindem Gehorsam die Rede.[147]

Die eigentümliche Suspension von Erwartung, Erinnerung und Zurückhaltung eigener Geltungsansprüchen in diesem offenen Zuhören ist besonders für die hermeneutische Dimension des Hörens relevant, weil sie eine Unterbrechung im Sog der (vor-)schnellen Kategorisierung und vorurteilenden Verstehen ermöglicht. Ein Hören auf leisere Töne, welches auch Qualitäten des aufmerksamen Hinhörens beibehält, kann unter Umständen verhindern, dass Wesentliches überhört wird. Nur insofern der Zweck des Hörens nicht nur auf eine von Anfang an vermutete Botschaft gerichtet wird, sondern eigene Vorurteile während des Hörens wahrgenommen und hinsichtlich ihrer Legitimität oder Legitimierbarkeit hinterfragt werden, eröffnet sich überhaupt erst in einer »Hermeneutik der Nebensächlichkeit […] die Möglichkeit einer adäquaten, d.h. sachgerechten Interpretation«.[148] Eine sensible, dem Kontext angemessene Art und Weise zu Hören erfordert also eine Einstimmung auf die jeweilige Situation, und den Zweck zudem gehört, gesprochen oder geschwiegen wird. In Bezug auf das Zusammenspiel von Hören und Alterität stärkt dieser Streifzug durch die Qualitäten der Aufmerksamkeit, Gerichtetheit und Intentionalität des Hörens die Vermutung, dass eine erhöhte Sensibilität und Reflektion dieser sinnlichen Wahrnehmungspraxis unter Umständen eine sensiblere bzw. gerechtere Resonanz für die Stimme der Anderen schaffen könnten, was ich nachfolgend als alteritätsethischen Effekt bzw. alteritätsethisches Potential thematisiere.

Zudem lassen sich diese Qualitäten des Hörens aber auch als Erklärung der performativen Kraft des Hörens heranziehen. Wie im Vorverständnis zum Hören anhand des Beispiels der »allmählichen Vollfertigung der Gedanken beim Sprechen« von Kleist und der performativen Kraft des Hörens seiner Schwester dargelegt, kann zwischen zwei grundlegenden Funktionen des Hörens unterscheiden werden: Hören, um (sich) zu verstehen und Hören als Eröffnung eines Resonanzraumes, um primär einer anderen Stimme Gehör zu schenken. In beiden Ansätzen kann sich auf verschiedene Arten das hermeneutisches und alteritätsethisches Potential des Hörens realisieren: Einerseits, indem genaues

147 In dieser Redewendung steckt zudem die Problematik, dass Blindheit als Sehbehinderung mit Unreflektiertheit oder Gedankenlosigkeit kurzgeschlossen wird.

148 Espinet, op. cit., S. 90.

Hören zu einem gerechteren Verständnis dessen, was gesagt wurde, führen kann; andererseits, für die sprechende Person, indem das Gefühl ausgelöst wird, gehört worden zu sein, weil das Gesagte in der Begegnung stimmlich erklingen und zur Geltung gekommen konnte. Dieser zweite Effekt des Gehört-Werdens ist vergleichbar mit einer grundlegenden Anerkennung durch die hörende Person. Das, was hörend wahrgenommen wird, wird in einer Tendenz zur Personifizierung meistens Menschen, Tieren oder Dingen zugeordnet.[149] Das könnte an der engen sozio-kulturellen Verknüpfung von Stimme und Persönlichkeit liegen, was die oben bereits entfaltete Vorstellung erklären würde, dass sich in der Stimme etwas Ureigenes der jeweiligen Person zeigt, dass in ihr womöglich gar die »Seele« wohne.[150] Bereits Aristoteles differenzierte zwischen rationalen und irrationalen Seelenanteilen, konnte das Hören in dieser binären Unterscheidung aber nicht eindeutig zuordnen, weshalb Espinet dem Hören eine besondere Durchlässigkeit zuspricht, in der weniger die Trennung und mehr die enge Verwobenheit von Ratio und Affekt erfahrbar wird.[151]

Das lässt sich z.B. am Gefühl, gehört worden zu sein, festmachen, das nicht notwendigerweise damit zusammenhängt, sich inhaltlich verstanden zu fühlen, sondern auch bereits dadurch entstehen kann, dass ein solches Verständnis wenigstens vorbereitet wurde oder nicht als ausgeschlossen erscheint. Und zwar insofern das Gesagte im hörenden Resonanzkörper erst einmal einen Raum findet, ohne notwendigerweise zugleich schon (umfassend) verstanden worden zu sein. Hören kann demnach in alteritätsethischer Hinsicht als eine Einladung begriffen werden, sich sprechend bzw. stimmlich zu zeigen, ohne dass es dabei zweckmäßig um rationales Verstehen gehen muss. Vielmehr ist es für jene performative Kraft des Hörens, die einen nahezu anerkennenden Effekt hervorruft, wichtig, dass im Hören überhaupt ein Resonanzraum für das Sprechen eröffnet wurde. Wie sich bereits bei Heidegger in Ansätzen dieser Gedanke nachvollziehen lässt, liegt im Hören die performative Bedingung des Sprechen-Könnens: »Hören ist für das Reden konstitutiv«.[152] Jedoch geht es, wenn der anerkennende, alteritätsethische Effekt des Hörens bedacht wird, nicht nur um die Rede, die gehört werden muss, um zu existieren. Mit Derrida ist das Hören-Können bzw. Gehört-zu-Werden für nicht weniger als die Subjektwerdung konstitutiv: »Es ist das Ohr des Anderen, welches mein Selbst für mich ausspricht und so

149 Vgl. Florian Dombois, op. cit., S. 86.

150 Vgl. Gehring, op. cit., S. 161. Sie spricht, wie oben bereits erläutert, von der besonderen Kraft und dem sozi-kulturellen Stellenwert der Stimme, von einer »›Seele‹ die nicht unkörperlich ist, aber als Anzeige eines Jemand im sprachlichen Vollzug dennoch (normalerweise) begreiflich ist«.

151 Espinet, op. cit., 346,355.

152 Heidegger, op. cit., S. 217.

mein autos konstituiert«.[153] Es ist genau dieser Effekt des Hörens den ich als alteritätsethischen Effekt sozialer Anerkennung im Gehört-Werden bezeichnen möchte, der über die rein performative Frage des Sprechen-Könnens hinaus geht. Dieser stellt sich jedoch wie oben skizziert nicht mit jeder Art des Hörens ein. Wesentlich scheint ein jeweils fein gestimmtes Gehör zu sein. Derrida schiebt an dieser Stelle eine Metaphorik der Schrift und des Hörens ineinander, indem er das Verstehen (›entendre‹) des Selbst als ein »Signieren« bzw. »Gegenzeichnen« mit dem (fremden) Ohr bezeichnet. Diese

> »Signatur [...] wird stattfinden [...,] wenn der Andere kommt, um mit ihm zu signieren, eine Allianz mit ihm zu schmieden, und ihn dafür hörend zu verstehen. Und um hörend zu verstehen, muss man ein feines Ohr haben«.[154]

Es kommt also darauf an, *dass* und *wie* gehört wird, damit sich das alteritätsethische Potential des Hören-Könnens realisiert. Eine weitere Konsequenz dieser Überlegung ist, dass die hörende Person mitverantwortlich für das ist, was in der Rede performativ Kraft entfalten kann und diese sogar erst produziert:

> »Hörend verstehen, das ist nicht nur ihn aufzunehmen, das ist auch sie zu produzieren, weil diese Stimme, diese Signatur [...] darauf wartet die eigene Form anzunehmen, auf eine Art und Weise, durch das Ereignis selbst [...] und dieses Ereignis ist uns anvertraut«.[155]

Im Hören-Können gehen die performative Kraft, die das Sprechen ermöglicht, und die alteritätsethische Exposition, d. h. dem Anspruch der Anderen hörend ausgesetzt zu sein, ineinander über.[156] In Resonanz dazu gilt es einen zumindest grundsätzlich stimmigen Modus des Hörens zu

153 Derrida, op. cit., S. 71. Derrida schreibt im Original: »C'est l'oreille de l'autre qui me dit, moi, et qui constitue l'autos«. Derrida schreibt diese Worte zum Kontext der Autobiografie, die auch eine Form der Präsenz darstellt.

154 Ibid. Im Original heißt es: »la signature [...] aura lieu [...] quand l'autre viendra signer avec lui, faire alliance avec lui, et pour cela, l'entendre. Et pour entendre, il faut avoir l'oreille fine«.

155 Ibid., S. 72. Im Original: »[L]'entendre *ce n'est pas seulement le recevoir, c'est aussi la produire* parce que comme cette voix, cette signature [...] est en attente de sa propre forme, en quelque sorte, de son propre événement [...] et cet évènement nous est confié«. Derrida schreibt hier über Nietzsche.

156 Hören-Können als verletzliche Ausgesetztheit gegenüber dem Anspruch der Anderen ist eine Möglichkeit, die verantwortliche Ausgangsposition in der Subjektwerdung zu beschreiben, aus der heraus die unhintergehbare Aufforderung zur Antwort, das Antworten-Müssen, entsteht. Vgl. dazu Kapitel II.1., in dem diese Exposition gegenüber dem vor-ursprünglichen Anspruch der Anderen als Bedingung menschlicher Subjektwerdung und letztlich auch als alteritätsethische Herausforderung des Rechts dargelegt wird.

finden. Den vermute ich in einer offenen Art des Zuhörens und er könnte eine geeignete Haltung bieten, um mit dieser Herausforderung gerechter umzugehen. Zugleich könnte eine Art hermeneutischer (Neben-)Effekt darin liegen, ein anderes und vielleicht gerechteres Verständnis der Anderen zu ermöglichen.[157] Dafür braucht es jedoch ein »feines Ohr«, das, wie Derrida schreibt, »fein hört, welches die Differenzen wahrnimmt, Differenzieren, das ist genau und gerecht zwischen scheinbar ähnlichen Dingen zu unterscheiden«.[158]

Um Missverständnissen vorzubeugen: Ich denke nicht, dass sich etwaige Probleme der Hermeneutik über eine stimmige Art des Hörens auflösen. Ein sicher und genau gelingendes Verstehen dessen, was die Andere meint, ist ein zum Scheitern verurteiltes Vorhaben, wie Derrida mit seiner Einsicht der *différance*[159] nahelegt. Mit Gadamer gesprochen bleibt es dabei, dass »man *anders* versteht, *wenn man überhaupt versteht*«.[160] Aber ein auf die Situation und das Gegenüber abgestimmtes Hören bildet wenigstens die Voraussetzung für ein »differentes Verstehen«. Und ein » [d]ifferentes Verstehen hat allererst das Vermögen zu hören, ohne zu verstehen«.[161] Darin läge dann auch die »spezifisch hermeneutische Funktion« des Hörens. Es geht um ein Hören, indem

> »das Verstehen dem Unverständlichen hörend ausgesetzt wird, von dem aus eine Horizonterweiterung zuallererst möglich wird. Denn ›Hören macht das Unverständliche erfahrbar, nicht weil es dieses verstünde, sondern weil es sich diesem nicht entziehen kann‹«.[162]

Dem Bild der Horizonterweiterung habe ich die Metapher der hermeneutischen Tiefe gegenübergestellt, um zu betonen, dass eine alteritätsethische Hermeneutik stets auf der Suche nach einer hörenden Haltung

157 Dieses Hören könnte auch die Haltung für ein hörendes Lesen als erste Interpretation vorgeben. Spivak spricht davon, sich wenigstens auf dem Gebiet der Übersetzung »dem Text hingeben« zu müssen und so überhaupt erst auf den »besonderen Appell des Textes« reagieren zu können. Spivak, op. cit., S. 205. Im Original heißt es »must surrender to the text« bzw. »the special call of the text«. Iibid. Diese Hingabe, die durchaus auch eine Preisgabe von sich selbst im Sinne meiner Interpretation von Kafka sein kann, ist wesentliche Qualität des aktiven Hörens, wie oben bereits ausgeführt wurde. Vgl. zur Preisgabe der eigenen Position oben im ersten Kapitel der Einstimmung und Verortung.

158 Derrida, op. cit., S. 70. Im Original: »L'oreille fine est une oreille qui entend finement, qui perçoit les différences, des différences, c'est de faire passer, justement, la distinction entre des choses apparemment semblables«.

159 Zur Erklärung von Derridas Neologismus der différance siehe oben Fußnote 77.

160 Gadamer, op. cit., S. 302.

161 Espinet, op. cit., S. 16.

162 Ibid.

sein sollte, die nicht aneignend, sondern hingebungsvoll und einladend gegenüber der Anderen ist und ihre Tiefe eher nur wahrnehmen als erkunden will. Das könnte nicht nur ethisch, sondern auch erkenntnistheoretisch zielführender sein, denn Alterität erweist sich ohnehin, wie im Vorverständnis bereits skizziert, gegenüber »Aneignungen und Eingliederungen in den eigenen Verstehens- und Deutungshorizont als widerständig«.[163] Das bedeutet, Alterität kann gerade nicht abschließend verstanden, wohl aber bezeugt, hier, gehört werden. Denn das Ohr ist »sensibel für das Nicht-Identische«.[164] Ein solches, offenes, bezeugendes Hören kann in einem zweiten Schritt, der mehr Nebeneffekt als Zielsetzung des Hörens ist, ein tieferes Verständnis von sich selbst und der Anderen ermöglichen, als es mit einer auf Horizonterweiterung abzielende, aneignenden Haltung womöglich gefunden werden könnte. Ein Hören, welches umgekehrt ausschließlich darauf abzielt, selbst etwas Neues zu verstehen, kann hingegen z.B. durch voreiliges Unterbrechen der Anderen – weil man etwa glaubt, es schon (besser) zu wissen – die Möglichkeit versperren, überhaupt etwas wahrlich Neues zu lernen.[165] Anders ist es, wenn schon verstanden Geglaubtes und bisher Unverstandenes zunächst (nur) hörend wahrgenommen und sein gelassen wird. Denn es ist gerade dieses Hören, in dem das eigene Nichtwissen oder andere Unzulänglichkeiten, wie unhinterfragte Vorurteile, präsent werden können. Es ist dann die epistemische Voraussetzung dafür, dass sich im Hören eine »offene Organisation des Wissens« ereignen kann.[166] Dazu braucht es aber eine Entscheidung für die innere Haltung, der Anderen offen gegenüberzutreten. Inwiefern ist aber ein freier Entschluss zu dieser überhaupt möglich?

c. »[I]n Wahrheit« frei? – emanzipatives Potential des Hörens

Synonym für das Zuhören wird jemandem Gehör geschenkt: eine Gabe der Aufmerksamkeit. Semantisch verweist dies auf die (freiwillige) Entscheidung, sich etwas oder jemandem hörend zu widmen. Wird diese Praxis tatsächlich beim Wort genommen, steht sie auch nicht unter dem (stillen) Vorbehalt einer Gegenleistung, sie ist Gabe nicht Tausch. Unter der im Titel angedeuteten Frage, ob der »Zusammenhang zwischen

163 Ibid., S. 135.

164 Byung-Chul Han, *Heideggers Herz. Zum Begriff der Stimmung bei Martin Heidegger*, München: Fink 1996, S. 63.

165 Natalie Knapp, *Kompass neues Denken. Wie wir uns in einer unübersichtlichen Welt orientieren können,* Reinbek bei Hamburg: Rowohlt-Taschenbuch-Verl. 2013, S. 243–244

166 Fiumara, op. cit., S. 45.Im Original: »*open organization of knowledge*«.

Hören und Verstehen«, wie Gadamer schreibt, »*in Wahrheit* die *freie* Öffnung in die Dimension des Anderen ist«,[167] thematisiere ich daher, inwiefern Hören Ausdruck einer freiheitlichen Praxis sein *muss*, damit sich im Hören, emanzipatives Potential entfalten kann. Gadamer nutzt mit den Worten Freiheit und Wahrheit vieldeutige Begriffe, welche nicht nur in der Philosophie, sondern auch interdisziplinär auf umstrittene Theorien und Konzepte verweisen. Für den Kontext dieser Arbeit beziehe ich mich zur Deutung der Redewendung »in Wahrheit« nicht auf einen universell und letztgültigen Wissensbestand, sondern auf »das, was (nach aufrichtiger Überzeugung des Redenden, Urteilenden) [...] tatsächlich vorliegt«.[168] Die Frage, ob Hören als »Öffnung in die Dimension des Anderen« wirklich eine freiheitliche Praxis sein kann, lässt sich mit Hilfe der beiden Bedeutungsebenen des Hören-Könnens beantworten, die ich in den vorangehenden Kapiteln skizziert habe. Zum einen, dass der Umstand, hören zu können, ein Ausdruck dessen ist, der Welt leiblich sinnlich ausgesetzt zu sein. Hörend in der Welt zu sein ist also eher als das Gegenteil einer freiwilligen, autonomen Entscheidung zu bewerten. In den vorhergehenden Überlegungen zum Hören-Können wurde vielmehr die Verletzlichkeit als sinnliche Grundeinstellung des Hörens thematisiert. Bei Lévinas wird diese Verletzlichkeit grundlegender als »radikale Passivität« gedeutet, die darin zum Ausdruck kommt, dass der Mensch dem Anspruch der Anderen unhintergehbar (hörend) ausgesetzt ist.[169] Das werde ich im Rahmen der alteritätsethischen Exposition von Recht, die auf dessen menschliche Bedingung verweist, genauer entfalten.

167 Gadamer, op. cit., S. 48.

168 Vgl. die dritte der gelisteten Bedeutungen im dwds: https://www.dwds.de/wb/Wahrheit (abgerufen am 12.1.2022). Die andere Bedeutung von »Wahrheit« als der Weisheit letzter Schluss möchte ich nicht ausschließen, jedoch eher im Sinne einer ›aleithia‹ (gr.) und in phänomenologisch inspirierter Weise verwenden, die von der *Wahr*nehmung herrührt. Das erlaubt vor allem, auf jenes Erfahrungswissen zu verweisen, das wahrhaftig in dem Sinne ist, dass es sinnlich in der eigenen Erfahrung oder Erinnerung spür- bzw. wahrnehmbar wird.

169 Lévinas spricht auch von der »radikalen« und »reinen Passivität« in der Exposition gegenüber dem Anruf des Anderen, Lévinas u.a., op. cit., 70,78. In Abgrenzung zu einer Passivität, »die bloß den Nullpunkt der Aktivität darstellt – und damit immer noch von der Aktivität und der Selbstpräsenz des Subjekts her abgeleitet begriffen wird –, ginge es gerade darum, eine Passivität zu denken, die jeder Aktivität uneinholbar vorausliegt«: Matthias Flatscher und Sergej Seitz, »Destruktion der Souveränität. Zum Verhältnis von Ordnung und Störung in Christoph Menkes Rechtsphilosophie«, in: *Fischer-Lescano, Andreas / Franzki, Hannah / Horst, Johann (ed.): Gegenrechte. Recht jenseits des Subjekts*. Tübingen: Mohr Siebeck, 2018, pp. 165–185, S. 180. Darauf gehe ich in Kapitel II.1.a. dieser Arbeit näher ein.

Die unhintergehbare alteritätsethische Bedingung der Subjektwerdung, in der das Hören-Können der Anderen zum Ausgangspunkt wird, ruft aber paradoxerweise zu einer (sozialen) Freiheit auf und verurteilt das werdende Subjekt zugleich auch zu ihr. Denn zwar ist das Subjekt im Anspruch der Anderen zum Antworten-Müssen fremdbestimmt verurteilt, aber *wie* geantwortet wird, liegt in der Hand jeder Einzelnen. Lévinas nennt diese sozial bedingte Freiheit eine schwierige bzw. »›unbequeme Freiheit‹ (difficile liberté) «.[170] Denn einerseits kann sich der Herausforderung, freiheitlich zu handeln, nicht entzogen werden, andererseits muss sich für jedwedes Ergreifen dieser sozial bedingten Handlungsmöglichkeit verantwortet werden.[171]

An dieser Stelle verweben sich die gedanklichen Fäden mit der zweiten Bedeutungsebene des Hören-Könnens. Denn Hören-Können bezeichnet auch eine (soziale) Kompetenz, etwa die Fähigkeit, die eigene Hörweise in einem kunstfertigen Hin-, Zu- oder auch Weghören auf die jeweilige Situation abzustimmen, und zwar auch, um z. B. die eigene Antwort auf das Herannahende vorzubereiten. Dieses bewusste Hören entspricht einem aktiven Umgang mit der unhintergehbaren Verletzlichkeit und ist insofern auch Ausdruck von individueller Handlungsmacht, die ihrerseits stets an eine vorhergehende alteritätsethische Bedingung anknüpft.[172] Diese zweite Bedeutungsebene ruft ein anderes Verständnis von Freiheit auf den Plan, welches nicht – wie die soziale Freiheit – auf die Beschreibung der menschlichen Bedingung als interdependent abzielt, sondern eher Autonomie im Sinne von unbeeinflusster Handlungsmacht meint.[173] Beide Bedeutungsebenen – also Relationalität als Abhängigkeit, die zur Handlung ungefragt aufruft, und der bestehende Entscheidungsspielraum in Bezug auf dieses Handeln – werden in ihrem relationalen Zusammenspiel derzeit vermehrt unter dem Schlagwort von

170 Cf. Christoph von Wolzogen, *Emmanuel Levinas - Denken bis zum Äußersten*, Freiburg: Alber 2005, S. 9.

171 Zu diesem Zusammenhang vgl. Kapitel II.1. zur responsiven Subjektwerdung im Anspruch der Anderen.

172 Allerdings täuscht die binäre Einteilung auch über die vielschichtige Verwobenheit der sinnlichen Bedingung und der sozialen Praktiken hinweg und kann nicht hinreichend abbilden, dass etwa gerade die vermeintliche Passivität des Hörens eine besondere geistige Aktivität erfordert.

173 Sie wird daher auch als negative Freiheit, also im Sinne eines Freiheitsverständnis skizziert, das eine (Handlungs-)Freiheit meint, die von fremdem Einfluss befreit ist. Der zuvor aufgegriffene Freiheitsbegriff bei Lévinas wäre demnach eher als eine positive bzw. sozial bedingte Freiheit zu verstehen, also einer Freiheit überhaupt Handeln zu können. Die Vorstellung einer genuin autonomen Handlung muss daher eine, wenn auch unter Umständen performativ wirkmächtige Fiktion bzw. Fantasie bleiben. Weiter dazu in Kapitel II. 1 und II.2.c.

Handlungsmacht mit anderen Menschen, Dingen oder der Umwelt verhandelt.[174]

Gehring entwickelt in ihrer Interpretation Foucault'scher Freiheitsszenen einen Begriff von Freiheit, der zu dieser Abgrenzung negativer und positiver Freiheit als relationaler Handlungsmacht passt, wenn sie schreibt:

> »Freiheit ist weniger Befreiung von etwas: von Zwang, Herrschaft oder falschem Bewusstsein. Sie ist auch nicht einfach Bündelung von Handlungsoptionen, sondern die Begleiterscheinung des Umstandes, dass jemand ›sich‹ – nicht *nur* sich, aber *auch* sich – darin wiedererkennt, etwas gewesen zu sein, das Machtfelder verändert«.[175]

Im Anschluss an dieses Verständnis von Freiheit stütze ich mich auf Konzepte, welche individuelle Handlungsmacht in ihrer jeweiligen Verwobenheit mit dem sozialen und materiellen Kontext verstehen. Auf diese Weise ist es möglich, die schwierige Freiheit im Anschluss an Lévinas im Kapitel zur alteritätsethischen Exposition des Rechts im Zusammenhang mit der alteritätsethischen Verantwortung zu denken. Im Hören zeigt sich die Abhängigkeit und Situiertheit individueller Handlungsmacht einerseits hinsichtlich der oben skizzierten sozio-kulturellen Bedingung des Hörens. Andererseits lässt sich Hören als kollektive Praxis im Zusammenspiel von Sprechen und Gehört-Werden auf einer übergeordneten Ebene auch als stetige Aktualisierung einer *conditio humana* im Arendt'schen Sinne denken.[176] Die (Handlungs-)Macht, sich selbst aktiv für eine hinhörende Haltung in der Begegnung mit der Anderen zu entscheiden und ihren Anspruch nicht nur passiv zu ertragen, liegt damit zwar bei der Hörenden selbst, ist aber unausweichlich in eine (alteritätsethische) Verantwortungsstruktur eingebettet.[177]

Werden beide Verständnisse des Hören-Könnens im Verbund gedacht, kann in Bezug auf Hören daher durchaus von einer freiheitlichen Praxis die Rede sein. Sie kann einerseits aktiv auf einen bestimmten Zweck hin ausgerichtet werden und tritt andererseits in der Entscheidung zu Tage, wem Gehör geschenkt oder verwehrt wird. Gadamer schreibt:

174 Vgl. etwa Bruno Latour, *Reassembling the Social. An Introduction to Actor-Network-Theory.*, New York: Oxford University Press 2005, 54,76,108ff. Ausgeweitet wird das in neo-materialistischen Ansätzen à la Karen Barad.

175 Petra Gehring, »Foucault'sche Freiheitsszenen«, in: Petra Gehring und Andreas Gelhard (Hg.), *Parrhesia. Foucault und der Mut zur Wahrheit*, S. 26–27.

176 Vgl. zu diesem Gedankengang, Sophie Loidolt, »Who One Is« - A Political Issue? Hannah Arendt on Personhood, Maximal Self, and Bare Life«, in: Thomas Bedorf und Steffen Herrmann (Hg.), *Political Phenomenology. Experience, Ontology, Episteme,* Routledge 2019, S. 168. In meiner Arbeit spreche in Bezug auf den Fakt, dass Recht stets in alteritätsethischer Bedingung steht und menschengemacht ist von der menschlichen Bedingung des Rechts.

177 Dazu vertiefend Kapitel II.1.a.

> »Darin liegt die eigentliche Freiheit des Menschen, dies oder jenes zu meinen, auf dies oder jenes hinzuhören oder auch gerade wegzuhören«.[178]

Indem man sich nicht einfach dem, was »herandrängt, unterwirft, sondern, [...] hinhört«[179], geht das vermeintlich bloß passive Hören in jene bewusste innere Haltung über, die Gadamer als »freie Öffnung in die Dimension des Anderen« bezeichnet hat.[180] Diese Praxis erfordert eine starke Exposition der eigenen Verletzbarkeit. Das ist eine Öffnung, die unter Umständen beinhaltet, »daß ich *in mir* etwas gegen mich gelten lassen muß, auch wenn es keinen anderen gäbe, der es gegen mich geltend machte«.[181] Soll durch offenes (Zu-)Hören ein alteritätsethischer Effekt des Gehört-Werdens bewirkt werden, kommt es also darauf an, den Anspruch der Anderen im Zweifel zunächst auch gegen sich selbst gelten zu lassen und zuerst lediglich zum Resonanzraum für die Stimme der Anderen zu werden.

Das ist jedoch nur möglich, wenn eine Hingabe in die eigene Verletzlichkeit erfolgt, in der eigenes, vermeintlich absolutes oder gefestigtes Wissen durch fremde Geltungsansprüche auch grundlegend in Frage gestellt werden kann. Diese (Hin-)Gabe der Aufmerksamkeit, in welcher der Anderen aktiv Gehör geschenkt wird, ist so zwar von einer aktiven Passivität der Zurückhaltung geprägt, jedoch nicht zuletzt wegen der performativen Kraft des Hörens durchaus als eine wirkmächtige Handlungsmacht zu verstehen. Das eine so hörende Person in ihrem Hören selbst handelt, zeigt sich auch daran, dass das Gesprochene in gewisser Weise jener gehört, die es hört. Gadamer denkt dies vom Sprechen herkommend und stellt so aber seinerseits auch die (alleinige) Handlungsmacht der sprechenden Person oder Autorin in Frage, bzw. flankiert diese mit einer wenigstens gleichwirkmächtigen Praxis des Hörens:

> »Das gesprochene Wort [ist] nicht mehr meines, sondern dem Hören preisgegeben. Das gehört zu den großen Verantwortlichkeiten des Sprechens, daß ein gesprochenes Wort [...] nicht zurückgerufen werden kann. Das gesprochene Wort gehört dem, der es hört«.[182]

Vom Hören herkommend gedacht unterstreicht diese Einsicht die performative Kraft des Hörens, die ich weiter oben, in Anlehnung an Derrida, als co-signierend und somit für den Sprechakt konstitutiv bezeichnet habe. Denn erst durch den hörenden Resonanzkörper kann das Gesagte in der Sprache erklingen. Daher begreife ich nicht nur wie Gadamer den Zusammenhang von »Hören und Verstehen«, sondern auch jenen des Hörens und Sprechens als alteritätsethisch äußerst relevanten Zusammenhang mit emanzipativem Potential für die Verständigung in der

178 Gadamer, op. cit., S. 49.
179 Ibid.
180 Ibid., S. 48.
181 Gadamer, op. cit., S. 367.
182 Gadamer, op. cit., S. 50.

Sprache. Die Praxis das Gehörte zunächst gegen sich selbst gelten zu lassen bedeutet wenigstens ein »Mitgehen mit dem Anderen [...], auch wenn es keineswegs notwendig Zustimmung bedeutet«.[183] Es bedeutet im hermeneutischen Sinne also gerade auch hörend einen Raum für das zu eröffnen, was vielleicht (noch) keine Zustimmung oder Verständnis erfährt. Dem fremden Anspruch (innerlich) offen (und hörend) zu begegnen, ihn zunächst gegen sich selbst gelten zu lassen, ermöglicht im zweiten Schritt eine genauere Auseinandersetzung mit den sodann im Gesagten zu verhandelnden diversen Ansprüchen auf Geltung. Das kann Ansprüche auf Geltung der eigenen Person im diskursiven Raum, im Sinne der Anerkennung betreffen, aber auch inhaltlich erhobene Ansprüche, z.B. auf geltendes Wissen, oder rechtlich erhobene Ansprüche auf Geltung. Die Fragen nach der Geltung verschiedener Ansprüche tun sich dabei nicht zufällig im Hören auf. Auf diesen Zusammenhang verweist schon die Nähe zum semantischen Feld der Machtbeziehungen im Hören: »(Un-)Gehorsam«, »Hörigkeit«, »Ungehörigkeit« und letztlich auch der »Zugehörigkeit«.[184]

In der Verhandlung verschiedener Geltungsansprüche muss, wie im Verlauf dieser Arbeit noch weiter dargelegt wird, zwischen alteritätsethischen und anderen, z. B. rechtlichen Registern unterschieden werden. Der hörend eröffnete Resonanzraum steckt die Voraussetzung für eine Aushandlung konfligierender Ansprüche auf Geltung ab. Eine fein gestimmte, alteritätssensible Hörweise kann so eine kritisch reflexive Vermittlung zwischen Gehorsam und Ungehorsam gegenüber vernommen Ansprüchen begünstigen.

Die Intention und Ausrichtung der eingenommenen Haltung bzw. Hörweise ist zudem besonders vor dem Hintergrund der Frage entscheidend, *wie* auf vernommene Ansprüche geantwortet werden soll. Das emanzipative Potential des Hörens hängt hierbei davon ab, inwiefern das jeweilige Hören als freiheitliche Praxis verstanden werden kann. Letzteres könnte insbesondere dann der Fall sein, wenn Hören eine zwangsresistente (innere) Aushandlung darüber ermöglicht, ob dem vernommenen Geltungsanspruch (Un-)Gehorsam zuteilwird.[185] Insbesondere in Bezug auf rechtlich erhobene Ansprüche auf Geltung stellt sich jedoch die Frage, inwiefern rechtliche Rahmenbedingungen, in der auch Praktiken der Gewalt eine Rolle spielen, freiheitliche Hörpraktiken behindern oder gar verunmöglichen. Inwiefern beim Hören auf einen rechtlich erhobenen Anspruch auf

183 Ibid., S. 53.

184 Dass geantwortet werden *muss*, zeige ich in Kapitel II.1.a. Inwiefern aber auch *rechtlich* geantwortet werden muss, lässt sich im Wege einer Differenzierung zwischen alteritätsethischem und rechtlichen Geltungsanspruch verhandeln. Vgl. dazu Kapitel II.2.

185 Damit hängt unter Umständen zusammen, den eigenen Geltungsanspruch zunächst zu suspendieren. Was das für rechtlich artikulierte Geltungsansprüche bedeutet, behandele ich in Kapitel III.1.

Geltung dennoch inhaltlich eine Öffnung hinsichtlich Fragen der Alterität stattfinden kann, wird im letzten Kapitel dieser Arbeit genauer behandelt. Hier kann in diesem Kontext vorerst die Einsicht festgehalten werden, dass das Hören jedenfalls in performativer Hinsicht auch für rechtliches Sprechen konstitutiv ist, indem es die stille Unterseite performativer Rechtserzeugung bildet. Bewusstes Hören kann daher auch unabhängig davon, ob es durch eine Entscheidung zum (Un-)Gehorsam im Ergebnis dem Gesagten zur Geltung verhilft, als freiheitliche Praxis verstanden werden. Denn mit dem von Gehring entfalteten Verständnis freiheitlicher Praxis geht es zunächst (nur) darum, dass man sich im Hören

> »darin wiedererkennt, etwas gewesen zu sein, das Machtfelder verändert. Und zwar mit welchem Ergebnis auch immer: Eine Praxis der Freiheit muss nicht in Sinne irgendeines programmatischen Zieles eine erfolgreiche Praxis sein«.[186]

Damit sich das emanzipative Potential des Hörens im Recht – beispielsweise in Bezug auf rechtlich erhobene Ansprüche auf Geltung – entfalten kann, müssen aber sowohl jene Machtverhältnisse, in denen freiheitliche Praktiken überhaupt erst notwendig werden, als auch die Möglichkeit individueller Handlungsmacht bzw. Willenskraft selbst in den Blick genommen werden. Nur so lässt sich herausfinden, wann ein offenes Hören, welches in der Suspension des eigenen Geltungsanspruchs eine gerechte Abwägung zwischen Gehorsam und Ungehorsam gegenüber fremden Geltungsansprüchen ermöglicht, in bloße Hörigkeit umschlägt oder gar nicht zustande kommt. Derrida greift in Sachen unreflektiertem Gehorsam in seiner Nietzsche-Lektüre das Bild des »Ohrenmenschen« auf und schreibt dazu:

> »[E]ure Ohren werden größer, ihr werdet ›Ohrenmenschen‹ wenn, anstatt zuzuhören, ihr euch frei und autonom glaubt, während mit kleinen Ohren den besten Meister und den besten Führer gehorcht wird«.[187]

Daraus lässt sich im Umkehrschluss folgern, dass Hören als aufmerksame und freiheitliche Praxis nur emanzipativ im Miteinander wirken kann, weil ein Raum eröffnet wird, der von der sprechenden Person in ihrer eigenen Weise stimmlich eingenommen werden kann, wenn im Hören von Geltungsansprüchen auch wirklich die Entscheidung zum reflektierten (Un-)Gehorsam vorbereitet wird. Aber nicht jede Hörweise ist dazu geeignet einen solchen Raum kritischer Reflektion eröffnen. Denn es gibt auch gewaltvolle Praktiken des Hörens, etwa solche die sich als (un-)bewusste Ignoranz gegenüber dem Anspruch der Anderen äußern. Derrida schreibt dazu, dass

186 Gehring, op. cit., S. 26–27.
187 Vgl. unter Bezugnahme auf Nietzsche Derrida, op. cit., S. 51.

> »Hören [...] gewaltsam scheinen kann, [...] aber es einen originären Sinn wiederherstellen kann, gegenüber einer anderen Gewalt, jene einer Taubheit, eines *Überhörens*«.[188]

In diametraler Gegenüberstellung zu Hörweisen, die jenseits von inhaltlicher Zustimmung einen Resonanzraum eröffnen, der ein gerechtes, weil differentes Verstehen ermöglichen, gibt es umgekehrt daher auch »ein Verstehen, ohne zu hören«.[189] Bezeichnend dafür lässt sich jene Form epistemischer Gewalt heranziehen, die in (un-)bewussten Strategien methodischen Weghörens liegen kann.[190] Das gilt insbesondere dann, wenn, nachdem weggehört wurde, das Wort im Namen jener ergriffen wird, deren Stimmen zwar vernommen, jedoch (bewusst) nicht gehört worden sind, um dann womöglich sogar für diese zu sprechen.[191] Auf dieses Problem der Repräsentation werde ich im Rahmen meiner Überlegungen zum rechtlich erhobenen Anspruch auf Geltung zurückkommen.[192] Im Recht sind diese Überlegungen einerseits (alteritätsethisch) dann relevant, wenn Narrative zur Funktion des Hörens oder Gehört-Werdens mit Blick auf ihr Potential der Gerechtigkeit oder der Zwangsresistenz als Legitimationstechnik für rechtlich erhobene Ansprüche auf Geltung herangezogen werden. Andererseits kommt es, sofern Recht als mediale Anordnung der Stellvertretung betrachtet wird, in der strukturell im Namen Anderer gesprochen wird, alteritätsethisch gesehen grundlegend darauf an, ob und wie diese Anderen (zuvor) auch gehört werden (können).[193]

Zuletzt kann Hören, von der Stimme herkommend gedacht, als Aufruf zu einer freiheitlichen Praxis gewertet werden. Denn die Anrede beinhaltet einen immer erst einzulösenden Anspruch auf ein hörendes

188 Jacques Derrida, *Politiques de l'amitié suivi de L'oreille de Heidegger,* Paris: Galilée 1994c, S. 410. Im Original heißt es: »[l]'écoute [...] peut paraître violente, [...] mais elle prétend restaurer un sens originaire contre une autre violence, celle d'une surdité, d'un Überhören«.Derrida spricht in der Folge gar von einer »otologie«, vgl. ibid.

189 Gadamer, op. cit., S. 50.

190 Das gilt z.B. für die positivistische Methode der Rechtsvergleichung, die unter dem Schlagwort »praesumptio similitudinis« mit der Prämisse operiert, dass die zu vergleichenden Rechte, Laws, Droits o. Ä. im Kern der gleichen Funktion dienten, vgl. Konrad Zweigert, *Bd. 1. Grundlagen,* Tübingen: Mohr 1971, S. 41.

191 Zu diesem Problem vertiefend im nachfolgenden Kapitel II.3.

192 Inwiefern dieses rechtliche Sprechen im Zusammenhang mit Praktiken des Weghörens als alteritätsethische Anmaßung bewertet werden kann, erörtere ich in Kapitel II.3.b.

193 Diesen Gedanken aufgreifend und in empirischer Hinsicht im Wege einer Rechtsprechungsanalyse untersuchend vgl. Carolin Stix, *Subalternität, Rassismus, Recht. Eine Analyse der deutschen Rechtsprechung,* Berlin: De Gruyter 2023.

Verständnis, indem Subjekt jeweils aufgefordert ist, auch Unverstandenes (zunächst) gegen sich selbst gelten zu lassen. Da Aufmerksamkeit aber begrenzt ist, gilt es zu entscheiden, wie sie verteilt wird und wessen Anspruch auf ein hörendes Verständnis eingelöst wird. Die Frage, die sich damit stellt, ist daher auch, wem faktisch überhaupt Gehör geschenkt wird. Im nachfolgenden Kapitel richte ich die Aufmerksamkeit daher genauer auf das Hören als *gesellschaftlich* relevante und freiheitliche Praxis und auf die Entscheidung, wem Gehör geschenkt wird. Gadamer hält im Ergebnis zu seinen Überlegungen »Über das Hören« abschließend fest,

> »daß wir im Hören immer noch etwas zu lernen haben. [...]. Wir müssen sogar horchen lernen, um die leiseren Töne des Wissenswerten nicht zu überhören – und vielleicht gehört auch gehorchen dazu. Aber darüber sollte ein jeder allein weiter nachdenken«.[194]

Auf diesen nachdenklichen Ton von Gadamer in Bezug auf das Hören-Können vor dem Antworten-Müssen als freiheitliche Praxis und die Frage, ob und wie eine hörende Haltung gegenüber der Anderen eingenommen werden kann und sollte, lässt sich mit doppelbödiger, Derrida'scher Gesetzmäßigkeit antworten: Es muss nicht gehört werden und es muss unbedingt gehört werden.[195]

3. Gehört-Werden als Bedingung des Sprechen-Könnens

> »[T]he question, ›who should speak?‹ is less crucial than ›Who will listen?‹ [...] But when the card carrying listeners, the hegemonic [...] dominant people, talk about listening to someone ›speaking as‹ something or the other, I think there one encounters a problem«.[196]

Die Verortung und Wirkmacht des Hörens und Gehört-Werdens in der Welt steht im Zentrum eines sprach- und politiktheoretisch informierten

194 Gadamer, op. cit., S. 55.

195 Das entspräche einer dekonstruktiven Lesart und einem Weiterdenken Derrida'scher doppelter Gesetze, der sogenannten »doubles loi[s]«, die er z. B. für das sinnliche Register der Berührungen herausarbeitet, Jacques Derrida, *Le toucher, Jean-Luc Nancy*, Paris: Galilée 2000e, S. 6. Ich schreibe *dieses, also das oben genannte* doppelte Gesetz zum Hören, inspiriert von ähnlichen Aussprüchen bei Derrida, die sich vor allem durch das französische »il faut« auszeichnen, welches die Feststellung (man muss, kann also nicht anders) und Aufforderung (es muss), zugleich enthält. Vgl. z. B. zur Tätigkeit des Übersetzens: »Il faut traduire et il ne faut pas traduire«, Jacques Derrida, *D'un ton apocalyptique adopté naguère en philosophie*, Paris: Galilée 1983, S. 10. Zur Berührung vgl. Derrida, op. cit., S. 6.

196 Gayatri Chakravorty Spivak, *the postcolonial critic: interviews, strategies, dialogues*, Routledge 1990, S. 60.

Gedankengangs. Diesen entwickelt Spivak[197] in ihrem Essay, »Can the Subaltern Speak?«.[198] Indem sie die Möglichkeitsbedingungen des Sprechen-Könnens vom Hören herkommend denkt, vollzieht sie einen wichtigen Paradigmenwechsel, indem sie besonders die alteritätsethische Relevanz des Hörens und Gehört-Werdens berücksichtigt (a.). Sie analysiert defizitäre Hörweisen und deutet diese als Ausgangspunkte für Prozesse der Subalternisierung. Dabei zeigt sie, wie die Repräsentation der Anderen, sowie die (wohlmeinende) Fürsprache in deren Namen, insbesondere dann scheitern muss, wenn zuvor nicht oder nicht genau hingehört wurde. Wenn aber diese hegemonialen und dominanten Hörweisen, die de facto bestimmen, wer gehört wird und wer nicht, in Richtung von gerechteren Bedingungen des Sprechen-Könnens transformiert werden sollen, dann braucht es ein anderes Lernen, ein von Anderen Lernen, um die entscheidenden Differenzen hören zu können (b.).

a. Verstummte Andere vs. taubes Selbst

> »Die Frage, die sich während meines Aufenthalts in Algerien herauszukristallisieren begann [...]: Wer hört die Subalterne? Diese Frage hat mich seitdem nicht mehr losgelassen«.[199]

In »Can the Subaltern Speak?« rekonstruiert Spivak die Geschichte einer indischen Frau,[200] über die im Zusammenhang mit dem in Indien von der

197 Spivak, geboren 1942 in Kolkata, besuchte als Teil der gebildeten Mittelschicht eine renommierte Mädchenschule und absolvierte ihre universitären Abschlüsse in Indien und den USA, vgl. María do Mar Castro Varela und Nikita Dhawan, *Postkoloniale Theorie. Eine kritische Einführung*, Bielefeld: transcript 2015, 161ff.

198 Gayatri Chakravorty Spivak u.a., *Can the subaltern speak? Postkolonialität und subalterne Artikulation*, Wien: Turia + Kant 2011, S. 17–118. Deutsche Übersetzung von Alexander Joskowicz und Stefan Nowotny mit Bemerkungen zur Geschichte der Veröffentlichungen und Änderungen. Die Erstfassung erschien 1985 auf Grundlage eines Vortrages, den Spivak 1983 gehalten hat.

199 Gayatri Chakravorty Spivak, »Wer hört die Subalterne? Rück- und Ausblick«, in: *Zeitschrift LuXemburg*, 20 (2014b), 2.

200 Spivak im Interview über die Problematik dieser Figur einer Subalternen: »[I]ch habe in der Tat auch keine eindeutig subalterne Person gewählt. Diese Frau war aus der Mittelklasse. Der Fall dieser Frau implizierte also, wie mir schien, aufgrund der eingeschränkten narrativen Autorisierung, über die sie verfügte, eine Kontamination der Idee der Subalternität«, Spivak u.a., op. cit., S. 122.

englischen Kolonialverwaltung verhängten Verbot des Rituals der Verbrennung von Witwen (Sati).[201] Sie orientiert sich entlang verschiedener wirkmächtiger, aber problematischer Diskurse, die über diese Geschichte geführt werden. Spivak legt den Schwerpunkt ihrer Analyse dabei auf jene Prozesse, welche die gesellschaftliche Stellung der Subalternen hervorbringen.[202] Im von ihr gewählten Beispiel ereignet sich die Subalternisierung im Wesentlichen dadurch, dass jeweils verschiedene Diskurse *über*, aber nicht mit der Frau geführt werden, um die es geht. Diese können daher ihrer Ansicht nach der Lebensrealität dieser Frau nicht gerecht werden und zielen womöglich auch gar nicht darauf ab. Vielmehr würde nach Spivak die vermeintliche Fürsprache für diese Frau für eigene, und zwar patriarchale oder koloniale Zwecke instrumentalisiert. Spivak arbeitet in diesem Zusammenhang exemplarisch die Bedeutung von universalistischem Sprechen über Andere heraus und verknüpft außerdem strukturell die Fähigkeit zu sprechen mit der Bedingung gehört zu werden.

Wer aber ist eigentlich genau gemeint, wenn von der Subalternen die Rede ist? In postkolonialen[203] Lesarten der Kolonialgeschichte wird die Subalterne als vom *weißen* kolonialen Subjekt durch hegemoniale Praktiken rassifizierte Person gelesen, die kulturell, geschlechtlich und/oder ethnisch als unterlegen markiert wurde.[204] Die Beschreibung von

201 Spivak spricht teilweise auch von einem »Witwenopfer« und dessen »paradoxen Status« in »der britischen Abschaffung«, ibid., S. 20. An anderer Stelle von »sati, der Tradition der Witwenselbstverbrennung«, Spivak, op. cit., S. 1.

202 Zu Prozessen der Subalternisierung und Rassifizierung in deutscher Rechtsprechung, vgl. Stix, op. cit.

203 Zuerst wurde dieser Begriff mit einem Bindestrich geschrieben (Post-Kolonialismus) und sollte auf den politischen Status und chronologisch auf eine gegenwärtige Phase in der Geschichte eines ›ehemals‹ kolonisierten Landes ›nach‹ der Kolonialisierung verweisen. Kritisch dazu angemerkt wurde aber, dass das suggerieren könnte, dass die Zeit der Kolonialisierung »vorbei« sei, und daher werden Begriffe wie Neokolonialismus und koloniale Ausprägungen der Globalisierung präsent und als Teil der postkolonialen Forschung verhandelt. Als kulturell-akademisches Projekt bezeichnet »postkolonial« eine Studienrichtung und Art der Auseinandersetzung, die Mechanismen und Folgen der Kolonialisierung und diesem Zuge entstandenen Rassifizierungen freilegt und benennt. Als theoretische Strömung verwebt sich dieses Studienfeld thematisch mit Poststrukturalismus, Marxismus, Postmoderne, Psychoanalyse und Feminismen. Vgl. dazu mit entsprechenden Referenzen und zur Begriffsgeschichte: Nayar, op. cit., S. 122–124.

204 Cf. ibid., S. 143. Das Denken und Einordnen bestimmter Menschen als Subalterne kann also nicht umhin selbst von einer imperialen Haltung geprägt zu sein. Denn in der Klassifizierung als Subalterne schwingt immer schon ein rassifizierendes Denken über die Andere mit, welches in einleitend

Menschen als subaltern wurde zuerst von Antonio Gramsci etabliert, der diesen Begriff dem militärischen Vokabular entlieh, und ihn verwendete, um Menschen mit geringer bis keiner politischer und kultureller (Handlungs-)Macht zu beschreiben.[205] Spivak macht von diesem Begriff Gebrauch, um darauf aufmerksam zu machen, dass der Weg zur Teilhabe an der eigenen Identitätsbildung für bestimmte Menschen versperrt wird. Das spitzt Spivak in der provokanten und titelgebenden Frage zu, ob die Subalterne sprechen kann. Die Figur der Subalternen greift Spivak aus einem Kontext auf, der dem Essay vorweggeht. Und zwar das in den 1980er Jahren ins Leben gerufene Projekt der »Subaltern Studies Group«. Dieses sollte alternative Wissenstraditionen und -produktionen freilegen, die von Geschichtsschreibungen der kolonialen Mächte, aber auch durch nationale Geschichtsschreibung ignoriert wurden. Spivak war Teil dieser Forschungsgruppe und kritisierte, dass das Forschungsvorhaben und das gewählte methodische Vorgehen paradoxerweise selbst dazu beitrugen, den Gegenstand der Suche erneut als vermeintliches Nicht-Wissen zu markieren und ihn so systematisch weiter zu marginalisieren.[206] Mit der für sie typischen Strenge und Präzision merkt Spivak an, dass der Gefahr einer Essentialisierung der Subalternen so nicht zu entkommen sei. Das gelte auch für Versuche, ein vermeintlich originäres Bewusstsein der Subalternen aus Archiven zu bergen und zu rekonstruieren. Und zwar auch dann, wenn der Anspruch bestehe, die Subalterne für sich selbst sprechen zu lassen. Denn die Art und Weise, wie die Subalterne vorab in dieser Forschung definiert würde, sei schon in sich ein elitärer Akt,[207] und ein Ausgangspunkt für weitere

skizzierten Mechanismen des Otherings als Kontrastfolie dient, um moderne Subjektivität zu denken. Die Subalterne konstituiert also gewissermaßen die Unterseite des »modernen imperialen Menschen selbst, der wenig überraschend exklusiv als Weißer christlicher Mann gedacht wurde, der zumindest nicht arm und krank und später auch heterosexuell zu sein hatte«, vgl. mit Verweis auf Malando-Torres, Brunner, op. cit., S. 46.

205 »Das Wort Proletariat konnte er wegen Gefängniszensur im faschistischen Italien nicht verwenden. So fand der Begriff der Subalternität der eigentlich ›von minderem Rang‹ bedeutet, als eine Art unfreiwillige Übersetzung Eingang in die politische Theorie«, vgl. Hito Steyerl, in: Spivak u.a., op. cit., S. 8. Vertiefend zum Begriff der Subalternität, vgl. Castro Varela und Dhawan, op. cit., 186ff.

206 Brunner, op. cit., S. 46.: Brunner benennt dies als eine von drei Facetten epistemischer Gewalt, als Kolonialität des Wissens. Unter Rückgriff auf die Forschung von Edgardo Lander arbeitet sie heraus, dass mit der kolonialen Moderne ein auch ein koloniales Wissenssystem einhergehe, »weil es Europa gelungen sei, ein Monopol auf ›richtiges‹ und ›wahres‹ Wissen zu etablieren«.

207 Vgl. Nayar, op. cit., S. 144.

»epistemische Gewalt«.[208] Als Paradebeispiel für eine solche epistemische Gewaltausübung zieht sie weiße/westliche Wissensproduktionen über braune/schwarze Frauen in bevormundenden Interpretationen des Sati-Rituals heran. Problematisch sei, dass in der westlichen Interpretation von Sati die Konzentration vornehmlich auf dem barbarischen Akt der Verbrennung der Witwe liege. Im Anschluss daran werde das Verbot dieses Rituals durch die Kolonialverwaltung als Rettung der braunen/schwarzen Frau vor dem braunen/schwarzen Mann durch den weißen Mann inszeniert. Durch diese Erzählung werde die Betroffene als entmündigte, hilflose, handlungsunfähige Frau inszeniert, die im Gegensatz zur *weißen* Frau, zum Objekt degradiert und in einer verdoppelten Weise durch patriarchale Diskurse bestimmt werde. Die postkoloniale Theoretikerin Miriam Nandi schreibt dazu:

> »[B]eide Seiten maßten sich an, für die und damit auch an Stelle der betroffenen Frauen sprechen zu können. Die Kolonialverwaltung stellt die Witwen als passive Opfer dar, die man vor ihrer eigenen Kultur schützen müsse, der brahmanischen Ideologie zufolge wählen die Frauen bewußt den Tod«.[209]

Die Stimme der Frau scheint in dieser Erzählung ihrer Geschichte gänzlich im Getöse zweier gegenläufiger Diskurse zu verstummen: »Die Frauen wollen sterben« vs. »Wir müssen braune Frauen vor braunen Männern schützen«.[210] Beide Diskurse werden nicht von ihr oder explizit für sie, sondern über sie gehalten. In der Folge wurde die Subalterne daher oftmals als »*das verstummte Andere* der indischen Nation« bezeichnet, auf das die »Subaltern Studies Group« aufmerksam machen wollten.[211] Mit dem Essay »Can the Subaltern speak?« stellt Spivak den Ansatz eines Forschungsprojektes, von dem sie selbst Teil war, kritisch in Frage. Als entscheidende Fehlerquelle arbeitet sie heraus, dass das Phänomen der fehlenden Stimmen der Subalternen bereits aus einer bestimmten und zwar meistens privilegierten Position heraus adressiert wird. Daher ist die titelgebende Fragestellung eine rhetorische, um ihren eigentlichen Punkt deutlich zu machen:[212]

208 Die Bezeichnung von etwas als epistemische Gewalt taucht zuerst bei Foucault, Said und Spivak auf. Vgl dazu: Brunner, op. cit., S. 77. Brunner rekonstruiert und entwirft ihrerseits einen transdisziplinären Begriff der epistemischen Gewalt, der explizit auch für eine Rezeption und weiter Auseinandersetzung innerhalb der Rechtswissenschaften gedacht ist, vgl. ibid., S. 30. Sie erklärt die Wirkweise epistemischer Gewalt in drei ineinander verschränkten (soziologischen) Ebenen der Mikro-, Meso, und Makroebene: Kolonialität des Seins, Kolonialität des Wissens und Kolonialität der Macht.

209 Nandi, op. cit., S. 42.

210 Ibid., S. 42–43.

211 Ibid., S. 87. Hervorhebung von AM.

212 Vgl. dazu ibid., S. 42–43.

> »Sati wurde im Text nicht als Beispiel dafür herangezogen, dass die Subalternen nicht sprechen (können) – sondern dafür, dass sie ohne Erfolg versuchen, sich Gehör zu verschaffen«.[213]

Wie aber kann die Stimme der Anderen, hier der subalternen Frau, oder ihr (beredtes) Schweigen, gehört werden? Spivak liest den Akt der Selbstverbrennung, den sie als Beispiel für einen sprechenden Akt heranzieht, als stummen Aufschrei der Witwe. Für Spivak ist an diesem Beispiel entscheidend, dass dieser Mensch, selbst wenn er »eine Anstrengung bis zum Tode unternimmt, um zu sprechen, [...] nicht fähig ist, sich Gehör zu verschaffen«.[214] Spivak insistiert daher auf ihrer, mir zunächst zu hart erscheinenden These, dass die Subalterne tatsächlich gar nicht sprechen könne. Sie schreibt: »Es gibt keinen Raum, von dem aus das [...] subalterne Subjekt sprechen kann«.[215] Allerdings steht diese These, neben dem Verweis auf den gesellschaftlichen Raum, welcher der Subalternen verschlossen bleibt, unter dem Vorzeichen, dass auch sonst niemand eigenständig sprechen kann. Denn unter Sprechen versteht Spivak einen performativen Akt, inklusive seinem responsiven Gegenpart, und zwar gehört zu werden. Sie schreibt:

> »Der Sprechakt [ist] eine Art Transaktion zwischen den Sprechenden und den Zuhörenden, wobei der Akt des Zuhörens die Sprechenden ermächtigt«.[216]

Es seien die Bedingungen des Gehört-Werdens, die im Zusammenspiel von »Sprechen und Hören [...] den Sprechakt erst vollständig« machen, ihn prägen und überhaupt ermöglichen.[217] Diese These steht im Einklang mit der von mir weiter oben herausgearbeiteten performativen Kraft des Hörens in hermeneutischer und alteritätsethischer Hinsicht. Wobei insbesondere für die alteritätsethische Dimension ausschlaggebend ist, dass die ermächtigende, hörende Seite des Sprechens stets in einem fremden Machtbereich liegt. Das gilt, wie in der intentionalen Qualität des Hörens bereits deutlich wurde, insbesondere für die (freie) Entscheidung, (auf) die Anderen zu hören.[218]

213 Spivak, op. cit., 1.
214 Gayatri Chakravorty Spivak, »Ein Gespräch über Subalterintät«, in: Gayatri Chakravorty Spivak und Hito Steyerl (Hg.), *Can the subaltern speak? Postkolonialität und subalterne Artikulation,* Wien, Berlin: Verlag Turia + Kant 2020c, S. 127.
215 Gayatri Chakravorty Spivak und Hito Steyerl (Hg.), *Can the subaltern speak? Postkolonialität und subalterne Artikulation,* Wien, Berlin: Verlag Turia + Kant 2020, 103,108. Mit ausdrücklichem Bezug auf die weibliche Subalterne.
216 Maria do Mar Castro Varela, Nikita Dhawan, op. cit., S. 278.
217 Spivak, op. cit., S. 127.
218 In der Doppeldeutigkeit des Hören-Könnens und der Frage nach der Freiheit im Hören wurde dabei bereits festgehalten, dass diese immer nur in der

Der von Spivak adressierte wunde Punkt regt in diesem Zusammenhang folgenden Gedankengang an, der sich in drei interpretative Schritte gliedern lässt: Zunächst das Feststellen einer Inexistenz der Stimme der Anderen. Dann die Deutung der Stille als ein nicht Nicht-Sprechen-Können der Anderen, bzw. als ihr Verstummen wider willens. Und schließlich die Thematisierung des Nicht-Hören-Könnens des Schweigens der Anderen.

Der erste Schritt dieses Gedankenganges beginnt bei der eigenen Wahrnehmung, die da lautet: Ich höre die Stimme der Anderen nicht. Daraus kann die Konsequenz gezogen werden, dass sie inexistent sei, ich ihre Abwesenheit aber als nicht richtig empfinde und daher für die Andere das Wort ergreifen sollte, um ihr Anliegen hörbar zu machen. Diese erste, vielleicht gut gemeinte, aber paternalistische Haltung, für die Andere sprechen zu müssen, geht unter Umständen mit der oben benannten Gefahr einher, epistemische Gewalt auszuüben. Sie ist daher im Ergebnis wiederum »einen hegemonialen Zugriff auf den Anderen«.[219]

Wird die vernommene Stille hingegen so gedeutet, dass die Stimme der Anderen nicht inexistent, sondern lediglich verstummt sei, könnte der Gedankengang – zweitens – folgendermaßen lauten: Was kann ich tun, damit die Andere (zu mir) sprechen kann, ihre Stimme erhebt? Eine solche innere Haltung fragt und wendet sich zwar der Anderen bewusster zu, aber noch immer wird die »Störung« oder der Mangel jedoch bei der Anderen, in diesem Fall der nicht-sprechenden Position, verortet. Denn ihr Nicht-Sprechen als Verstummen zu interpretieren, impliziert, dass sie einst sprach und nun nicht (mehr) sprechen kann (oder will).

Sofern die Stille als vermeintliche Störung in der Kommunikation aber entweder gar nicht als defizitär gelesen wird, indem z. B. bewusstes Schweigen als Sprechakt anerkannt wird oder zunächst ein Prozess der Selbstreflexion angestoßen wird, lässt sich das Phänomen der (vermeintlich) verstummten Anderen anders betrachten.[220] In einem dritten gedanklichen

Bedingung durch den Anderen und dessen vorgängigen Anspruch bestehen kann, worauf im nächsten Kapitel vertiefter eingegangen wird.

219 Vgl. dazu Nandi, op. cit., S. 88. Nandi führt fort, dass nach Spivak ein »strategischer Essentialismus«, der dem re-präsentativen Sprechen für oder über andere innewohne, dennoch notwendig sein könne. Und zwar dann, wenn andernfalls die »subalterne Frau sonst gänzlich zum Schweigen gebracht werde«.

220 Brunner unterscheidet je nach Positionalität der Schweigenden innerhalb der gesellschaftlichen Machtstrukturen zwischen vier Weisen des Schweigens im Kontext von Sprechen, Schweigen und (Zu)Hören, vgl. Claudia Brunner, »Vom Sprechen und Schweigen und (Zu)Hören in der Kolonialität des Wissens. Paradoxe Überlegungen zur Analyse, Kritik und Entgegnung (nicht nur) epistemischer Gewalt«, in: Helmuth A. Niederle (Hg.), *Sprache und Macht. Dokumentation des Symposions* 2017a, 42ff. Dabei unterscheidet

Schritt kann sich der Gedankengang sodann in eine einfache, aber womöglich selbstkritische Frage transformieren: Warum kann ich die Andere nicht hören? Die entsprechende zu untersuchende (Gegen-)Figur zu der »verstummten Subalternen« wäre dann das »taube Selbst« oder zumindest ein weghörendes, unsensibles oder ungeschultes, ein aus verschiedenen Gründen die Stimme der Anderen überhörendes und in der Folge womöglich missverstehendes Selbst. In diesem Sinne kann der Umstand, die Stimme der Anderen nicht hören zu können, als bewusstes Schweigen ihrerseits ausgelegt werden. Denn die vernommene Stille vorschnell als Verstummen zu deuten, würde womöglich in erster Linie das eigene Unvermögen freilegen, und zwar die fehlende Sensibilität ihr Schweigen hören und verstehen zu können. Erst in diesem dritten gedanklichen Ansatz wird die Infragestellung des Selbst und nicht das vermeintliche Unvermögen der Anderen zum gedanklichen Ausgangspunkt gemacht. In dieser dreiteiligen Aufgliederung verbindet die gedanklichen Ansätze die Erkenntnis, dass bereits der erste Schritt – das Wahrnehmen einer Stille, die den Anderen zugeordnet wird – bedeutet, ihre Existenz zumindest anzuerkennen. Denn es besteht jeweils ein irgendwie geartetes Problembewusstsein dafür, dass *etwas* nicht ankommt, was ankommen soll oder will.

Das kann meines Erachtens paradoxerweise als Ergebnis einer Praxis des Überhörens oder Weghörens gewertet werden, zumal diese Wahrnehmungsweisen (un)bewusst von der Intention angetrieben werden, etwas oder jemanden nicht weiter oder genauer wahrnehmen zu wollen. Denn mehr oder weniger bewusstes Weghören, Überhören oder gar eine Taubheit gegenüber den Stimmen der Anderen kann verschiedene Ursachen haben. Etwa, weil der Anspruch der Anderen als Bedrohung und Infragestellung des Selbst wahrgenommen wird oder die Einsicht in die eigene Verletzlichkeit abnötigt. Die Wahrnehmung der eigenen Verletzlichkeit im Anspruch der Anderen mündet jedoch in diesem Sinne gar nicht unbedingt in eine aktive Infragestellung der eigenen, subjektiven Position bzw. gelebten Identität. Sie kann sich auch in Strategien der Verdrängung oder des Leugnens dieser Verletzlichkeit äußern, um so die Illusion des (eigenen) souveränen Selbst, womöglich auf Kosten der Anderen,

sie als Ergebnis von Unterdrückungsmechanismen einerseits zwischen dem »privilegierte[n] Schweigen der Macht, das Andere zum Verschweigen bringen kann« und dem »Verstummen und Verstummtwerden von Marginalisierten« (ibid., S. 42–43.), das erste wird unter dem Begriff »Testimonial quieting (das von außen herbeigeführte Unterdrücken von Zeug_Innenschaft)« (ibid., S. 48.) und das zweite unter dem Begriff des »testimonial smothering« (ibid., S. 49.) verhandelt. Andererseits spricht sie dem Schweigen aber auch widerständiges bzw. emanzipatives Potential zu und unterscheidet hier zwischen einem »offensiven und verweigerndem Schweigen, das aus der Position der Unterlegenheit heraus artikuliert wird« und einem »potenziell solidarische[n] [...] Schweigen der Privilegierten« ibid., S. 43.

aufrecht zu erhalten. Diese, einleitend im Vorverständnis zum Begriff der Alterität bereits skizzierten Mechanismen, werden unter dem Stichwort der VerAnderung, bzw. des *Otherings* verhandelt und sind oftmals vom Denken in verkürzenden Kategorien der Binarität geprägt. Nach Spivak findet die VerAnderung ihren Höhepunkt in Festschreibungen oder den Definitionsversuchen über die Subalternen, die ihrerseits nicht universell adressierbar, sondern immer schon verstreut und heterogen seien. Diese werden in der Figur der Subalternen dann derart homogenisiert, dass die Subalterne ausschließlich ein Objekt von Fremdbeschreibung bleibe und ihre Stimme nicht selbst artikulieren könne.[221] Wenn ich also die Stille der Anderen derart, als Problem deute, dass ich sie nicht hören kann, so könnte dies daran liegen, dass ich entweder weghöre oder sie überhöre.

Eine weitere Form der VerAnderung findet in gewohnheitsmäßigen Bezügen auf problematische Vorurteile wie rassifizierende Stereotype statt, wobei die mangelnde Sensibilität oder Bildung in diesem Feld als eine Praxis gestatteter Ignoranz bezeichnet werden kann. Damit soll nicht nur tatsächliches Unwissen in dominanten Diskursen bezeichnet werden, welches aber durch die privilegierte Positionierung im Alltag nicht weiter hinderlich ist, sondern auch das Ignorieren von dadurch marginalisiertem Wissen. Unerheblich für die Frage, inwiefern eine solche Ignoranz diskursive Wirkkraft entfaltet, ist dabei, ob es sich um ein bewusstes Ignorieren handelt. Aber es ist laut Philosophin Claudia Brunner dennoch gerade

> »die zweifache schädliche Ignoranz des Nichtwissens und des Nicht-Wissen-Wollens, die bestimmte Kommunikationen auf eine Weise scheitern lässt, die […] epistemische Gewalt darstellt«.[222]

In letzterem Fall gehe es, wie Brunner in ihrer Studie zu epistemischer Gewalt betont jedoch, »auf Seiten der (nicht) Hörenden nicht […] um einen Mangel an Wissen […], sondern um eine aktive Praxis des Nicht-Wissens bzw. Nicht-Wissen-Wollens«.[223] Die Praktiken des Weg- oder Überhörens, durch die eine solche gestattete Ignoranz in konkreten individuellen Kommunikations- und Bezugsrahmen realisiert wird, verwirklicht sich durch die diskursive Marginalisierung bestimmter Wissensformen zugleich auch auf struktureller, epistemischer Ebene. Um dieser Problemlage zu begegnen, setzt Spivak auf (subversive) Hörweisen, die im Gegenteil zu hegemonialen Hörpraktiken des Über- oder Weghörens, ein anderes Lernen, ein von Anderen Lernen, ermöglichen könnten.

221 Nayar, op. cit., S. 144–145.
222 Brunner, op. cit., S. 108.
223 Vgl. dazu mit Bezügen auf Patricia Hill Collins und Charles Mill und Dotson: Brunner, op. cit., S. 48., und im Kontext epistemischer Gewalt nochmal Brunner, op. cit., S. 106.

b. Differenzen Hören: Subversives Hören und die Macht des Schweigens

Um Differenzen hören zu können, gilt es sich mit der Stille auseinanderzusetzen. Auch ein noch so beredtes oder bewusstes Schweigen sollte, wie im Zusammenhang mit Spivaks Essay deutlich wurde, nicht mit einer Praxis des Hörens verwechselt werden. Denn das Schweigen ist nicht dem Feld des Hörens, sondern des Sprechens zuzuordnen. Aber zugleich gilt auch hier: Schweigen lohnt sich nur, wenn es auch gehört wird. Mit anderen Worten, auch das Schweigen muss Gehör finden, um performative Kraft zu entfalten. Passend zur Macht des Schweigens schlägt Spivak als dessen Gegenpart also eine Strategie subversiven Hörens vor. Subversives Hören zielt auf ein genaueres Verständnis der von der Anderen ausgehenden Stille, und zwar unter Berücksichtigung der jeweiligen Sprech- und Hörpositionen im gesamtgesellschaftlichen Machtgefüge. Subversives Hören ist demnach darauf ausgerichtet, die vernommene Stille nicht automatisch als bloßen Ausdruck von Unterdrückung oder als Unfähigkeit zu sprechen zu deuten, sondern sie auf die Möglichkeit eines bewussten Schweigens hin zu prüfen. So kann die Stille als Strategie gewaltlosen Widerstandes wirksam werden.[224] Dann beinhalte, so Brunner, die Stille kein

> »passives, sich unterwerfendes, unsichtbar machendes Schweigen [...], sondern eines, das hereinbricht in die Normalität und Normativität liberaler Kommunikationsmodelle«.[225]

Die Macht des Schweigens ist vielfältig und seine Wirkmacht hängt unter anderem von der gesellschaftlichen Sprechposition der Schweigenden ab. Spiegelbildlich ist auch die Position derjenigen relevant, die das Schweigen subversiv hören können. Daher sollte nicht bei der oben skizzierten Kritik am bevormundenden Sprechen und Hören, welches die Subalterne (vermeintlich) verstummen lässt, stehen geblieben werden, sondern auch Formen des privilegierten Schweigens wären zu problematisieren.[226] Privilegiertes Schweigen bezeichnet die Möglichkeit auf eine Äußerung verzichten zu können, weil keine eigene Notwendigkeit besteht eine Gegenrede zu bestehenden Verhältnissen zu formulieren. Denn

224 So z. B. Dhawan: »silence can also function as a strategy of non-violent resistance«, Nikita Dhawan, *Impossible speech. On the politics of silence and violence,* Sankt Augustin: Academia Verlag 2007a, S. 311.

225 Brunner, op. cit., S. 52–53.

226 Brunner führt dazu im Kontext ihrer Vorarbeiten zur umfassenden Studie über epistemische Gewalt weiter aus, dass privilegiertes Schweigen, sei es auch selbstkritisch, weder das Zuhören ersetze noch die gleiche Wirkkraft dort entfalten könne, wo geantwortet werden muss, um nicht zu riskieren, dass sich die Kolonialität von Macht und Wissen verfestige. Vgl. ibid., S. 30.

der vermeintliche Verzicht auf eine Antwort durch privilegiertes Schweigen ist kein geeigneter Ausweg, um der schwierigen Aufgabe einer Repräsentation oder Fürsprache für Andere zu entgehen.[227] Bevor sich also der unter Umständen äußerst schwierigen Aufgabe einer Repräsentation oder Fürsprache gewidmet wird, sollte die Aufmerksamkeit auf die vorhergehende Ebene der Wahrnehmung gerichtet werden. Denn schon im Hören, bzw. hier im subversiven Hören eröffnet sich die Möglichkeit eines konstruktiven Umgangs mit strukturellen Machtverhältnissen. Und zwar vor allem im Bemerken und Bearbeiten von faktisch vorliegenden ungleichen Chancen, Gehör zu finden. Für die nötige Verantwortungsübernahme in der Welt bildet, ähnlich wie es von Derrida in einer dekonstruktiven Lektüre der Verantwortung herausgearbeitet wurde, das Hören die entscheidende Voraussetzung:

> »[T]he term responsability is composed of ›response‹ and ›ability‹, that is, the ability to respond, to hear, whereby responsability becomes a play of listening and speaking«.[228]

Die Art und Weise, *wie* gehört wird, ist entscheiden dafür, ob der Versuch zu antworten in ein bloß vermeintliches Antworten umschlägt und im Ergebnis dann Ausdruck einer vielleicht wohlmeinenden, aber womöglich anmaßenden oder sogar unterdrückenden Fürsprache ist. Letzteres wäre vor allem das Ergebnis hegemonialer Hörweisen, die nur auf eigene Vorurteile oder Erwartungen, nicht aber auf die Andere hört und antwortet. In der Form des hegemonialen Hörens ist das Gehör dabei nicht auf die Stimme und Position der Anderen eingestimmt, sondern eher auf ein inneres Selbstgespräch gerichtet, welches auf jene Stimme hört, die der Anderen (vorurteilsbehaftet) in den Mund gelegt wird. Das führt einerseits dazu, dass Praktiken des hegemonialen Hörens selbst dafür verantwortlich sind, eine »epistemische Stille« zu erzeugen, die sonst vor allem durch hegemoniale Diskurse, also durch dominantes Sprechen und die darin erstickten Stimmen hervorgerufen wird. Dies geschieht, indem

227 Spivak kritisiert in diesem Sinne etwa Foucault und Deleuze in ihrer Position, dass die Subalternen für sich selbst sprechen können und sollen und lediglich die passenden Bedingungen hierfür hergestellt werden müssten. Denn beide Theoretiker würden dabei »›systematisch‹ ignorieren, inwiefern sich die herrschende Ideologie [...] auswirkt«, vgl. zu dieser Debatte mit weiteren Nachweisen. und für die Rechtswissenschaft aufbereitet: Stix, op. cit., S. 51–52.

228 Vgl. mit Referenz auf Derrida Dhawan, op. cit., S. 310. Die Hervorhebung ist von AM. Wie oben zum Spiel der différance bereits hervorgehoben, geht es mit Derrida gesprochen dabei um jenes Spiel im Text (»jeu«), welches Raum für weitere Bewegungen lässt (wie etwa das Spiel eines Scharniers) und gleichzeitig zu einer aktiven Handlung der Interpretation aufruft, Derrida, op. cit., S. 7.

verschiedene Perspektiven normalisiert und Erfahrungen hierarchisiert werden und innerlich (un)bewusst zwischen den »um die Wahrheit Wissenden« und den »Ignoranten« unterschieden wird.[229] Zugleich sind solche Hörweisen Ausdruck einer Haltung der Indifferenz gegenüber der Stimme der Anderen, in der sich das emanzipative Potential des Hörens nicht entfalten kann. Denn, wie oben bereits entfaltet ist nicht jedes Hören alteritätsethisch wirksam. Im Gegenteil führt hegemoniales Hören unter Umständen dazu, dass eine Art verzerrter Resonanzraum entsteht.

Es ist jedoch keineswegs selbstverständlich, eine der Situation angemessene Hörweise zu finden, da sie stets neu auf die vielfältigen Ausdrucksweisen abgestimmt werden muss. Daher geht die Vorstellung fehl, man könne die Stimme der Subalternen einfach einfangen, indem man ihr im Zuhören im übertragenen Sinne lediglich ein Mikrofon vorhält.[230] Es reicht auch nicht, Vielfalt und Alterität lediglich im öffentlichen Raum im Sinne einer schmückenden Diversität haben zu wollen, um sie z.B. gesellschaftlich als Vermarktungsstrategie zu nutzen.[231] Es sei vielmehr erforderlich, die Andere als Mensch wahrzunehmen, die nicht »für ›uns‹ (etwa: im Westen lebende Intellektuelle) [...] irgendwie Objekt von Wohltätergeist« werden darf, sondern von der etwas gelernt werden, mit der in einen Dialog getreten werden kann.[232] Die postkolonialen Theoretikerinnen Nikita Dhawan und Maria do Mar Castro Valera fordern daher nicht nur »unsere Privilegien des Sprechens und Gehört-werdens zu verlernen, sondern die Subversion des Zuhörens zu praktizieren«. Das beinhalte auch eine Hermeneutik abzulegen, die ausschließlich darauf ausgerichtet ist immer nur »mehr und mehr Informationen über die Anderen zu erhalten, um so das Selbst und die Anderen besser verstehen zu können«.[233] Wie oben skizziert geht es nicht um ein

229 Vgl. Dhawan, op. cit., S. 310. »›Epistemic silences‹ are effects of such hegemonic discourses that seek to normalize perspectives, to hierarchise experiences, to differentiate the ›knowers of truth‹ from the ignorant. These discourses not only produce silences, but also promote indifference to the voice of the other«.

230 So aber die Idee der Archivarbeit in der Subaltern Studies Group, vgl. *Steyerl*, in: Spivak, Can the subaltern speak?, S. 10.

231 Vgl. zur Problematik einer solchen »Feier der perfekt vermarktbaren Interkulturalität«, Nandi, op. cit., S. 95.

232 Ibid., S. 48.

233 Maria do Mar Castro Varela, Nikita Dhawan, op. cit., S. 279–280. Und weiter: »Subversives Zuhören bedarf eines selbstbewussten Subjektes, das in der Lage ist, dann zu schweigen, wenn andere Perspektiven zum Vorschein kommen, genau in den Momenten, die die Gefahr des Verlustes des eigenen Privilegs in sich bergen. Selbst-Bewusstsein sei hier abgesetzt von Narzissmus, der Kritik der eigenen Position und Positionierung geradezu unmöglich macht«.

zugreifendes Verstehen-Wollen, sondern zuallererst eine Öffnung gegenüber der anderen Position, deren Nebeneffekt aber durchaus ein genaueres Verständnis der Situation sein kann.

Die subversiv hörende Haltung und bewusste Verantwortungsübernahme benennt Spivak als Voraussetzungen für ein anderes Lernen. Damit ist zunächst ein anderes als lediglich aneignendes Lernen gemeint und dann aber zudem auch ein von der Anderen Lernen. Es geht Spivak zuvörderst darum, eigene Privilegien oder Dominanz zu bemerken, hinterfragen und bestenfalls zu zerstreuen. Dadurch können diskriminierende Haltungen und Handlungen als solche in Erscheinung treten, was sie sind: Kein alleiniges Problem der strukturell unterlegenen, diskriminierten Position, zu dem man sich je nach Kapazität und Wohltätigkeit aus privilegierter Position heraus solidarisch verhalten kann, sondern auch und vor allem als genuines Problem der strukturell überlegenen, privilegierten Position.[234]

Bestimmte epistemische Erfahrungen der Unterdrückung gehören nicht zum vorherrschenden kollektiven Erfahrungsschatz und Wissensstand. Sie sind, weil sie in ihrem Ausdruck so unweigerlich immer weiter marginalisiert werden, teilweise nur schwer vermittelbar. Denn es fehlen schon etwa die nötigen Vorverständnisse.[235] Daher sind mit Spivaks Konzept des »other learnings« vor allem jene Vorurteile und Privilegien aufzuspüren, die diese (Wissens-)Vermittlung be- oder verhindern. Die

234 Das gilt auch und insbesondere, wenn entlang verschiedener Diskriminierungslinien auf beiden Seiten Betroffenheit besteht. In den meisten feministischen sowie de- und postkolonialen Ansätzen gehört diese Einsicht zum Grundlagenwissen. In vielen anderen Disziplinen ist die eigene Verantwortungsübernahme für eine gleichberechtigte Auseinandersetzung mit strukturellen Diskriminierungen noch nicht so selbstverständlich. Peggy McIntosh schreibt als eine der ersten öffentlich über die Auseinandersetzung mit [ihren] Privilegien in der Wissenschaft. Sie listet diese auf und hält einleitend dazu fest: »My schooling followed the pattern […]: whites are taught to think of their lives as morally neutral, normative, and average, and also ideal, so that when we work to benefit others, this is seen as work that will allow ›them‹ to be more like ›us‹«, Peggy McIntosh, *White Privilege: Unpakking the Invisible Knapsack* 1988, S. 1. Zu dieser Problematik bringt Brunner passend auf den Punkt, dass innerhalb ihrer Forschungsdisziplin (intellektuelle) Solidarität oft als »Mangel an Objektivität oder Überschuss an Moral – und damit eher als Befangenheit denn als Voraussetzung für eine friedensfördernde wissenschaftliche Praxis« eingeordnet wird, vgl. Brunner, op. cit., S. 86.

235 Miranda Fricker bezeichnet das als »hermeneutische Ungerechtigkeit«, vgl. Miranda Fricker, *Epistemic Injustice. Power and the Ethics of Knowing.*, New York 2007, S. 1. Als »hermeneutische Ungerechtigkeit« übersetzt und im Kontext von epistemischer Gewalt betrachtet von Brunner, op. cit., S. 106.

Herausforderungen anderen Lernens sind daher einerseits in individuellen sozialen Beziehungen verortet. Das bedeutet in jeweils singulären Dialogen, in denen Gesprächsrollen und -praktiken wie Hören, Fragen und Antworten ausgewogen verteilt werden müssen. Der Versuch, in einen solchen Dialog mit der für sich selbst jeweils Anderen zu treten und die Auseinandersetzung mit den eigenen Privilegien anzugehen erfordert Zeit und Geduld und kann (beiderseits) auch Frustration hervorbringen.[236] Um Bedingungen herzustellen, die auf eine solche ausgeglichene dialogische Situation hinwirken, kann kreativ in verschiedenen medialen Ausdrucksweisen gedacht werden. Für ihre persönliche Form dieses anderen und von Anderen Lernens widmet sich Spivak neben dem Unterrichten, bei dem sie sich als Lehrende stets auch als Lernende begreift, der Übersetzung. Mit der Vision einer »transnationalen Literalität« verfolgt Spivak eine spezifische Übersetzungstätigkeit zwischen verschiedenen sprachlichen und epistemischen Gemeinschaften. Dabei komme es vor allem auf eine alteritätsethische Haltung im Lesen und Übersetzen an, in der die Unmöglichkeit, *die Andere* völlig zu verstehen und die Schwierigkeit, *die Andere* überhaupt hören zu können, immer wieder mitbearbeitet und transparent gemacht wird. So setzt sie sich für einen epistemischen Wandel auf beiden Seiten der postkolonialen Grenzziehung ein, der nicht nur versöhnend, sondern vor allem auch disruptiv oder konfrontativ wirken kann:

> »Was wir über die Welt und unseren Platz in der Welt zu wissen glauben, wird produktiv ins Wanken gebracht und ermöglicht es dadurch, linguistische und kulturelle Grenzen zu überschreiten, wobei miteinander unvereinbare Praktiken der Sinngebung kollidieren und sich gegenseitig unterbrechen«.[237]

Durch eine Übersetzungstätigkeit, welche die kollidierende Sinngebung hört, lesbar macht und sie nicht gleichzumachen oder zu harmonisieren versucht, können so vor allem jene Themen und gesellschaftlichen Bedingungen zur Sprache kommen, die überhaupt erst zu einem bevormundenden Sprechen und zu vereinnahmende Hörweisen führen. Spivaks Vision einer »transnationale[n] Literalität« steht, um den Bogen zur Verantwortung zurückzuschlagen, unter der Bedingung des Handelns

> »planetarischer Lebewesen […], die ethische Verantwortung übernehmen, was bedeutet, dass sie dem Ruf des Anderen in Form eines subversiven Hörens folgen«.[238]

236 Vgl. dazu ausführlicher Nandi, op. cit., S. 47–49. Für Alltagsbeispiele zu Frustrationen in der Auseinandersetzung mit Rassismen vgl. Hasters, *Was weisse Menschen nicht über Rassismus hören wollen. Aber wissen sollten*, Berlin: Hanserblau 2020.

237 Dhawan, op. cit., S. 163 ff.

238 Ibid., S. 164–165.

Die Vorstellung planetarischer Lebewesen verweist einerseits auf die materiell-leiblichen Bedingungen des Lebens auf der Erde. Andererseits schwingt im Aufruf zum Vernehmen des Rufes des Anderen auch das Bewusstsein mit, dass eine planetarische Existenz und Ethik nicht selbstverständlich in Kraft sind, sondern, dass ein Prozess der Aushandlung ist, der besonders eine alteritätssensible und hörende Haltung braucht. Denn

> »[s]ubalternes Sprechen wird unmöglich bleiben, wenn keine förderlichen Bedingungen geschaffen werden, um Subalterne zu hören. Der (Nicht-)Ort der Planetarität erfordert diese alternative Politik des Hörens nicht nur auf das Ungesagte, sondern auch auf das Unsagbare«.[239]

Dem (subversiven) Hören auf die Andere kommt beim anderen Lernen, in Spivaks Ideal einer planetären Ethik und in ihrer Vision transnationaler Literalität ein zentraler Stellenwert zu. Dabei liege im Sinne einer

> »Reorientierung unserer normativen Verpflichtungen, [...] die größte Herausforderung nicht darin [...] sich mit dem Unvertrauten vertraut zu machen, sondern darin, sich das Vertraute unvertraut zu machen«.[240]

Wie oben bereits zum differenten Verstehen entfaltet, ist es gerade die spezifische Offenheit im Hören, die es erleichtern könnte, diese Herausforderung anzunehmen, die darin liegt, sich das Unvertraute nicht gleich vertraut zu machen, sondern das Unvertraute zunächst unvertraut *sein zu lassen* und es zunächst (hörend) wahrzunehmen. Das bedeutet jedoch auch, sich das Vertraute unvertraut werden zu lassen, es vom Vernommenen in Frage stellen zu lassen. In der Öffnung und Hingabe in diese Verletzlichkeit scheint es dafür vor allem eins zu benötigen: Einen Vertrauensvorschuss. Oder, wie Gadamer schreibt, die Entscheidung, das Andere zunächst auch gegen sich selbst gelten zu lassen, selbst und gerade dort, wo es keinen anderen gibt, der es geltend macht.[241] Denn dort, wo sich die Andere nicht in einer Art und Weise artikuliert, die zu vorherrschenden Hörgewohnheiten passt, geht es beim subversiven Hören vor allem darum, die eigenen Ohren für Unverstandenes und vielleicht auch das (noch) Unsagbare sensibel werden zu lassen.

In einer Anordnung, welche gesellschaftliche Bedingungen ernst nimmt, die Sprechen und Hören nicht gleichermaßen für alle ermöglichen bzw. begünstigen, steht dem (subversiven) Hören auf das nicht Gesagte oder Unsagbare auf der Seite des (Nicht-)Sprechen-Könnens spiegelbildlich die »Macht des Schweigens« gegenüber.[242] Dieses Schweigen

239 Ibid.
240 Ibid., S. 164.
241 Vgl. Gadamer, op. cit., S. 367.
242 Hito Steyerl (Hg.), *Spricht die Subalterne deutsch? Migration und postkoloniale Kritik,* Münster: Unrast-Verl. 2012, 278ff.

Abbildung 3: Untitled (shell in form of an ear), *René Magritte (1956)*

ist, wie einleitend bereits dargelegt, nicht notwendigerweise als Ausdruck von Ohnmacht zu lesen.

> »Widersprechendes, verweigerndes Schweigen erschüttert die Gewohnheit der Wiederholung, es stellt einen Bruch mit der Sprache dar, der sich gegen die gängige Sprache und Redeweise sowie gegen das damit verbundene Wissen selbst wendet«.[243]

Im Spiel zwischen Hörenden und Sprechenden wird Schweigen so zum stillen Ruf der Anderen, der die eingespielten Rollen von vermeintlich passiv Hörenden und aktiv Sprechenden in Bewegung bringt. Nach Brunners Analyse verschafft sich das Schweigen auf diesem Wege

> »Gehör für das zweifach nicht-Gesagte im Diskurs der Dominanz: das Verschwiegene [...] auf Seiten der Macht ebenso wie das noch nicht Artikulierte an deren Rändern«.[244]

243 Brunner, op. cit., S. 52–53.

244 Claudia Brunner schreibt im weiter von der Möglichkeit eines »stillen Zwang zum Hören des nicht Gesagten«, vgl. ibid., S. 53. Im weiteren Verlauf der Arbeit soll insbesondere in Bezug auf die performative Wirkkraft des Hörens für rechtliche Geltung noch einmal Infrage gestellt werden ob dieser Zwang überhaupt im Rahmen des Möglichen liegt: Genauer, ob das Hören eine genuin zwangsresistente Seinsweise ist, oder ob, und mit welchen Konsequenzen zum Hören gezwungen werden kann.

Allerdings vervollständigt erst (subversives) Hören jene Strategien des Schweigens, die nicht den »traditionell logozentristischen Strategien des Widerstands« entsprechen.[245] Sowohl subversives Hören als auch widerständiges Schweigen sind Praktiken der Stille, die kritisch-reflexiv wirken und in denen es daher immer noch etwas zu lernen gibt. In diesem Sinne verstehe ich auch Spivaks Appell, » [w]e have to learn to work together in silence«.[246] Praktiken der Stille bedeuten keinen gedanklichen Stillstand, sondern sie erzeugen Bewegung. In diesem Sinne lassen sich auch Lévinas Überlegungen zur »lärmende Stille« anders deuten. Stille ist dann als etwas zu verstehen, das entstehen kann, wenn eigene Gedanken, Erwartungen und Vorurteile zur Ruhe kommen können und der Körper zum Resonanzkörper der Stimmen anderer wird. Die Macht des Schweigens würde dann wirksam und korrespondieren mit dem, »was man hört, wenn man eine leere Muschel an sein Ohr hält, als wäre die Leere voll, als wäre die Stille ein Lärm«.[247]

245 Das ist die Strategie »postkolonialer feministischer Politiken, die sich um die Sichtbarmachung marginalisierter Perspektiven bemühen«, Maria do Mar Castro Varela, Nikita Dhawan, op. cit., S. 278–279.

246 Ibid., S. 279.

247 Das sagt Lévinas auf die Nachfrage von Phillipe Nemo im Gespräch zum »es gibt« bzw. »il y a«, vgl. Emmanuel Lévinas, *Ethik und Unendliches. Gespräche mit Philippe Nemo*, Wien: Passagen 2022b, S. 35.

II. Antworten-Müssen. Recht in alteritätsethischer Exposition

Das folgende Kapitel exponiert Recht in seiner alteritätsethischen Verantwortungslage und gliedert sich in drei Abschnitte. Zunächst lege ich die alteritätsethische Ausgangslage in zweierlei Hinsicht dar: Einerseits in Bezug auf die menschliche Subjektwerdung und andererseits in Bezug auf die damit zusammenhängende Herausforderung des Rechts. Antworten zu müssen wird hier zum Ausdruck davon, dass wir uns dem alteritätsethischen Anspruch nicht entziehen können. Diesen Umstand rekonstruiere ich mit Lévinas als Ausgangspunkt menschlicher Subjektwerdung, die dem Recht als sozialem Phänomen vorausgeht. Im Ergebnis ist Recht daher alteritätsethisch verantwortlich, weil es menschlich bedingt ist (1.).

Das bedeutet zum einen, den Menschen als ein rechtschaffendes Wesen zu begreifen. Zum anderen wirft es hinsichtlich der alteritätsethischen Verantwortungslage auch die Frage auf, ob Recht notwendigerweise genauso gelten muss, wie es jeweils vor Ort Anspruch auf Geltung erhebt, oder aber auch anders sein könnte. Die Vorstellung, dass Recht jedenfalls notwendige Antwort auf die menschliche Bedingung sei, dass *rechtlich* auf Herausforderungen der menschlichen Bedingung geantwortet werden *müsse*, ist Kernbestandteil wirkmächtiger Gründungsmythen modernen Rechts. Sie trägt zur Recht-Fertigung des rechtlich erhobenen Anspruchs auf Geltung bei und belebt ihn in einer sprachlich und medial bedingten Anordnung der Stellvertretung. Das legt die genauere Differenzierung zwischen alteritätsethischen und rechtlichen Ansprüchen nahe, aus der heraus die responsive Subjektwerdung als (verdrängte) Bedingung (modernen) Rechts lesbar wird (2.).

Modernes Recht kann in alteritätsethischer Hinsicht zugleich als responsiv *und* irresponsiv verstanden werden, weil es zwar aus einer alteritätsethischen Überforderungslage hervorgeht, dem alteritätsethischen Anspruch in seinen Antworten aber strukturell nicht gerecht werden kann. Die Inszenierung geltenden Rechts als notwendige Antwortordnung ist daher jedenfalls dann alteritätsethisch anmaßend, wenn das Narrativ aufrechterhalten wird, *rechtlich* im Namen Anderer oder gar aller Anderen antworten zu müssen und dies auch zu können. Erst recht, wenn diese im Recht gar nicht (hinreichend) gehört werden (können) (3.).

1. Antworten-Müssen: Interdependente Subjektwerdung als menschliche Bedingung von Recht

Nirgendwo ist das ›Ich‹ des Menschen so sehr in seiner Verletzlichkeit exponiert, wie in der Thematisierung von Subjektivität und Alterität. Denn die bloße Existenz der Anderen fordert grundlegend dazu auf, sich der eigenen Position in der Welt bewusst zu werden. Das trifft insbesondere auf das Nachdenken über die Erfahrung menschlicher Interaktionen zu – im Fall dieser Arbeit über Hören und Recht. Den Anspruch der Anderen hören zu können – ein Zustand der sich mit Lévinas als »radikale Passivität« bezeichnen lässt – bedeutet, sich vor-ursprünglich in einer verletzlichen Ausgangslage zu befinden. Ebendiese Einsicht belebt die Lévinas'sche Alteritätsethik als erste Philosophie, wonach der Anspruch der Anderen jeglicher Subjektwerdung vorausgeht und das Subjekt als responsiv, und d.h. verantwortlich gegenüber der Alterität markiert (a.). Wird der Anspruch der Anderen darüber hinaus nicht nur abstrakt oder transzendent, sondern – mit Butler – konkret und in der Welt gedacht, ergibt sich im Weiterdenken der Alteritätsethik *nach* Lévinas ein genaueres Verständnis des Zusammenspiels der Sphären der (Alteritäts-)Ethik und Politik (b.). Der leiblich und sozial bedingte Zusammenhang von (Alteritäts-)Ethik und Politik eröffnet in einem dritten Schritt eine neue Perspektive auf die alteritätsethische Herausforderung des Rechts: Im vielstimmigen Anspruch der Anderen, der eine Art ethische Überforderungslage im werdenden Subjekt auslöst, ist Recht doppelt alteritätsethisch herausgefordert (c.).

a. Alterität nach Lévinas: verantwortliche Subjektwerdung im Anspruch der Anderen

> »Die Ethik erscheint hier nicht als Supplement zu einer vorgegebenen existenziellen Basis; innerhalb der als Verantwortlichkeit verstandenen Ethik wird der eigentliche Knoten des Subjektiven geknüpft«.[1]

Der Phänomenologe und Sozialphilosoph Emmanuel Lévinas[2] legt die Alteritätserfahrung als unumstößliche Vor-Ursprünglichkeit des Ethischen

1 Ibid., S. 72.

2 Wie der Lévinas-Forscher Stegmaier schreibt, spricht Lévinas »ganz anders (tout autrement) als die andern«, vgl. Werner Stegmaier, *Emmanuel Levinas zur Einführung,* Hamburg: Junius 2013, S. 8. Seine Philosophie ist »Grenzgang zwischen der ›westlichen‹ und der ›jüdischen‹ Tradition« ibid., S. 17. Lévinas autobiografische Skizze sei »vor allem die Selbstdarstellung eines

frei. In diesem ersten Abschnitt führe ich an seine philosophischen Einsichten und die damit verwobenen Erkenntnisse zur Frage der Verantwortung gegenüber der Anderen heran.[3] Lévinas Alteritätsethik beinhaltet eine radikale Verschiebung der Priorität vom Selbst (oder Subjekt) hin zur Alterität. Seine philosophische Position zeichnet sich dadurch aus, hierbei nicht auf eine festschreibende Definition oder ein umfassendes Verständnis von Alterität abzuzielen, sondern die Alteritätserfahrung selbst in den Mittelpunkt seiner Überlegungen zu stellen. Eine weitere Besonderheit ist seine verdichtete Sprache und vielschichtig verwobene Argumentationsstruktur sowie der wiederkehrende Rückbezug auf jüdisch-messianische Quellen. Seine radikale und manchmal drastische Ausdrucksweise rührt von seiner Methode der Steigerung her, mit der er Verantwortung als Wesenszug menschlicher Subjektivität markiert.[4]

Den für diese Arbeit zentralen Aspekt responsiver und daher alteritätsethisch verantwortlicher Subjektwerdung[5] rekonstruiere ich in drei gedanklichen Schritten: Am Anfang steht die vor-ursprüngliche Infragestellung des Subjekts in der Begegnung mit der Anderen (aa.). Diese Begegnung, die eine Erfahrung der Verletzlichkeit ist, verhandelt Lévinas in der Figur des Antlitzes (bb.). Die Alteritäts- und Selbsterfahrung, die das Subjekt im Antlitz der Anderen macht, lässt sich als ein vermeintlicher Souveränitätsverlust beschreiben. Darin wird sich das Subjekt seiner unhintergehbaren alteritätsethischen Verantwortungslage bewusst, die Lévinas als Unmöglichkeit der In-Differenz charakterisiert (cc.).

der Tradition verpflichteten Juden. Sie ist, so schließt er ab, beherrscht, ›von der Vorahnung des Nazigrauens und der Erinnerung daran‹. Lévinas erwähnt nicht, was ihn von diesem Grauen selbst betraf, seine Gefangenschaft in Speziallagern für jüdische Kriegsgefangene während des zweiten Weltkriegs, die Ermordung all seiner Verwandten in Litauen. Er hat nach der Shoa nie mehr deutschen Boden betreten«, ibid., S. 21. »Lévinas war ein ›Livtak‹, […] 1906 […] in Litauen geboren«, ibid., S. 22.

3 Ich orientiere mich größtenteils an einer »strukturellen Levinas-Lektüre«, wie sie von Loidolt vorgelegt wurde. Loidolt, op. cit., S. 208. Dabei versuche ich jedoch zu bedenken, dass Lévinas mit sich selbst über Lévinas hinaus gelesen werden sollte. Vgl. dazu in Kapitel II.1.b. mit Butler nach Lévinas.

4 Vgl. dazu Wolzogen, op. cit., S. 11–12.

5 Vgl. zusammenfassend dazu: Matthias Flatscher, »Flatscher, Was heißt Verantwortung? Zum alteritätsethischen Ansatz von Emmanuel Lévinas und Jacques Derrida«, in: *Zeitschrift für praktische Philosophie*, 1 (2016), S. 138. Bei Lévinas sei hierbei eine etische Konstitution von Subjektivität zu vollziehen, die im Subjekt selbst niemals ihren Anfangs- und Endpunkt findet. Dieses Konstituierungsparadox des Selbst liegt in der »vor-ursprüngliche Verantwortung« gegenüber dem Anderen, vgl. ibid., S. 137–138.

aa. An-archische Beziehung zur Anderen und vor-ursprüngliche Infragestellung des Selbst

> »In der Tat ist die ethische Beziehung, die die Rede unterfängt, keine Variante des Bewußtseins, dessen Strahl vom Ich ausgeht. Die ethische Beziehung stellt das Ich in Frage. Diese Infragestellung geht vom Anderen aus«.[6]

Um den Einstieg in die verzweigte Philosophie von Lévinas zu finden, ist es hilfreich zwischen verschiedenen zeitlichen Vorstellungen in der Begegnung mit der Anderen zu differenzieren. Lévinas spricht zwar von einer vor-ursprünglichen Infragestellung des Selbst durch die Andere und damit von einem (zeitlichen Vorrang) des Anspruchs der Anderen. Allerdings bezeichnet er die Beziehung, die damit einhergeht, aber auch als »an-archisch, ohne anzufangen«, also jenseits linearer Zeitvorstellungen. Vor-ursprünglich bedeutet demnach für Lévinas zunächst, dass die Begegnung mit der Anderen stattfindet, bevor ein Subjekt überhaupt so etwas denken kann wie, ›hier bin ich‹, und so den (autonomen) Ursprung seiner selbst markieren würde.[7] Dabei ist entscheidend, dass das Ich von der Anderen gewissermaßen von Anfang an schon angesprochen ist und sich nicht etwa (freiwillig) dazu entscheiden könnte, die Andere zuerst anzusprechen. Die Reihenfolge ist also nicht beliebig, sondern notwendig. In der Beziehung zu der Anderen liegt nach Lévinas' Philosophie daher eine Asymmetrie, welche in der Folge auch die Verantwortungsstruktur betrifft. Es geht um eine Art radikale Fremdbestimmung hinsichtlich der Erwartungen, die auf das werdende Subjekt gerichtet sind. Lévinas spricht von einem

> »Sollen, das nicht um Zustimmung gebeten hat, das auf traumatische Weise in mich gekommen ist, von diesseits jeder erinnerbaren Gegenwart, an-archisch, ohne anzufangen«.[8]

Aus diesem Sollen, dieser Erwartungshaltung ergibt sich für Lévinas eine unentrinnbare Verantwortung gegenüber der Anderen. Die »Verantwortung

6 Emmanuel Lévinas und Wolfgang Nikolaus Krewani, *Totalität und Unendlichkeit. Versuch über die Exteriorität,* Freiburg: Alber 1993, 280 [169].

7 Anders als etwa in kartesianischen Vorstellungen üblich, geht Lévinas damit von einer heteronomen Subjektwerdung aus. Allein der Gedanke ›hier bin ich‹ ist darüber hinaus in Sprache gefasst und mit Butler gesprochen gilt es diese Verwobenheit in Sprache bei der Subjektwerdung mit zu bedenken im Verhältnis zu Existenzen jenseits sprachlicher Artikulationsmöglichkeiten, wie etwa ein Säugling, der etwas ist, bevor es ein Ich ist, vgl. dazu Judith Butler und Reiner Ansén, *Kritik der ethischen Gewalt,* Frankfurt am Main: Suhrkamp 2003, S. 84–85.

8 Lévinas u.a., op. cit., 7 [16].

für den Anderen aufzukündigen« sei eine »Unmöglichkeit, die unmöglicher ist als jene, seine Haut zu verlassen«.[9] In der vor-ursprünglichen Begegnung stellt die Andere das Ich, noch bevor es entstanden ist, zugleich in Frage. Und zwar auf außergewöhnliche Art und Weise:

> »Nicht wie durch ein Hindernis, welches das Ich immer abschätzen kann, und auch nicht wie durch den Tod, den es sich ebenfalls geben kann«.[10]

Die Besonderheit dieser Infragestellung liegt vielmehr in der Abhängigkeit von der Anderen. Denn von der Anderen kann das Ich

> »unter Anklage gestellt werden, trotz seiner Unschuld, [...] trotz der Trennung, in der es durch die Exklusivität und die Inselhaftigkeit des Psychischen belassen wird, durch den Anderen, der es als solcher dennoch ›besessen hält‹ und der [...] ihm eine Verantwortung aufbürdet, die unabweisbar ist wie eine Verwundung, eine Verantwortung, für die es keine Entscheidung getroffen hat, der es sich jedoch, eingeschlossen in sich selbst, nicht entziehen kann«.[11]

Im Endeffekt wird damit eine alteritätsethische Konstitution von Subjektivität vollzogen, die im Subjekt selbst niemals ihren Anfangs- und Endpunkt findet, sondern von der Anderen ausgeht und durch die Erwartung einer Antwort auch zu ihr zurückwill. Genau dieses Konstituierungsparadox des Selbst entfaltet sich nach Lévinas in der »vor-ursprüngliche[n] Verantwortung« gegenüber der Anderen.[12] Die Begegnung mit der Anderen ist vor-ursprünglich, weil sich erst in ihrem Vollzug, in ihrer Erfahrung, die Möglichkeitsbedingung der Subjektwerdung kreieren. Damit ist jedoch nicht bloß der Ursprung des Subjekts auf einer linearen Zeitachse weiter nach vorne verschoben und somit einfach ein früherer Ursprung, eine Art *Vor*-Ursprung des Subjekts, gesetzt.[13] Denn die Beziehung zu der Anderen ist eben nicht nur vor-ursprünglich, sondern auch »an-archisch, also ohne Anzufangen«.[14]

In der antiken griechischen Philosophie wird der Begriff ›*arche*‹ entweder in einer Bedeutungsvariante verwendet, die auf den (zeitlichen) Ursprung, das Anfangen, verweist, oder aber als eine Bezeichnung für

9 Ibid.
10 Lévinas u.a., op. cit., S. 71–72.
11 Ibid.
12 Flatscher, op. cit., S. 137–138.
13 »Diese Vorgeschichte hat nie aufgehört, sich zu ereignen, und sie ist daher auch keine Vorgeschichte im chronologischen Sinn. Sie ist nicht abgetan, nicht vorüber, nicht in eine Vergangenheit verwiesen, die dann Teil einer kausalen oder narrativen Rekonstruktion des Selbst wird. Ganz im Gegenteil ist es diese Vorgeschichte, die die Geschichte unterbricht«, vgl. Butler und Ansén, op. cit., S. 88.
14 Lévinas u.a., op. cit., 7 [16].

politische Autorität genutzt.[15] Der griechische Wortursprung *an-archia* verweist also mit seiner negierenden Vorsilbe *an-*, neben der Abwesenheit eines Ursprungs, auch auf die Abwesenheit von Herrschaft. In der an-archischen Beziehung zu der Anderen bei Lévinas geht es also weder darum, ein gewachsenes soziales Verhältnis von Herrschaft von seinem Ursprung herkommend zu beschreiben. Noch soll eine, unter Umständen selbst gewählte, Herrschaft der Anderen über das Selbst als wahrer Ursprung des Subjekts postuliert werden. Vielmehr ist die Möglichkeit der besonderen (Alteritäts-)Erfahrung in der Begegnung mit der Anderen selbst Gegenstand des Gedankenganges. Angeknüpft wird an die Erfahrung einer Begegnung zwischen Menschen, in welcher nicht Fragen nach Macht oder Herrschaft, sondern die Abwesenheit von Herrschaft und auch die damit stets im Raum stehende Möglichkeit von Machtausübung gegen das Selbst oder die Andere thematisch ausschlaggebend ist.

Kurz: Bei der vor-ursprünglichen Infragestellung des Selbst geht es um die impulsgebende Begegnung, in der sich die Frage stellt, die das Ethische überhaupt erst konstituiert. Zugleich liegt in der an-archischen Idee der Abwesenheit eines Ursprungs der Punkt, an dem die metaphysische Idee von Unendlichkeit Einzug in das Denken von Lévinas erhält.[16] Die These der vor-ursprünglichen Begegnung mit der Anderen ist daher eigentlich in zweierlei Hinsicht vor-philosophisch: Erstens geht es um die Suspension des (linear) Zeitlichen in der Begegnung, die sich immer nur nachträglich denken lässt. Zweitens wird die Begegnung mit der Anderen eher als Erfahrung, denn als Einsicht gedacht.[17] Eine (philosophische)

15 »In the same manner that ›to lead‹ can both signify ›to initiate‹ and ›to rule‹, the term archē has always been used [...] to signify both a commencement and a political authority«, vgl. Mitchell Verter, *The Anarchism of the Other Person*, S. 3. https://www.waste.org/~roadrunner/writing/Levinas/AnarchismOther Person_WEB.htm (abgerufen am 02.03.2019). Sowohl in seinen Schriften über die Metaphysik als auch in jenen über die Politik verwendet Aristoteles *arche* als Idee des Ursprungs und als Begriff für politischen Herrschaft, die er naturalisiert, indem er z.B. die Herrschaft von Männern über Frauen und Sklaven als von Geburt an gegeben ausweist, m. w. N. ibid.

16 »Die Idee des Unendlichen, das Überflossenwerden des endlichen Denkens durch seinen Inhalt – realisiert die Beziehung des Denkens mit dem, was über sein Begreifen hinausgeht, mit dem, was dem Denken in jedem Augenblick beigebracht wird, ohne es doch zu verletzen. Dies ist die Situation, die wir Empfang des Antlitzes nennen. Die Unendlichkeit ereignet sich im *Gegensatz* der Rede, in der Sozialität. [...] Aber die Beziehung [...] hält sich im Frieden mit dieser absoluten Andersheit. Der ›Widerstand‹ des Anderen tut mir keine Gewalt an, wirkt nicht negativ; er hat eine positive Struktur: eine ethische«, Lévinas und Krewani, op. cit., 282–283 [171].

17 Levinas schreibt: »Sie kommt nicht aus unserem Grund apriori, und daher ist sie die Erfahrung schlechthin«, ibid., S. 280.

Einsicht kann erst im Nachgang dieser Erfahrung entstehen. Die Alteritätserfahrung, um die es hier geht, ist in erster Linie die Erfahrung von eigener durch fremde Verletzlichkeit.

bb. Verletzlichkeit im Antlitz der Anderen

Zur Beschreibung der Alteritätserfahrung wählt Lévinas eindrückliche Worte: »Das Ich ist, vom Scheitel bis zur Sohle, bis in das Mark seiner Knochen, Verletzbarkeit«.[18] Um diese erste, entscheidende Erfahrung von Verletzlichkeit nachzuvollziehen, wählt Lévinas die Figur des »›Antlitz‹ (visage)« der Anderen.[19] Sie steht im Herzen seiner Philosophie. In der Figur des Antlitzes scheint es zunächst Ähnlichkeiten zu dem Motiv des Blicks der Anderen bei Sartre zu geben. Lévinas geht aber letztendlich in der Radikalität seiner Philosophie über Sartre hinaus. Zwar gibt es gewisse Ähnlichkeiten, die vor allem in einem gemeinsamen phänomenologischen Erbe, dem Interesse für Alterität und dem Leben und Wirken zur gleichen Zeit in Paris liegen. Allerdings gibt es in der Wahl der Metaphorik und auch im Ergebnis entscheidende Unterschiede zwischen den beiden französischen Denkern. Diese werden im Vergleich der jeweils zentralen Figuren des ›Antlitz‹ und dem ›Blick der Anderen‹ deutlich. Bei Sartre geht es um jenen Blick der Anderen,[20] der mich vor allem mittels des Gefühls der Scham »*meine* Grenzen, *mein* Außen, *mein* Fundament«[21] spüren lässt. Er thematisiert also schwerpunktmäßig die Erfahrung eines identifizierenden und subjektivierenden Blickes von außen,

18 Lévinas u.a., op. cit., S. 94.

19 Wolzogen, op. cit., S. 19. Dabei geht die Begegnung mit der Anderen von dieser aus und ereignet sich »konkret in der Gestalt einer Beziehung mit dem Antlitz«, vgl. Lévinas und Krewani, op. cit., S. 280.

20 Für Sartre ist der Blick, so im gleichnamigen Kapitel »Le Regard« in *Das Sein und das Nichts*, vor allem mit der Emotion der Scham verbunden und erinnern uns an den dritten Seins-Zustand, être pour autrui, Sein für andere, vgl. Violetta L. Waibel, »Der Blick des Anderen, den Anderen erblicken«, in: dies., *Fichte und Sartre über Freiheit. Das Ich und der Andere,* Berlin: De Gruyter 2015, S. 202–204. »Der Blick des andern auf mich ist nicht nur der physische Blick. Es ist das Denken, die Transzendenz des Anderen, der einen Blick auf mich als Anderen wirft. Mich als Anderen anschaut«, vgl. Helma Riefenthaler, »Ich ist ein/e Andere/r«, in: Violetta L. Waibel (Hg.), *Fichte und Sartre über Freiheit. Das Ich und der Andere,* Berlin: De Gruyter 2015, S. 225.

21 Bernhard Waldenfels, »Freiheit angesichts des Anderen. Levinas und Sartre: Ontologie und Ethik im Widerstreit«, in: Thomas Bedorf (Hg.), *Verfehlte Begegnung. Levinas und Sartre als philosophische Zeitgenossen,* Paderborn, München: Fink 2005a, S. 112.

welcher bereits bestehende Grenzen des Subjekts umreißt und erfahrbar werden lässt. Sartre schreibt in der prägnanten Schlüsselloch-Passage in »Das Sein und das Nichts«, es seien

> »nie *Augen*, die uns erblicken: es ist der Andere als Subjekt. Bleibt jedoch, wird man sagen, daß ich entdecken kann, mich getäuscht zu haben: ich bin über das Schlüsselloch gebeugt; plötzlich höre ich Schritte. Ich zucke vor Scham zusammen: jemand hat mich gesehen. Ich richte mich wieder auf, ich suche den leeren Flur mit den Augen ab: es war blinder Alarm. Ich atme auf. Hat es hier nicht eine Erfahrung gegeben, die sich selbst zerstört hat? [...] Statt daß der Andere nach meiner ersten Alarmierung verschwunden wäre ist er jetzt überall, unter mir, über mir, in den Nebenzimmern, und ich spüre zutiefst mein Für-Andere-sein«.[22]

Damit ist das Sein bei Sartre zwar ähnlich wie bei Lévinas immer auch ein Sein-für-Andere, allerdings ist die subjektkonstituierende Szenerie nicht nur emotional ganz anders eingebettet.[23] Denn bei Lévinas ist es nicht das Gefühl der Scham, sondern der Sorge und der Verantwortung für die Andere, das ausschlaggebend ist. Lévinas sieht im Antlitz einen auffordernden Blick der Anderen, der für die Grenzen des Subjekts nicht wie bei Sarte bestimmend und identifizierend wirkt. Vielmehr stellt das Antlitz das werdende Subjekt vor-ursprünglich infrage und bittet zugleich um Für-Sorge oder jedenfalls Gewaltlosigkeit. Durch das »Antlitz« der Anderen wird bei Lévinas jene sinnliche Erfahrung der Begegnung mit der Anderen lebendig, in welcher der stille oder laute Anspruch der Anderen gehört werden kann und will.

Waldenfels arbeitet als entscheidenden Unterschied zwischen den Subjektkonstitutionen bei den beiden Philosophen heraus, dass

> »bei Sartre völlig der Anblick [fehlt], der mit der Anrede im Bunde steht, es fehlt der beredte Blick, der mich nicht festnagelt auf das, was ich bin, so daß ich mich beobachtet fühle wie ein Insekt, sondern meine freie Antwort hervorruft, mich fordert, mich aufmerken läßt, kurz: ein Blick, den ich auf mich zukommen spüre. Bei Lévinas dagegen verkörpert sich der bittende und fordernde Blick im Angesicht, das zu uns spricht«.[24]

Zwar gleicht die im Subjekt ausgelöste Beunruhigung durch die Blicke der Anderen, die sich bei Sartre auf die Autarkie des Subjekts beziehen,

22 Vgl. Jean-Paul Sartre (Hg.), *Das Sein und das Nichts. Versuch einer phänomenologischen Ontologie,* Reinbek bei Hamburg: Rowohlt 1993, S. 497.

23 Das es auch bei Sartre um eine Subjektkonstitution geht, wird deutlich, wenn er schreibt: »So hat uns der Blick auf die Spur des Für-Andere-seins gebracht und hat uns die unzweifelbare Existenz dieser Anderen, für die wir sind, enthüllt«, vgl. ibid., S. 505.

24 Mit Verweis auf Lévinas in Totalität und Unendlichkeit vgl. Waldenfels, op. cit., S. 112.

dem von Lévinas thematisierten Gefühl, von der Anderen in Geiselhaft genommen und »heimgesucht« zu sein. Jedoch könnte

> »[d]er Gegensatz zwischen dem projektiven Blick, der mich in seinem Licht erstarren läßt [Sartre, A.M.], und dem provokativen Blick, der mich zur Antwort aufruft [Lévinas, A. M.], [...] kaum größer sein«.[25]

Dass mich der Blick *der* Anderen nicht nur stört und beunruhigt, sondern auch in Frage stellt, wird bereits in den vierziger Jahren von Mounier in einer Art »Umkehrung des Sartreschen ›Blicks der Anderen‹« festgestellt.[26] Aber erst Lévinas zieht die

> »philosophischen Konsequenzen aus dieser Einsicht in ihrer ganzen Radikalität, indem er – vor allem im Spätwerk – das Verhältnis zum Anderen in Termini der Störung expliziert, wenn er von einer ›Obsession‹, von einer ›Verfolgung‹ oder einem ›Trauma‹ spricht«.[27]

Wie kann aber ein Blick im Sinne von Lévinas überhaupt »beredt« sein bzw. wie können Anblick und Anrede in der Figur des »Antlitzes« zusammengedacht werden? Sowohl Sartre als auch Lévinas treten ihre Gedankengänge mit einem phänomenologischen Erbe an, auch wenn sie dieses je auf eigene Weise kritisch in Frage stellen. Gerade für ein Verständnis der Figur des »Antlitzes« ist es daher bedeutend, dass es jeweils um die reale, physische Erfahrung in der Begegnung mit dem (An-)Gesicht der Anderen geht. Denn erst durch die Erinnerung oder die Imagination einer solchen Erfahrung kann sich eine Art ethische Einsicht ereignen. Diese wird teilweise als ethische Evidenz bezeichnet und geht über das bloße (visuelle) Erkennen der Anderen hinaus, bzw. zielt auch gar nicht erst auf ein Erkennen im Sinne eines völligen Verständnisses und Wissens über die Andere.[28] Der »vor-ursprüngliche« Anspruch der Anderen bei Lévinas ist daher in gewisser Hinsicht »quasi-phänomenologisch«, weil er dem klassischen phänomenologischen Anknüpfungspunkt – das wahrnehmende Subjekt (Husserl) – einen Schritt vorausgeht. Denn

> »das wahrnehmende Subjekt [erfährt] den Ruf des Anderen [...] noch bevor es überhaupt Bewusstsein erlangt hat. Damit wird der Phänomenbereich des wahrnehmenden Subjekts *sensu stricto* einerseits erst konstituiert, aber gleichwohl transzendiert«.[29]

25 Ibid.
26 Vgl. zu dieser Gegenüberstellung auch Wolzogen, op. cit., S. 78.
27 Ibid.
28 Gehring, op. cit., S. 105.
29 Vgl. Eva Buddenberg, »Ethik und Politik im Ausgang von Levinas«, in: *Zeitschrift für praktische Philosophie*, 1 (2016), S. 95. In diesem Beitrag wird dargelegt inwiefern sich Lévinas einerseits von einem einseitig erkennenden transzendentalen Subjekt, welches die Welt erkennt, abgrenzen möchte, sich aber zugleich selbst phänomenologischer Reduktionen bedient.

Das »Antlitz« ist daher also gerade nicht lediglich als Metapher, sondern – wenn auch sich nicht darin erschöpfend – als Verweis auf die sinnliche Erfahrung selbst und die damit angestoßenen ethischen Einsichten zu lesen.[30] Die gemeinte ethische Einsicht liegt bei Lévinas im Ergebnis dann vor allem darin, zu verstehen, dass der Anderen und ihrem Anspruch unausweichlich eine Antwort geschuldet ist. Es ist also die Einsicht in die eigene ethisch bedingte Verantwortlichkeit, denn in der Figur des Antlitzes spricht die Andere stets an erster Stelle und fordert darin das werdende Subjekt sinnbildlich zur Verantwortung auf. In Rede verfasst erklingt bei Lévinas das »Antlitz« der Anderen also als eine Stimme, die spricht und gehört werden will.[31] Ihre Worte sind im französischen Original zugleich im Imperativ und Futur formuliert. Sie sagt: »Du wirst nicht töten« *und* »töte mich nicht« (»tu ne tueras pas«/ »tu ne tueras point«).[32] In diesem ersten Anspruch, der bereits aus einer Situation der Verletzlichkeit der Anderen heraus gesprochen wird, verschmelzen das Verbot ›Du sollst nicht töten‹ und das Gebot ›Du sollst mich in meinem Sterben nicht alleine lassen‹.[33] Im Hören dieser Stimme und der darin liegenden Erfahrung der Verletzlichkeit der Anderen kann sich zudem die Einsicht formieren, der Anderen auch spiegelbildlich selbst ausgesetzt zu sein.

30 Im späteren Verlauf seines Werkes rückt Lévinas von dieser Strenge ab und behandelt das Antlitz auch als Metapher, wobei in der Abstraktion von der leiblichen Erfahrung der Grundgedanke des »Antlitz-Theorems« aber verloren zu gehen scheint. Vgl. Gehring, op. cit., S. 105–106.

31 »Wäre die Stimme – mit Lévinas gesprochen – eine Art Antlitz des oder der Sprechenden, dann wäre es freilich weniger ein ethisches als vielmehr ein kommunikatives Versprechen, das diese verkörpert: Volles Sprechen, antwortbereites Zuhören, unverwechselbarer, einmaliger Sinn. Das Singuläre der Stimme würde zur Stimme gehören wie das Singuläre des Antlitzes zum Gesicht und wie das Singuläre eines individuellen Leibes zum Leib als Körper«, ibid., S. 106.

32 Lévinas äußerte sich zu den beiden Sätzen wie folgt: » [L]e visage est pour moi à la fois, la tentation de tuer et le ›tu ne tueras pas‹ qui déjà l'accuse, me soupçonne et l'interdit, mais déjà me réclame et me demande«, vgl. Emmanuel Lévinas, »Détermination philosophique de l'idée de culture«, in: *Philosophie et culture : Actes du XVIIe Congrès mondial de philosophie, Montréal,* Montréal: Editions du Beffroi – Editions Montmorency 1983, S. 81. Lévinas sagt im Gespräch mit Phillipe Nemo 1982: »Mais la relation au visage est d'emblée éthique. Le visage est ce qu'on ne peut tuer, ou du moins ce dont le sens consiste à dire: ›Tu ne tueras point‹«, vgl. Emmanuel Lévinas, *Ethique et infini. Dialogues avec Philippe Nemo,* Paris: Fayard 2004, S. 91.

33 Vgl. dazu m.w.N. Wolzogen, op. cit., S. 19. Vgl. auch: »Diese Unendlichkeit, die stärker ist als der Mord, widersteht uns schon in seinem Antlitz, ist sein Antlitz, ist der ursprüngliche *Ausdruck*, ist das erste Wort: ›Du wirst keinen Mord begehen‹«, Lévinas und Krewani, op. cit., 285–286 [173].

Daher liegt in ihr zugleich auch die unter Umständen furchteinflößende Möglichkeit, die eigene Verletzlichkeit bewusst zu erleben. Der Lévinas-Forscher von Wolzogen betont daher:

> »Man muß sich diese Begegnung [...] durchaus als Schock vorstellen, der das ›Ich‹ darüber belehrt, daß es vor aller Selbstgewißheit Ausgesetztheit (exposition) ist«.[34]

Waldenfels arbeitet zu der Aufforderung, die Andere nicht zu verletzen bzw. zu töten, zudem eine weitere wesentliche Dimension dieses Anspruchs heraus. Und zwar, dass der in verschiedenen Spielarten wiederkehrende Bezug »auf den Satz ›Du wirst mich nicht töten‹ oder ›Du wirst keinen Mord begehen‹«, sich bei Lévinas nicht auf etwas bezieht,

> »was ich *nicht tun soll* und folglich *tun kann*, sondern auf etwas, was ich im strengen Sinn *nicht tun kann*, weil es mein Können-Können (*mon pouvoir de pouvoir*) übersteigt«.[35]

Dies ist eine Schlüsselstelle der Lévinas'schen Alteritätsethik, die auch für die zeitgenössische Weiterentwicklung seiner Gedankengänge relevant ist. Für ihr Verständnis ist maßgeblich, dass für Lévinas »Töten [...], der absolute Verzicht auf das Verstehen« bedeutet.[36] Hier klingt abermals jene Idee der Unendlichkeit an, die der Alterität im Sinne von Lévinas anhaftet. Denn die Unmöglichkeit, um die es hier geht, ist derart unhintergehbar, dass selbst ein Mord nicht zur (spurlosen) Auslöschung jener Alterität führen kann, deren Tiefe in der Verletzlichkeit der Anderen zum Ausdruck kommt.[37] Lévinas schreibt:

> »Das Unendliche paralysiert das Vermögen durch seinen unendlichen Widerstand gegen den Mord; der Widerstand, hart und unüberwindbar, leuchtet im Antlitz des Anderen, in der vollständigen Blöße seiner Augen ohne Verteidigung, in der Blöße der absoluten Offenheit des Transzendenten. Hier liegt nicht eine Beziehung mit einem sehr großen Widerstand vor, sondern mit etwas absolut *Anderem*: der Widerstand dessen, was keinen Widerstand leistet – der ethische Widerstand«.[38]

34 Wolzogen, op. cit., 19.

35 Vgl. dazu m.w.N.: Waldenfels, op. cit., S. 113.

36 Lévinas und Krewani, op. cit., 284 [172–173]. Lévinas schreibt weiter: »Der Mord übt Macht aus über das, was der Macht entkommt. Er ist noch Macht, denn das Antlitz drückt sich im Sinnlichen aus; aber schon Ohnmacht, weil das Antlitz das Sinnliche zerreißt«.

37 »Die Idee des Unendlichen, das unendliche Mehr, das im Weniger enthalten ist, ereignet sich konkret in der Gestalt einer Beziehung mit dem Antlitz«, ibid., 280 [170]. Vgl. auch: »Das metaphysische Begehren des absolut Anderen, [...], entfaltet seine *En-ergie* in der Anschauung des Antlitzes oder in der Idee des Unendlichen«, ibid.

38 Ibid., 285–286 [173].

Das Nicht-töten-Können im strengen Sinne bezieht sich bei Lévinas also nicht auf das faktische Töten oder Morden des anderen Menschen im physischen Sinne,[39] sondern vor allem auf die in einem solchen Akt unausweichlich weiter bestehend bleibende Beziehung zu der Anderen. Alterität kann nicht ausgelöscht werden, denn die Beziehung und der Anspruch, der in der Alteritätserfahrung lebendig wird, unterwandert die Möglichkeit des Mordens, indem sie eine unausweichliche und fortbestehende Verantwortlichkeit hervorbringt. Anders gefasst: Im Angesicht der Verletzlichkeit der Anderen kann man nicht indifferent bleiben, und diese Unmöglichkeit überdauert sogar den Mord.

cc. Unmöglichkeit der Indifferenz und vermeintlicher Souveränitätsverlust

> »Um aus dem ›es gibt‹ herauszutreten, ist es notwendig, [...] einen Akt der Absetzung zu vollziehen, in dem Sinne wie man von abgesetzten Königen spricht. Diese Ab-setzung der Souveränität durch das *Ich* ist die soziale Beziehung zum *Anderen*, die selbst-lose (dés-inter-essé) Beziehung«.[40]

Die Alteritätserfahrung löst nach Lévinas zwingend ein Verhältnis der »›Nicht-Indifferenz‹ *(non-indifférence)*«[41] aus, welches eine Art Schock für das Bewusstsein ist. Dieser hinterlässt unhintergehbar Spuren der Alterität im Subjekt selbst. Um die bleibende Prägung durch die Alteritätserfahrung zu veranschaulichen, bemühen Lévinas und Derrida Vokabeln des Spuks. Sie beide betonen wiederholt, dass das ›Ich‹ von Alterität »heimgesucht« werde, und zwar in einer Vermischung aus »Besessenheit«, »Verfolgung« und »Trauma«.[42] Denn schon im Prozess der Subjektwerdung werde das Ich zu der Einsicht gedrängt, stets von (vielstimmiger) Alterität durchzogen zu sein. Dieser Einsicht hat meines Erachtens der eingangs bereits zitierte Rimbaud – »Je est un autre«,

39 Gerade Lévinas wird man als einen jüdischen Philosophen nicht vorwerfen können, damit einem bloßen Wunschdenken hinterher zu laufen. Seine Philosophie ist gerade keine ›erbauliche‹. Im Gegenteil: Sie setzt den Schock der Erkenntnis in Szene, dass die Andere, welche von der abendländischen Philosophie auf die Gewissheit eines ›Selbst‹ reduziert wurde, bereits viel früher da ist, und aller Reflexion zuvorkommt, vgl. Wolzogen, op. cit., 17ff.

40 Vgl. Lévinas, op. cit., S. 39.

41 Von Wolzogen arbeitet diesen Zug als Wesensmerkmal der Beziehung zur Anderen bei Levinas heraus, Wolzogen, op. cit., S. 189.

42 Ibid., S. 78.

»Ich ist ein Anderer« – poetisch Ausdruck verliehen.[43] Das Bewusstsein um eine vielstimmige und daher womöglich unergründliche Prägung des Subjekts nimmt

> »die Sokratische Weisheit ernst, dass die Selbsterkenntnis nie vollständig sein kann, dass sie immer bruchstückhaft ist und dass uns im Großen und Ganzen die Quellen unseres Denkens verborgen bleiben«.[44]

Bei Lévinas liegt dies in erster Linie an der schicksalhaften und jeglicher Autonomie entzogenen eigenen Bedingung durch Alterität. Es beinhaltet aber auch die Chance sich gegenüber den Spuren von Alterität im eigenen Selbst zu öffnen.

Die existenzielle Dimension der Einsicht, dass es unmöglich ist, im Antlitz der Anderen indifferent zu sein und zu bleiben, zeigt sich vielleicht am eingängigsten in der kommunikativen Erfahrung, *der Anderen* nicht nicht antworten zu können. Waldenfels, der sich im Anschluss an Lévinas mit dem Menschen als responsivem, also unweigerlich antwortendem Wesen auseinandersetzt, schreibt dazu:

> »Das Antworten liegt nicht in unserem Belieben; es folgt aus einer *Unausweichlichkeit* [...]. Wenn uns etwas anspricht, so können wir *nicht nicht* antworten [...]. Wir sitzen in einer Art responsiven Falle«.[45]

Der Anderen im strengsten Sinne *antworten zu müssen* geht bei Lévinas daher Hand in Hand mit einer entsprechenden Verantwortung, und zwar der Verantwortung, sich selbst und die eigenen Denkmuster beständig in Frage zu stellen. Das bedeutet auch sich der asymmetrischen Beziehung und der darin liegenden Verpflichtung gegenüber der Anderen bewusst zu werden.[46] Diese Bürde ist nicht abzuwerfen. Sie ist unausweichlich, weil sie

> »die reflexive Struktur der Verantwortung, als Verantwortung für die Verweigerung der Verantwortung [trägt]: Verantwortung beginnt also als *Antwort* auf die Situation, in der meine Souveränität grundsätzlich in Frage gestellt wird«.[47]

In dieser Erfahrung erlebt das Subjekt einen vermeintlichen Souveränitätsverlust, denn »[d]aß mich der Andere angeht, geschieht gegen meinen

43 Rimbaud, op. cit., S. 343–344. Für die Übersetzung vgl. Rimbaud u.a., op. cit., 17ff., 23ff., 27.

44 Butler und Ansén, op. cit., S. 11.

45 Bernhard Waldenfels, *Sozialität und Alterität. Modi sozialer Erfahrungen*, Berlin: Suhrkamp 2015, S. 22.

46 Das gilt im Grunde dann auch bei Waldenfels weiter so. Dieser unterscheidet aber dennoch zwischen Responisvität und Responsabilität. Waldenfels, op. cit., S. 118; Bernhard Waldenfels, *Antwortregister*, Frankfurt am Main: Suhrkamp 2016, 184ff.

47 Wolzogen, op. cit., S. 211.

Willen«.[48] Die Unmöglichkeit der In-Differenz im Angesicht der Anderen entsteht aus der Erfahrung von Verletzlichkeit und bezieht sich sowohl auf die Ausgesetztheit des Subjekts – es liegt nicht in meiner Hand, ob die Andere mich anspricht –, als auch auf die Frage nach der Intentionalität in meinem anschließenden Antworten und Handeln gegenüber der Anderen.

> »Durch diese Empfänglichkeit ist das Subjekt verantwortlich für seine Verantwortung, es kann sich ihr nicht entziehen, ohne die Spur seiner Fahnenflucht zu bewahren. Es ist Verantwortlichkeit, bevor es Intentionalität ist«.[49]

So gesehen hat das Subjekt in der Unmöglichkeit der Indifferenz im Angesicht der Anderen zwar keinen Zugriff auf sein Verantwortlichsein als solches, wohl aber eine gewisse Handlungsfreiheit im Antworten selbst. Daher ist die Alteritätserfahrung in doppelter Hinsicht ein bloß *vermeintlicher Souveränitätsverlust*. Denn einerseits bestand Souveränität im strengen Sinne einer völligen Unabhängigkeit niemals und kann daher auch nicht verlustig gehen. Aber andererseits kann durchaus weiter von einer Handlungsfreiheit bzw. Macht des Subjekts gesprochen werden, die oftmals als Charakteristikum der Souveränität angesehen wird. Denn die Erfahrung absoluter Verletzlichkeit lässt sich mit Lévinas gerade als Bedingung von Handlungsfreiheit lesen, die jedoch von vorneherein dem Anspruch der Anderen geschuldet ist. Eben darin zeigt sich, dass Freiheit als Handlungsfreiheit immer als eine der Anderen geschuldete, soziale Freiheit gedacht werden muss. Die Ausgesetztheit bzw., positiv gewendet, die Empfänglichkeit gegenüber dem Anspruch der Anderen zeichnet sich, wie Waldenfels schreibt, »als Bereitschaft zum Dialog aus, die jedem Schritt innerhalb des Dialogs vorausgeht«.[50] Die vor-ursprüngliche Erfahrung von Verletzlichkeit in der Begegnung mit der Anderen entlarvt daher jegliche im strengen Sinne autonom behauptete oder gesetzte Souveränität als eine bloß scheinbare Souveränität. Sie macht also den fiktionalen Charakter von Souveränität als solcher deutlich, der zwar performativ wirksam sein kann, aber alteritätsethisch betrachtet nicht wahr ist. Diese Bewusstwerdung kann, zumindest für in westlichen Denktraditionen sozialisierte Menschen, dennoch zu einem Gefühl des Souveränitätsverlusts führen und einen existenziellen Schock bedeuten.

Butler verleiht diesem Schock in ihrer Auseinandersetzung mit Lévinas mit den folgenden Worten Ausdruck: » [D]as ›Ich‹ bricht kraft des Angesichts des Anderen zusammen«.[51] Es ist also nicht die Souveränität, sondern die durchaus wirkmächtige Fiktion eines autonomen und

48 Lévinas u.a., op. cit., 82 [82].

49 Ibid., 73–74 [75].

50 *Handbuch Rhetorik Und Philosophie* 2017b, S. 518.

51 Butler und Ansén, op. cit., S. 83.

souveränen Subjekts, die im Angesicht der Anderen zusammenbricht und zugleich zur (Alteritäts-)Ethik auffordert, denn in ihr liegt die Möglichkeit, im Angesicht der Anderen eine Haltung zu finden und handlungsfähig zu werden. Bei Lévinas geht es daher in der Folge auch »gerade um die *Antwort* auf den Verlust der Souveränität, den der Ausnahmezustand der ethischen Beziehung mit sich bringt«.[52]

Die Tatsache, dass im Anschluss an die alteritätsethische Bedingung die Vorstellung eines kohärenten und autonom handelnden und denkenden souveränen Subjekts in der zeitgenössischen kritischen Theorie größtenteils hinterfragt und auch aufgegeben wurde, sollte also gerade nicht in eine deterministische oder gar nihilistische Haltung münden. Im Anschluss an kritische Vordenker formuliert Butler den folgenden Gedanken, der für die Suche nach einer guten Haltung und Handlungsmöglichkeit im gefühlten Souveränitätsverlust hilfreich sein könnte: »Man muss nicht souverän sein, um moralisch zu handeln; vielmehr muss man seine Souveränität einbüßen, um menschlich zu werden«.[53] Für das weitere Denken über handlungsfähige Subjekte im Recht lässt sich damit festhalten, dass sie als unhintergehbar alteritätsethisch verantwortliche Subjekte gedacht werden müssen. Denn die Alteritätserfahrung ist die erste, »nicht-philosophische Erfahrung« und Bedingung jeder Subjektwerdung.[54]

Im Zusammenhang von Recht und Ethik ist die Frage des Ethischen daher immer zuerst gestellt, weil ihre Quelle in der Erfahrung von Verletzlichkeit im Antlitz *der Anderen* liegt. Das gilt auch für die Politik, denn sowohl Recht als auch Politik, sind ähnlich wie die »Moralität durch die An-archie des Ethischen fundiert«.[55] Dieses Primat der Alteritätsethik im Verhältnis von Alteritätsethik, Politik und Recht lässt sich einprägsam wie folgt ausdrücken: »Das menschliche Dasein ist sozial, bevor es vernünftig ist«.[56] Der soziale Aspekt ist einerseits für die

52 Wolzogen, op. cit., S. 211.

53 Adorno und Foucault formulierten dies bereits in ähnlicher Weise, vgl. Butler und Ansén, op. cit., S. 11.

54 »Aber nur wenn man beachtet, daß, ›die ethische Situation der Verantwortung sich nicht von der Ethik her verstehen [läßt]‹ (JS 268), sondern von einer ›nicht-philosophischen Erfahrung‹ (JS 268), also einem *Ethos*, wird auch verständlich, warum Lévinas zur Beschreibung dieses vor-ursprünglichen Verhältnisses ›das Vokabular der Gewalt‹ gebraucht. Und genau im Zentrum dieser ethischen Gewalt – so meine weitere These – liegt auch der Umschlagspunkt zwischen der Asymmetrie der Verantwortung und der Symmetrie der Gerechtigkeit«: Wolzogen, op. cit., S. 206–207.

55 Ibid., S. 212.

56 Vgl. auch ibid., S. 11. Mit dem Verweis darauf, dass diese Formel (der Mensch ist sozial, bevor er vernünftig ist) von Alain Finkielkraut stammt, vgl. ibid., S. 122.

alteritätsethische Herausforderung des Rechts relevant, aber auch in dessen Abgrenzung zur Frage nach dem Politischen. Um das nachzuvollziehen, gilt es als nächstes den Anspruch der Anderen konkreter zu denken, und zwar als eine Erfahrung, die *in* der Welt stattfindet. Sowohl der Körper als leibliche Bedingung jedweder Subjektwerdung und dessen Zerstörbarkeit durch Gewalt als auch die sozialen Bedingungen und Institutionen, die jenen Körper (mit)hervorbringen, lassen sich mit Gedanken von Butler nachvollziehen.

b. Alteritätsethik nach *Lévinas: Den Anspruch der Anderen in der Welt denken (Butler)*

> »Möglicherweise findet unsere Begegnung mit dem Antlitz des Anderen als fragiles, als des Schutzes vor unserer Aggression bedürftiges, immer schon in einem sozialen Kontext statt, zu dessen Geschichte und Gegenwart auch immer schon der Konflikt gehört«.[57]

Diesem Satz von Butler hätte womöglich auch Lévinas zugestimmt, der die »Erfahrung der Beziehung [...] im Von-Angesicht-zu-Angesicht der Menschen, in der Sozialität« verortet.[58] Daran anschließen thematisiert Butler in ihrer Rezeption von Lévinas schwerpunktmäßig die Bedeutung dieser sozialen Bedingung, und zwar in der »Kohabitation als Voraussetzung von politischem Leben«.[59] Das bildet für Butler den alteritätsethisch informierten Hintergrund, um in der Folge eine philosophische Begründung der Forderung nach normativer Gleichheit zu entwickeln. Diese Forderung scheint zunächst im Widerspruch zu dem oben skizzierten Gedanken der Asymmetrie in der Alteritätserfahrung bei Lévinas zu stehen.[60] Die alteritätssensible Ethik und die daraus hervorgehende politische Forderung nach normativer Gleichheit, die Butler *nach* Lévinas entwirft, sind jedoch eher nicht im reinen Widerspruch, sondern eher

57 Judith Butler, *Am Scheideweg. Judentum und die Kritik am Zionismus*, Frankfurt am Main: Campus Verlag 2013b, S. 74.

58 Lévinas, op. cit., 58f.

59 So Butler in Anlehnung an Arendts Überlegungen zum Menschen als *zoon politikon*, Judith Butler, »Gefährdetes Leben, Verletzbarkeit und die Ethik der Kohabitation«, in: *Deutsche Zeitschrift für Philosophie*, 60: 5 (2012a), S. 698. Für ein kritisches Weiterdenken von Lévinas nach Derrida mit einem Fokus auf das Transzendenzversprechen des Rechts, vgl. Vischer, op. cit., S. 227ff.

60 In Bezug auf die Asymmetrie liest Butler Lévinas gegen Lévinas, indem sie seine Äußerungen, bezogen auf ein nicht-Bestehen dieser Verantwortungslage gegenüber Menschen aus Palästina, kritisch hinterfragt, ibid., 696ff.

»mit Lévinas gegen Lévinas« gedacht und können »eine mögliche Richtung seiner Ethik und seiner Politik ausleuchten, die er selbst nicht verfolgt hat«[61]. Diese Richtung ist, wie ich nachfolgend noch genauer darlege, bei Lévinas meines Erachtens durchaus schon in seiner Figur des Dritten angelegt. Die entscheidenden Wendungen, die Butler der Alteritätsethik mit auf den Weg gibt, treten zu Tage, wenn die Alteritätserfahrung konkret, d.h. in der Welt, gedacht wird. Das bedeutet aber auch sich, wenigstens vorläufig, ein Stück weit von der oben skizzierten philosophischen Urszenerie des Antlitzes und der Begegnung mit der Anderen bei Lévinas zu lösen.

Indem Butler die soziale und leibliche Bedingung der Alteritätserfahrung betont,[62] rückt auf der Erfahrungsebene vor allem das Element der Vulnerabilität und auf der Ebene des sprachlich bedingten Denkens und Handelns die Sozialität in den Vordergrund.[63] Butler thematisiert, dass Alterität »kein transzendentales Konstrukt, sondern faktische Gegebenheit« ist.[64] Damit fordert sie dazu auf, sich auch mit bestehenden (Gewalt-)Problemen in der Welt auseinanderzusetzen. Butler verliert dabei aber weder an philosophischer Flughöhe, noch wird die Lévinas'sche Philosophie auf einen bloßen Mitleidsapell reduziert.[65] Unter dem Titel

61 Vgl. Butler, op. cit., S. 78. Der gedankliche Sprung aus der Ur-Szenerie des Antlitzes hinein in die Welt ist Lévinas nicht völlig fremd, weil sein Gedankengang aus einem phänomenologischen Ansatz hervorgeht und maßgeblich von der *Erfahrungs*welt geprägt ist.

62 Vgl. über das Versäumnis von Lévinas seine Philosophie der »Verletzlichkeit wirklich mit einer Politik des Leibes zu verknüpfen«, Butler, op. cit., S. 701.

63 Diesen zweiten Aspekt betont auch Seyla Benhabib, die in ihrer Arendt-Rezeption einen Begriff der Pluralität entwirft, für den der konkrete und abstrakte Andere eine entscheidende Rolle spielt. Anders als Butlers Konzept der Kohabitation, welches vor allem auf der leiblichen Bedingung der Menschen aufbaut, setzt sie jedoch den *logos* als Fähigkeit zur Sprache und Vernunft der »menschlichen Spezies«, als Bedingung des Politischen, vgl. Seyla Benhabib, *Exile, Statelessness, and Migration. Playing Chess with History from Hannah Arendt to Isaiah Berlin,* Princeton: Princeton University Press 2018, S. 91. [Die Übersetzung ist von mir]. Ihr Vorwurf an Butler, dass sie aus dem Gedanken der Kohabitation kein normatives Konzert entwickeln könne, überzeugt jedoch spätestens nach der Herleitung einer Forderung nach normativer Gleichheit aus der menschlichen Interdependenz, die Butler 2020 aus der radikalen Relationalität als ethico-politco-bind heraus entwirft, m. E. nicht. Vgl. Judith Butler, *The force of nonviolence. An ethico-political bind* 2020d.

64 Schriever, op. cit., S. 84.

65 Im Gegenteil geht jeder Mitleidsapell hier fehl, weil er die mit Lévinas erfasste, unendliche Verantwortungsstruktur gegenüber *der Anderen* nicht zu erfassen vermag. Butlers Theorie kann gerade nicht auf einen Apell zum universellen Mitleid reduziert werden, sondern knüpft dort an, wo die

»Unfähig zu töten – Lévinas kontra Lévinas« verhandelt Butler die Frage: »Überlebt das Antlitz die Sphäre des Politischen?«[66]

Butler beginnt also mit einer direkten Referenz auf die vor-ursprüngliche Alteritätserfahrung, die Lévinas mit der Figur des Antlitzes inszeniert. In dieser Figur wird, wie oben skizziert, der Anspruch der Anderen in verschiedenen Variationen als ein Tötungsverbot, als die Aufforderung nicht zu töten, ja sogar als vorauseilende Gewissheit eines ›Du wirst (mich) nicht töten‹ formuliert. Diese Inhalte legt Lévinas dem Anspruch der Anderen in dem Mund, um so den *Sinn* des alteritätsethischen Anspruchs, die Erfahrung der Verletzlichkeit, auch sprachlich zu erfassen. Butlers Rekonstruktion der Figur des Antlitzes unter der Frage, ob es die Sphäre des Politischen überlebe, spielt auf das dabei oftmals entstehende Unbehagen oder Missverständnis an, dass es sich hierbei um den Ausdruck einer ontologischen Tatsache seitens Lévinas handele. Er selbst sagte hierzu:

> »Es stimmt, der Mord ist ein banales Faktum: Man kann den Anderen töten; die ethische Forderung ist keine ontologische Notwendigkeit«.[67]

Das oben genannte scheinbare Widerspruch wird besonders dort deutlich, wo der Anspruch der Anderen als Tötungsverbot bzw. als Gebot, nicht zu töten, formuliert, und so als ein normativer Anspruch gerahmt wird. Es bedarf dann einer ständigen Präzisierung: »Du darfst nicht töten« kann sich in diesem Kontext nicht auf den gesamten Menschen beziehen. Denn es ist »nur« das »Antlitz [...], was man nicht töten kann«.[68] Die Problemlage, die Butler in der Frage, ob das Antlitz die Sphäre des Politischen überlebt, neben der Problematisierung des Verhältnisses von Ethik und Politik, provokant adressiert, ist also die Folgende: Steht nicht fast schon alltäglich Erfahrung, dass der Mensch zum Töten oder gar Morden der (faktischen) Anderen fähig ist, in einem krassen Widerspruch zur Lévinas'schen These einer unhintergehbar verantwortlichen Subjektwerdung? Und demonstriert das nicht, dass eine Indifferenz gegenüber der Anderen doch möglich ist?

Empfindsamkeit gegenüber der Anderen nicht durch direkte Begegnung gegeben ist, vgl. Merle Ingenfeld, *Butler, transregional? – Anmerkungen zu Judith Butlers Vorträgen an der Uni Köln* 2017, S. 3. https://trafo.hypotheses.org/4724 (abgerufen am 20.01.2020). Vgl. auch dazu jüngst noch einmal Butler selbst, die darauf hinweist, dass es nicht um eine Politik der (Nächsten-)Liebe, sondern der Solidarität, auch mit jenen geht, die einem räumlich oder politisch nicht die Nächsten sind. Vgl. Judith Butler und Simon Critchley, *The Force of Nonviolence* 2020: »We do not have to love one another to engage in meaningful solidarity«, Butler, op. cit., S. 203.

66 Vgl. Butler, op. cit., 70ff. Für die zitierte Frage: Ibid., S. 72.

67 Vgl. Lévinas, op. cit., S. 65.

68 Vgl. ibid. An anderer Stelle formuliert er »das Antlitz [ist] das, was uns verbietet, zu töten«, ibid., S. 64.

Um diese Fragen zu klären, müssen wir uns mit Lévinas'schen *Nicht-töten-Können* befassen. Denn darin kommt die oben entfaltete These der Unmöglichkeit der In-Differenz gegenüber dem Antlitz in gesteigerter Form zum Ausdruck. Butler formuliert dies als Paradox:

> »Es liegt nicht in unserer Macht, uns von den Gesichtern abzuwenden, obwohl Menschen sich immerzu von Gesichtern abwenden«.[69]

Das verdeutlicht, dass es bei der Unmöglichkeit, das Antlitz zu töten, nicht darum gehen kann, ob das Töten in der physischen Möglichkeit des Könnens liegt. Vielmehr macht dieser Zusammenhang deutlich, dass es sich um ein Können im Sinne »des Vermögens oder der Macht (*pouvoir*)« handelt.[70] Sich vom Antlitz der Anderen abzuwenden, wäre demnach ein Akt, der im engeren Sinne niemals gelingen kann. Er ist zum Scheitern verurteilt, weil er sich der vorher und nachher bestehenden Verantwortungsstruktur nicht nachhaltig entziehen kann. Jedenfalls nicht ohne, in den Worten Lévinas', »die Spur seiner Fahnenflucht zu bewahren«.[71] Mit anderen Worten: »Wer sich abwendet, nimmt eine Macht in Anspruch, die uns nicht zukommt«.[72] In diesem Sinne bedeutet das alteritätsethische Tötungsverbot bei Lévinas also gerade nicht, dass schon auf der ethischen Ebene alles geklärt ist und »wir uns [...] der Sphäre der Macht, des Politischen, zugunsten dieses ethischen Anspruchs entziehen sollten«.[73] Es betont vielmehr, dass jede (politische) Positionierung, Haltung oder Handlung in alteritätsethischer Verantwortung steht. Wir können uns also abwenden, im übertragenen Sinne nicht antworten und sogar auch töten, aber wir müssen uns dann verantworten. Die Potenz der damit einhergehenden subjektiven Handlungsmacht im Angesicht der Anderen wird besonders spürbar in der Art und Weise, wie Butler (potenzielle) Gewalt in der Erfahrung der Verletzlichkeit thematisiert: Die »unbegrenzte Verantwortung für den Anderen« sei stets wenigstens auch »Resultat eines fortwährenden Kampfes zwischen meiner Angst angesichts des Gebotes und meiner potenziellen Gewalt gegenüber dem Anderen«.[74] Indem Verletzlichkeit also nicht mehr nur als Erleiden oder Wahrnehmen eigener Verletzbarkeit gedacht wird, sondern vor allem auch als die (Handlungs-)Macht anderen Menschen Verletzungen zuzufügen, werden zwei Dimensionen von Gewalt im alteritätsethischen Tötungsverbot lesbar: faktische Gewalt und ethische Gewalt. Lévinas wählte die Worte: »Das Antlitz ist exponiert, bedroht, als würde es uns zu einem Akt der Gewalt

69 Butler, op. cit., S. 71.
70 Ibid.
71 Lévinas u.a., op. cit., 73–74 [75].
72 Butler, op. cit., S. 71.
73 Ibid.
74 Ibid., S. 73.

einladen«.[75] In der Alteritätserfahrung als Erfahrung der Verletzlichkeit entsteht so nicht nur die Bitte auf den Anspruch, die Bedürfnisse der Anderen zu hören, sondern vor allem auch die Aufforderung, sich dem »Kampf gegen die eigene Gewalttätigkeit« zu stellen.[76] Die Aufforderung dazu, keine faktische Gewalt auszuüben, bricht ihrerseits ungefragt und unhintergehbar ähnlich einer Naturgewalt über das werdende Subjekt herein, d.h. mit ethischer Gewalt.[77]

Das Ringen mit sich selbst, um dem »*Ausdruck* [...] ›Du wirst keinen Mord begehen‹« gerecht zu werden gleicht in dieser Lesart einem inneren Kampf.[78] Und zwar jenem, der ein eigenes Verständnis davon ermöglicht, dass ich in der potenziellen Verletzung der Anderen faktisch eine Macht ergreifen kann, die mir nicht zu steht. Das wird besonders dann relevant, wenn die Begegnung mit der Anderen, die Alteritätserfahrung, nicht abstrakt, sondern konkret und in der Welt gedacht wird. Dabei rückt die transzendente Ebene der Alteritätsethik, die bei Lévinas vor allem für die Asymmetrie der alteritätsethischen Verantwortungsstruktur erheblich ist, bei Butler zugunsten der Überlegung, dass Verantwortung eine relationale Praxis ist, etwas in den Hintergrund, geht aber letztlich nicht verloren.[79] Denn letztlich bleibt die Alteritätserfahrung auch bei Butler der normative Fluchtpunkt, um die Frage zu klären, inwiefern das Politische mit dem Ethischen verschränkt ist. An dieser Schnittstelle geht

75 Lévinas, op. cit., S. 64.
76 Butler, op. cit., S. 74.
77 Butler schreibt: »Es [das Tötungsverbot, A. M.] wird gegen meinen Willen verhängt und ist in genau diesem Sinn [paradoxerweise] gewaltsam«. Das Antlitz ist »›akkusatorisch‹ [...] im grammatikalischen Sinn: Es nimmt mich ungeachtet meines Willens zum Objekt«, vgl. ibid., S. 76.
78 Lévinas und Krewani, op. cit., S. 285–286.
79 Die Asymmetrie in der Verantwortung gegenüber der Anderen bleibt bestehen: »Das Antlitz des Anderen ist von Anfang an Verfolger. Und wenn das Wesen dieser Verfolgung das Tötungsverbot ist, dann werde ich von dem Gebot verfolgt, den Frieden zu bewahren«, vgl. Butler, op. cit., S. 75. Butler grenzt sich zwar von dieser krassen Asymmetrie ab, indem sie auf eine wechselseitige Verwobenheit alles Lebens verweist. Das steht m.E. aber nicht der Asymmetrie des ethischen Anspruchs entgegen, denn Butler schreibt: » [I]ch möchte auf einer gewissen Verflechtung zwischen diesem anderen Leben, all jenen anderen Leben und meinem eigenen insistieren – eine Verflechtung, die sich nicht auf nationale Zugehörigkeit oder Verbindung zu einer Gemeinschaft reduzieren lässt. Nach meiner Auffassung (und das ist sicherlich nicht meine Auffassung allein) ist das Leben des Anderen, das Leben, das nicht unser eigenes ist, auch unser Leben, denn welchen Sinn auch immer ›unser‹ Leben hat, leitet sich genau von dieser Sozialität her, davon, dass wir bereits und von Anfang an von einer Welt von Anderen abhängig sind, dass wir in einer sozialen Welt und durch eine soziale Welt konstituiert werden«, vgl. Butler, op. cit., S. 696. Vgl. dazu auch Schriever, op. cit., S. 84.

es mit Butler vor allem um das Problem der ungleichen Ausgesetztheit gegenüber der Verletzlichkeit, also der Prekarität des Lebens. Diese deutet Butler als Ergebnis einer ungleichen und womöglich auch ungerechten Verteilung von Aufmerksamkeit. Die Aushandlung über vorgefundene und wünschenswerte Verteilungen von Gefährdung bzw. Prekarität verortet Butler im Feld der Politik, welches seinerseits aber alteritätsethisch bedingt ist: »Gefährdetheit exponiert unsere Sozialität, die ebenso fragilen wie unvermeidlichen Dimensionen unserer Interdependenz«.[80]

Die (politisch) entscheidende Frage in dieser Situation ist damit: Wessen Verletzlichkeit wird im Ringen um die Vermeidung einer potenziellen Gewaltzufügung als schützenswert erachtet? Dieser Fragestellung geht Butler allerdings vom möglichen Resultat einer Gewaltzufügung herkommend nach. Und zwar in der Situation, in der eine Verletzung bis hin zum Tod bereits eingetroffen ist oder unmittelbar bevorsteht. Butler fragt, wessen Sterben oder welche Verletzungen als »betrauernswürdig und schützenswert« wahrgenommen werden bzw. werden können.[81] Hier lässt sich eine Parallele zu der mit Spivak weiter oben vollzogenen Wende in der Deutung von Stille als Schweigen ziehen. Diese lag darin, nicht nur danach zu fragen, wer sprechen, sondern eher wer gehört werden kann. Analog dazu haben wir es bei Butler mit einer Wende in Bezug auf die Frage nach Verletzbarkeit und Gewalt zu tun. Denn Butler zieht die Frage gewissermaßen von hinten auf, indem der Fokus nicht als erstes auf der Frage liegt, wer Gewalt ausübt oder sich wirksam dagegen schützen kann, sondern wessen Verletzungen bzw. Sterben betrauert wird und werden kann. Butler thematisiert damit eine bestimmte Form von Abwesenheit der Trauer und holt jene Menschen ins Bewusstsein, deren Verletzungen oder Tod, deren Betroffenheit von Gewaltausübungen nicht betrauert wird. Diese Abwesenheit von Trauer wirft Licht darauf, dass Menschen eine bestimmte Art der Aufmerksamkeit nicht zu Teil wird oder wurde, die bezeugt, dass ihr Leben wertvoll ist oder war. Die Figur des Antlitzes wird so von Butler *in* die Welt geholt und mit einer Figur der »faktischen Alterität« herausgefordert.[82]

In der Suche nach Antworten auf die Frage, warum es zu einer ungleichen bzw. ungerechten Verteilung von Aufmerksamkeit kommt, geraten bei Butler in diesem Zug jene körperliche und soziale Merkmale in den Blick,[83] die derart identitätsstiftend wirken, dass sie üblicherweise ein

80 Butler, op. cit., S. 702.

81 Ibid. Die Frage danach welchen Wert anderes Leben hat, verhandelt Butler auch schön früher als eine Frage der Anerkennung, Butler und Ansén, op. cit., S. 92.

82 Schriever, op. cit., S. 86.

83 Butler, op. cit., S. 701–702.Butlers Konzept verträgt sich daher mit neomaterialistischen Ansätzen, weil er nicht nur Normierungen in Bezug auf Subjekte und die konkreten »leiblichen Bedingungen des Lebens« thematisiert,

Gefühl der Zugehörigkeit hervorrufen. Das kann etwa bedeuteten, ähnlich auszusehen, die gleiche Sprache zu sprechen oder eine Kultur oder Art des Begehrens zu teilen. Butlers Beobachtung nach ermöglichen gerade solche, teilweise auch lediglich von außen zugeschriebene, Eigenschaften, die als geteilte Eigenschaften empfunden werden, eine Bezugsnähe, die den anderen Menschen in der eigenen Wahrnehmung erst betrauerbar werden lasse. In diesem Erklärungsmodell sind es also überraschenderweise nicht jene Faktoren, die andere Menschen in ihrer Alterität auszeichnen, sondern die Praxis einer Kategorisierung (vermeintlicher) Merkmale, die einige Menschen als der gleichen Gruppe zugehörig markieren. Dies funktioniert wie eine Art Filter, in der nur einige Aspekte von Menschen zur Geltung gebracht werden. Wenn andere Menschen durch sozial erlernte Raster und Normierungen, wie z.B. *race* oder *gender,* dabei nicht als gleich menschlich (an-)erkannt werden, kann auch deren Verlust nicht als gleich betrauerbar wahrgenommen werden. Umgekehrt seien es in der Erfahrung der Betrauerbarkeit oftmals gerade jene Züge der Anderen, die wir als eigene wiederzuerkennen glauben bzw. als wesentlich für eigene Subjektivität erfahren, die im Verlust dieser Menschen immer auch die eigene Verletzlichkeit und Ausgesetztheit in Erinnerung rufen. Das lässt sich beschreiben wie eine Art Identitätsverlust im Verlust der Anderen. Butler geht es nun darum, jene Erfahrungen von Verletzungen oder Sterben anderer Menschen zu betrachten, in denen sich organisch kein Gefühl der Trauer einstellt. Das sei notwendig, denn es sei

> »unser Versäumnis, die einzelnen Faktoren von Identität zu ergründen, [welches] dazu führt, dass wir einigen unserer Mitmenschen die Menschlichkeit absprechen«.[84]

Butler fragt 2016: »Is the idea of equalizing grievability a form of taking over responsibility for the life of the other beyond cultural differences?«[85] Die Frage nach einer normativ gesetzten gleichen Betrauerbarkeit sollte aber nicht vorschnell mit der Aufforderung gleichgesetzt werden, de facto Trauer für das Sterben aller Menschen gleichzeitig zu empfinden. Es gehe eher darum, andere Menschen immer potenziell als betrauerbar qua ihrem Menschsein kennen zu lernen. Dafür brauche es trotz aller Schwierigkeiten räumliche Distanzen, sprachliche und nationale Grenzen zu überwinden, »konkrete Anstrengungen einer kulturellen Übersetzung«.[86]

»sondern für alle Umweltbedingungen, die das Leben lebenswert machen« einsteht, ibid.

84 Ingenfeld, op. cit., S. 1.

85 So habe ich mir diese Frage aus Butlers Vortrag im Rahmen der Albertus Magnus Professur an der Universität zu Köln am 22.06.2016 notiert.

86 Butler, op. cit., S. 694. Diese Praxis helfe nicht, bei Moralvorstellungen hängen zu bleiben, die »borniert, gemeinschaftsbezogen und ausschließend« seien, ibid.

Antriebskraft dafür kann die alteritätsethische Verantwortung sein, um den relationalen und unter Umständen auch ethisch vermittelten Beziehungen in der Welt gerecht zu werden.[87] Allerdings schließt sich im weiteren Verlauf der Forschung durchaus die Frage an, wie die Kluft zwischen dem rationalen Wissen um das Leid und der erfahrbaren inneren Berührung durch das Leid *der Anderen* geschlossen werden kann, sodass (wenigstens potenziell) auch faktisch alle als gleich betrauerbar gelten.

Die normative Forderung nach gleicher Betrauerbarkeit entwickelt Butler in Reibung mit der unmöglichen Universalisierbarkeit des singulären Anspruchs der Anderen. Darin wird wenigstens implizit die (politische) Forderung nach einer Ökonomie der Aufmerksamkeit laut, die der ungleichen Verteilung in der Ausgesetztheit von Verletzlichkeit entgegenwirken könnte. Butler begegnet diesem Spannungsverhältnis jedoch explizit vor allem mit der Forderung nach einer Politik der Solidarität, deren Kernstück eine Vorstellung normativer Gleichheit sein müsse, um der radikalen Interdependenz relationaler Subjektwerdung gerecht zu werden.[88] Diese Herausforderung verhandelt Butler als eine Frage der (politischen) kollektiven Aushandlung. Sie entsteht bzw. entfaltet sich ihrerseits unhintergehbar im oben skizzierten alteritätsethischen Anspruch der Anderen.

Die eingangs aufgeworfene Frage, ob die Figur des Antlitzes die Sphäre des Politischen überlebe,[89] ließe sich dahingehend positiv beantworten, dass jedenfalls die asymmetrische alteritäts*ethische* Struktur der Verantwortung, dessen Ausdruck das Antlitz immer auch ist, im Raum der politischen Aushandlungen fortbesteht bzw. diesen überhaupt erst hervorbringt. Das gilt dementsprechend auch für die von Butler in diesem Zusammenhang entwickelte Forderung nach normativer Gleichheit, die eine völlige Symmetrie in Anerkennungsbeziehungen anstrebt. Denn das oben nachgezeichnete Ringen um Gewaltlosigkeit im Antlitz der Anderen fordert zu einer kollektiven politischen Zusammenarbeit heraus, in der Vorurteile hinterfragt und kulturelle Übersetzungsleistungen wieder und wieder vorgenommen werden müssen. Die individuelle alteritätsethische Verantwortung in Bezug auf jedwedes Handeln bleibt jedoch bestehen und fordert ein stetiges kritischen Hinterfragen des eigenen Mitwirkens an (dieser) Politik heraus. Das Antlitz überlebt also einerseits unweigerlich die Sphäre des Politischen, weil der Anspruch der Anderen ungefragt, d.h. mit ethischer Gewalt, über das werdende Subjekt hereinbricht und der Sphäre des Politischen damit vorausgeht. Dieser Umstand

87 Ibid.

88 Butler, op. cit., S. 48–49. Für dieses »neue, egalitäre imaginäre Gebilde«, im Original heißt es »new egalitarian imaginary«, bemüht Butler ein psychoanalytisch informiertes Verständnis menschlicher Interdependenz.

89 Butler, op. cit., S. 72.

geht jedweder individueller oder kollektiver Handlungsmacht voraus. Das bedeutet, dass »Zustimmung kein hinreichender Grund zur Ablehnung der globalen Verpflichtungen ist, die unsere Verantwortung ausmachen«.[90] Anderseits muss auch in der gewaltvollen Realität der Sphäre des Politischen, die bis zum Morden reicht, das überlebende Antlitz konfrontiert und also Verantwortung übernommen werden. Denn das Antlitz überlebt, indem die Realität uns Spuren der Auslöschung von Alterität hinterlässt, in denen sich die alteritätsethische Verantwortung fortschreibt. Denn auch wenn ein Ringen um Gewaltlosigkeit im Angesicht der eigenen und fremden Verletzlichkeit immer auch in Gewalt gegenüber der Anderen oder sich selbst münden kann, ist dieses Handeln erst durch die vom Anspruch der Anderen bedingten responsiven Subjektwerdung möglich geworden. Die »Verantwortung beginnt als *Antwort* auf die Situation, in der meine Souveränität grundsätzlich in Frage gestellt wird«.[91] Sie geht ihr voraus, sofern jedwede performativ bestehende Souveränität oder Autonomie als jedenfalls von Fürsorgebeziehungen bedingt anerkannt wird.

Bezüglich der spezifisch rechtlichen Herausforderung im Verhältnis zu Ethik und Politik zeichnet sich hier ab, dass der alteritätsethische Anspruch zwar ein individuelles Antworten-Müssen hervorbringt, diese jedoch (nur) insofern eine Frage des Rechts ist, als dass es die menschliche Bedingung des Rechts bildet. Diese Verpflichtung zur Verantwortung ist jedoch nicht in erster Linie rational. » [E]s ist nicht der Logos: Es betrifft das Leben, den Atem, die Trauer, die Gewissensbisse, die Aufmerksamkeit und die Pflicht, soweit sie nicht verallgemeinerbar ist«.[92] Die alteritätsethische Verantwortung, der Anderen Aufmerksamkeit zu schenken und im Angesicht eigener und fremder Verletzlichkeit, um Gewaltlosigkeit zu ringen, besteht in der Sphäre des Politischen fort und ist gewissermaßen auch von ihr geprägt. Denn »selbst wenn wir dem Anderen in einer Weise begegnen, die einen Bruch mit Sozialität und Pluralität bedeutet«, so ist

> »die [...] soziale Sphäre doch eben jenes soziale Feld [...], das von vornherein den erforderlichen Hintergrund für die Begegnung mit dem Antlitz überhaupt bietet«.[93]

Um die alteritätsethische Relevanz des Hörens und Gehört-Werdens im Recht zu untersuchen, stellt sich insbesondere in einer Tradition des Denkens und Handelns, die auf einer Unterscheidung von Recht, Politik und (individueller) Ethik oder Moral beruht, immer wieder die Frage nach dem Verhältnis der Sphäre des Rechtlichen zum Ethischen und

90 Butler, op. cit., S. 693.
91 Wolzogen, op. cit., S. 211.
92 Butler, op. cit., S. 84.
93 Ibid., S. 74.

Politischen. Diese Frage verhandle ich nachfolgend als alteritätsethische Herausforderung des Rechts im vielstimmigen Anruf der Anderen, die Lévinas in der Figur des Dritten gebündelt hat. Die Berücksichtigung der politischen Dimension bedeutet für den Zusammenhang von Alteritätsethik und Politik aber nicht, dass etwa das Ethische das Politische ersetzen sollte oder könne und umgekehrt. Vielmehr geht es auch bei Lévinas um die intrinsische Verschränkung beider Sphären. Und zwar gerade, weil »sich das ethische Gebot, obgleich es der politischen Sphäre ›vorausgeht‹, [...] aus dem politischen Konflikt ergibt«.[94] Für die Sphäre des Rechts bedeutet dies zunächst, dass es nicht völlig jenseits oder in einer streng getrennten Sphäre von der ethisch-politischen Verschränkung der an-archische Beziehung zu der Anderen existieren kann. Zudem klärt sich die Frage nach dem Sinn des Rechts womöglich im Zusammenhang mit dem Bedürfnis nach Verallgemeinerung, Vereinfachung und geteilter Verantwortung in der alteritätsethischen Überforderungslage, die darin liegt, die begrenzte eigene Aufmerksamkeit (gerecht) zu verteilen. Auch hier würde jedoch, in der Metaphorik von Butler, das Antlitz die Sphäre des Rechtlichen dahingehend überleben, dass diese Überforderung niemals gänzlich aufgelöst oder die unendliche Verantwortungsstruktur gekappt werden kann. Denn das alteritätsethische Ringen um Gewaltlosigkeit lässt sich zwar durch

> »einige der ethischen Systeme und Gesetze stützen, die nach einer Universalisierung der Pflichten streben, aber jede Kodifizierung dieser Pflichten überschreibt auch deren ›Anarchismus‹«.[95]

Eine Alteritätsethik *nach* Lévinas – mit Butler – verdeutlicht einerseits die Spannungslage zwischen dem jeweils individuellen Anspruch *der Anderen* und den darin in Resonanz geratenen gesellschaftlich und kulturell erlernten Gefühlen der Zugehörigkeit sowie deren Abwesenheit. Andererseits werden in der normativen Forderung nach gleicher Betrauerbarkeit und damit der Frage, wie Aufmerksamkeit verteilt wird, individuelle und kollektive politische Aushandlungsprozesse anders lesbar. Die Sphäre des Normativen, also des Rechts, so möchte ich diese Ausgangslage weiterdenken, könnte als Rahmung und Ort der Vermittlung dieser Aushandlungsprozesse gelesen werden. Der Sinn eines solchen Rechts wäre, der Entfaltung und Erhaltung eines politischen Raumes zu dienen, ohne dass sich aus dem Recht selbst eine erlösende oder gerechte Antwort auf den alteritätsethischen Anspruch ergeben könnte oder müsste. Im nachfolgenden Kapitel lege ich dar, warum und inwiefern Recht womöglich sogar alteritätsethisch dazu herausgefordert wird einen solchen Ort bereitzustellen. Es ist die Anarchie im Lévinas'schen Sinne, und zwar als Alteritätsethik, die den nicht verrückbaren Platz innehält,

94 Ibid.
95 Ibid., S. 84.

rechtlich ausgeformte politische Entscheidungen alteritätsethisch herauszufordern. Und zwar wie ich nachfolgend darlege im doppelten Sinne.

c. Vielstimmiger Anspruch als alteritätsethische Herausforderung zur Recht-Fertigung

Der mit Butler thematisierte leiblich und sozial bedingte Zusammenhang von Ethik und Politik eröffnet eine neue Perspektive auf die alteritätsethische Herausforderung des Rechts. Denn der subjekt-konstituierende Anspruch der Anderen wird bei Lévinas von einer Figur des Dritten flankiert, die im Ergebnis sinnbildlich für die Vielstimmigkeit im Anspruch der Anderen steht. Darin entsteht eine doppelte Herausforderung für rechtliche Antworten im menschlichen Miteinander. Im Verhältnis von Alteritätsethik, Politik und Recht wird letzteres doppelt herausgefordert und erfährt seine Recht-Fertigung im vielstimmigen Anspruch der Anderen.

Doppelte Herausforderung meint erstens, dass sich das Bedürfnis nach Recht als stützende Ordnungsmacht überhaupt erst durch die alteritätsethische Überforderungslage einstellt, auf den vielstimmigen Anspruch der Anderen antworten zu müssen. Diese Bürde wird dem sich responsiv im Anspruch der Anderen konstituierenden Subjekt bei Lévinas, gewissermaßen von Anfang an aufgelastet. Sie konstituiert damit die Komplexität und Einzigartigkeit jedweden Subjektwerdungsprozesses, indem dieser unweigerlich vielfältig relational bedingt ist. Diese alteritätsethisch bedingte Subjektwerdung, die mit Lévinas zunächst als jedem rechtlichen Zusammenhang vorweggehend und vom Anspruch der Anderen herkommend gedacht skizziert wurde, habe ich daher weiter oben als menschliche Bedingung des Rechts bezeichnet.

Zweitens betrifft die alteritätsethische Herausforderung des Rechts das, was jeweils als genuin rechtliche Antwort auf diese Situation als geltend artikuliert bzw. wahrgenommen wird: das gegenwärtig geltende Recht. Mit anderen Worten stellt sich die Frage, inwiefern geltendes Recht als eine Art gerechte oder aber auch notwendige Antwort auf die menschliche Bedingung inszeniert wird, diesem Anspruch womöglich aber strukturell gar nicht gerecht werden kann. Im Vorverständnis zum Rechtsbegriff dieser Arbeit habe ich Recht als Phänomen der Geltung skizziert, welches sich inhaltlich nicht abstrakt als Ganzes bestimmen lässt, sondern sich jeweils in individuellen juristischen Erfahrungen zeigt, in denen Recht als geltend erfahren wird. Jedwede als rechtlich geltend wahrgenommene Antwort auf einen bestimmten Lebenssachverhalt wird dabei aber, wie ich nachfolgend darlege, durch eine Art fortbestehenden alteritätsethischen Überschuss im Anspruch der Anderen, durch die Individualität des ethischen Anspruchs herausgefordert und recht-fertigt sich unweigerlich auch in diesem Bezug. Auf dieser zweiten Ebene ist Recht, das konkret als geltend erfahren wird, also mit der Frage konfrontiert, ob und inwiefern es dem alteritätsethischen Anspruch und vielleicht auch der alteritätsethisch gedachten Aufgabe von Recht als ordnender Macht, also seinem Rechtssinn, mit Blick auf eine kommende Gesellschaft gerecht werden kann.

aa. Vielstimmiger Anspruch in der Figur des Dritten

Butler liest Lévinas kritisch und verortet daher folgerichtig den Anspruch der Anderen in der (realen) Welt. Dabei hat sich abgezeichnet, dass dies im Angesicht der Verletzlichkeit ein Ringen um Gewaltlosigkeit hervorruft, welches von sich beispielsweise in der Sprache niederschlagenden, gesellschaftlichen Machtverhältnisse geprägt wird. Denn die sich jeweils gesellschaftlich herausgebildete Normalität entfaltet eine normative Wirkkraft, eine Art Sog der Kategorisierung in menschlichen Anerkennungsbeziehungen und Subjektwerdungsprozessen, wodurch im übertragenen Sinne die Vielstimmigkeit im Anspruch der Anderen nicht immer gehört werden kann. Das gilt insbesondere für Stimmen, die jenseits der Norm Anspruch auf (gleiches) Gehört-Werden im Diskurs erheben.[96] Diese Vielstimmigkeit des Anspruchs der Anderen wird bei Lévinas schon in der Figur des Dritten nachvollziehbar, allerdings ohne so spezifisch wie Butler die Auswirkungen gesellschaftlicher Machtverhältnisse mitzudenken. Denn im oben skizzierten Prozess responsiver Subjektwerdung entsteht dadurch, zusätzlich zur unendlichen Verantwortung gegenüber der Anderen, welche die Alteritätserfahrung als asymmetrisch kennzeichnet, ein weiteres überforderndes Spannungsverhältnis. Lévinas zieht diese Figur zu Rate, um zu thematisieren, dass sich das angesprochene Subjekt, gewissermaßen von Anfang an, gar nicht in einer reinen Zweiersituation befindet (die Andere und Ich). Vielmehr findet die Alteritätserfahrung eigentlich auch bei ihm immer in der Welt und damit unter vielen anwesenden und abwesenden Anderen statt, was seines Erachtens eine nahezu existenzielle Überforderung Bezug auf eine gerechte Verteilung der Aufmerksamkeit auslöst. Lévinas schreibt: »In der Nähe des Anderen bedrängen mich – bis zur Besessenheit – auch all' die Anderen, die Andere sind für den Anderen«.[97] In dieser Überforderung Verantwortung zu übernehmen ist bei Lévinas nicht weniger als die Ausübung der schwierigen, von außen auferlegten Freiheit.[98]

96 Vgl. zu dieser Problematik Kapitel I.3.

97 Emmanuel Lévinas, *Jenseits des Seins oder anders als Sein geschieht*, Freiburg: Alber 1992a, S. 344.

98 Vgl. dazu bereits ausführlicher unter Kapitel I.2.c.

Der alteritätsethische Anspruch, der bei Lévinas den Impuls zur responsiven Subjektwerdung gibt, muss daher immer schon in sich heterogen und plural, und also als vielstimmig verstanden werden. Der Philosoph Thomas Bedorf spricht in diesem Zusammenhang von der Gleichursprünglichkeit der Anderen und des Dritten bei Lévinas. Daraus ergebe sich, dass eigentlich alle »dyadische Beziehungen [...] nur als Abstraktion« denkbar sind und diese stets »als einseitige Beschreibung aus den sozialen Geflechten herauszupräparieren« seien, wenn sie isoliert, thematisiert werden sollen.[99] Intersubjektivität könne daher auch nie bloß zu zweit gelingen, sondern verweise immer schon auf ein mehrdimensionales Beziehungsgeflecht. Das führt unter anderem dazu, dass, wie in einem anderen Kontext in der Rechtstheorie festgestellt wurde, »mit dem Auftritt des Dritten die ausschließlich moralische Fixierung auf den einen Anderen unmöglich« wird.[100] Das »Herauspräparieren« oder das Festhalten an einer Fixierung auf eine moralische Verantwortung gegenüber nur einer Person ließe sich vor diesem Hintergrund höchstens als Versuch deuten, um der von Lévinas beschriebenen multiplen Besessenheit durch all' die Anderen zu entkommen. Dieser Besessenheit, welche die subjektkonstituierende alteritätsethische Überforderungslage in der Welt ausmacht, ist aber nicht zu entkommen. Allerdings stiftet sie positiv gefasst soziales Bewusstsein und Handlungsfreiheit. Lévinas schreibt diese überfordernde, im alltäglichen Leben eigentlich nur als völlig maßlos zu bewertende, Verurteilung zu dieser Verantwortung und Freiheit, vor allem dem Auftritt der Figur des Dritten zu. Er schreibt: » [U]nd schon schreit die Besessenheit nach Gerechtigkeit, verlangt sie Maß und Wissen, ist sie Bewußtsein«.[101] Die soziale Bedingung der Subjektwerdung ausschließlich als Belastung zu erleben, ergibt vor allem aus einem kulturell bedingtem Souveränitätsdenken Sinn. Die Materie, in der man sich bewegt, lediglich als eine Einschränkung von außen zu sehen, versperrt aber oftmals den Blick auf die Ermöglichung von Handlung und Bewegungsfreiheit von innen. Erlebt ein Fisch das Wasser, in dem er schwimmt, wohl als Einschränkung seiner Freiheit?

In meiner Lesart kommt die Figur des Dritten also nicht nachträglich hinzu, sondern ist von Anfang an bei der Subjektwerdung anwesend und für diese konstitutiv. Sie verweist uns unter anderem auf die

99 Thomas Bedorf, *Dimensionen des Dritten. Sozialphilosophische Modelle zwischen Ethischem und Politischem* 2003, S. 358. Bedorf bringt es folgendermaßen auf den Punkt: »Da Anderer und Dritter gleichursprünglich sind, gelingt Intersubjektivität nie zu zweit«, ibid., S. 359.

100 Im Kontext des Zusammenhangs von Toleranz und Recht, vgl. Karl-Heinz Ladeur und Ino Augsberg, *Toleranz - Religion - Recht. Die Herausforderung des »neutralen« Staates durch neue Formen von Religiosität in der postmodernen Gesellschaft,* Tübingen: Mohr Siebeck 2007, S. 40.

101 Lévinas, op. cit., S. 344.

sprachliche, kulturelle und vor allem leibliche Bedingung der Alteritätserfahrung. Denn Sprache und Kultur bilden sich zum einen erst heraus, weil wir mit mehr als zwei Menschen zusammenleben und zum anderen begegnet uns diese Pluralität auch in Phänomen wie Sprache, in die wir hineingeboren werden. In einer weitgehend binär organsierten Kultur, die vor allem in den oben angesprochenen herauspräparierten Kategorien Du und Ich, bzw. Ich und die Andere operiert, steht die Figur des Dritten also tatsächlich für Gesellschaft und Pluralität. In der Frage der Verantwortungsübernahme, die in der Subjektwerdung entsteht, ist sie darüber hinaus ausschlaggebend dafür, dass ein Bedürfnis nach so etwas wie einer rechtlichen Ordnung entsteht. Denn Recht könnte hier als ein entlastendes Moment verstanden werden. Und zwar vor allem in Bezug auf die Überforderung, nicht nur der einen Anderen, sondern allen Anderen im eigenen Hören und Antworten gerecht zu werden, der individuell unmöglich auflösend und/oder entlastend nachgekommen werden kann. Daher treten je lokal rechtliche Strukturen, Institutionen, Vermittlungen und Rahmenbedingungen, auf den Plan. Sie sind dazu da einen Umgang mit dieser Überforderungslage zu gestalten und sollten, und hier kommt die Forderung nach normativer Gleichheit von Butler hinzu, eigentlich darauf abzielen Subjekte (gleichermaßen) handlungsfähig zu machen. Mit dem von Lévinas bezeichneten Bedürfnis nach »Gerechtigkeit, [...] Maß und Wissen«[102] ist also nicht oder jedenfalls nicht ausschließlich der Wunsch nach *einer anderen Person*, einer Dritten bezeichnet, die (rechtlich) richtet und von der Überforderung entlasten soll. Zwar bedeutet der Auftritt der Figur der Dritten bei Lévinas im übertragenen Sinne durchaus »positiv die Emergenz rechtlich geordneter Strukturen«. Allerdings lässt sich die Behauptung kritisch hinterfragen, dass »die Etablierung einer neutralen Schiedsstelle, der zwei Konfliktparteien ihren Streit zu Entscheidung vorlegen können«[103], fähig ist, die alteritätsethische Überforderung aufzulösen. Die Lösung kann und muss vielmehr in einem dezentral entstehenden Gesetz und Vorgängen gesellschaftlicher Normierungen zu suchen sein, die, im besten Fall nicht das Recht des Stärkeren in Form gießen, sondern Ergebnis (demokratischer) Aushandlungsprozesse sind. Die Vermutung, dass eine richtende Dritte diese Überforderungslage nachhaltig nicht völlig aufheben kann, verstärkt sich, wenn die Figur des Dritten bei Lévinas weniger visuell als ein gleichzeitiger Auftritt zwei verschiedener Figuren der Alterität auf der Bühne der Welt imaginiert wird, die durch die je eigene Aufmerksamkeitsspanne der Zuschauenden begrenzt ist: die Figur des Dritten, die für unendliche Vielfalt als Pluralität steht und die Figur der (einen) Anderen, die für Einzigartigkeit steht.

102 Ibid.
103 Vgl. allerdings unter Bezugnahme auf Luhmann, Ladeur und Augsberg, op. cit., S. 40.

Vom Hören ausgehend gedacht lässt sich hingegen die Metapher bemühen, dass in der Alteritätserfahrung, im Anspruch der einen Anderen, die Ansprüche aller Anderen gleichsam mitschwingen.[104] Dann reden wir von *einer* Alteritätserfahrung, die aber schon immer vielstimmig ist. Denn wie der Lévinas-Forscher Moebius betont, ist der Lévinas'sche Dritte keine »grammatikalische Kategorie der dritten Person« und erst recht kein neutrales »Es«.[105] Er ist keine weitere oder andere *Andere*, sondern bezeichnet die Einsicht in die Gleichzeitigkeit aller Anderen: Unendliche Vielheit »bis zur multiplizitären Unzählbarkeit«, welche die »soziale und kontextuelle Situation des Mitseins« ausmacht.[106] Der vielstimmige Anspruch der Anderen sollte daher nicht steril und systematisch geordnet, sondern so chaotisch, dissonant und organisch wie das Leben vorgestellt werden. Die Figur des Dritten ist dann gerade kein Sinnbild für Neutralität, sondern die organische und pulsierende Vielfalt des Lebens. Das Recht, welches durch den Lévinas'schen Dritten alteritätsethisch herausgefordert wird, sollte daher also nicht notwendigerweise und noch weniger ausschließlich als Aufgabe oder Einsatz einer (neutralen) Richterin vorgestellt werden. Allerdings kommt diese Vielfalt nicht unbeeindruckt, sondern von gesellschaftlichen Machtverhältnissen sprachlich geordnet als eine Art Normalität zur Geltung. Bedorf liest in diesem Sinne Lévinas ganz ähnlich, insofern bei ihm die Figur »des Dritten, dessen Funktion [...] von der des Richters unterschieden werden muß«.[107] Er will verseht sie als Ausdruck des Normativen schlechthin und formuliert thesenartig: »*Der Dritte bringt Normen zur Geltung*«.[108]

Die Figur des Dritten bei Lévinas wäre dann Sinnbild für jenen Anteil einer Rechtsgemeinschaft, die an das Recht glauben und dessen Normen in Geltung hält, die aber von der darin unhörbar werdenden Heterogenität und Pluralität dessen, *was da ist,* abstrahieren. Allerdings paradoxerweise gerade mit dem Ziel, einen Raum für die Vermittlung vielfältiger konfligierender Geltungsansprüche zu eröffnen. Den Gedanken möchte ich in der Folge aufgreifen und weiterverfolgen, indem ich Recht als An-Ordnung der Stellvertretung begreife. Vorbereitend dafür ist es wichtig den Lévinas'schen Dritten nicht zu sehr zu personifizieren oder ihn als eine einheitliche Figur des Normalen vorzustellen. Wenn wir uns die Figur stattdessen als vielstimmige Anrufung imaginieren,

104 Denn der »Anspruch des Anderen erweist sich, wie Derrida und auch Lévinas geltend machen, je schon als ein intrinsisch pluraler«: Matthias Flatscher und Sergej Seitz, op. cit., S. 182–183.

105 Stephan Moebius, *Die soziale Konstituierung des Anderen. Grundrisse einer poststrukturalistischen Sozialwissenschaft nach Lévinas und Derrida,* Frankfurt/Main: Campus-Verl. 2003, S. 60.

106 Ibid.

107 Bedorf, op. cit., S. 345.

108 Bedorf, op. cit., S. 345.

kann in Resonanz geraten, dass der Dritte nicht etwa übernimmt, selbst Recht zu sprechen, sondern dass in der hörenden Wahrnehmung dieser Vielstimmigkeit ein Bedürfnis nach bei dieser Überforderung unterstützendem Recht laut wird. Erst dann kann es in einem nächsten gedanklichen Schritt darum gehen, inwiefern nicht nur in der Sprache, sondern insbesondere im Recht als sprachlich bedingtem Phänomen der Geltung immer auch die persönliche »Empfänglichkeit für Normen im Subjekt angelegt ist«.[109]

bb. Das Bedürfnis nach Recht im Verhältnis zu Alteritätsethik und Politik

Woran aber orientiert sich das Bedürfnis nach einer rechtlich ordnenden Kraft inhaltlich? Im Verhältnis von Alteritätsethik und Politik entwickelt Butler, wie oben skizziert, eine inhaltliche Forderung normativer Gleichheit. Aber lässt sich eine solche normative Ausrichtung auch im Verhältnis Alteritätsethik, Politik und Recht weiterentwickeln? Hier kommen Fragen der Gerechtigkeit ins Spiel. Denn die Überforderung, die sich im vielstimmigen Anspruch der Anderen stellt, ist schon insofern sie ausgehend von einer begrenzten Aufmerksamkeitsspanne und der entsprechenden Zeit zum Antworten gedacht wird, ein Problem der Verteilungsgerechtigkeit und darüber hinaus womöglich dann auch noch ein Problem der Gerechtigkeit im Einzelfall. Wie oben skizziert, besteht die Überforderung für das werdende Subjekt darin, dass im Sinne einer (er)lösenden Gerechtigkeit, die aus der alteritätsethischen Verantwortung entlassen würde, weder auf den einen noch gleichzeitig auf den Anspruch aller Anderen, gerecht geantwortet werden kann. Der dennoch unweigerlich zu wagende Versuch, dieser Verantwortung nachzukommen und plurale, möglicherweise konfligierende, Ansprüche nicht nur zu hören, sondern auch gerecht auf sie zu antworten, überfordert also das werdende Subjekt strukturell und stellt es vor alteritätsethische Gerechtigkeitsprobleme. Mit Derrida lässt sich die alteritätsethische Herausforderung daher als andauernde Suche nach einer kollektiven bzw. »institutionalisierte[n] Alteritätsinstanz« beschreiben.[110] Er räumt allerdings ein, dass dabei die Gerechtigkeit gegenüber dem überschießenden Moment im alteritätsethischen Anspruch stets im Kommen, also eine Gerechtigkeit in der »Zu-kunft« (»justice à-venir«) bleiben muss.[111] Auf individueller

109 Ibid.

110 Jacques Derrida, *Politik der Freundschaft,* Frankfurt am Main: Suhrkamp 2015h, S. 340. Vgl. auch Moebius, op. cit., S. 61.

111 Vgl. Jacques Derrida, *Gesetzeskraft. Der »mystische Grund der Autorität«*, Frankfurt am Main: Suhrkamp 2017i, S. 56. Das hat wohl auch Moebius

Ebene kann die alteritätsethische Herausforderung daher zunächst wie die tragische Aufforderung gedeutet werden, zwar gerechtes Handeln zu Schulden aber zugleich der Einsicht fähig zu sein, im Ergebnis streng genommen ungerecht handeln zu müssen. Das gilt zumindest dann, wenn es bei der Gerechtigkeit darum gehen soll, dem Anspruch der Anderen gerade in ihrer Singularität gerecht zu werden. Nietzsche schreibt in der *Götzendämmerung* zu dieser Thematik:

> »›Den Gleichen Gleiches, den Ungleichen Ungleiches‹, – *das* wäre die wahre Rede der Gerechtigkeit: und, was daraus folgt, ›Ungleiches niemals gleich machen‹«.[112]

Moebius, der sich mit der Möglichkeit ethisch-politischen Handelns im Ausgang von Derrida, Lévinas und Butler befasst, arbeitet für die alteritätsethische Überforderung in Sachen Gerechtigkeit heraus, dass sich die alteritätsethische Herausforderung an das Subjekt entlang zweier potenzieller »Handlungsrichtungen« unterscheiden lasse, zwischen denen ein Spannungsfeld entstehe:

> »Einerseits muss die Singularität der Andersheit situativ betrachtet werden und andererseits gibt es Situationen, in denen verglichen werden muss, Situationen, in denen gegenüber dem Anderen und gegenüber dem Dritten, also in einer unentscheidbaren Situation, eine Entscheidung gefällt werden muss«.[113]

Diese Überlegungen sind jeweils an einer potenziellen Antwort orientiert und betreffen daher deren aktive Vorbereitung, wie z.B. das Vergleichen, Entscheiden – und ich würde hinzufügen: genaue Zuhören. Möbius liest Lévinas dahingehend, dass die alteritätsethische Herausforderung des Rechts womöglich in der »Forderung nach einer unabschließbaren Vervollkommnung gesellschaftlicher Regeln zum Ausdruck«[114] kommen würde. In meiner Lesart wäre diese Forderung als die unhintergehbare Herausforderung zur Suche nach sowie zur stetigen Arbeit an einem alteritätsethisch gerechterem Recht zu fassen. Denn wird die Figur des Dritten bei Lévinas als vielstimmiger Anspruch der Anderen vom Hören herkommend interpretiert, gibt diese Figur womöglich Aufschluss über einen potenziellen alteritätsethischen Rechtsinn. Vom Hören-Können und dessen sinnlich-leiblicher Bedingung herkommend gedacht, die

im Kopf, wenn er von der rechtlichen Aufgabe als »Bewegung einer nie abgeschlossenen, zu-kommender Gerechtigkeit« bezeichnet, Moebius, op. cit., S. 61.

112 Vgl. dazu Nietzsche mit Referenz auf Rousseau unter der Nummer 48 in Streifzügen eines Unzeitgemäßen: Friedrich Wilhelm Nietzsche, *Götzen-Dämmerung. oder Wie man mit dem Hammer philosophiert,* BOER 2021, S. 101.

113 Moebius, op. cit., S. 61.

114 Ibid.

ich mit Lévinas als radikale Passivität bezeichnet habe, stellt sich das skizzierte Problem der alteritätsethischen Überforderung allerdings nicht erst mit Blick auf die potenzielle Antwort, sondern schon früher und auch etwas anders.

Im Rückbezug auf die tatsächliche leibliche Praxis des Hören-Könnens wird die Vorstellung, überhaupt gleichzeitig auf all' die Anderen (Menschen) der Welt gleichzeitig antworten zu können und zu müssen, ohne diese wirklich zuvor gehört haben zu können, als schicksalhafte Verurteilung zu einer unerträglichen Last oder aber eben auch als eine Art Hybris oder Selbstüberschätzung lesbar. Ich würde die Bedrängnis, in die das responsive Subjekt in der Rekonstruktion alteritätsethisch bedingten Subjektwerdung bei Lévinas durch den vielstimmigen Anruf gerät, daher so deuten, dass sich vor dem Antworten-Müssen in der individuellen Alteritätserfahrung in einer pragmatischen gedanklichen Wende tatsächlich zuvor die Frage nach dem Hören-Können und damit durchaus am Ende auch die Frage nach einer letztlich menschlich begrenzten Aufmerksamkeit stellt. Mit welchen Anderen gerate ich in Resonanz und wo gilt es neue und andere Resonanzräume zu eröffnen? Aufmerksamkeit ist sinnlich eine Begrenzung und Konzentration zugleich. In Bezug auf stimmlich und sprachlich artikulierte Ansprüche wäre dies die mit Spivak bereits thematisierte Frage danach, wem von wem – in der Welt – überhaupt Gehör zu Teil wird und werden kann. Auch hier zeichnet sich ab, inwiefern die Ethik als erste Philosophie die Frage nach dem Politischen hervorbringt.[115] Und zwar indem sie uns auf jene Machtstrukturen und sozialen Bedingungen aufmerksam macht, die ich mit Spivak in Bezug auf die performative Kraft des Gehört-werdens und mit Butler in Bezug auf die diskursiv bedingte Subjektwerdung dargelegt habe. Im Verhältnis von Alteritätsethik, Politik und Recht ist damit »Rechtliches Denken« jedenfalls dem »Rechtlichen Sein«, wie Sophie Loidolt in einer ihrer phänomenologischen Untersuchungen herausgearbeitet hat, nachgelagert und findet jeweils situiert in der Welt statt, ohne sich der alteritätsethischen Herausforderung entziehen zu können.[116]

Doch auch wenn die Überforderungslage vom Antworten-Müssen auf den vielstimmigen Anspruch der Anderen auf den Moment des Hören-Könnens der Vielstimmigkeit innerhalb in einer begrenzten Aufmerksamkeitsspanne verschoben bzw. vorgelagert wird, bleibt die Problematik der Überforderung bestehen. Denn auch hier wird mit Lévinas und Derrida

115 Waldenfels betrachtet die Idee einer Ethik als ersten Philosophie bei Lévinas als Wendepunkt zu einer Phase in seinem Denken, die der »konsequent durchgehaltene Versuch, das Andere in Bezug auf das Sein zu denken« sei: Bernhard Waldenfels, *Phänomenologie in Frankreich*, Berlin: Suhrkamp 2010, S. 58. »Die Erste Philosophie ist eine Ethik«, Lévinas, op. cit., S. 59.

116 Vgl. Loidolt : *Anspruch und Rechtfertigung*, Dordrecht: Springer Netherlands 2009, S. 18–19.

die Figur des Dritten in Bezug auf Gerechtigkeit zum Sinnbild einer Nötigung, das Unvergleichliche hörend zu vergleichen und so ein Maß für eine gerechte Antwort zu finden. Entlang dieser Logik müsste ein Aspekt eines alteritätsethischen Sinns von Recht sein, eine möglichst faire Verteilung von Aufmerksamkeit zu organisieren. Dann könnte und müsste Recht womöglich vor allem die Aufgabe zukommen, eine Art gerechte Ökonomie der Aufmerksamkeit anzuleiten oder wenigstens vorzubereiten oder zu begünstigen. Denn letztlich kann die Entscheidung, wem Gehör zu Teil wird oder werden sollte, nicht vom Recht als Ordnungsmacht abgenommen werden, sondern verbleibt in der Sphäre des Politischen. *Dass* hier eine Haltung gefunden und Entscheidungen getroffen werden müssen ist in der alteritätsethischen Lesart der menschlichen Bedingung unumgänglich. Sie könnte mit den Mitteln des Rechts je nach zugrunde gelegtem Rechtssinn aber womöglich erleichtert oder aber auch erschwert werden. Zwar beharrt Lévinas auf dem Punkt, dass es nicht so sei,

> »daß der Eintritt des Dritten eine empirische Tatsache wäre und daß meine Verantwortung für den Anderen sich durch den ›Zwang der Verhältnisse‹ zu einem Kalkül genötigt findet«.[117]

Er erkennt also an, dass es sich innerhalb seiner Überlegungen um eine (imaginierte) Figur des Dritten handelt, die aber durchaus als Platzhalter für die Geworfenheit, für das immer schon Mit-Anderen-Sein in der Welt steht. Insofern treten wir, mit Butler gesprochen, auch und gerade in Bezug auf die Aufmerksamkeit als begrenzte Ressource bei Lévinas

> »[m]it dem Dritten und der Überschreitung der Dyade [...] in die Sphäre der Berechenbarkeit ein, in den Bereich der distributiven Gerechtigkeit, der mehrheitlich verabschiedeten Gesetze und damit auch in die Sphäre des Politischen als formalisierbares Regelwerk«.[118]

Wenn Recht sich also als Ordnungsmacht einer möglichst fairen Verteilung von Aufmerksamkeit widmen sollte, wäre ausschlaggebend, wie und ob durch Recht ein Raum für alteritätsethisches (individuelles) Antworten und für das kollektive Aushandeln der Bedingungen des Antworten-Könnens eröffnet, begünstigt oder, sofern er als bereits bestehend wahrgenommen wird, geschützt werden kann. Das gilt insbesondere dort, wo dieser Raum aufgrund einer faktisch bestehenden ungleichen Verteilung von Aufmerksamkeit, und der daraus resultierenden größeren Prekarität in der Exposition der Verletzlichkeit, (noch) verschlossen ist.

Eine rechtliche angeleitete Ökonomie der Aufmerksamkeit dürfte also, um die Worte von Lévinas zu leihen, nicht »durch den ›Zwang der Verhältnisse‹ zu einem Kalkül genötigt« werden.[119] Sondern sie müsste

117 Lévinas, op. cit., S. 344.
118 Butler, op. cit., S. 72.
119 Lévinas, op. cit., S. 344.

sich als Projekt und Produkt gesellschaftlicher Imaginationskraft unter Umständen auch gerade über (vermeintliche) Zwänge bestehender Verhältnisse hinwegsetzen. Ein im alteritätsethischen Sinne gerechtes Recht bliebe also, mit Derrida gesprochen, stets ein zukünftiges Recht und hätte projekthaften, in die Zukunft projizierenden Charakter. Es wäre allerdings insofern auch gegenwärtig, als dessen Imagination stets im Hier und Jetzt entspringt. Die Imagination eines solchen alteritätsethisch sensibleren, kommenden Rechts könnte unter Umständen geltendes Recht emanzipativ transformieren.

cc. Zweifache alteritätsethische Herausforderung von Recht

Zur doppelten alteritätsethischen Herausforderung des Rechts wäre an dieser Stelle der Arbeit schlussfolgernd demnach einerseits festzuhalten, dass sich die Frage nach dem Vergleichen des Unvergleichlichen, des Thematisierens und Abwägens von Differenz im Antworten-Müssen bereits im Hören auf den vielstimmigen alteritätsethischen Anspruch der Anderen stellt und daher in dessen Bedingung steht. Indem die responsive Subjektwerdung als menschliche Bedingung des Rechts herausgearbeitet wurde, die das Recht in seiner alteritätsethischen Exposition freilegt, wurde deutlich, dass der Umstand, *dass* Recht ins Spiel kommt, unhintergehbar ist. Der alteritätsethische Anspruch besteht in seiner Art und Weise mit ethischer Gewalt, d.h.: Er ist ungefragt und unverhandelbar in der Welt.[120] Seine Vielstimmigkeit fordert vor dem Hintergrund einer begrenzten Aufmerksamkeit menschlicher Resonanzkörper das Recht in doppelter Weise heraus. Recht und sein Anspruch auf Geltung sind aber in Gestalt und Existenz, anders als der alteritätsethische Anspruch, ihrerseits veränder- bzw. verhandelbar. Die Frage, wie Recht mit dieser Herausforderung umgeht – die ich als alteritätsethische Überforderung, dem Anspruch aller Anderen gerecht zu werden, skizziert habe –, ist in der Sphäre des Politischen zu verorten. Denn wie Recht konkret ausgeformt wird und inwiefern Recht als (notwendige) Antwort auf die menschliche Bedingung inszeniert wird, ist Ergebnis politischer Prozesse. Zwar ist bereits in der Frage nach der Verteilung von Aufmerksamkeit im Hören auf den vielstimmigen Anspruch die Herausforderung zur Ausgestaltung der Sphäre des Politischen angelegt, aber erst im Antworten wird das »*Wie* der Responsе zum zentralen Problem und damit zur eigentlichen ethisch-politisch-juridischen Herausforderung«.[121] Ich füge hinzu: Rechtliche Antworten, also das, was jeweils als rechtlich geltend erfahren wird, sind jeweils als Ausdruck des gegenwärtigem und jeweils verorteten dominanterweise

120 Vgl. zum Begriff ethischer Gewalt, Butler, op. cit., S. 71.
121 Matthias Flatscher und Sergej Seitz, op. cit., S. 182–183.

bestehenden Umgangs mit dieser Herausforderung zu verstehen. Das bedeutet, dass die Verschränkung von Ethik, Politik und Recht sowohl für bestehende als auch für kommende rechtliche Antworten auf die menschliche Bedingung dafür sorgt, dass Recht als gesellschaftliches Phänomen in alteritätsethischer Bedingung steht. Daraus folgt, dass es jedenfalls die (alteritätsethische) Verantwortung für sein Wirksamwerden in der Welt nicht nachhaltig von sich weisen kann. Recht (ent)steht *nolens volens* unter Recht-Fertigungsdruck in alteritätsethischer Bedingung.

Eine Möglichkeit, mit dieser alteritätsethischen Verantwortungslage in der Sphäre des Rechts gerechter umzugehen, liegt darin sie in zwei Schritte aufzuteilen. Erstens, zuvorderst dem Hören und den Bedingungen des Hörens auf die Stimme der Anderen mehr Aufmerksamkeit zu schenken, bevor geantwortet werden muss. Zweitens, sich mit der Ausgestaltung rechtlicher Antworten der Art und Weise wie rechtliche Anspruch auf Geltung erhoben wird befassen. Dies schließt die Fragen ein, ob zum einen wirklich zwingend *rechtlich* und zum anderen zwingend *rechtlich so und nicht anders* geantwortet werden muss. Zur Beantwortung dieser Fragen ist es hilfreich, ein Vorverständnis davon zu entwickeln, was es überhaupt bedeutet, etwas als geltend zu erfahren. Das bezieht sich sowohl darauf einen Anspruch als geltend wahrzunehmen, als auch darauf, selbst Anspruch auf Geltung zu erheben. Dafür werde ich im Rahmen dieser Arbeit nachfolgend zwischen zwei Typen von Geltungsansprüchen unterscheiden: einem alteritätsethischen und einem rechtlichen Anspruch auf Geltung. Diese Ansprüche auf Geltung unterscheiden sich bezüglich der Frage, von wem und in wessen Namen sie erhoben werden (können), also in Bezug darauf, welchen relationalen Zusammenhang sie entfachen, und damit auch hinsichtlich der Frage, mit welcher Autorität sie Geltung beanspruchen (können).

Mit den Überlegungen dieses Kapitels, habe ich von der Alterität herkommend gedacht dargelegt, dass der alteritätsethische Anspruch jedweder Subjektwerdung in einem interdependenten Beziehungsgeflechts vorausgeht und das die Recht-Fertigung von Recht als soziales Phänomen, wie wir es gegenwärtig kennen und denken von diesem alteritätsethischen Anspruch herausgefordert wird. Jedweder rechtlich erhobene Anspruch auf Geltung ist damit von der alteritätsethischen Bedingung markiert und muss sich vor ihr verantworten. Daher will ich den rechtlichen Geltungsanspruch im Fortgang dieser Überlegung als sprachlich und medial vermittelten Anspruch auf Geltung lesen, der sich in Form und Recht-Fertigung (Entstehung und Begründung) wesentlich vom alteritätsethischen Anspruch unterscheidet. Allerdings wird er oftmals als Ausdruck einer notwendigen rechtlichen Antwort auf die alteritätsethische Überforderungslage inszeniert und auch als solcher interpretiert. Dieses Verständnis des rechtlichen Anspruchs auf Geltung als in einer An-Ordnung der Stellvertretung vermittelten Anspruch ermöglicht einen anderen Zugang zu der Frage, inwiefern Recht als Ordnungsmacht in alteritätsethischer Hinsicht überhaupt als responsiv bezeichnet werden kann. Während diese erste Annäherung, mit der die alteritätsethische Exposition von Recht vom responsiven Subjekt philosophisch und politiktheoretisch informiert gedacht wurde, treten wir nun gedanklich in die Sphäre geltenden Rechts ein. Zwar steckt man im geltenden Recht immer schon drin, es tritt in Form von individuellen juristischen Erfahrungen, also unter Umständen ähnlich ungefragt wie der alteritätsethische Anspruch an einen heran, aber es kann auf ganz andere Art und Weise kritisch in Frage gestellt und verändert werden, denn Recht ist als menschen-gemachtes Phänomen verhandelbar. Vorbereitend für eine solche Verhandlung werde ich nachfolgend literarische Beispiele einführen, um die mediale Architektur der Geltungsstruktur von Recht besser nachvollziehen zu können. Dabei geht es zunächst darum zu verstehen, *wie* Recht – bzw. genauer: im Recht – medial und performativ wirksam Ansprüche auf Geltung erhoben werden können. Mit einem Blick über die Schulter, um die responsive Subjektwerdung und alteritätsethische Verantwortung (von Recht) im Hinterkopf zu behalten, treten wir also sinnbildlich und bewusst in die Welt geltenden Rechts ein. Wohlwissend, dass wir uns immer schon in seiner Architektur bewegen.[122]

Abbildung 4: K. an der Tür *(Orson Welles Screenshot)*

2. Rechtlich Antworten: An-Ordnung der Stellvertretung

Alterität bedingt Recht und fordert es zugleich fortwährend heraus. Es steht, wie mit Lévinas und Butler nachvollzogen wurde, unhintergehbar in alteritätsethischer Verantwortung. Der alteritätsethische Anspruch der Anderen bildete den Ausgangspunkt der Überlegungen. Allerdings

122 Auf der Abbildung ist ein Screenshot aus Orson Welles Verfilmung von Kafkas Roman »der Proceß« zu sehen. Der Protagonist Josef K. drückt die Klinke einer überdimensionierten, ehrwürdigen Holztür herunter und blickt über seine Schulter in die Kamera, in die Augen des Publikums.

können wir geltendes Recht gar nicht als etwas uns selbst völlig Äußerliches und Greifbares wahrnehmen, sondern es zeigt sich uns vielmehr in Form von verschiedenen juristischen Erfahrungen, die wir selbst erleben oder bezeugen. Daher überdenke ich in diesem Kapitel den Zusammenhang von Recht und Alterität in gewisser Hinsicht von der anderen Seite, und zwar ausgehend vom Recht als Phänomen der Geltung. Recht nicht nur als abstraktes Konzept, sondern in der bestehenden Rechtswirklichkeit auf seine alteritätsethische Verantwortung hin zu befragen, setzt voraus, dass Recht existiert bzw. dass *etwas* als rechtlich geltend wahrgenommen wird. Daher knüpfe ich hier nicht bei der Alteritätserfahrung, sondern bei der Wahrnehmung von rechtlich erhobenen Ansprüchen auf Geltung an.

Einleitend habe ich in meinem Vorverständnissen zu den Begriffen Recht, Hören und Alterität skizziert, inwiefern ich Recht als Ausdruck kollektiver Einbildungskraft und sprachlich-medial bedingtes Phänomen der Geltung verstehe. Zur Vertiefung dieses Verständnisses von Recht, rekonstruiere ich hier, warum Recht zur Entfaltung seiner Geltungskraft, mit Kafka gesprochen, »für notwendig« gehalten zu werden muss (a.).[123] In Bezug auf Fragen der Autorität und medialen Anordnung rechtlich erhobener Geltungsansprüche wird dabei deutlich, *dass* und *inwiefern* diese sich vom alteritätsethischen Anspruch der Anderen bei Lévinas unterscheiden (b.). Anhand des Naturzustandes bei Hobbes und seiner Figur der Souveränität zeige ich exemplarisch, inwiefern dort die Vorstellung, rechtlich auf die menschliche Bedingung *Antworten zu müssen* verankert ist (c.).

a. Recht für notwendig halten: Geltung durch Fiktion

> »Normativität hängt an der Möglichkeit einer abweichenden Weltbeschaffenheit – oder einer Weltbeurteilung, deren Maßstab sich nicht auf die Welt, wie sie ist, beschränkt«.[124]

Wenn wir geltendes Recht für notwendig halten, so ist ein wirkmächtiger performativer Prozess am Werk, der im Ergebnis dazu beiträgt, eben dieses Recht in Geltung zu halten: die Fiktion. Im Recht überbrückt die Fiktion die Kluft zwischen Sein und Sollen, indem etwa durch Setzung, Auslegung und Anwendung von Normen auf Seiendes faktisch Veränderungen in der Realität angestrengt werden. Die Fiktion etabliert

123 Franz Kafka, *Der Proceß.*, Frankfurt am Main: Fischer Taschenbuch Verl. 2002b, S. 302–303. Die Hervorhebung ist von AM.

124 Christoph Möllers, *Die Möglichkeit der Normen. Über eine Praxis jenseits von Moralität und Kausalität,* Berlin: Suhrkamp 2015, S. 14.

also zunächst eine Unterscheidung zwischen Sein und Sollen, und gibt zugleich den Auftrag ihrer Verschmelzung. Dabei zeichnen sich Fiktionen sowohl durch Einbildungskraft und »dichterische Erfindungen« als auch methodisch bewusste kontrafaktische Annahmen aus.[125] Insbesondere im Recht bedeutet dies, dass »Fiktion [...] etwas anderes als reine Phantasie [ist, A. M.], weil sie eine eigene Realität entwirft und die fiktive Realität reale Auswirkungen hat«.[126] Die Literatur- und Kulturwissenschaftlerin Christine Künzel denkt Fiktion daher nicht als einen »Gegenbegriff zur Realität«, sondern als »Relationsbegriff zwischen der Wirklichkeit (Realität) und dem Imaginären (dem Nichtwirklichen) «.[127] Dieser sprachliche Mechanismus der Fiktion tritt im Recht deutlich hervor. Das mag daran liegen, dass es sich bei Recht womöglich um eine besondere Form der Literatur handelt. Dann wäre Recht, wie Ralph Christensen schreibt, eben lediglich, »ein Sprachspiel unter anderen, aber eben das einzige mit angehäufter allgemeiner Gewalt versehene, das Sprachspiel des Staates«.[128] Diese womöglich etwas radikale Einordnung muss nicht unbedingt geteilt werden, um den Mehrwert zu verstehen, der aus dem Einsatz literarischer Beispiele für ein Verständnis von Recht als Phänomen der Geltung folgen kann. Wohl aber sollte jedenfalls, gerade weil »Normativität [...] kein Naturprodukt der Sprache [ist], das man abbauen kann wie Bodenschätze«,[129] die Frage ernst genommen werden, ob nicht Recht jedenfalls »seine Möglichkeitsbedingungen mit der Sache der Literatur *(la chose littéraire)* teilt«[130]. Dass Recht zur Entfaltung seiner Geltungskraftmaßgeblich auf Fiktionen angewiesen ist und eine »Wechselwirkung literarischer und juristischer Formen« besteht,[131] zeigt das folgende literarische Beispiel.

125 Vgl. die beiden gebräuchlichen Bedeutungsebenen von »Fiktionen«: »1. Einbildung, [...] dichterische Erfindung, 2. [Wissenschaft] als methodisches Hilfsmittel bewusst gesetzte widerspruchsvolle oder falsche Annahme«, vgl. https://www.dwds.de/wb/Fiktion (abgerufen am 28.2.2022).

126 Elena Esposito, *Die Fiktion der wahrscheinlichen Realität,* Frankfurt am Main: Suhrkamp 2019, S. 120.

127 Christine Künzel, »Imaginierte Fakten«, in: Christian Hiebaum u.a. (Hg.), *Recht und Literatur im Zwischenraum. Aktuelle inter- und transdisziplinäre Zugänge: contemporary inter- and transdisciplinary approaches = Law and literature in-between,* Bielefeld: transcript 2015, S. 175.

128 Ralph Christensen, »Die Paradoxie richterlicher Gesetzesbindung«, in: Kent D. Lerch (Hg.), *Recht verstehen. Verständlichkeit, Missverständlichkeit und Unverständlichkeit von Recht,* Berlin: De Gruyter 2004, S. 89.

129 Ibid., S. 21.

130 Ich übertrage diese Frage auf das Recht. Derrida stellt sie in Bezug auf das Gesetz, vgl. Derrida, op. cit., S. 44.

131 Cornelia Vismann und Thomas Weitin (Hg.), *Urteilen/Entscheiden,* München, Paderborn: Wilhelm Fink Verlag 2006, S. 8.

aa. »Vor dem Gesetz« (Kafka)

»Vor dem Gesetz steht ein Türhüter. Zu diesem Türhüter kommt ein Mann vom Lande und bittet um Eintritt in das Gesetz. Aber der Türhüter sagt, daß er ihm jetzt den Eintritt nicht gewähren könne. Der Mann überlegt und fragt dann, ob er also später werde eintreten dürfen. ›Es ist möglich‹, sagt der Türhüter, ›jetzt aber nicht‹. Da das Tor zum Gesetz offensteht wie immer und der Türhüter beiseite tritt, bückt sich der Mann, um durch das Tor in das Innere zu sehn. Als der Türhüter das merkt, lacht er und sagt: ›Wenn es dich so lockt, versuche es doch, trotz meines Verbotes hineinzugehn. Merke aber: Ich bin mächtig. Und ich bin nur der unterste Türhüter. Von Saal zu Saal stehn aber Türhüter, einer mächtiger als der andere. Schon den Anblick des dritten kann nicht einmal ich mehr ertragen.« Solche Schwierigkeiten hat der Mann vom Lande nicht erwartet; das Gesetz soll doch jedem und immer zugänglich sein, denkt er, aber als er jetzt den Türhüter in seinem Pelzmantel genauer ansieht, seine große Spitznase, den langen, dünnen, schwarzen tatarischen Bart, entschließt er sich, doch lieber zu warten, bis er die Erlaubnis zum Eintritt bekommt. Der Türhüter gibt ihm einen Schemel und läßt ihn seitwärts von der Tür sich niedersetzen. Dort sitzt er Tage und Jahre. Er macht viele Versuche, eingelassen zu werden, und ermüdet den Türhüter durch seine Bitten. Der Türhüter stellt öfters kleine Verhöre mit ihm an, fragt ihn über seine Heimat aus und nach vielem andern, es sind aber teilnahmslose Fragen, wie sie große Herren stellen, und zum Schlusse sagt er ihm immer wieder, daß er ihn noch nicht einlassen könne. Der Mann, der sich für seine Reise mit vielem ausgerüstet hat, verwendet alles, und sei es noch so wertvoll, um den Türhüter zu bestechen. Dieser nimmt zwar alles an, aber sagt dabei: ›Ich nehme es nur an, damit du nicht glaubst, etwas versäumt zu haben‹. Während der vielen Jahre beobachtet der Mann den Türhüter fast ununterbrochen. Er vergißt die andern Türhüter, und dieser erste scheint ihm das einzige Hindernis für den Eintritt in das Gesetz. Er verflucht den unglücklichen Zufall, in den ersten Jahren rücksichtslos und laut, später, als er alt wird, brummt er nur noch vor sich hin. Er wird kindisch, und, da er in dem jahrelangen Studium des Türhüters auch die Flöhe in seinem Pelzkragen erkannt hat, bittet er auch die Flöhe, ihm zu helfen und den Türhüter umzustimmen. Schließlich wird sein Augenlicht schwach, und er weiß nicht, ob es um ihn wirklich dunkler wird, oder ob ihn nur seine Augen täuschen. Wohl aber erkennt er jetzt im Dunkel einen Glanz, der unverlöschlich aus der Türe des Gesetzes bricht. Nun lebt er nicht mehr lange. Vor seinem Tode sammeln sich in seinem Kopfe alle Erfahrungen der ganzen Zeit zu einer Frage, die er bisher an den Türhüter noch nicht gestellt hat. Er winkt ihm zu, da er seinen erstarrenden Körper nicht mehr aufrichten kann. Der Türhüter muß sich tief zu ihm hinunterneigen, denn der

Größenunterschied hat sich sehr zuungunsten des Mannes verändert. ›Was willst du denn jetzt noch wissen?‹ fragt der Türhüter, ›du bist unersättlich‹. ›Alle streben doch nach dem Gesetz‹, sagt der Mann, ›wieso kommt es, daß in den vielen Jahren niemand außer mir Einlaß verlangt hat?‹ Der Türhüter erkennt, daß der Mann schon an seinem Ende ist, und, um sein vergehendes Gehör noch zu erreichen, brüllt er ihn an: ›Hier konnte niemand sonst Einlaß erhalten, denn dieser Eingang war nur für dich bestimmt. Ich gehe jetzt und schließe ihn‹«.[132]

Kafka veröffentlichte diese vielgedeutete Erzählung 1915 im Band *Der Landarzt*.[133] Bekanntheit erlangte sie jedoch auch als eine die Handlung kommentierende »Legende« im Roman »Der Proceß«.[134] Dort trifft der

132 Franz Kafka wurde 1883 in eine jüdische Kaufmannsfamilie tschechischen Ursprungs geboren, studierte Jus an einer deutschen Universität in Prag, wurde 1906 zum doctor juris promoviert und arbeitete als junger Mann als Jurist in einer Prager Versicherungsanstalt. Zeitlebens quälte ihn eine Zerrissenheit zwischen diesem Beruf und seiner dichterischen Berufung. Er bildete sich stetig inter- und transdisziplinär weiter, indem er an diversen Diskussionen und Vorträgen in Literaturwissenschaft, Psychologie, Philosophie und Naturwissenschaften teilnahm. 1917 brach bei ihm eine Lungenkrankheit aus, an dessen folgen er 1924 verstarb. Vgl. für einen dichten »Lebensabriß Kafkas«, Emrich, op. cit., S. 411–416.

133 Dieser zwar bereits »durch die Literaturwissenschaft nicht wenig geschundene Autor« wurde vielschichtig gedeutet und hat vielleicht, wie Adorno schrieb »›nicht nur die wissenschaftliche Methodik ihrer Eindeutigkeit beraubt‹«, vgl. Klaus-Michael Bogdal (Hg.), *Neue Literaturtheorien in der Praxis. Textanalysen von Kafkas »Vor dem Gesetz«*, Opladen: Westdt. Verl. 1993, S. 8. »Vor dem Gesetz« eignet sich vielleicht gerade daher gerade im Kontext von Rechtswissenschaft und -theorie, um im Sinne einer *Law as/and Literature* rechtstheoretischen Kontext noch einmal zu lesen. Vielleicht kann sie sogar zu einer tragenden (Gegen-)Erzählung des Rechts avancieren, welche Rechtsgeltung auch heute begründen und hinterfragen kann.

134 Kafka, op. cit., S. 292. Die Legende als mündliche Erzählung steht jedoch in den »einleitenden Schriften« zum Gesetz und kann als eine Art Deutungshilfen, als eine Legende, wie in einer Landkarte, um die dort vermerkten Zeichen lesen zu können, verstanden werden. Kafka schiebt hier verschiedene mediale Erzählformen ineinander, vgl. Hans H. Hiebel, »›Später!‹ – Poststrukturalistische Lektüre der ›Legende‹ *Vor dem Gesetz*«, in: Klaus-Michael Bogdal (Hg.), *Neue Literaturtheorien in der Praxis. Textanalysen von Kafkas »Vor dem Gesetz«*, Opladen: Westdt. Verl. 1993, S. 28–29. Dieser Roman wurde posthum von Kafkas langjährigem Freund Max Brod aus Fragmenten in seinem Nachlass zusammengesetzt und herausgegeben. Damit widersetzte er sich der testamentarischen Verfügung des Autors, die vorsah den gesamten Nachlass zu verbrennen.

Protagonist Josef K., oftmals auch schlicht K. – im Kapitel ›Im Dom‹ – auf einen Geistlichen.[135] K. sucht das Gespräch mit dem Geistlichen, um einmal mehr zu versuchen sein undurchsichtiges Gerichtsverfahren zu verstehen. Der Geistliche erzählt ihm die Legende des Türhüters. Sowohl die Verortung als einzelne Erzählung, als auch dessen Wiederkehr im Roman, sind auf ihre Art hilfreich, um zu verstehen, inwiefern Recht als Phänomen der Geltung sprachlich, und das heißt auch, medial und kulturell bedingt ist. Wie im Vorverständnis zu dieser Arbeit angelegt, knüpfe ich bei der Interpretation von »Vor dem Gesetz« an die Figur der juristischen Erfahrung an. Damit betone ich zunächst, dass wir es überhaupt mit einer Situation zu tun haben, in der etwas als (rechtlich) geltend wahrgenommen wird. Um sich diesem Verständnis anzunähern, können Erinnerungen an je eigene juristische Erfahrungen aufgerufen werden, in denen Recht als geltend erfahren wurde. Diese Erfahrungen situieren sich, wie die Philosophin Wendy Brown in einem Aufsatz zur »Paradoxie der Rechte« herausgearbeitet hat, stets auf einem Spektrum von ermöglichenden und unterdrückenden Erfahrungen.[136] In der Lektüre von *Vor dem Gesetz* geraten meine und womöglich auch ihre oder eure Erinnerungen an juristische Erfahrungen in Resonanz.

Der Mann vom Lande in der Erzählung und unser Protagonist K. aus dem Prozess erfahren Recht in jeweils unterschiedlicher Weise als geltend. Das hängt mit ihrer jeweiligen Situation und ihrem je eigenen Begehren gegenüber dem Gesetz bzw. dem Recht zusammen.[137] Während der Mann vom Lande in der Erzählung *vor* dem Gesetz zu stehen meint, buchstäblich *in* das Gesetz eintreten möchte und die vorgefundene Situation als Verbot des Eintritts erfährt, befindet sich K. im Roman gewissermaßen bereits ab der ersten Zeile wider Willen *in* den Fängen des Rechts: »Erstes Kapitel. Verhaftung [...]. Jemand musste Josef K. verleumdet haben, denn ohne daß er etwas Böses getan hätte, wurde er eines Morgens verhaftet. «[138] In der Folge durchlebt K. eine Reihe scheiternder Versuche der Rechtfertigung und Selbstverteidigung, um *aus* dem

135 Im Roman tritt er an anderer auch Stelle als »Gefängniskaplan« Kafka, op. cit., S. 304.

136 Brown, op. cit. Bei diesen Erfahrung erleben sich Personen je unterschiedlich als Autor:innen und/oder Adressat:innen von explizit artikulierten oder impliziten Rechtsgeltungsansprüchen, worauf es im Folgenden in Bezug auf die alteritätsethischen Relevanz des Hörens und Gehört-Werdens im Recht noch ankommen wird.

137 Die Färbung durch eigene (juristische) Erfahrungen bleibt dabei notwendigerweise erhalten, denn ›mein‹ Mann vom Lande und ›mein‹ K. ist vermutlich nicht ›ihr/euer‹ Mann vom Lande und K. Vgl. zum Einfluss der je eigenen Konstruktion von Autor:in und Text für die Interpretation: Scheffer, op. cit., S. 146–147.

138 Franz Kafka, *Der Prozeß*, Frankfurt a.M. 1986, S. 7.

Prozess bzw. dem Recht auszubrechen.[139] Wie und weshalb Recht dabei spezifisch als *geltend* erfahren wird, warum die Kraft der Fiktion dabei am Werk ist und welche gedanklichen Prozesse, Emotionen und Überzeugungsbildungen zum Tragen kommen, möchte ich anhand der folgenden Passage aus dem Roman veranschaulichen.

Nachdem der Geistliche die Legende des Türhüters vorgetragen hat, verwickelt K. ihn in ein Gespräch über verschiedene Deutungen dieser Parabel, an dessen Ende der Geistliche einen Rat erteilt. Ihren abschließenden Wortwechsel zur Frage, ob beim Gesetz oder in meiner Lesart dem Recht, eine Täuschung vorliege,[140] lese ich als verdichtete Form der These, dass Rechtsgeltung maßgeblich von Fiktionen in Form von kollektiver Einbildungskraft getragen wird:

> »›Nein‹, sagte der Geistliche, ›man muß nicht alles für wahr halten, man muß es nur für notwendig halten‹. ›Trübselige Meinung‹, sagte K. ›Die Lüge wird zur Weltordnung gemacht‹«.[141]

Dieser Wortwechsel ist paradigmatisch für eine postmoderne Perspektive auf Recht,[142] denn er ermöglicht ein neues, sprachlich bedingtes Verständnis desselben. Zugleich verweist er uns auf die Kraft der Fiktion und Narration im Recht als Phänomen der Geltung. Im Roman steht der Rat des Geistlichen im Kontext verschiedener Interpretationsweisen des Gesetzes und möglicher Täuschungen in der Torhüterparabel. Auf das Recht und insbesondere den rechtlichen Geltungsanspruch bezogen, liest er sich wie folgt: Recht für notwendig halten *zu müssen* bedeutet zunächst, wenigstens zu erfahren, vielleicht aber auch zu verstehen, *dass* es Recht *gibt*. Damit meine ich z.B. Erinnerungen, Berichte oder Zeugenschaft juristischer

139 Vgl. zu diesen Spiegelungen »unermüdlichen und vergeblichen Handlungen« gegenüber den vermeintlich eindeutigen »passiven Türhüter« und »aktiven Verhaftungs- und Exekutionsbeamten«, Hiebel, op. cit., S. 32–33.

140 Darüber hinaus debattieren die beiden darüber, ob nicht vielleicht sogar der Torhüter, der vom Gesetz getäuscht worden sei.

141 Kafka, op. cit., S. 302–303. Die Hervorhebung ist von AM.

142 Seibert ordnet sowohl den Roman als auch die Torhüterparabel der Postmoderne zu. Vgl. Thomas-Michael Seibert, *Die Lehre vom Rechtszeichen. Entwurf einer allgemeinen Rechtslehre,* Berlin: Duncker & Humblot 2017b, S. 112. Die postmodernen Interpretationen der abschließenden Antwort des Torhüters, der das Tor zum Gesetz vor dem Mann vom Lande an dessen Lebensende verschließt, halten Einsichten für die Rechtslehre bereit, die vom »Aufschub des wahren Sinns« (S. 154) und der derrida'schen Einsicht, »den Kern nicht kennen [zu] können« (S. 153), über Agambens selbstbezüglicher »Geltung ohne Bedeutung« (S. 154), die sich »gegen sich selbst kehrt« (S. 155), bis hin zu Teubners Deutung, die den Mann vom Lande als personifiziertes Recht liest und darin eine »Selbstanklage des Rechts, das seinen Rechtsgrund sucht«, vermutet (S. 156). Seibert fügt hinzu: »Wer sucht, findet nicht, soll aber weitersuchen« (S. 157), ibid.

Erfahrungen, in denen die Geltung von Recht teilweise auch materiell greifbar und jedenfalls körperlich spürbar werden. Recht dabei jedoch nicht *für wahr,* sondern lediglich *für notwendig* halten zu müssen, zeigt uns, *wie* es Recht gibt, und zwar, indem *es gilt.*

Dabei lassen sich innerhalb der juristischen Erfahrung drei abgestufte Arten der Bezugnahme zur Erfahrungswelt unterschieden: Auf einer ersten Ebene geht es um die feine Unterscheidung in Bezug auf die Frage, ob man es bei dem, was erlebt oder vernommen wurde, mit einer Wahrheit[143] oder Notwendigkeit[144] zu tun habe. Während die Wahrheit im allgemeinen Sprachverständnis als Platzhalterin für letztgültige Sätze gehandelt wird, adressiert die Notwendigkeit nicht nur in ihrer Etymologie vor allem eine (materielle) Relationalität und Abhängigkeit. Beispiel eines solchen notwendigen Zusammenhangs, also einer (materiellen)Relationalität und Abhängigkeit ist etwa die responsive Subjektwerdung.[145] In einer zweiten Abstufung erfolgt sodann mit Hilfe einer Art Distanzierung von Wahrheit und Notwendigkeit im Satz des Geistlichen, was ich als Fiktion bezeichne: Es gehe darum, das Erlebte oder Vernommene *für* wahr oder *für* notwendig *zu halten.* Während der erste fiktionale Bezug sich in der Einsicht, dass sich letztgültige Wahrheiten stets einem genauen sprachlichen Zugriff entziehen,[146] als Paradox erweisen muss, ist es gerade der zweite fiktionale Bezug, etwas für notwendig zu halten, der charakteristisch für den Geltungscharakter des Rechts ist. In einem dritten gedanklichen Schritt geht es schließlich darum, etwas – in meiner Deutung: das Recht – für notwendig halten *zu müssen.* In Bezug auf das Recht bezieht sich dieses Müssen darauf, dass Recht auf performative Beiträge der Adressat:innen seiner Geltungsansprüche, nämlich es für notwendig zu

143 Das DWDS unterscheidet auf semantischer Ebene drei Bedeutungsebenen: 1. Übereinstimmung einer Aussage, Darstellung, Erkenntnis mit dem Objekt der Erkenntnis; Richtigkeit einer Aussage, Darstellung, Erkenntnis; 2. Aussage, Erkenntnis, die mit dem Objekt der Erkenntnis übereinstimmt, adäquate Widerspiegelung der objektiven Realität; 3. das, was (nach aufrichtiger Überzeugung des Redenden, Urteilenden) wirklich geschehen ist, tatsächlich vorliegt ⟨in Wahrheit⟩, vgl. https://www.dwds.de/wb/Wahrheit (abgerufen am 07.04.2022).

144 Das DWDS unterscheidet zwei Bedeutungsebenen: 1. das Notwendig Sein [Marxismus] Art des Zusammenhangs zwischen Objekten, Prozessen, Systemen der materiellen Welt oder des Bewusstseins, der unter gegebenen Bedingungen nur so und nicht anders sein kann; philosophische Kategorie, 2. das Unentbehrliche, unbedingt Erforderliche, https://www.dwds.de/wb/Notwendigkeit (abgerufen am 07.04.2022).

145 Vgl. dazu Kapitel II.1.

146 Benjamin spricht vom toten Punkt des einen Gesetzes, vgl. Hiebel, op. cit., S. 34.

halten, angewiesen ist. Recht muss für notwendig gehalten werden, um zu existieren. Bezüglich der Wahrnehmung faktischer Wirkkraft von Recht in der Welt, geht es bei diesem Müssen um eine andere Notwendigkeit. Und zwar um die Notwendigkeit »in der konkreten sinnlichen Welt zu leben«.[147] Jedoch, so schreibt der Kafka-Forscher Emrich weiter, dürfe der Mensch eben

> »dieser Notwendigkeit, diesen Bedingungen, Verflechtungen, Verschuldungen, in denen der Mensch täglich steht, [...] nicht kritiklos verfallen«.[148]

In diesem Sinne lässt sich auch der Umgang mit dem, was wir als faktisch geltendes Recht wahrnehmen weiter beschreiben. Denn » [a]ll das, was [...] in jenen unaufhörlichen Lebens- und Denkvollzügen [...] gelebt, gedacht, geglaubt wird«,[149] muss in Anlehnung an obiges Zitat von Kafka nicht für wahr, sondern eben nur für notwendig gehalten werden, damit Orientierung und Zusammenleben in der vorgefundenen Realität geltenden Rechts möglich ist.

Diese auseinanderdividierten Schritte die zunächst von der wahrgenommenen Realität wegzuführen und aber zugleich eine Realität des Gesetzes oder Rechts zu konstruieren scheinen, fließen bei Kafka durch rhetorisch geschickte Wendung ineinander. Sie zeigen meines Erachtens, gerade in Bezug auf Recht, die Verflochtenheit von imaginären und manifesten Dingen. Die gleichzeitige Adressierung von sich scheinbar ausschließenden Phänomenen, wie »Paradies und Welt, Traum und Wirklichkeit, Wunsch und Gesetz oder Ordnung, [...], Unbewußtem und Bewußtem«,[150] ist typisch für Kafka. Von ihm lässt sich in Bezug auf geltendes Recht lernen, gesellschaftliche Vorstellungskraft nicht als »reines Traumland (ein Imaginäres jenseits von Reflexion, Sprache, Gesetz) « misszuverstehen, sondern dessen Wirkmacht und Widerhall in der konkreten Welt zu erkennen.[151]

Im Fortgang des Romans stellt Josef K. zum dichten Satz des Geistlichen nüchtern fest, dass dadurch die Lüge zur Weltordnung gemacht werde. Übertragen auf den Geltungsanspruch des Rechts bedeutet dies einerseits, dass im kognitiven Vorgang das Recht für notwendig zu halten, eine Fiktion derart wirksam wird, dass sie sich in der Welt(-Ordnung) materialisiert. Das muss jedoch nicht notwendigerweise die Abwertung als Lüge im Sinne einer Vorspiegelung falscher Tatsachen wider besseres Wissen bedeutet. Jedoch erweist sich das Charakteristikum der Notwendigkeit des juristischen Gesetzes bzw. des Rechts womöglich

147 Emrich, op. cit., S. 57.
148 Emrich, op. cit., S. 57.
149 Emrich, op. cit., S. 57.
150 Hiebel, op. cit., S. 31.
151 Ibid.

immer dort als »Lüge«, wo es als einzig wahre bzw. wahrhaft notwendige Ordnung inszeniert wird.[152]

In Kafkas Tagebüchern finden sich weitere Spuren seiner Gedanken zu dem von ihm viel überdachten Zusammenhang von »Wahrheit und Lüge«.[153] Er schreibt etwas kryptisch: »Wahrheit ist unteilbar, kann sich also selbst nicht erkennen; wer sie erkennen will, muß Lüge sein«.[154] Damit relativiert Kafka aber nicht die Idee der Wahrheit als solcher, noch lehnt er sie kategorisch ab. Vielmehr denkt er hier und anderorts kritisch über die Rechtfertigung oder gar Begründung von Wahrheitsansprüchen nach. Diese sieht er jedoch, wenn überhaupt, nur in einer Art dezentrierten Vielstimmigkeit sinnvoll verortet. Emrich sieht die Voraussetzung dafür darin, dass jede Einzelne die eigene Wahrheit »preisgibt, sie nicht für die ›absolut‹ wahre erklärt. [...]. Alle müssen ihre Positionen verlassen«.[155] Und das gilt nach Kafka auch in Bezug auf Wahrheitsansprüche zur eigenen Identität, denn

> »[d]as, was man ist, kann man nicht ausdrücken, denn dieses ist man eben; mitteilen kann man nur das, was man nicht ist, also die Lüge. Erst im Chor mag eine gewisse Wahrheit liegen«.[156]

Das gilt meines Erachtens auch für den Chor und seine Zuhörer:innen, auf den der rechtliche Geltungsanspruch angewiesen ist, um performative Wirkkraft zu entfalten. Gerade in Bezug auf geltendes Recht, das man in meiner Lesart nicht für wahr, sondern lediglich für notwendig halten muss, zeigt sich so deutlich, wie sonst nur selten, was

152 Dabei erinnert Gehring präzise daran, dass die »zweiwertige Logik von wahr und falsch« nicht genügt, um die Lüge zu erfassen, denn das eigentliche Problem beginne »jenseits von Wahrheitswerten (für die Lüge und Irrtum das Gleiche ist«, Gehring, op. cit., S. 161. »Die Lüge betrifft nicht allein den Wahrheitsgehalt der Aussage. Sie ruiniert auch nicht nur die Glaubwürdigkeit des Gegenübers. Sie zerstört vielmehr einen Teil der Stimmfunktion selbst«, vgl. ibid., S. 162. Was man im Fall einer Lüge höre, sei dann »eine Stimme ohne Jemand«, vgl. ibid., S. 163. Dieser Gedankengang wird noch von Interesse sein, wenn es darum geht, warum im Hören als ein alteritätsethisch gerechter Modus der Anerkennung verstanden werden könnte. Dies lässt sich insbesondere im Zusammenhang mit der These vertreten, dass sich eine Person im besonderen Maße in der Stimme, die gehört werden will, in der Präsenz zeigt. In diesem Sinne wäre das Hören der notwendige Gegenpart zur Stimme als »so etwas wie ein Initial aller Medien: die vielleicht feinste Verkörperung des ›Sagens‹ (Lévinas), des ›Alter‹ (... eines Ego) und in diesem Sinne auch (Derrida entgegenzusetzen) die Inkarnation einer Art von Präsenz«, vgl. ibid., S. 161–162.

153 Vgl. Kafka, op. cit., S. 249.

154 Vgl. Kafka, op. cit., S. 249.

155 Emrich, op. cit., S. 52.

156 Vgl. Kafka, op. cit., S. 343.

poststrukturalistische Denker:innen nicht müde werden zu betonen: »*Die* Wahrheit ist selbst Phantasma«.[157] Denn zum einen zeugt die Existenz verschiedenen Rechts in der Welt, genauer die Ko-Existenz von *Recht, law, droit, diritto* usw., von der Möglichkeit, dass Recht immer auch anders sein könnte und anderswo auch anders ist. Recht ist als gesellschaftlich ordnende Kraft in der Welt und wächst und gedeiht vielerorts als lebendiger Ausdruck unendlicher Vielfalt, *die da ist.* Gehring schreibt in diesem Sinne: » *[T]here is law, there are legal orders.*«.[158] Zudem zeugt die (inhaltliche) Verhandelbarkeit von Recht als politischem Phänomen davon, dass Rechtsgeltung ein kollektives Projekt ist. Vor diesem Hintergrund geht die trübsinnige Feststellung von K., dass die Lüge zur Weltordnung *gemacht werde*, über einen düsteren Befund der Täuschung hinaus. Denn sie verdeutlicht einerseits, dass geltendes Recht zwar unter Umständen als kollektives Schicksal erlebt werden kann, an dem womöglich wider Willen mitgewirkt werden muss. Andererseits ruht in der Einsicht, dass Recht etwas ist, das zur (Welt-)Ordnung *gemacht wird*, auch ein Potential der Veränderung. Daher gilt es, auch wenn im Prozess der Entstehung von Recht oftmals täuschende Vorstellungen am Werk sind, den folgenden Gedanken festzuhalten: Recht als geltend wahrzunehmen, indem es für notwendig *gehalten wird*, ist eine mehr oder weniger bewusste Praxis, die Recht gesellschaftliche Wirkmacht verleiht.

Im Spannungsverhältnis der Erfahrung, dass Recht gilt, und der Einsicht, dass es dabei aber lediglich für notwendig, nicht aber für wahr gehalten werden muss, zeichnet sich ein markanter Unterschied zwischen rechtlichen und alteritätsethisch artikulierten Ansprüchen auf Geltung ab. Der rechtliche Geltungsanspruch wird an das Subjekt herangetragen und verlangt Gehorsam. Dessen Einlösung ist aber, jenseits zwangsweiser Durchsetzung, nicht an seinen inhaltlichen Wahrheitsgehalt, man könnte ersetzen oder ergänzen, moralischen Richtigkeitsgehalt geknüpft, sondern er verlangt lediglich, *für notwendig gehalten* zu werden. Damit avanciert, wie jüngst Engelmann herausgearbeitet hat, vor allem der Glaube an die Geltung des Rechts zu einer der wesentlichen

157 Anstatt vieler hier nur Jacques Derrida, *Glas*, Paris: Éd. Galilée 2004, S. 251. Im Original heißt es: »*La* verité est le phantasme même«, weshalb es auch heißen könnte »Die Wahrheit ist das Phantasma par excellence«. Die Hervorhebung ist von AM.

158 Gehring, op. cit., S. 471. In der phänomenologischen Betrachtung ist damit ihrer Ansicht nach die Frage, ob Recht eher als Phänomen der Gerechtigkeit oder der Rationalität zu werten ist, überflüssig und unproduktiv geworden: »[L]aw is not just ›neither-nor‹ or reducible to something of one sort or another.« Gehring konzentriert sich auf das moderne Recht, auf dessen ordnenden Charakter: »Specifically, differentiated modern positive law, shall thus be described as an order, as an order of ist own kind«.

performativen Kräfte in der Hervorbringung von »Rechtsgeltung als institutionellem Projekt«. Dieser Glaube nährt sich von Erzählungen und Vorstellungen, von einem »Konsens«, bzw. einer »Übereinstimmung zwischen uns«, auf die wir uns, wie Derrida schreibt, oftmals »bedenkenlos« beziehen.[159] Darunter fällt z.B. der allgegenwärtige Bezug auf »unsere Gemeinschaft von Subjekten, die im großen und ganzen an derselben Kultur teilhaben und [...] in dasselbe System von Konventionen einwilligen«.[160] Bezogen auf diese Art von gesellschaftlich geteiltem Konsens, treffen in Derridas Lesart der Torhüterparabel in »Préjugés – Vor dem Gesetz«, Glaube, Autor:in, Erzählung und Titel in einer axiomatischen Verflechtung aufeinander.[161] Auf dieses Zusammenspiel kommt es an, um nachzuvollziehen, wie rechtliche Geltungsansprüche in einer medialen Anordnung der Stellvertretung mit Hilfe von fiktionaler Kraft artikuliert werden.[162] Bevor in den nachfolgenden Kapiteln die Verflechtung von Autorenschaft, Autorität und Titel in den Vordergrund rücken, möchte ich an dieser Stelle die Bedeutung des Glaubens an die Notwendigkeit geltenden Rechts gesondert hervorheben.

bb. Der Glaube an die Notwendigkeit geltenden Rechts

Recht gelangt durch performative Kraft der Fiktion zur Geltung und ist wesentlich auf gesellschaftliche Imaginationskraft angewiesen und ist womöglich eine Form dessen Materialisierung.[163] Darin liegt ein besonderes kreatives und emanzipatives Potential des Rechts. Allerdings kommt es nicht nur darauf an, was sich vorgestellt wird oder welche Geschichten erzählt werden, sondern auch darauf, ob diesen Vorstellungen und Narrativen, zum einen Sichtbarkeit – respektive Gehör und zum anderen auch Glauben geschenkt wird. Gerade dort, wo es nicht um feststellbares Wissen oder Wahrheiten geht, werden Glaube und Furcht, Rhetorik und Enthusiasmus relevant, die durch Rückgriffe auf individuelle und kulturelle Erfahrungsschätze wirksam werden. Mit anderen Worten ist es strukturell so, dass »[d]ie Rechtsdarstellung [...] von einem Ungenügen an der festgestellten Realität« genährt wird.[164] Der Glaube

159 Vgl. Derrida, op. cit., S. 33.

160 Vgl. ibid. Derrida erwähnt jedoch im gleichen Atemzug, dass es ihm gerade darum gehe, die »Bedingungen eines solchen Konsens zerbrechlich werden zu lassen«.

161 Ibid., S. 33–41.

162 Vgl. Kapitel II.2.b.

163 Vgl. zur Bedeutung dieser gesellschaftlichen Einbildungskraft im Rahmen Recht-Fertigender Narrative in Anlehnung an Castoriadis, Menzel, op. cit.

164 Vgl. Zur Bedeutung des »Enthusiasmus« für das Recht, Thomas Seibert, https://rechtssemiotik.de/begriffe/enthusiasmus/ (abgerufen am 1.3.2022).

an die Notwendigkeit des Rechts betritt daher in verschiedensten Weisen die Bühnen der Verkörperung von Recht und wird teilweise auch bewusst und ausdrücklich zweckmäßig fingiert. Etwa, indem in juristischen Fiktionen zwar »der Verlauf zwischen Wahr und Falsch zwar als bekannt vorausgesetzt wird, [...] Recht diese Grenze jedoch künstlich überschreitet«.[165]

Dass Recht seine Geltungskraft aus Fiktionen zieht, wird also teilweise auch explizit gemacht, bzw. in Kafkas Wortwahl: preisgegeben. Der fiktionale Charakter im Recht ist also eine grundsätzliche Qualität von Recht. Die Transformation vom »So-tun-als-ob« hin zur Materialisierung in der Welt wird meistens auch nicht verschleiert, sondern sie »offenbart mit ihrer eigenen Künstlichkeit auch die Künstlichkeit ihrer Institutionen«.[166] Sie ist dabei jedoch auch verschränkt mit *literarischen* Fiktionen, die ihrerseits oft »ungleich komplexere rhetorische Verfahren der Figuration« heranziehen, um – im Kontrast zu juristischen Fiktionen – »die Differenz zwischen Fiktionalität und dargestellter Wirklichkeit zu verschleiern«.[167] Das Recht kennt eine ähnliche Divergenz von »Sichtbarkeit [...] und Verbergen der Inszenierung«,[168] die insbesondere in jenen Situationen zum Tragen kommt, die ich nachfolgend als Inszenierung bzw. Lesart eines rechtlich erhobenen Geltungsanspruchs darlege. Laura Münkler schreibt in diesem Kontext: »Recht ist [...] von seiner Inszenierung abhängig, muss diese aber zumeist verbergen«.[169]

Der Glaube an die Notwendigkeit des Rechts kann bewusst und reflektiert oder unbewusst und routiniert, überzeugt, irrational oder gar zwanghaft sein. Jedenfalls entsteht er nicht in einem gesellschaftlichen Vakuum, sondern einem spezifischen sozio-kulturellen Kontext

165 Zur Fictio legis mit Verweis auf Y. Thomas, vgl. *Der fiktive Staat. Konstruktionen des politischen Körpers in der Geschichte Europas,* Frankfurt am Main: Fischer Taschenbuch-Verl. 2007a, S. 352. Jurist:innen des deutschen Rechts dürfte dieser Mechanismus nicht fremd sein, gehört er doch zum tradierten Tagesgeschäft: »Die *fictio iuris* negiert einen offenkundig realen Sachverhalt durch Formulierungen nach dem als-ob-Prinzip.«, vgl. ibid. Richterliche »als ob«-Annahmen machen die juristische Handlungen möglich und bestimmt, vgl. Künzel, op. cit., S. 181–184.

166 Op. cit., S. 352.

167 Ibid.

168 Mit Verweis auf die Leerstelle in der Forschungslage in Bezug auf diese paradoxale Inszenierung von Recht »innerhalb des Rechtssystems« in »internen Formen rechtlicher Inszenierung« vgl. Laura Münkler, »Inszenierung von Recht als Wirksamkeitsbedingung Warum und wie Recht inszenieren?«, in: Laura Münkler und Julia Stenzel (Hg.), *Inszenierung von Recht. Funktionen – Modi – Interaktionen* 2019, S. 24–25.

169 Vgl. m. w. N., ibid., S. 26.

und tritt nur am Rande als Phänomen im Sinne eines »blinden Gehorsams« auf.[170] Denn es ist selten bis gar »nicht allein der Glaube an die Hülle des positiven Gesetzes, dessen Inhalt man vielleicht nicht billigt, dem man aber folgt, weil es gilt«.[171] Vielmehr scheint es für den Glaube an die Notwendigkeit des Rechts darauf anzukommen, welche Geschichten erzählt und gehört werden, in deren Bezügen sich rechtliche Geltungsansprüche implizit oder explizit entfalten. Es ist relevant, ob diese Geschichten überzeugen, ob sie glaubwürdig (genug) sind, um Recht, mit Kafka gesprochen, nicht für wahr, wohl aber für notwendig zu halten. Die Idee, dass der rechtliche Geltungsanspruch allein durch die zwangsbewährte Androhung seiner Vollstreckung zur Geltung komme, steht meines Erachtens der performativen Wirkkraft des Glaubens an die Notwendigkeit des Rechts nicht entgegen, sondern begünstigt diese. So wird etwa die Geltungskraft des Rechts teilweise auch durch Furcht vor (gewaltsamer) Durchsetzung aufrechterhalten. Denn »Zwang ist nicht zuletzt (sondern zuerst) etwas, das intern wirkt und Folgen im Handeln hat«.[172] Auch die Möglichkeit des Ungehorsams, des Normbruchs,[173] ist der Geltungskraft des Rechts nicht zwingend abträglich, sondern wirkt in der Regel – etwa im Falle der folgenden zwangsweisen Durchsetzung – geltungserhaltend. Dennoch kommt im Ungehorsam teilweise auch ein gesellschaftlich gestaltendes, kreatives Element im Recht zum Tragen. Etwa, wenn ziviler Ungehorsam gezielt und subversiv gegen bestehende rechtliche Geltungskraft eingesetzt wird, diese unterbricht und rechtliche Geltungsansprüche gegenüber neuen Interpretationen öffnet und auch transformieren kann.[174]

170 Diese Metapher zeugt von dem Bedürfnis, dass sprachliche Bilder notwendig werden, um überhaupt eine Art inhaltsleere Machthörigkeit imaginieren zu können.

171 Thomas-Michael Seibert, »Recht ist Zwang. Ein Modell der Rechtsphilosophie«, in: Friedemann Vogel (Hg.), *Recht ist kein Text. Studien zur Sprachlosigkeit im verfassten Rechtsstaat,* Berlin: Duncker & Humblot 2017, S. 70. Auch hier verweist die Metaphorik »Hülle« einerseits auf eine Materialität des Rechts und zudem auf eine irgendwie bestehende Vorstellung eines »Inhalts«.

172 Ibid.

173 Möllers arbeitete den Normbruch als »konstitutive Funktion für jede normative Ordnung« heraus, Möllers, op. cit., S. 386.

174 Vgl. dazu eingehend Samira Akbarian, *Ziviler Ungehorsam als Verfassungsinterpretation,* Tübingen: Mohr Siebeck 2023, 52ff., 196ff.

cc. Vielfalt und Veränderbarkeit des lebendigen Rechts

> »We inhabit a *nomos* – a normative universe. We constantly create and maintain a world of right and wrong, of lawful and unlawful, of valid and void«.[175]

Welches Recht sich im Ergebnis derart als geltend herausbildet, dass es weitestgehend für notwendig gehalten wird, hängt mit der Verbreitung und Überzeugungskraft jener Erzählungen zusammen, die zur Legitimation seiner Autorität herangezogen werden. Mit Blick auf das Zitat von Kafka ließe sich hinzufügen: Und zwar, um uns von seiner (vermeintlichen) Notwendigkeit zu überzeugen. In dieser Art und Weise denkt auch Cover über Recht nach und bezeichnet es daher als normative Welt, die jedoch nicht rein formal fingiert wird, sondern ihrerseits immer schon belebt und von tragfähigen Narrativen umsponnen sein muss. Das bedeutet aber auch, dass der Glaube an die Notwendigkeit des jeweils als geltend erfahrenen Rechts seinerseits in der Welt situiert ist und seine Stabilität durch jeweilige sozio-kulturelle Kontexte bezieht, die vielfältig sind. Der philosophische Gedanke unendlicher Vielfalt und Differenz, die sich der Einordnung und Zählbarkeit immer ein Stück weit entziehen muss und sich damit auch zu allen Kategorien und gesellschaftlichem Konsens querstellt, prägt seit langer Zeit alteritätssensible Perspektiven auf Welt und Erfahrung von Welt. So hat etwa Leibniz bereits herausgearbeitet, dass *das, was da ist*, nie Gegenstand des Gleichen, des Identischen sein könne. Wie er in der »Monadologie« schreibt, gebe es ganz im Gegenteil

> »in der Natur niemals zwei Seiende, die vollkommen eins wie das andere wären und wo es nicht möglich wäre, einen inneren oder auf einer intrinsischen Bezeichnung gegründeten Unterschied zu finden«.[176]

Derrida sucht meines Erachtens mit der sich stets wiederholenden Thematisierung der Erfahrung unendlicher Differenz stets aufs Neue diese Art von Vielfalt kreativ in der Sprache verständlich werden zu lassen. Zum Beispiel, indem er metaphorisch beschreibt, dass wir – im Versuch, unsere individuellen Lebenserfahrungen einander sprachlich mitzuteilen – Inseln gleichen, die von einem unüberwindbaren Abgrund getrennt werden. Daher gebe es wie er meint im engeren Sinne gar keine geteilte, gemeinsame

175 Vgl. in einem wegweisenden Essay für die Herausbildung einer kritischen, sprach-theoretisch und soziologisch informierten Rechtstheorie, Cover, op. cit., S. 4.

176 Gottfried Wilhelm Leibniz, »Monadologie«, in: Ulrich Johannes Schneider (Hg.), *Monadologie und andere metaphysische Schriften*, Hamburg: felix meiner verlag, S. 113.

Welt, sondern nur individuelle Inseln.[177] Bei Lévinas klingt eine Form der oben genannten Vielfalt in der unendlichen Andersheit der Alteritätserfahrung an, unter dem Namen einer »radikalen Heterogenität«.[178] Diese Alteritätserfahrung habe ich oben hinsichtlich ihrer Bedeutung für menschliche, responsive Subjektwerdung dargelegt, sie vermag aber auch bezogen auf die Erfahrung von Natur oder von Welt zu überwältigen. Kurz, die verschiedenen Denkansätze zeigen: Alterität und Differenz ist das, *was da ist*, und das prägt und bedingt seinerseits unsere menschliche Existenz. Der Geltungsanspruch dieser Vielfalt und der menschlichen Existenz, den ich als alteritätsethischen Geltungsanspruch bezeichne, unterscheidet sich wesentlich von der fiktiven Arbeit und medialen Anordnung, die ein rechtlicher Geltungsanspruch benötigt, um in der Welt zu sein.

Diesen Unterschied möchte ich anhand zweier Anekdoten verdeutlichen. Die erste betrifft alteritätsethisch bestehende Ansprüche auf Geltung. Sie handelt von einem nächtlichen Spaziergänger, dem mit kindlichem Ernst eine Frage gestellt wird. Der Erzähler berichtet, wie er spät in der Nacht in Begleitung seiner Tochter am Strand spazieren ging:

> »[L]let me mention how, as we were walking on a Corsican beach late at night one summer, she stared at the red dot on the horizon and asked me why Mars *needed* to exist«.[179]

Das Interessante an dieser Art zu fragen ist, dass es nicht in erster Linie darum zu gehen scheint, warum Mars überhaupt existiert, sondern warum Mars existieren *muss*. Diese feine Unterscheidung deutet an, inwiefern ein (alteritäts-)ethisches Bewusstsein in der Wahrnehmung von Welt schon

177 Vgl. zum in dem Versuch der Vermittlung entstehenden sprachlichen »Spiel« der différance ausführlich weiter oben in der Fußnote 238. Zur Insel-Metaphorik und Alterität, vgl. Jacques Derrida, *Séminaire La bête et le souverain*, Paris: Galilée 2010, S. 31. Derrida schreibt: »Entre mon monde, le ›mon monde‹, ce que j'appelle ›mon monde‹, et il n'y en a pas d'autre pour moi, tout autre monde en faisant partie, entre mon monde et tout autre monde, il y a d'abord l'espace et le temps d'une différence infinie, d'une interruption incommensurable à toutes les tentatives de passage, de pont, d'isthme, de communication, de traduction, de trope et de transfert que le désir de monde ou le mal de monde [...] tentera de poser, d'imposer, de proposer, de stabiliser. Il n'y a pas de monde, il n'y a que des îles«. Der Komparatist Legrand spricht daher von Kommunikation als getragen von der Fiktion einer einheitlichen Bedeutung und verleiht dem im französischen Wort »come-une« (wie eine) Ausdruck, vgl. Pierre Legrand, *Pour la relevance des droits étrangers*, Paris, 12-Millau: IRJS éditions; Impr. Maury 2014, S. 358.

178 Im französischen Original heißt es »hétérogénéité radicale«, vgl. Emmanuel Lévinas, *Totalité et infini. Essai sur léxtériorité*, Dordrecht, Paris: Kluwer Academic; Librairie Général Française 2009, S. 6.

179 Ich borge dieses Beispiel von Pierre Legrand, »Antivonbar«, in: *JCL*, 2005: 1, S. 36.

intuitiv und im Kindesalter eingeschrieben zu sein scheint. Das *Warum,* die Frage nach dem Grund oder gar Zweck der Existenz von Mars entzieht sich womöglich der endgültigen Beantwortung.[180] Die zweite Anekdote handelt davon, wie mir eine Studierende im rechtstheoretischen Propädeutikum in Köln eine nahezu parallele Frage in Bezug auf das Recht stellte. Sie lautete: »Warum muss Recht gelten?« Vergleicht man den Versuch eine Antwort auf diese Fragen zu geben, so ähneln sie sich auf den ersten Blick. Denn hier wie dort ist es eben ein wahrnehmbarer Fakt, das Mars existiert, bzw. das Recht existiert. Allerdings scheint es beim Recht so zu sein, dass es existiert, indem es gilt. Also scheint es sich bei der Einsicht oder Erfahrung, *dass* es Recht gibt, um eine ähnlich unhintergehbare und vielleicht konfrontative Erfahrung wie die Alteritätserfahrung zu handeln. Allerdings eröffnet die Frage, warum Recht gilt bzw. genauer, warum Recht gelten *muss*, eine andere Rechtfertigung oder Erklärung als die Beantwortung nach dem Grund der Existenz von Mars. Denn Mars braucht zur Existenz keine weitere Erklärung oder Begründung, er ist was er ist. Recht hingegen wird als soziales Phänomen der Norm- und Institutionsbildung begreifbar, was so, aber auch anders sein könnte. Mit anderen Worten: Der alteritätsethische Anspruch ist unverhandelbar, er existiert, ohne unser zutun. Der rechtlich erhobene Geltungsanspruch ist hingegen auf seine Inszenierung, mediale Vermittlung und Wahrnehmung angewiesen und daher in seiner Existenz durchaus verhandelbar.

Dass Recht als Phänomen der Geltung dennoch in ähnlicher Art und Weise als unverhandelbar in der Welt existierend wahrgenommen wird, zeigt sich in der Erfahrung geltendes Recht für notwendig zu halten. Diese geteilte Erfahrung verdeutlicht, insbesondere in Abgrenzung zu alteritätsethischen Geltungsansprüchen, den fiktiven aber performativ wirkmächtigen Charakter der Rechtsgeltung. Dieser Charakter kennzeichnet Recht als einen besonderen Ausdruck kollektiver Einbildungskraft. Die Ausgestaltung der Fiktionen, die rechtliche Geltungsansprüche zu begründen suchen, sind allerdings verhandelbar und liegen in geteilter ethisch-politischer Verantwortung. Das liegt zum einen daran, dass Recht sowohl in seinem Geltungsanspruch als auch in seiner Begründung immer auch anders ausgestaltet sein könnte. Die inhaltliche Varianz in der Ausgestaltung der begründenden Narrative gibt Aufschluss über den Sinn geltenden Rechts und hilft bei der Beantwortung, warum wir geltendes Recht für notwendig halten. Zum anderen liegt der Unterschied in der Verhandelbarkeit rechtlicher Geltungsansprüche im Vergleich mit alteritätsethischen Geltungsansprüchen in ihrer medialen Anordnung.

180 Es lässt sich wiederum in verschiedensten Ansätzen untersuchen in genealogischer Sicht bzw. in biologischer oder religiöser Manier beantworten. Dabei variiert das *Warum* zwischen Fragen nach Kausalität und/oder Sinnhaftigkeit.

b. Rechtlicher Geltungsanspruch in einer Anordnung der Stellvertretung

Der wesentliche Unterschied in der medialen Anordnung von rechtlichen und alteritätsethischen Ansprüchen auf Geltung lässt sich wie folgt zuspitzen: Alterität *spricht*, Recht *wird gesprochen*. Gemeinsam ist den beiden Ansprüchen, dass grundsätzlich mehrere Personen beteiligt sind, wenn ein Anspruch auf Geltung erhoben wird. Dem kindlichen Spiel des »*Als-Ob-Handelns*« ähnlich, sind »Produktion wie die Rezeption von Fiktion(en) [...] verantwortlich für das Erkennen und Funktionieren fiktiver Kommunikationen bzw. Interaktionen«.[181] Daher kommt es nicht nur darauf an, von wem und mit welcher Autorität und unter Bezugnahme auf welche begründenden Erzählungen Anspruch auf Geltung erhoben wird, sondern auch darauf, ob und wie er gehört wird. Der rechtliche erhobene Anspruch auf Geltung wird, anders als der alteritätsethische Anspruch, in einer vermittelten Art und Weise artikuliert, die ich in diesem Kapitel als Anordnung der Stellvertretung skizziere. Dafür muss zunächst geklärt werden, inwiefern es sich bei verschiedenen, bereits thematisierten, juristischen Erfahrungen um die Wahrnehmung rechtlicher Geltungsansprüche handelt. Wenn ich vom rechtlich erhobenen Anspruch auf Geltung schreibe, unterscheide ich zwischen einem expliziten sprachlich artikulierten Anspruch auf rechtliche Geltung im Namen des Rechts und einem verstreuten, impliziten rechtlichen Anspruch auf Geltung. Unter den explizit artikulierten Rechtsgeltungsanspruch fallen, beim modernen staatlichen Recht, beispielweise gerichtliche Urteile oder Verwaltungsakte. Explizite, d. h. in direkter Form artikulierte und adressierte, rechtlich erhobene Ansprüche auf Geltung sind mannigfaltig. Wenigstens gleich wirkmächtig sind aber womöglich implizit bestehende rechtliche Geltungsansprüche. Unter einem implizit bestehenden Anspruch auf Rechtsgeltung verstehe ich die Interpretation einer sozialen Situation, in der ein Mensch die materielle und mediale Anordnung als einen rechtlich erhobenen Anspruch auf Geltung wahrnimmt und deutet.

aa. Inszenierung und Wahrnehmung rechtlicher Geltungsansprüche

Um eine solche Situation zu veranschaulichen, komme ich auf die Torhüterparabel zurück, in welcher der Mann vom Lande sinnbildlich vor dem Gesetz steht. Er deutet die vorgefundene Situation als ein Verbot in das Gesetz einzutreten. Der spezifische, soziokulturelle Kontext ermöglicht es ihm die materiale Anordnung als rechtlichen Geltungsanspruch wahrzunehmen und zu verstehen. Gerade an diesem Beispiel wird deutlich,

181 Künzel, op. cit., S. 175.

dass diese Ausdeutung auch wesentlich mit dem je eigenen Begehren und der Erwartungshaltung in Bezug auf die Rolle des Rechts zusammenhängt. Die Parabel läuft darauf hinaus, dass der Mann vom Lande in das Gesetz aus Gehorsam oder (Ehr-)Furcht gegenüber der Autorität des Torhüters nicht eintritt. Der Text zeigt uns, dass diese Entscheidung ihm selbst oblag. Der Geltungsanspruch, dem er damit genügt, entsteht in der Interpretation der gesamten Situation, inklusive der Äußerungen des Türhüters. Dieser bezieht sich nicht nur auf seine eigene Macht, sondern vor allem auf eine gesellschaftlich geteilte Praxis, die Mächtigen und noch Mächtigeren zu fürchten. Er erhebt keinen expliziten rechtlichen Geltungsanspruch wie z.B. ›Ich untersage den Eintritt im Namen des Gesetzes‹, sondern formuliert eher ausweichend, »daß er ihm jetzt den Eintritt nicht gewähren könne«. In dieser Aussage zeigen sich bereits ein Spiel und Bruchstellen im Glauben an die oben bereits thematisierte Notwendigkeit des geltenden Rechts. Der Mann vom Lande fragt dann zurück, »ob er also später werde eintreten dürfen. ›Es ist möglich‹, sagt der Türhüter, ›Jetzt aber nicht‹«.[182] Diese Antwort ist Sinnbild für das sprachliche Spiel des Aufschubs, der *différance*,[183] die in jedem hermeneutischen Streben nach Verständnis zum Zuge kommt.

Die nächste Bemerkung des Türhüters verweist den Mann an die Möglichkeit der Unterbrechung dieses Spiels und hebt zugleich seine Handlungsfähigkeit hervor. Er geht, so wissen wir, die das Ende der Geschichte kennen, davon aus, dass dem Mann die Entscheidung einzutreten, ohnehin selbst obliegt. In Bezug auf den rechtlichen Geltungsanspruch, der in einer juristischen Erfahrung entsteht, bedeutet dies, dass in der Rezeption dieses Anspruchs eine Art Mitspracherecht liegt. Die weiteren Worte des Torhüters steigern sich zu einer Art Aufforderung, sich an der Entstehung eines impliziten rechtlichen Geltungsanspruchs zu beteiligen. Genau genommen liegt in ihnen sogar eine Anstiftung zum Ungehorsam gegenüber dem Geltungsanspruch, der mit dem Verweis, dass es sich um ein Verbot handle, zugleich aber auch aufrecht erhalten wird. Er sagt: »Wenn es dich so lockt, versuche es doch, trotz meines Verbotes hineinzugehen«. Diese Aufforderung zielt direkt in das Spannungsverhältnis von Gehorsam und Ungehorsam gegenüber rechtlich artikulierter Geltungsansprüche. Daher ist in vielen Deutungen dieser Parabel wiederkehrend von dem »in sich widerspruchsvollen Befehl [...] ›Gehorche

182 Siehe die oben abgedruckte Parabel von Kafka: »Vor dem Gesetz«.

183 »Das Gesetz untersagt, indem es die *»férance«*, die Beziehung, die *relatio*, die Referenz interferiert und differenziert (*en différant*, aufschiebt) «, Derrida, op. cit., S. 64. Am Werk ist damit eine »Formel des ›Aufschubs‹, der *différance*, die vermischt ist mit dem Prinzip Hoffnung als dem Phantasma späterer Erfüllung«, Hiebel, op. cit., S. 32.

mir nicht!‹« die Rede.[184] In der Folge etabliert sich der bis zum Tode andauernde Gehorsam des Mannes. Und zwar nicht im luftleeren Raum und im Glauben an eine nackte Autorität des Rechts, sondern im Zusammenspiel seiner Deutungen der gegenwärtigen Objekte, Körper und Referenzen. Diese setzen sich in der Wahrnehmung unseres Mannes als ein soziales Machtgefüge zusammen. So entsteht eine Architektur des Gesetzes, durch etwas, was als Mauern, Grenzen und Tore des Gesetzes gedeutet wird, sowie z.B. durch den Habitus, die Theatralität[185] und die Kleidung des Torhüters. Bei dieser Ausdeutung ist seitens des Mannes neben dem Begehren einzutreten, dass ihn beharrlich werden lässt, womöglich auch jene Angst im Spiel einen Raum zu betreten, in den man, nach einem persönlichen Abgleich mit dessen Türhütern, so wie man ist, nicht »passt« bzw. sich verändern müsste. Konfliktbereitschaft trifft also im unbestimmten Gefühl, sich gegenüber einer Autorität unterordnen zu müssen, auf eine Art von Hörigkeit oder führt in einer subversiven Ausdeutung von Derrida zu der Entscheidung, sich dem Gesetz zu entziehen. Obwohl Derridas Interpretation von »Vor dem Gesetz« vorrangig unter dem Zeichen der Schrift steht und respektiv vor allem die Lesbarkeit des Gesetzes thematisiert, bleibt der Bezug auf ein sinnliches, haptisches Begehren gegenüber dem, was ich die juristische Erfahrung nenne, nicht aus. Derridas Mann vom Lande

> »will das Gesetz sehen oder berühren, er will sich ihm nähern, in es ›eintreten‹, weil er vielleicht nicht weiß, daß das Gesetz nicht zu sehen oder zu berühren, sondern zu entziffern ist«.[186]

Darin klingt einerseits ein »Traum von der Unmittelbarkeit« an, der Wunsch nach einem begehbaren Ort und einem direkten Anspruch. Ein solcher direkter Anspruch ist jedoch im Recht nicht zu finden, sondern bleibt dem alteritätsethischen Anspruch, der Begegnung mit Anderen vorbehalten. Trotz diesem Wunsch nach direktem Kontakt nennt der Mann vom Lande diesen Ort »Gesetz«, womit in der Regel eher »Mittelbarkeit, Regelhaftigkeit, Allgemeinheit« verbunden sind.[187] In einer neo-materialistisch inspirierten Deutung lässt sich Derridas selbstsichere Bemerkung, dass der Mann vom Lande vielleicht nicht wisse, dass das Gesetz zu

184 Vgl. Ritchie Robertson, *Franz Kafka. Leben und Schreiben,* Darmstadt: WBG 2009, S. 120.

185 Zu den verschiedenen Aspekten der Performanz durch Theatralität, als »Wahrnehmungsmodus […], der auf die Art der Körperverwendung, den Modus der Zeichenverwendung oder das Zusammenspiel von Wahrnehmung, Bewegung und Sprache zurückzuführen ist« und zur Inszenierung, die neben der Performance, Korporalität und Wahrnehmung ein Aspekt der Theatralität ist, vgl. Münkler, op. cit., 29ff.

186 Derrida, op. cit., S. 53.

187 Vgl. Hiebel, op. cit., S. 30.

entziffern sei und dass womöglich der Mann, der vom Lande kommt, gar nicht lesen könne, als Verdrängung der leiblichen Bedingung und Wirkung des Rechts deuten. Denn Recht materialisiert sich zwar auch textförmig, ist aber darin und darüber hinaus auch vielfältig leiblich und medial bedingt und auch von jenen als geltend wahrnehmbar, die das Gesetz selbst nicht lesen können. So nimmt beiden Ausdeutungen der Mann vom Lande aber jedenfalls im Gespräch und im Anblick seines Gegenübers einen rechtlich erhobenen Geltungsanspruch wahr. Die jeweils unsichtbare und unhörbare Seite der sinnlich-leiblichen Rezeption ist dabei für die Artikulation des rechtlichen Geltungsanspruchs konstitutiv.[188] Für den explizit stimmlich artikulierten Anspruch auf rechtliche Geltung bedeutet dies, dass er akustisch gehört werden muss, bevor ihm Gehorsam oder Ungehorsam zu Teil werden kann. Im Hören könnte sich dabei jene Suspension der Geltungsansprüche ereignen, die ich emanzipativ deute, weil sie eine (freie) Entscheidung zum (Un-)Gehorsam vorbereitet. Auch für anderweitig medial vermittelte rechtliche Geltungsansprüche kommt es im Zusammenhang mit dem Verstehen des Geltungsanspruchs auf eine Praxis an, in der Aspekte einer hermeneutischen Haltung, die ich als hörende Haltung bezeichne, zum Tragen kommen, bevor (Un-)gehorsam eintritt.[189]

bb. Im fremden Namen Anspruch auf Geltung erheben

In Bezug auf die mediale Artikulation und sprachliche Bedingung des rechtlichen und alteritätsethischen Geltungsanspruchs lässt sich, um die bereits genannte Verflechtung von Glauben, Autor:in bzw. Autorität, Narrativ und Titel erneut aufzugreifen, entlang der Autorität des erhobenen Anspruchs weiter differenzieren. Es geht jeweils um die Frage, von wem in wessen Namen Anspruch auf Geltung erhoben wird. Für den Vergleich zwischen rechtlichem und alteritätsethischem Geltungsanspruch ist dabei zunächst ausschlaggebend, dass der alteritätsethische Anspruch, der sich auf eine Begegnung, eine leibliche Erfahrung mit der Anderen bezieht, direkt und vor-ursprünglich ist. In Bezug auf die Intensität und Autorität unterscheidet der rechtliche Geltungsanspruch sich in Form und Recht-Fertigung (Entstehung und Begründung) daher wie folgt vom alteritätsethischen Anspruch.

188 Daher braucht es, wie ich eingangs im Kapitel I.1.b. zum Hören und bezüglich der Auswahl dieses sinnlichen Registers zur genaueren Untersuchung in seiner Relevanz im Recht dargelegt habe, perspektivisch ein synästhetisches Verständnis von Recht, um dessen sinnlich-leibliche Bedingtheit stimmig reflektieren zu können.

189 Zur alteritätsethischen Relevanz einer solchen hörenden Haltung vgl. Kapitel III.1.a.

Der alteritätsethische Anspruch wird, wie oben ausführlich dargelegt, von der Anderen im eigenen Namen geäußert und rührt das Ohr des sich in diesem Anspruch als responsiv konstituierenden Subjekts mit ethischer Gewalt an.[190] Das bedeutet inhaltlich, dass der alteritätsethische Anspruch erstens ungefragt und zweitens als unausweichliche Aufforderung zur Antwort aus sich heraus Geltung beansprucht. Die Überlegungen aus dem Kapitel zur menschlichen Bedingung des Rechts zeigen, dass der alteritätsethische Anspruch, als vor-ursprünglicher Anspruch der Anderen, eine Art ontologisch-ethische Voraussetzung der Subjektwerdung bildet. In der Vielstimmigkeit des Anspruchs, bzw. in der Figur des Dritten, ist zudem auf die Relevanz eines interdependenten Beziehungsgeflecht verwiesen. Die Ausgangslage, in der sich Recht überhaupt formieren kann, ist damit unverhandelbar durch eine alteritätsethische Verantwortungslage markiert. Sie fordert – wie ich oben dargelegt habe – zur Suche nach einem alteritätsethischen Recht heraus. In dieser Figuration wird das menschliche Subjekt zudem als von Anfang an ethisch konstituiertes lesbar, indem es diesem Anspruch hörend ausgesetzt ist. Damit ist mit Lévinas eine Konstellation direkter, d.h. nicht vermittelter Kommunikation nachgezeichnet. Dabei scheint es nicht darum zu gehen, selbst zuerst und im eigenen Namen oder aber auch im Namen anderer sprechen zu können, sondern zuvörderst überhaupt dem Anspruch des Anderen hörend ausgesetzt zu sein.

Ganz anders stellt sich die Konstellation bezogen auf den rechtlichen Geltungsanspruch dar, denn Recht spricht, mangels eines eigenen Körpers, nicht selbst, sondern *wird gesprochen*. Die passive Konstruktion verweist auf die medial vermittelte Anordnung, in welcher der rechtliche Geltungsanspruch entsteht, selbst wenn er im vielleicht unmittelbarsten Medium der Stimme artikuliert wird. Das liegt insbesondre an der Frage, wer mit welcher Autorität Anspruch auf Geltung erhebt. Recht ist immer angewiesen auf andere Autor:innen und Autoritäten und kann, anders als der alteritätsethische Anspruch, nicht aus sich heraus Geltung beanspruchen. Mars muss existieren, um da zu sein. Recht muss gelten, um zu existieren. Selbst ein expliziter rechtlicher Geltungsanspruch wird nicht vom Recht selbst, sondern von einer Person im Namen des Rechts formuliert. Das Recht spricht also nicht *selbst*, vielmehr spricht stets jemand im Namen des Rechts. Durch diese Konstellation der Stellvertretung bringt Recht unweigerlich die Frage nach Legitimität und Autorität seines Geltungsanspruchs mit sich.

Der rechtliche Geltungsanspruch ist zudem immer schon eingebunden in das zuvor bestehende Beziehungs- und Bedeutungsgeflecht und ist daher immer nachträglich in Bezug auf den alteritätsethischen Anspruch, der die menschliche Bedingung des Rechts ausmacht. Außerdem

190 Vgl. zum Begriff ethischer Gewalt, Butler, op. cit., S. 71.

unterscheidet er sich hinsichtlich seiner inhaltlichen Autorität bzw. Intensität seines Geltungsanspruchs. Das lässt sich zum einen daran erkennen, dass der rechtliche Geltungsanspruch zwar unter Umständen autoritär, aber nicht mit der oben bezeichneten ethischen Gewalt an das Subjekt herantritt. Recht beansprucht zwar womöglich ungefragt und in diesem Sinne gewaltsam Geltung, weil der rechtliche Geltungsanspruch im Sinne einer »Geworfenheit« in eine bereits zuvor bestehende soziale Situation, die auch rechtliche Strukturen aufweist, vom Subjekt wahrgenommen wird, was ich weiter oben als juristische Erfahrung bezeichnet habe. Er ist jedoch im Unterschied zum alteritätsethischen Anspruch inhaltlich hinterfrag- und verhandelbar.

Beispielhaft für diese Konstellation der Stellvertretung, in der Recht *gesprochen wird*, kann das deutsche Recht in seiner gerichtlichen Formulierung eines Urteils herangezogen werden. Den hier wird Recht »im Namen des deutschen Volkes« gesprochen. Im Namen des Rechts Anspruch auf Geltung zu erheben, entfacht also unweigerlich einen Bezug zu fremden, geliehenen oder geteilten Autoritäten. Es wird z.B. der rechtfertigende Bezug auf demokratisch legitimierte Autor:innen des Gesetzes gesucht. Anders als beim alteritätsethischen Anspruch ruht die Autorität des Rechts damit nicht einheitlich und gebündelt im Recht selbst, sondern sie ist fragmentiert. Und zwar meist vermittelt über eine Figur des Souveräns in der Rechtsgemeinschaft, die es in Geltung hält. Wenn Recht gesprochen wird, ist es auf die Körper und Stimmen Anderer und eine mediale Vermittlung und Inszenierung angewiesen. In der Inszenierung gelangt so auf visueller Ebene

> »etwas Abwesendes zur Darstellung [...], wodurch es in Erscheinung tritt, aber nicht gegenwärtig in dem Sinne wird, dass es mit ihm identisch ist«.[191]

Das wirft im akustischen und sprachlichen Register die Frage nach Möglichkeit und Notwendigkeit einer (alteritätsethisch) gerechten Repräsentation der Stimmen auf, in deren Namen im Recht explizit oder implizit Anspruch auf Geltung erhoben wird.

cc. Hören als Voraussetzung der (gerechtfertigten) Repräsentation

Recht ist im Versuch der Begründung der Autorität des Geltungsanspruches mit dem alteritätsethischen Problem konfrontiert, unter Umständen gewaltvoll bzw. ungefragt, ohne Mandat, im Namen Anderer Anspruch auf Geltung zu erheben. Das könnte insbesondere dann der Fall sein, wenn jene Stimmen, im Namen derer gesprochen wird, nicht oder aber jedenfalls nicht hinreichend gehört worden sind. Darüber hinaus wurde

191 Unter Bezugnahme auf Iser, vgl. Münkler, op. cit., S. 30–31.

sprachtheoretisch auf verschiedenste Weisen dargelegt, dass eine alteritätsgerechte Repräsentation der Anderen, selbst in der bloßen Wiederholung dessen, was die Andere sagt, unmöglich ist, aber dennoch versucht werden muss. Diese Herausforderung verschärft sich in Fragen der Übersetzung in andere Sprachen, insbesondere in die Sprache des Rechts. Mit Spivak habe ich im Teil zur performativen Kraft des Hörens dargelegt, dass es daher zuerst auf eine feinere Stimmung des Gehörs in Bezug auf die Stimme der Anderen ankommt, bevor sich an einer gerechteren Repräsentation oder gar Antwort auf deren Anspruch versucht werden muss: Hören-Können vor dem Antworten-Müssen.[192] Welche Rolle dem Hören in Bezug auf den rechtlichen Geltungsanspruch in der Konstellation der Stellvertretung zukommt und zukommen könnte, wird ausführlicher im Kapitel zur alteritätsethischen Relevanz des Hörens und Gehört-Werdens im Recht dargelegt.[193] Für die Frage nach der alteritätsethischen Verantwortungslage des rechtlichen Geltungsanspruches und seiner, womöglich angemaßten, Autorität, steht aber bereits an dieser Stelle das folgende Problem im Raum: Sofern Recht Anspruch auf Geltung im Namen Anderer erhebt, muss es sich die Frage nach einer Recht-Fertigung in Bezug auf (mediale) Möglichkeiten einer (gerechten) Repräsentation dieser Anderen gefallen lassen. Die Voraussetzung einer gerechtfertigten Repräsentation ist es wenigstens, die Anliegen der Repräsentierten zuvor gehört zu haben.

Dieses Problem einer gerechtfertigten Repräsentation stellt sich im Vergleich beim alteritätsethischen Anspruch nicht gleichermaßen, weil es hier immer schon zuvörderst darum geht, dem Anspruch der Anderen *überhaupt* wahrnehmend bzw. hörend ausgesetzt zu sein. Erst dann und dadurch steht man in der Verantwortung auf diesen antworten zu müssen. Anders als in der Anordnung des Rechts geht hier darum, jeweils selbst angesprochen zu sein und im eigenen Namen antworten zu müssen.[194] Im Sinne einer Differenzierung der verschiedenen Geltungsansprüche und der Rolle, die das Hören dabei spielt, bedeutet diese Abgrenzung zunächst Folgendes: Der vor-ursprüngliche Anspruch der Anderen konstituiert die alteritätsethische und menschliche Bedingung des Rechts und gibt Rahmenbedingungen vor, unter denen Recht als soziales Phänomen überhaupt entstehen kann. Der diese Bedingung konstituierende alteritätsethische Geltungsanspruch ist unverhandelbar und das passive Hören-können dieses Anspruchs weist die menschliche

192 Vgl. dazu Kapitel I.3.
193 Vgl. dazu Kapitel III.
194 In der oben skizzierten Dreiteilung würde ich diese alteritätsethische Aufgabe/Herausforderung der Sphäre der Politik zuordnen. Für die Suche nach einer politischen Haltung, um mit der alteritätsethischen Herausforderung umzugehen, gilt es eine »postsouveräne Konzeption des Politischen« zu entwickeln. Vgl hierzu Seitz, op. cit., S. 72.

Bedingung als eine interdependente, leiblich bedingte und verletzliche aus. Die alteritätsethische Annäherung an den rechtlichen Geltungsanspruch ermöglicht, rechtstheoretische Annahmen im und über das Recht anders zu verstehen und kritisch zu hinterfragen. Die eingangs thematisierte Kraft der Fiktion bzw. die Vorstellung von einer Notwendigkeit geltenden Rechts verweisen inhaltlich auf so etwas wie einen Rechtssinn, der von jenen Narrativen belebt und gefärbt wird, in deren Geflecht rechtliche Geltung als Projekt kultureller Institutionen eingebunden ist. Denn die Rechtfertigung rückt nicht nur im Sinne einer Fertigung von Recht, sondern auch im Sinne einer nachträglichen Begründung ins Zentrum der Aufmerksamkeit, sobald Recht in seiner Wirkweise als Phänomen der Geltung beschrieben wird. Postfundamental geht es damit beim Rechtssinn vor allem um die bewegende, impulsgebende Kraft, die im Projekt der Rechtsgeltung am Werk ist. Aber welcher Rechtssinn pulsiert im Recht, das wir als geltend erfahren?

c. Warum modernes Recht für notwendig halten? Souveränitätsphantasma (im) Recht

Warum wir geltendes Recht für notwendig halten, hängt mit seiner kulturellen Einbettung und mit der Vorstellung zusammen, die wir uns gesellschaftlich von einer rechtlich geordneten Welt machen (können). Einleitend zu dieser Arbeit habe ich mein Vorverständnis von Recht offengelegt, welches in erster Linie darauf ausgerichtet ist, zu verstehen, *wie* Recht wirksam wird. So kann ich die Frage, *was* Recht ist, offenlassen und die Frage nach dem Sinn von Recht aktiv stellen. Das bedeutet auch sich mit den Gründen zu beschäftigen, *warum* Recht so gilt, wie es gegenwärtig gilt. Hierbei können insbesondere jene Gründungsmythen des modernen Rechts als Beispiel dienen, welche die Figur der Souveränität bemühen. Sie geben Aufschluss darüber, welcher inhaltliche Sinn von Recht kultiviert wird. Etwa, das Recht zur Herstellung von Sicherheit und Ordnung gebraucht werde.

Recht als Phänomen der Geltung in sprachlicher und medialer Bedingung und damit auch als ein Projekt kultureller Institution zu verstehen bedeutet, ernst zu nehmen, dass dessen Recht-Fertigung (Entstehung und Legitimation) stets konkret kulturell verortet ist. Der oben erarbeitete alteritätsethische Ausgangspunkt ermöglicht ein Verständnis der »politischen Bedingungen« des sozialen Beziehungsgeflechts, welches in seinen gefestigten Verbindungen eine Art Nährboden des Rechts bildet, wobei im Zuge der folgenden Überlegungen die Metapher eines rhizom-artigen, organischen Geflechts, welches den Abgrund überspannt, der sich bei der Frage nach einer Begründung des Rechts auftut, treffender als ein fundamentaler statischer Boden erscheint. Halt gibt dem geltenden

Recht also ein Netz von Narrativen und gesellschaftlich geteilten Vorstellungen, die Ausdruck unserer kollektiven Imaginationskraft sind. Vesting arbeitet im zeitgenössischen Kontext die »Netzwerkkultur« als maßgeblich heraus: Eine »lockere, vorübergehende (zufällige) Konfigurationen von Fragmenten der Kultur (und des Wissens), die jenseits territorialer Grenzen weitreichende Konsequenzen haben«.[195] Dabei lösen

> »Sprachdenken des 20. Jahrhunderts, und insbesondere die pragmatische Wende des *linguistic turn* [...] die konstitutiven Leistungen des neuzeitlichen Subjekts, wie es bei Hobbes als Souverän oder bei Kant als Vernunftgesetz gedacht wurde, ab und setzten an dessen Stelle die welterschließende Funktion der Sprache«.[196]

Um jene recht-fertigende Narrative zu verstehen, die geltendem Recht über lange Zeit Stabilität verschafft haben, ist es lohnend zu prüfen welche Figuren dabei gehört und rezipiert wurden. Und zwar nicht zuletzt, um herauszufinden, inwiefern der gegenwärtige Glaube an die Notwendigkeit geltenden Rechts auf den Schultern des Leviathans steht. Das gilt insbesondere dann, wenn es darum geht, die menschliche Bedingtheit von Recht zu erklären, sich diese bildlich vorzustellen und ggf. sogar mit ihr zu verknüpfen, warum geltendes Recht für notwendig zu halten sei. Dabei möchte ich hier die Figur des Souveräns und die Vorstellung autonom handelnder Subjekte als wiederkehrendes Motiv hervorheben. Die von mir herausgearbeitete alteritätsethische Bedingung von Recht ermöglicht es, den in diesen Narrativen verfolgten Sinn von Recht in Bezug auf seine alteritätsethische Bedingung zu hinterfragen. So lässt sich etwa prüfen, inwiefern die alteritätsethische Herausforderung des Rechts und die damit einhergehende Verantwortung für dessen Auswirkungen in den jeweils dominanten recht-fertigenden Narrativen reflektiert oder aber auch unterschlagen wird. Dabei geht es nicht zuletzt um die alte Frage, welches Menschenbild – und damit auch: welches Bild menschlichen Zusammenlebens – jeweils mobilisiert wird.[197] Lévinas schreibt dazu, es sei in diesen Erzählungen, sowie in der persönlichen und kollektiven Meinungsbildung darüber, welcher Geschichte man Glauben schenken möchte,

> »äußerst wichtig zu erkennen, ob die Gesellschaft im üblichen Sinn das Ergebnis einer Beschränkung des Prinzips darstellt, dass der Mensch des Menschen Wolf ist, oder ob sie im Gegensatz dazu aus der Beschränkung des Prinzips hervorgeht, dass der Mensch *für* den Menschen da ist«.[198]

195 Vesting, op. cit., 157 Rn. 283. Vesting bemüht dafür die medialen und materiellen Bedingungen der Computergeschichte.

196 Vgl. unter Verweis auf Rortys Spiegel der Natur, Vesting, op. cit., S. 33.

197 Vgl. zur emotionalen Einbettung dieser Narrative, erste Überlegungen zu diesem Unter-Kapitel hier: Menzel, op. cit.

198 Lévinas, op. cit., S. 61–62.

Damit sind wir mitten in der Szenerie, vor deren Hintergrund Hobbes die Figur des Leviathans als Inbegriff der Souveränität inszeniert. Diese Szenerie ist die Modellanordnung eines rhetorisch geschickt eingesetzten vorrechtlichen Naturzustandes. Kurz: »*Außerhalb von Staaten herrscht immer Krieg eines jeden gegen jeden*«.[199] Nach Hobbes herrsche in diesem Zustand »ständige Furcht und die Gefahr eines gewaltsamen Todes. Das Leben ist einsam, armselig, widerwärtig, verroht und kurz«.[200] Lévinas stellt die Realitätsnähe und die Herleitung des Rechts aus dieser Szenerie in Frage:

> »Stammt das Soziale mit seinen Institutionen, seinen universellen Formen, seinen Gesetzen daher, dass man die Folgen des Krieges zwischen den Menschen limitiert hat oder dass man die Unendlichkeit limitiert hat, die sich in der ethischen Beziehung zwischen Mensch und Mensch öffnet?«[201]

Diese Frage schafft gedanklichen Freiraum, um herauszufinden, welches Menschenbild, welche Vorstellung von Subjekt- und Rechtwerdung in diesem wirkungsvollen gesellschaftsvertraglichen Narrativ und der dazugehörigen emotionalen Einbindung zum Tragen kommt. In den vorhergehenden Kapiteln hat sich abgezeichnet, dass nicht nur die Vorstellung autonomer Souveränität zugunsten einer Skizze responsiver Subjektwerdung weichen muss, sondern es eventuell auch die Vorstellung eines vorrechtlichen Kriegszustandes als naturalisierte menschliche Bedingtheit des Rechts loszulassen gilt. Lévinas bringt den Zweifel auf den Punkt, wenn er schreibt: »Es ist nicht sicher, dass am Anfang Krieg war«.[202]

Vor diesem Hintergrund stelle ich die These in den diskursiven Raum, dass aktuell (noch) sehr wirkmächtige recht-fertigende Erzählungen modernen Rechts, wie jene von Gesellschaftsverträgen und vorrechtlichen Zuständen, zwar zu erklären suchen, *warum* es (staatliches) Recht für ein friedliches und geordnetes menschliches Zusammenleben brauche, jedoch der alteritätsethischen und menschlichen Bedingung dieses Rechts in diesen Erzählungen selbst nicht gerecht werden können. Das betrifft zum einen die imaginative Ausgestaltung vorrechtlicher Natur- und Urzustände, die im Rahmen von theoretischen Betrachtungen herangezogenen werden. Zum anderen betrifft es idealisierte Sprech-Situationen dieser Gesellschaftsvertragsschlüsse, die oftmals von symmetrisch-reziproken Anerkennungsverhältnissen ausgehen, anstatt von

199 Thomas Hobbes, *Leviathan. Eine Auswahl : englisch/deutsch*, Stuttgart: Reclam 2013, S. 253.

200 Ibid., S. 257.

201 Lévinas, op. cit., S. 61–62.

202 Im Original heißt es: »Il n'est pas sûr que la guerre fût au commencement«, vgl. Emmanuel Lévinas, *En découvrant l'éxistence avec Husserl et Heidegger. Édition suivie d'Essais nouveaux*, Paris: Vrin 2001, S. 234.

asymmetrischen, die der Realität sowie alteritätsethischen Betrachtungen näherliegen.

aa. Die phantastische Figur der Souveränität

Ein besonders wirkmächtiges Bündel an Narrativen, welches im Zusammenhang mit kollektiver Imaginationskraft im Nomos des modernen (staatlichen) Rechts lebendig wird, umkreist thematisch immer wieder das Thema der Souveränität. Es bietet daher eine schöne Kontrastfolie, um es alteritätsethisch zu hinterfragen. Dabei ist, insbesondere mit Blick auf die Bedeutung von fiktionaler Kraft für die Entstehung dieser Rechtsgeltung maßgeblich, dass es sich weitestgehend um *Figuren* der Souveränität handelt. Dies ist wichtig, weil in der narrativen Einbettung jeweils auf Haupt- und Nebenfiguren zurückgegriffen wird, damit im kulturellen Gedächtnis entsprechende Vorstellungen lebendig werden können. Bei der Souveränität kommt die Besonderheit hinzu, dass sich ohnehin die

> »*figura* der Souveränität [...] nicht ihrer *natura* gegenüberstellen, da die Souveränität von Anfang an eine Figur ist, die in unterschiedlichen historischen und kulturellen Funktionszusammenhängen zum Einsatz kommt und insofern nie ganz ›sie selbst‹ ist«.[203]

Im Recht treten diese Figuren der Souveränität unter anderem als Spielart autonomer Subjekte auf, welche in Gründungsmythen und (Gesellschafts-)Vertragstheorien des Rechts handeln. Vesting bezeichnet den Typ der Subjektivität, die Hobbes im theoretischen Einsatz eines fiktionalen vorrechtlichen Naturzustandes inszeniert etwa als »Hobbes' Herrschersubjekt«.[204] Allerdings kommt es nicht nur auf die in den rahmenden Erzählungen dieser Gesellschaftstheorien handelnden Figuren an, sondern auch auf den gesellschaftlichen Kontext, in dem diese in Szene gesetzt werden. Das führt im Anschluss an gängige Gesellschaftsvertrags-Ideen grob heruntergebrochen zu der Vorstellung, dass es staatliches und zwangsbasiertes Recht brauche, weil es wenigstens gedanklich so etwas wie einen vorrechtlichen Naturzustand gibt oder gegeben hat, in dem keine (rechtliche) Ordnung, und das bedeutet Krieg, herrsche. Geltendes bzw. in Geltung zu setzendes Recht wird in diesem Sinne für notwendig gehalten, um ein friedliches und geordnetes Zusammenleben zu ermöglichen bzw. zu gewährleisten. Dabei geht es Hobbes zwar nicht

203 Friedrich Balke, *Figuren der Souveränität,* Paderborn: Fink 2009, S. 10. Daher wird die »Institutionalisierung einer souveränen Person an der Spitze der gesellschaftlichen Hierarchie« in einer »funktional ausdifferenzierten Gesellschaft« auch nicht hinfällig.

204 Vesting, op. cit., S. 59.

»um die historische Genese der Staatlichkeit« aber sein »Gedankenexperiment wird doch insofern naturalisiert, weil er zur Begründung der Notwendigkeit des Staates durch den Gesellschaftsvertragsschluss herangezogen wird.

Entgegen dieser Annahme und unter anderem vor dem Hintergrund von Butlers Beschäftigung mit liberalen (Gesellschafts-)Vertragstheorien möchte ich die These entwickeln, dass Gründungsmythen des Rechts, die ihre Wirkmacht mit Hilfe der Figur der Souveränität entfalten, der menschlichen Bedingung des Rechts nicht gerecht werden können. Sie bemühen sich zwar um Antworten, tragen aber im Gegenteil dazu bei, Alteritätserfahrungen in einem nahezu traumatischen Gestus zu verdrängen. Butler analysiert die Imagination eines Naturzustandes, der fiktional als eine Art vorrechtliche Ursprungsszenerie für gesellschaftsvertragliche Abkommen ausgestaltet wird, als »Phantasma der Souveränität«. Für diese Analyse nimmt Butler Anleihen an der psychoanalytischen Unterscheidung zwischen Fantasie und Phantasie.[205] Fantasie beziehe sich auf einen bewussten Modus der Imagination, der einem Tagtraum oder einer Wunschvorstellung gleiche. Phantasie bezeichne hingegen eine unbewusste Aktivität, die mit Hilfe von Projektion funktioniere und Grenzen zwischen Affekten verschwimmen lasse, die durch diese im Subjekt entstehen.[206] Dabei ist entscheidend, dass der oft durchaus bewusst als Begründung für rechtliche Staatlichkeit und dessen theoretischer Rekonstruktion herangezogene Naturzustand zwar als Ausgangspunkt menschlicher Sozialität imaginiert werde, die Erzählung selbst aber stets zu spät einsetze. Denn am Anfang der Erzählungen vorrechtlicher Naturzustände stehe meist ein souveränes, männlich imaginiertes Subjekt, ohne dass auf die Bedingungen dieser Subjektwerdung eingegangen wird. Butler spitzt zu:

> »*Er* hatte Glück und entsprang der Einbildungskraft liberaler Theoretiker als schon ganz erwachsen, ohne Beziehungen, jedoch sehr wohl ausgestattet mit Zorn und Begehren, zuzeiten durchaus eines Glücks oder einer Selbstgenügsamkeit fähig, die von einer natürlichen Welt ganz ohne andere Menschen abhingen«.[207]

205 Butler bezieht sich auf Susan Isaacs, Melanie Klein und den Begriff der Urphantasien bei Siegmund Freud, vgl. m. w. N., Butler, op. cit., S. 35.

206 Es geht nicht darum, diese starre und als strikte Trennlinie letztlich inakzeptable Unterscheidung von bewussten und unbewussten geistigen Zuständen hervorzuheben, sondern darum, dass dieses Souveränitätsphantasma als geronnener Ausdruck von sozialer Macht und struktureller Gewalt, ähnlich wie bei anderen struktureller Diskriminierungsformen, auch unbewusst zur Formung von Subjekten beiträgt, weil darin letztlich ein »tiefliegendes und tödliches Muster des Geistes« zu Tage trete. Im Original heißt es »deep and lethal patterns of the mind«, ibid., S. 61.

207 Judith Butler, *Die Macht der Gewaltlosigkeit. Über das Ethische im Politischen,* Berlin: Suhrkamp 2020c, S. 54. Die Hervorhebung ist von AM.

So wird aber die (alteritätsethische) Bedingtheit der Figuren, die in dieser Geschichte Handeln, unterschlagen bzw. aus der Geschichte herausgeschrieben. Sie bleiben als selbstverständlich autonom agierend im Gedächtnis.

> »Anders gesagt wird das Individuum, das uns als erster Moment des Menschlichen vorgestellt wird, [...] gesetzt, als wäre dieses Individuum nie Kind gewesen, als hätte nie jemand für es gesorgt, als sei es nie von Eltern und Verwandten oder von sozialen Beziehungen abhängig gewesen, um überleben, um wachsen und (mutmaßlich) lernen zu können«.[208]

Diese Unabhängigkeit, oder wie Butler schreibt, die phantasmatische Eigenschaft des ersten Mannes oder in der Konstellation des Naturzustandes, in denen ein Krieg aller gegen aller imaginiert wird, der ersten Männer, schreibt sich in eine bestimmte Vorstellung von Geschlecht als gesellschaftlicher Erwartungshaltung und dessen Repräsentation ein. Spätestens damit wird deutlich, was auch auf anderen Ebenen, etwa der Arbeitsteilung relevant ist: »The social contract, as many feminist theorists have argued is already a *sexual contract*«.[209] Der geschlechtertheoretische Zugriff ist an dieser Stelle aufschlussreich, weil er zeigt, wie schon in den Gründungsmythen modernen Rechts eine ganz bestimmte gesellschafts- und normgeprägte Vorstellung von Subjekten *im* Recht und auch *durch* Recht wirksam wird, die ausschlaggebend für die tatsächliche soziale Lebensform ist. Geschlechter und Begehrensordnungen ähneln der Wirkweise rechtlicher Geltungskraft, weil sie bestimmte Lebensweisen und Identitäten als normal oder wünschenswert fingieren, die ihrerseits jedoch äußerst unzureichend in der Lage sind, das zu beschreiben, was *da tatsächlich ist.* Vulnerabilität und Alterität werden so, ähnlich wie im modernen Recht, als menschliche Bedingung dieser Ordnungen nicht hinreichend reflektiert. Die verschiedenen Arten von ordnender Macht greifen in Gesellschaftsvertragstheorien ineinander, weil Interdependenz und Verletzlichkeit nicht nur aus der Geschichte des Naturzustandes herausgeschrieben werden, sondern auch dem Idealtypus männlicher Subjektivität abgesprochen werden. Und diese bildet in der Folge das imaginative Vorbild von Rechtssubjektivität. Das Bild einer autonom und unabhängig handelnden Figur steht jedoch im krassen Gegensatz zu der von Butler entwickelten relationalen Ethik

208 Ibid., S. 53.

209 Butler, op. cit., S. 38. Brigitte Bargetz kommt mit Verweis auf Forschungen in diesem Feld von *Patemann* (1988), *Wittig* (1992) und *Mills* (1997) zu dem Ergebnis: » [T]he idea of both national and subjective sovereignty, [...] is neither neutral nor innocent: ultimately it is a capitalist, racist, and masculinist one«, vgl. Brigitte Bargetz, »Haunting sovereignty and the neurotic subject: contemporary constellations of fear, anxiety and uncertainty«, in: *Citizenship Studies*, 25: 1 (2021), S. 30.

der Interdependenz und Verletzlichkeit. Denn in dieser wird im Ausgang von Lévinas Vulnerabilität die grundlegende Abhängigkeit von Anderen herausarbeitet, um das (Über-)Leben als verallgemeinerbare geteilte menschliche Existenz und deren Bedingung zu sichern. Das bedeutet auch, die responsive Subjektwerdung als alteritätsethische und menschliche Existenz zu erfassen, deren geteilte Bedingung wie folgt lautet: »Wir alle beginnen unser Leben, indem wir anderen überantwortet sind, eine Lage, die zugleich passiv und belebend ist«.[210] Die Szenerie in Hobbes Naturzustand sieht anders aus. Wir begegnen hier einer Ansammlung erwachsener und autonom phantasierte Subjekte, die sich in ständiger Furcht vor dem Krieg aller gegen aller befinden. Butler schreibt, dass es hier nur *eine Art* von Individuum zu geben scheint: »selbstgenügsam, ohne Abhängigkeiten, [...] und ohne Bedürfnis nach anderen«.[211] Damit stellt sich die Frage, wer in diesem Szenario, welches rechtliche Souveränität imaginativ rahmen soll abwesend ist.

bb. An- und Abwesenheiten im rhetorischen Einsatz des Naturzustandes

Das Narrativ des Kriegs aller gegen aller wird zwar in den meisten (gesellschafts-)vertraglichen Theorien durchaus als Fiktion benannt und offengelegt, jedoch ist es auch dort, wo es bewusst als Fiktion verwendet wird, eine sehr machtvolle Fiktion. Denn in einem rhetorischen Einsatz bildet der vorgestellte Naturzustand den Rahmen der kollektiven Imagination in Bezug auf Recht als Ordnungsmacht, wird aber zugleich als imaginierte Bedingung desselben eingesetzt. Der Rahmen dieser Erzählung soll, wenn er bewusst und als Gedankenexperiment inszeniert wird, also die Realität zwar nicht repräsentieren, jedoch kommen in ihr entscheidende Wertungen in Bezug auf die bestehende Realität zum Ausdruck, die bei fortschreitender Eingravierung dieser Erzählungen in das kulturelle Gedächtnis Folgen zeigen. Die Fragen, die an das »imaginative Rahmenwerk« bzw. – wie es in der deutschen Übersetzung Butlers heißt – an den »imaginären Schauplatz«[212] der nachfolgenden theoretischen Überlegungen zu Recht und Ordnung gerichtet werden müssen, sind daher: »Was kann hier dargestellt werden und was nicht? Was ist vorstellbar und unter welchen Bedingungen?«[213] Es sei allerdings nicht nur schwierig, Spuren von Interdependenz und Verletzlichkeit in dieser Erzählung zu finden, sondern es finde sogar eine »Auslöschung von Alterität« in dieser Erzählung statt:

210 Butler, op. cit., S. 68.
211 Ibid., S. 45.
212 Ibid.
213 Ibid., S. 46.

> »Da der Naturzustand nach einer seiner wirkmächtigsten Varianten eine Prähistorie des sozialen und wirtschaftlichen Lebens sein soll, bildet die Auslöschung von Alterität die Vorgeschichte dieser Vorgeschichte; sie lässt vermuten, dass es sich nicht nur um das Ausspinnen einer Phantasievorstellung handelt, sondern dass wir hier dieser Phantasievorstellung eine Geschichte geben – mutmaßlich die Geschichte des Mordes, der keine Spuren hinterlässt«.[214]

Vor dem Hintergrund dieses Ausschlusses bekommt ein Naturzustand (der als Krieg verschiedener autonomer Männer gegeneinander imaginiert wird, dessen Szenerie aber nicht als Tabula Rasa vorgefunden worden sein kann, sondern auf einer Art »eigens *leergewischte[n]* Tafel« skizziert wurde) eine neue Bedeutung:[215] Das traumatisch Ausgeschlossene, die Abhängigkeit von Anderen, bricht in ihr wider Willen hier und dort hervor. In diesem Sinne wird der Text in einer dekonstruktiven Lesart vom Geist der Alterität »heimgesucht«.[216] Derrida spricht von einem »Spuk« der Alterität.[217] Und dieser hinterlasse Spuren der Abwesenheit bzw. »Nicht-Präsenz der Anderen«, die sich in die Bedeutung des Textes im Hier und Jetzt immer wieder neu einschreibe.[218] In diesem Sinne enthält der Text, auch wenn Alterität, wie Butler schreibt, aus ihm herausgeschrieben wurde, die Spuren dieser Verdrängung. Und diese Verdrängung der Alterität in recht-fertigenden Narrativen prägt in der Folge auch das kollektive Gedächtnis, welches Recht

214 Ibid., S. 54.

215 Ibid.

216 Im französischen Original heißt es bei Derrida »le texte est hanté«, vgl. Jacques Derrida, *Force de loi. Le »fondement mystique de l'autorité«*, Paris: Éd. Galilée 2005g, S. 68. Ganz in diesem Geiste schöpft Derrida den Neologismus der »*hantologie*«, was auf Französisch nicht unterscheidbar von der »ontologie« ist: »Appelons cela une *hantologie*. Cette logique de la hantise [est] plus ample et plus puissante qu'une ontologie ou qu'une pensée de l'être«, Jacques Derrida, *Spectres de Marx. L'état de la dette, le travail du deuil et la nouvelle Internationale,* Paris: Éd. Galilée 1993b, S. 31.

217 Ibid., S. 272.

218 Vgl. Derrida, op. cit., S. 103. Im Original spricht Derrida von der »Spur« (»trace«) der »non-présence de l'autre inscrite dans le sens du présent«. Zur Funktion dieser »Spuren« und ihrer Bedeutung für das Spiel der »différance« im Text, vgl. Jacques Derrida, *Positions. Entretiens avec Henri Ronse, Julia Kristeva, Jean-Louis Houdebine, Guy Scarpetta,* Paris: Éd. de Minuit 1995, S. 38. Hier heißt es: »La différance, c'est le jeu systématique des différences, des traces de différences, de l'espacement par lequel les éléments se rapportent les uns aux autres.» Und weiter: » [U]n élément [...] ne signifie, ne [...] donne ›sens‹ qu'en renvoyant à un autre élément passé ou à venir, dans une économie des traces«, ibid., S. 40.

als kulturell bedingtem Phänomen Stabilität verleiht.[219] Denn es kommen durchaus auch andere als die soeben skizzierten autonomen Subjekte in der Erzählung vor. Etwa, wenn es darum geht, dass Konkurrenz in einer Trias mit dem Streben nach Sicherheit und Ansehen als in der menschlichen Natur verankerte Konfliktursache skizziert wird. Denn, so Hobbes, sie

> »veranlaßt die Menschen [men], wegen des Gewinns anzugreifen [...], um sich zum Herrn von anderer Menschen Personen [mens persons], Frauen, Kinder und Vieh zu machen«.[220]

Andere Menschen werden also vor allem als andere erwachsene, potenziell konkurrierende Männer vorgestellt, die sich zu den nachfolgend genannten Gruppen lediglich in Beherrschungsverhältnissen positionieren und diese weder als Vertragspartner:innen ansehen noch die eigene Abhängigkeit von ihnen thematisieren. Dabei stattet die spezifische Dynamik der Furcht das Subjekt mit einem Gespür für die Möglichkeit der Herrschaft über das Selbst und die Welt aus und begünstigt die Illusion autonomer Handlungsfähigkeit.[221]

cc. Erzählungen von Autonomie vs. relationale Abhängigkeit zur Begründung von Recht

Der vorrechtliche Naturzustand und die darin evozierte Vorstellung autonomer und souveräner Subjekte ist also zusammengefasst phantasmatisch in Bezug auf die Souveränität,[222] weil dem bindenden und interdependenten Charakter der sozialen Bindungen nicht Rechnung getragen

219 Oliver Machart unterscheidet im Kontext kollektiver Gedächtnisbildung und den dafür erzählten Geschichten verschiedene »negatorische« Praktiken des Vergessens: Verdrängung, Verleugnung, Verwerfung, die er in strategischer Hinsicht bezogen auf Gemeinschaftsbildung mit verschiedenen Effekten verbindet. Die hier bestehende Verdrängung ist dabei jene Strategie, welche Gegenpositionen verdrängt oder jedenfalls zum Schweigen bringt. Vgl. dazu Oliver Marchart, »Das historisch-politische Gedächtnis. Für eine politische Theorie politischer Erinnerung«, in: Christian Gerbel u.a. (Hg.), *Transformationen gesellschaftlicher Erinnerung. Zur »Gedächtnisgeschichte« der Zweiten Republik*, wien: Turia + Kant 2004, S. 29.

220 Hobbes, op. cit., S. 254–255. In Klammern wurde das englische Original zugefügt. Zwar werden Hobbes' Männer (»men«), nahezu durchgehend mit »Mensch« übersetzt, jedoch zeigt sich die geschlechtlich männlich konnotierte Imagination der Protagonisten seiner Erzählung im Kontext.

221 Bargetz, op. cit., S. 24.

222 Butler nennt ihn »phantasmatic« oder »phantasmagoric« in Bezug auf das Zusammenspiel von sozial geteilten bewussten und unbewussten Fantasien, vgl. Butler, op. cit., S. 35.

wird.[223] Das wirkt sich auch auf die normative Verwendung dieser Erzählungen für die Konzeption oder Rekonstruktion des Phänomens Recht als gesellschaftlicher Ordnungsmacht aus. Cover betont: »[E]very Narrative is insistent in its demand for its prescriptive point, its moral. History and literature cannot escape their location in a normative universe«.[224] Souveränität ist also nicht nur ein Rechtsbegriff, sondern in der westlichen Moderne auch und vor allem eine »Figuration des Imaginären im gesellschaftlichen Raum«.[225] Wenn sich eine Denkfigur im Recht festigt, dann wirkt sie in ihrer Geltungskraft zugleich auch auf das kulturelle Gedächtnis zurück und wird auch in der gesellschaftlichen Vorstellungskraft stabiler. Dennoch lässt sich und wird auch an die Spuren der verdrängten alteritätsethischen Bedingung der Rechtsordnungen angeknüpft. Sozialphilosophische und post-juridische Ansätze betonen, dass das »Soziale nicht nur Gegenstand der Betrachtung, sondern zugleich auch normativer Maßstab« sein müsse.[226] Das hier gemeinte »Soziale« bezieht sich auf den bei Marx und Hegel zum Ausgangspunkt erhobenen sozialen Freiheitsbegriff und damit auf die »Tatsache, dass der Mensch ein soziales Wesen sei, und nur als solches existieren könne«,[227] was ich oben als unhintergehbare menschliche Bedingung des Rechts, im Sinne einer alteritätsethischen, »radikalen Dependenz«[228] menschlicher Subjektwerdung thematisiert habe.

Damit rechtlich erhobener Geltungsansprüche in Geltung erstarken können, indem sie für notwendig gehalten werden, kommt es darauf an, dass die alteritätsethische Bedingung ihrer Genese, die womöglich einen anderen Sinn von Recht aufruft, überschrieben wird. Dabei kommen jedoch nicht nur Praktiken des Glaubens, sondern auch verschiedene Praktiken der Gewalt zum Einsatz, etwa rechtsetzende und rechtserhaltende

223 Diese universalisierbare Bedingung der Verletzlichkeit und Bezogenheit wird bei ihr zum argumentativen Motor, normativ eine soziale Gleichheit anzuvisieren: » [I]nterdependency, though accounting for differentials of independence and dependence, implies social equality: each is dependent, or formed and sustained in relations of depending upon, and being depended upon«, ibid., S. 16. Es sind diese sozialen Bindungen, die subjektkonstituierend wirken und eine Politik der Nicht-Gewalt, der Solidarität erforderlich machen, ibid., S. 15.

224 Cover, op. cit., S. 5.

225 Rebekka A. Klein und Dominik Finkelde (Hg.), *Souveränität und Subversion. Figurationen des Politisch-Imaginären,* Freiburg, München: Verlag Karl Alber 2015, S. 9.

226 Vgl. dazu m. w. N., Hannah Franzki, »Post-Juridische Rechtstheorien: Benjamin, Menke, Loick«, in: Sonja Buckel u.a. (Hg.), *Neue Theorien des Rechts* 2020, S. 73.

227 Ibid., S. 75. Vgl. auch Loick, op. cit., S. 222.

228 »[R]adical dependency«, vgl. Butler, op. cit., S. 41.

Gewalt.[229] In Gesellschaftsvertragstheorien und deren rahmenden Erzählungen hängen Vorstellungen von ungebändigter menschlicher Gewalt eng mit der (rechtlichen) Konstruktion von Souveränität zusammen. So ist es in Hobbes Naturzustand vor Beweggründen der Kooperation, schwerpunktmäßig das Motiv der Furcht vor der (imaginierten) Gewalt der Anderen, das im Zusammenhang mit einer verdrängten Bedingung eigener Vulnerabilität unserer Hauptfiguren[230] eine neue Lesart ermöglicht. Die Furcht vor potenzieller Gewalt der Anderen will Hobbes durch eine (Ehr-)Furcht vor einer größeren, selbstgeschaffenen Gewalt ersetzen, die in der Figur des Leviathans ein allgemeingültiges Recht in Geltung halten soll. Wird diese Erzählung jedoch in ihren Grundfesten erschüttert bzw. nicht mehr als überzeugend bewertet, weil sie eine wesentliche Erfahrung oder Gegebenheit – hier die Alteritätserfahrung – nicht ausreichend reflektiert, dann könnte sie ihre Wirkmacht einbüßen. Sollte diese Erzählung an Glaubwürdigkeit bzw. Überzeugungskraft verlieren, geht damit aber nicht zwingend ein Geltungsverlust modernen Rechts einher, allerdings treten Anknüpfungspunkte hervor, mit denen es hinterfragt werden kann. Etwa, inwiefern Narrative der Autonomie oder der Souveränität ausschlaggebend für einen Rechtsglauben sind, der performativ zur Rechtsgeltung beiträgt, oder ob sie eher rechtliche Gewaltformen legitimieren oder gar als akzeptabel bzw. als notwendig erscheinen lassen. Narrative dienen dann nicht nur als Antriebskraft der Überzeugung oder zur rhetorischen Begründung, um z.B. an die Notwendigkeit eines bestimmten Rechts zu glauben. Sie färben den Begründungsdiskurs auch durch inhaltliche, politische Prämissen und Referenzen. Erst durch diese Färbung ermöglichen sie weitere Prozesse von Bedeutungs- und Geltungsgenerierung innerhalb des Rechts, indem sie dessen Interpretation und Anwendung prägen.

229 Ein (kritisches) Archiv souveräner Staatsgewalt stellt Stewart Motha zur Verfügung und gliedert vor allem im Kontext imperialer Staaten Beispiele, in denen eine ursprüngliche Gewalt im Wege von Gerichtsurteilen Urteilen perpetuiert wird und dem Recht eine erhaltende und erneuernde Funktion nicht zuletzt in der Archivierung dieser Gewalt zugesprochen wird. Vgl. Stewart John Motha, *Archiving sovereignty. Law, history, violence,* Ann Arbor: University of Michigan Press 2018, 1, 9, 24. Diese historische Arbeit drängt uns dazu, die Zeugnisse, die vom Recht erschaffen wurden und die zugleich Geschichte(n) der souveränen Macht schreiben, neu zu überdenken. Vgl. Menis, 2020, S. 99.

230 Vgl. für eine Analyse, auch mit Blick auf die Konstellation Angst und Verletzlichkeit sowie hinsichtlich aktueller Rechtsordnung und -gewalt, die im Hinblick auf alteritätsethische Entwürfe von Recht und deren emanzipativen Potential im weiteren Verlauf der Arbeit noch aufgegriffen wird: Benno Zabel, »Recht, Angst, Vulnerabilität«, in: *Rechtswissenschaft*, 11: 3 (2020).

dd. Ausschluss der Anderen und das Problem mit den Ursprüngen

Ein weiterer Anknüpfungspunkt für die alteritätsethische Infragestellung geltenden Rechts ist, dass die aus dem Naturzustand herausgeschriebenen Menschen zwar nicht als Autor:innen, dennoch aber als Adressat:innen der konzipierten Rechtsordnung, und zwar als von Rechtsgeltung Betroffene, wieder in ihr auftauchen. Sie sind damit Ausgeschlossene und Betroffene zugleich. Zeitgenössische Beispiele verschiedener Grade dieser Ausgeschlossen- aber Betroffenheit reichen von geflüchteten Menschen, Menschen mit rechtlich nicht gleich anerkannten Geschlechtsidentitäten oder »a-normal« bewerteten sozialen oder körperlich-geistigen Verfassungen, über Tiere, Wälder und Flüsse bis hin zum Planet Erde. Das hierbei zu artikulierende Problem der Ungerechtigkeit ist, dass Menschen und andere Wesen und Dinge von Recht und dessen Geltungswirkungen teils sogar schwerwiegender als (potenzielle) Rechtssubjekte betroffen sind, jedoch ihrerseits rechtspraktisch und rechtstheoretisch größtenteils (noch) nicht als relevante bzw. gleichberechtigte Autor:innen dieses Rechts gedacht werden.[231] Der traumatische Ausschluss der Alterität der als in verschiedener Hinsicht als *anders* Erfahrenen (Menschen, Wesen, Dingen, Gemeinschaften, usw.) wird mit Bezug zu Praktiken (sprachlicher) Gewalt im Recht von post-juridischen Denkströmungen thematisiert. Ein wichtiger Ausgangspunkt ist dabei die Kritik an der Idee einer ursprünglichen, rechtssetzenden Gewalt, die im alteritätsethischen Sinne als Anmaßung der Macht über Andere verstanden werden kann. Hier geht es abermals um die Einsicht in den Abgrund, das Wegfallen tragender Gründe und stabiler Begründungsstrukturen als Wesensmerkmal von (rechtlicher) Gewalt. Diese setzt sich in der rechtserhaltenden Gewalt nicht nur fort, um die Ordnung aufrecht zu erhalten und gegen fremde Ansprüche abzusichern, sondern übt in dieser (polizeilichen) Tätigkeit erneut rechtssetzende Gewalt aus.[232]

231 Diese Problemlage auf dem Feld der Rechte von Menschen mit geistiger Behinderung, aber auch ganz grundlegend adressierend, indem Überlegungen einer rechtlich relevanten Rekonstruktion des Menschenwürdebegriffs jenseits von Rationalität aufgestellt werden, vgl. Regina Schidel, *Relationalität der Menschenwürde. Zum gerechtigkeitstheoretischen Status von Menschen mit kognitiven Beeinträchtigungen,* Frankfurt: Campus Frankfurt / New York 2023).

232 Vgl. dazu genauer die Benjamin'sche Kritik der Gewalt, rezipiert und weitergedacht in post-juridischen und in alteritätsethischen und dekonstruktiven Ansätzen zum Recht. Überblicksartig zur ersten Strömung Franzki, op. cit. Für Letztere: Matthias Flatscher und Sergej Seitz, op. cit. Wobei diese »Ansätze [...] zwar eine Instanziierung von Recht angedacht, aber nicht weiter institutionentheoretisch ausbuchstabiert haben. Eine systematische Explikation dieser alteritätsorientierten dekonstruktiven Überlegungen steht noch

Der Souveränitätsmythos, der mit der Erzählung einer ursprünglichen rechtskonstituierenden Gewalt, und zwar dem Gesellschaftsvertragsschluss, einhergeht, stilisiert diesen Moment zu einem tatsächlichen Ort, einer Art normativem Fluchtpunkt des Rechts und sakralisiert ihn als unantastbar. Dies ist jedoch schon vor dem Hintergrundproblematisch, dass

> »Anfänge bekanntlich nicht beobachtbar [sind]. [...] In jedem Fall sind Mutmaßungen über den Anfang dazu verurteilt, das Ereignis zu verfehlen. Die Instituierung eines Systems bleibt seine blinde Stelle, die Aporie, oder wie immer es in den einzelnen Theoriesprachen heißt, um auszudrücken, dass den Stets-Nachträglichen eine Aussage über den Anfang verwehrt ist«.[233]

Oder mit Derrida: »Tout commence avant de commencer«.[234] Als Beispiel für eine rechtliche, textliche Verankerung, die sich als eine Art nachträgliches Zeugnis der Inszenierung eines solchen Anfangens lesen lässt, kann die Präambel des Grundgesetztes herangezogen werden. Wird Recht als Kultur verstanden oder zumindest seiner kulturellen Bedingung Rechnung getragen, lesen sich solche Bezüge als explizite Nennung einer lebensweltlichen Verankerung. Recht wird als menschengemachtes Phänomen verständlich, als eine Praxis, die wie

> »[d]ie Fähigkeit, das Gesetz zu geben, durch eine praktische Kultur und ihre Traditionen begleitet [wird], derer sich niemand bemächtigen kann«.[235]

Allerdings ist relevant, *welche* Bezüge explizit gemacht bzw. ausgewählt werden, *welche* Geschichten im Recht und seiner Reflektion aufgegriffen, erzählt und weitererzählt werden. Es kommt darauf an, wer in rechtfertigenden Narrativen erwähnt wird, in der Sprache des Rechts darstellbar ist und in wessen Namen (Recht) gesprochen wird. Im deutschen Grundgesetz deute ich paradigmatisch für die alteritätsethische Bedingung etwa die verschiedenen Bezüge in der Präambel vor dem Gesetz. Sie erzählt vom Volk und dem »Bewusstsein seiner Verantwortung vor

aus«, ibid., S. 184. Wenn auch nicht systematisch, so könnten die hier verfolgten Überlegungen doch als ein Beitrag zu einem dekonstruktiven und alteritätsethischen Verständnis des Rechts hinführen, indem die Rolle des Hörens untersucht wird.

233 Vgl. Cornelia Vismann, »Die Macht des Anfangens«, in: *Zeitschrift für Medien- und Kulturforschung*, 2: 2 (2011), S. 57–58. Vismann beobachtete hier, »dass Juristen keine Schwierigkeiten mit dieser Einsicht in die aporetische Grundstruktur des Rechts haben. Sie operieren in einem System mit bestimmten funktionalen Vorgaben, eine logische Konsistenz oder gar eine umfassende Wahrheit beanspruche das Recht nicht«.

234 Derrida, op. cit., S. 255–256.

235 Thomas Vesting, »Das moderne Recht und seine Abhängigkeit von einer institutionsgebenden Macht«, in: *Potential regieren*, S. 120.

Gott und den Menschen« und referiert damit auf *etwas anderes* als das Gesetz. Zugleich wird letzteres so verortet und dessen Anfang in Szene gesetzt. Damit entsteht jedoch rückwirkend erst ein imaginierter Ort »Vor dem Gesetz«, vor dem ein Mensch stehen kann, und zugleich ist damit die wirksam werdende Fiktion ins Spiel gebracht, dass es ein *vor dem Gesetz* sowohl zeitlich als auch örtlich streng genommen überhaupt gibt, worauf Derrida in der weiter oben bereits ausführlicher behandelten Kafka-Lektüre »Préjugé« anspielt.[236]

Zusammenfassend lässt sich für das Beispiel der als Gedankenexperiment angelegten Erzählung eines Naturzustandes in Hobbes Schriften festhalten, dass sie als Anfang aller rechtssetzender Gewalt konzipiert ist. Ihr rhetorischer Einsatz ist allerdings von einer »Annihilation der Alterität« geprägt, der beispielhaft von einer nicht notwendigen, wohl aber »ursprünglichen Gewalt« gegenüber der Alterität in den Gründungsmythen modernen Rechts zeugen kann.[237] Es ist daher ein Beispiel epistemischer Gewalt. Sie beruht auf

> »Verleugnung oder Verdrängung des Bezogenseins auf Andere(s) – oder, anders gesagt: eine Verleugnung oder Verdrängung des Antwortenmüssens«.[238]

Antworten zu müssen ist dabei ein Ausdruck der unhintergehbaren alteritätsethischen Bedingung der Subjektwerdung, in dessen Zuge im vielstimmigen Anspruch der Anderen eine alteritätsethische Überforderung entsteht, die zu einem (alteritätsethisch sensiblen) Recht herausfordert. Rechtlich erhobene Geltungsansprüche werden lesbar als Ausdruck der Vorstellung, dass in *rechtlicher* Art und Weise auf die menschliche Bedingung geantwortet werden *muss*. Dabei ist aber nicht immer explizit, worauf genau Recht als Ordnungsmacht selbst eigentlich antworten soll. In der hier exemplarisch herangezogenen Erzählung des Naturzustands ist es womöglich die (für den Frieden) notwendige Antwort auf einen vorrechtlichen gewaltvollen Zustand der Menschen. In alteritätsethischer Hinsicht lässt sich diese Vorstellung, d.h. rechtlich genauso und nicht anders antworten zu müssen (respektive die dazugehörige juristische Erfahrung, die rechtliche Antwort als geltend zu erleben), als Anmaßung von Macht über *Andere* verstehen. Denn sie enthält, in den Worten von Lévinas, jedenfalls ihrerseits immer auch die Spuren einer »Fahnenflucht« bezogen auf ihre alteritätsethische Verantwortung.[239]

Wenn also Phantasien der Souveränität brüchig werden, weil sie derzeit allseitig unter Druck geraten und in Frage gestellt werden, braucht es neue bzw. andere (rechtliche) Selbstverständnisse und Erzählungen,

236 Vgl. m.w.N. dazu weiter oben in Kapitel II.2.b.
237 Butler, op. cit., S. 54.
238 Seitz, op. cit., S. 92.
239 Lévinas u.a., op. cit., 73–74 [75].

welche die alteritätsethische Bedingung des Menschen als relationale und rechtschaffende Wesen reflektieren können oder zumindest nicht zu verdrängen suchen. Ist ein post-souveränes Recht denkbar? Von welchen Erzählungen würde es getragen und welchen Sinn würde es verfolgen? Im Kontext dieser Fragen regen sich insbesondere vor dem Hintergrund Zweifel, dass Rechtsdenken als Ordnungsdenken sein Anderes im Sinne des Ausgeschlossenen stets selbst performativ wieder hervorbringt: Ist ein Rechtsdenken, welches die Alteritätserfahrung nicht verleugnet, sondern z.B. aktiv bezeugt, mit ihr also gerecht(er) umgeht, überhaupt möglich? Und handelt es sich dann überhaupt noch um Recht oder um etwas anderes, das eher der Politik oder Ethik zuzuordnen wäre? Ob es sich beim geltenden oder kommenden Recht um ein alteritätsethisch sensibles Recht handelt, entscheidet sich ist nach der obigen Analyse womöglich daran, ob der alteritätsethische Anspruch in diesem Recht gehört und auch auf diesen geantwortet werden kann. Das gilt insbesondere dann, wenn es als notwendige Antwort auf die Herausforderungen der menschlichen Bedingung und in einer medialen Anordnung der Stellvertretung inszeniert wird. Worauf (modernes) Recht überhaupt antwortet, antworten kann und sollte, wird in der Rechtstheorie auch unter dem Schlagwort *Responsivität* thematisiert, was ich im nachfolgenden Kapitel unter besonderer Berücksichtigung des Hörens aufgreife.

3. *Rechtlich* Antworten-Müssen? – Alteritätsethische Ir-/Responsivität des Rechts

In der alteritätsethischen Exposition muss sich geltendes Recht in doppelter Weise verantworten: Einerseits hinsichtlich der Frage, ob es gerechte Antworten auf die alteritätsethische Herausforderung bereithält; andererseits, indem geltendes Recht nicht nur als irgendeine, sondern als *notwendige* Antwort auf Herausforderungen der menschlichen Bedingung von Recht inszeniert wird. Bei Letzterem stellt sich jedoch die Frage, ob es der Autorität, in deren Namen es Geltung beansprucht, gerecht werden kann. Diese Fragen lassen sich gebündelt unter dem Schlagwort der Responsivität des Rechts thematisieren, wobei ich zwischen zwei Arten von Responsivität und Irresponsivität bezüglich des alteritätsethischen Anspruchs unterscheide (a.). Die oben skizzierte mediale Anordnung der Stellvertretung, in der rechtlich Anspruch auf Geltung erhoben wird, ließe sich bei mangelnder Responsivität vor diesem Hintergrund auch als alteritätsethische Anmaßung bezeichnen. Und zwar insbesondere dann, wenn das Narrativ aufrechterhalten wird, nicht nur *rechtlich* im Namen Anderer oder gar aller Anderen, antworten zu können, sondern dies sogar *zu müssen* (b.).

a. Alteritätsethische Ir-/Responsivität des Rechts

Die Frage, worauf (modernes) Recht antwortet bzw. antworten kann und sollte, wird vermehrt unter dem Schlagwort der Responsivität thematisiert. Dabei adressiert die Rede von Responsivität oder Irresponsivität des Rechts allerdings sehr verschiedene Bedeutungszusammenhänge. Zum einen kann es darum gehen, wie sensibel bzw. wie genau Recht im Einzelnen dazu in der Lage ist, auf gesellschaftliche Entwicklungen einzugehen und so im übertragenen Sinne auf diese zu antworten. Diesbezüglich wäre der springende Punkt, ob Recht überhaupt responsiv zu dem sein kann, *was da ist*. Zum anderen betrifft die Thematik das Recht als Phänomen insgesamt, im Sinne einer menschen-gemachten Antwort auf (potenzielle) gesellschaftliche Konflikte. In dieser Hinsicht wäre Recht responsiv in Bezug auf eine grundlegende soziale Fragestellung oder Aufgabe. Etwa, in Bezug auf den Wunsch nach einem friedlichen bzw. gewaltarmen Zusammenleben. Die zweite Annäherung, Recht insgesamt als Antwort auf grundlegende Fragen des menschlichen Zusammenlebens zu verstehen, verträgt sich mit der Lévinas'schen Idee einer alteritätsethisch bedingten Herausforderung des Rechts, die ich im ersten Unterkapitel zur alteritätsethischen Exposition des Rechts dargelegt habe.[240] Recht wäre in dieser Lesart insofern responsiv, als dass es als Antwort auf die alteritätsethische Überforderung in der menschlichen Bedingung entsteht, bzw. entstehen muss. Darüber hinaus scheinen auch rechtliche Gründungsmythen, wie z.B. jene die einen vorrechtlichen Naturzustand bemühen, Recht in diesem Sinne zu begründen. Dabei stellt sich aber – unter dem Vorzeichen der individuellen alteritätsethischen Überforderung, dem vielstimmigen Anspruch der Anderen gerecht zu werden – jeweils die Frage, inwiefern gerade eine *rechtliche* Antwort angeordnet werden *muss*. Dieser Problemlage geht eine andere Art von Responsivität voraus, und zwar die »Responsivität als Grundlage des ethischen Verhältnisses«.[241] Sie kennzeichnet Subjektwerdung in der unhintergehbaren Verpflichtung zu antworten. Waldenfels spricht daher in diesem Bezug vom »*homo respondens*«.[242] Die Subjektwerdung geht mit der eingangs skizzierten Unmöglichkeit der In-differenz im Angesicht der Anderen einher, die ich Antworten-Müssen genannt habe: Sie zeichnet die alteritätsethische Bedingung des Rechts aus. Jedwede recht-

240 Vgl dazu Kapitel II.1.c.

241 Schriever, op. cit., S. 100–101.

242 Waldenfels liest den Menschen als ein antwortendes Wesen, dessen Stimme vom Anruf des Anderen provoziert wird. Der Mensch als antwortendes Wesen kann also nur in Beziehung zu Anderen gedacht werden. Er ist ein »Zwischenwesen«, Bernhard Waldenfels, op. cit., S. 15–16. Waldenfels nennt den Menschen auch »Lebewesen, das Antworten gibt«. Waldenfels, op. cit., S. 62.

liche Responsivität kann dem nur nachträglich sein. Denn sie wird erst vom vielstimmigen Anruf der Anderen alteritätsethisch herausgefordert. Derrida nennt diese Ausgangslage des Rechts einen »Ursprung des Juridischen im Vor-Juridischen oder Nicht-Juridischen«.[243]

aa. Worauf antwortet Recht?

Die skizzierte Bedeutung von Responsivität im Zusammenhang mit Recht als Phänomen der Geltung und seiner alteritätsethischen Verantwortungslage möchte ich nun entlang der oben eingeführten Unterscheidung zwischen alteritätsethischem und rechtlichem Geltungsanspruch ordnen. Daher werde ich auch im folgenden Abschnitt zwischen alteritätsethischer und rechtlicher Responsivität unterscheiden. Mit rechtlicher Responsivität meine ich einerseits, dass Recht als gesellschaftliches Phänomen überhaupt als antwortend interpretiert oder in seinen Geltungsansprüchen als eine immer schon *auf etwas* antwortende Ordnung wahrgenommen wird. Das bedeutet zugleich, dass, falls Recht wirklich Antworten auf faktische Problemlagen bereithalten kann, es immer nur *rechtlich* antwortet. Wie im vorhergehenden Abschnitt zur Anordnung der Stellvertretung des rechtlich erhobenen Geltungsanspruchs bereits präzisiert, meint dies, dass das Recht als Ordnungsmacht nicht selbst antwortet, sondern rechtlich geantwortet wird. Andererseits adressiert die Responsivität des Rechts auch die Verantwortungslage geltenden Rechts, insofern es als Menschengemachtes Phänomen erst nach bzw. dank der oben bezeichneten responsiven Subjektwerdung in der Welt ist. Mit Waldenfels' Terminologie gesprochen, steht damit »Responsivität [...] für eine ›Antwortlichkeit‹, die der Verantwortung für das, was wir tun und sagen, unwiderruflich vorauseilt«.[244] Diese auf etwas unwiderruflich Vorauseilendes verweisende Responsivität des Rechts nenne ich die alteritätsethische Bedingung des Rechts, seine menschliche Bedingung.

Unter der Frage, inwiefern Recht *alteritätsethisch* responsiv ist, möchte ich verhandeln, ob und inwiefern es der alteritätsethischen Herausforderung gerecht werden kann. Das betrifft zum einen die konkreten, rechtlich erhobenen Geltungsansprüche, zum anderen die Frage, ob es als Phänomen insgesamt überzeugend als eine (gerechte) Antwort auf alteritätsethische Herausforderungen der menschlichen Bedingung verstanden werden kann. Dafür knüpfe ich an vier Momente in der Antwortlogik bei Waldenfels an: Erstens gilt es zu bedenken, dass sich die

243 Vgl. Derrida, op. cit., S. 176.

244 Bernhard Waldenfels, *Schattenrisse der Moral,* Frankfurt am Main: Suhrkamp 2006b, S. 57.

vielfältige Einzigartigkeit des alteritätsethischen Anspruchs stets entzieht, und zwar auch in Bezug auf die Differenzierung von Allgemeinem und Besonderem. Diese unendliche Vielfalt bzw. vielfältige Einzigartigkeit besteht zweitens unausweichlich, sie ist unaufhörlich, also eine »*necessitudo* im wörtlichen Sinne«.[245] Der alteritätsethische Anspruch der Anderen unterscheidet sich daher hinsichtlich der Autorität seines Geltungsanspruchs, indem sich die Frage nach einem »Berechtigungsnachweis« nicht stellt.[246] Er gehört »als praktische Notwendigkeit zu den unumgänglichen Voraussetzungen unserer weltlich-sozialen Existenz«.[247] Das dritte Moment der Antwortlogik bei Waldenfels ist gekennzeichnet von der zeitlichen Konstellation der »Diastase«. Das meint zum einen, dass »genuine Nachträglichkeit der Antwort [...] das Primat einer ursprünglichen Gegenwart« untergräbt und zum anderen, dass zugleich die »Antwort [...] den Verzicht auf ein erstes – und somit auch auf ein letztes Wort« bedeutet.[248] Für das Recht ergibt sich aus dieser Diastase meines Erachtens die notwendige Nachträglichkeit der rechtlichen Antwort als solcher. Das heißt zu bedenken, dass jedweder rechtlich erhobene Anspruch auf Geltung in einen vorgängigen und fortbestehenden kulturellen Kontext eingebunden ist. Im vierten Moment der Antwortlogik bei Waldenfels findet sich ein expliziter Verweis auf das Lévinas'schen Erbe seiner Gedanken. Er schreibt, jede Antwort entstehe in einer »unaufhebbare[n] *Asymmetrie*«, weil Anspruch und Antwort nicht in »ein Gemeinsames konvergieren« können.[249] Wechselseitig erscheine sie daher erst »aus dem Blick eines Dritten betrachtet, der Vergleiche anstellt«.[250]

Dieser letzte Punkt könnte Aufschluss darüber geben, inwiefern Recht insbesondere dann als alteritätsethisch responsiv zu verstehen ist, wenn es als (notwendige) Antwort auf eine alteritätsethische Herausforderung in Szene gesetzt wird. Das überschneidet sich mit den oben angestellten Überlegungen zur doppelten alteritätsethischen Herausforderung des Rechts im Verhältnis von (Alteritäts-)Ethik und Politik, die ich als alteritätsethische Überforderung im vielstimmigen Anspruch der Anderen bezeichnet habe. Wie mit dieser Lesart von Lévinas' Figur des Dritten oben nachgezeichnet wurde, kommt dem Recht die Aufgabe zu, ein Maß für das Unvergleichbare zu finden.[251] Diese Herausforderung ist jedoch nicht allein durch die Imagination eines (vermeintlich) neutralen, richtenden, dritten Standpunktes einzuholen. Vielmehr kann ein Umgang mit dieser Herausforderung des Rechts auch in »wiederholbare[n] Gestalten

245 Waldenfels, op. cit., S. 63.
246 Ibid., S. 64.
247 Ibid., S. 63.
248 Ibid., S. 65.
249 Ibid., S. 66–67.
250 Ibid.
251 Dazu in Kapitel II.1.c.

allgemeine[r] Regeln und Gesetze« [252] zu finden sein, in denen der vielstimmige Anspruch der Anderen in Resonanz geraten ist. Als normative Prozesse sind sie Ausdruck einer kollektiven Verständigung und Vermittlung vielstimmiger Ansprüche, entgehen aber ihrerseits nicht dem Schicksal, im Ergebnis alteritätsethisch ungerecht zu sein:

> »[I]ndem der fremde Anspruch einem allgemeinen Gesetz unterworfen und derart gleich*gesetzt* wird, was nicht gleich *ist*, wohnt der Gerechtigkeit stets ein Moment der Ungerechtigkeit inne«.[253]

In diesen Verweisen auf allgemeine Regeln und Gesetze wird ein spezifisches Verständnis von Recht als »Ordnungsform und Ordnungsmacht« bei Waldenfels lesbar.[254] Zudem transportiert dieser Zusammenhang eine Vorstellung rechtlicher Gerechtigkeit als Praxis eines Vergleichens des Unvergleichlichen, die zwar alteritätsethisch ungerecht, aber notwendig sei. Damit steht die alteritätsethische Herausforderung des Rechts bezüglich der Unterwerfung des vielstimmigen Anspruchs unter allgemeine Gesetze im Kontrast zu einem alteritätsethischen Gerechtigkeitsverständnis, dessen Gebote, mit dem oben aufgegriffenen Zitat von Nietzsche gesprochen, lauten müsste: »›Den Gleichen Gleiches, den Ungleichen Ungleiches‹ […] und […] ›Ungleiches niemals gleich machen‹«.[255]

In diesem Spannungsfeld – also der rechtlichen Aufgabe, ein Maß zu finden, ohne die damit zugleich immer auch einsetzende alteritätsethische Ungerechtigkeit in Bezug auf die Einzigartigkeit jeder Situation vermeiden zu können – kann Recht selbst jedenfalls nicht als Quelle der Gerechtigkeit gelesen werden. Ein alteritätsethischer Rechtssinn müsste in dieser Perspektive bzw. in diesem Verständnis von Gerechtigkeit sogar eher weniger davon geprägt sein, einen dritten, vermittelnden oder gar neutralen Standpunkt einzuführen, um auf die Ansprüche all' der Anderen gerechte Antworten zu finden. Die vermittelnde Aufgabe wird bei Lévinas in Bezug auf das Geben konkreter Antworten zum Teil daher auch eher der Sphäre des Politischen zugeordnet. Recht käme dann eher die Aufgabe zu, den Raum, in dem das Politische alteritätsethisch versagt, ordnend für ein Zusammenspiel der (Alteritäts-)Ethik und Politik aufrechtzuerhalten. Daher habe ich die These ins Feld geführt, dass die alteritätsethische Aufgabe des Rechts in der Schaffung von Räumen des Hörens und Gehört-Werdens bzw. in der Organisation einer gerechten Verteilung von begrenzter Aufmerksamkeit liege. Dass Recht nicht zwingend selbst antworten *müsste*, sondern im alteritätsethischen Sinne womöglich eher Räume bereithalten könnte und sollte,

252 Ibid.
253 Ibid.
254 Waldenfels, op. cit., S. 119.
255 Vgl. dazu Nietzsche mit Referenz auf Rousseau unter der Nummer 48 in Streifzügen eines Unzeitgemässen: Nietzsche, op. cit., S. 101.

welche materielle Bedingungen für ein gerechteres Antworten befördern, wird sich insbesondere als richtig erweisen, wenn sich der Verdacht alteritätsethischer Irresponsivität rechtlich erhobener Ansprüche auf Geltung erhärten lässt.

Ob Recht überhaupt auf den Anspruch *der Anderen* in alteritätsethisch relevanter Art und Weise antworten kann, hängt zunächst vor allem an den Bedingungen dieses Antwortens, d.h. an der Frage, ob und wie der alteritätsethische Anspruch im Recht gehört werden kann. Dass das Hören-Können dem Antworten-Müssen vorausgeht, hat sich bereits im Fall der responsiven Subjektwerdung herausgestellt. Hierbei ging es darum

> »den Ruf zu vernehmen, bevor man ihm tatsächlich antwortet. In diesem Sinne setzt ethische Verantwortung ethische Responsivität voraus«.[256]

Hören-Können und Gehört-werden lassen sich dabei entweder als ein Teil von Responsivität oder als dessen Voraussetzung verhandeln. Waldenfels liest Hören-Können als Teil der Responsivität, wobei sein Verständnis, wie im Wort deutlich wird, vom Antworten, d.h. auch vom Sprechen herkommend gedacht ist. Denn Responsivität bezieht sich einerseits auf den An*spruch,* auf den geantwortet wird, und andererseits auf die Fähigkeit, auf diesen Anspruch antworten zu können. Allerdings ist er auch einer der Autor:innen, die ein Primat des Sprechens gegenüber dem Hören in der Philosophiegeschichte herausarbeiten.[257] Sein Ansatz lässt daher genügend Raum sich eingehender mit dem Hören zu beschäftigen.

Hören-Können habe ich weiter oben im Sinne Lévinas' »radikaler Passivität« als Exposition und Ausdruck des Menschen als einem sinnlich wahrnehmenden Wesen gedeutet, zudem auch, sofern es fein gestimmt ist, als eine kompetente kulturelle Praxis mit hermeneutischem und alteritätsethischem Potential für ein differentes Verstehen. Differentes Verstehen wäre, wie einleitend dargelegt, primär von einem Hören ohne abschließend verstehen zu müssen geprägt, was eine Erweiterung des eigenen Horizonts, die Veränderung eigener Standpunkte und ein tieferes Verständnis dessen, was die Andere sagt, erst ermöglicht.[258] Responsivität in Bezug auf den alteritätsethischen Anspruch setzt das Hören-Können als sinnlich wahrnehmende Existenzweise voraus. Responsivität bei Waldenfels lässt sich daher auch dekonstruktiv als »response-ability« lesen, wobei die Fähigkeit zu antworten vom Hören-Können bedingt ist und die Verantwortung im Zusammenspiel von Hören und Sprechen

256 Vgl. Butler, op. cit., S. 697.

257 Vgl. op. cit., 516ff. Zur spezifischen Bedeutung der Thematik vgl. Abschnitt a. in Kapitel I.

258 Vgl. zur hermeneutischen und alteritätsethischen Bedeutung des Hören-Könnens Kapitel I.2.

entsteht.[259] Auch wenn streng genommen nun zuerst beim Hören angeknüpft werden müsste, um ein Verständnis der Ir-/Responsivität des modernen Rechts als Ordnungsmacht zu entwickeln, möchte ich zunächst in der Logik verweilen, die zuerst beim Sprechen und Antworten ansetzt. Denn sie prägt den kulturellen Kontext, aus dem dieses Recht hervorgeht.[260]

Worauf also antwortet das Recht als Ordnungsmacht? Hinführend zu dieser Frage trifft Waldenfels eine Unterscheidung zwischen »Anspruch« (claim) und »Anrecht« (title) im Apell (address) der Anderen, die ich im Anschluss an Gehring nachfolgend als ethisches und rechtliches Register des Anspruchs der Anderen bezeichne. Hierbei ist der Vorrang des ethischen Registers entscheidend:

> »The claim made in this address by the Alien [...] conceptually precedes the law. [...] Rather than responding to the address, it [the law, A. M.] gives form to what we ignore in it«.[261]

Das ethische Register in der Stimme der Anderen kann – so die These – im Recht nicht (mehr) gehört werden, bzw. wird überhört, weil der Anspruch der Anderen rechtlich überformt wird. Alterität entzieht sich also stets dem rechtlich ordnenden Wissen bzw. wird von diesem in eine neue Form gepresst. Bei diesem Mechanismus, welcher der oben andiskutierten performativen Kraft der Fiktion, die zur Erhaltung von Rechtsgeltung beiträgt, ähnelt, wird Alterität nach Waldenfels »Gewalt« angetan, indem sie

> »als jemand oder gar als etwas [...] festgelegt wird. Selbst die Epistemologie erscheint als Krieg mit anderen Mitteln, solange sie [...] die Wahrheit dessen, was ist [...] verdunkelt«.[262]

259 »›[R]esponse‹. and ›abiltiy‹, that is, the ability to respond, to hear, whereby responsability becomes a play of listening and speaking«, vgl. Dhawan, op. cit., S. 310. Ganz ähnlich liest sich die queere, neo-materalistische Ethik von Karen Barad: »It is this radically reworked model of ethical mattering of the world, of ethico-onto-epistem-ology, in which not responsibility but the more relational attitude of ›response-ability‹ towards all of our fellow beings, becomes key«, Evelien Geerts, *ethico-onto-epistem-ology* 2016. https://newmaterialism.eu/almanac/e/ethico-onto-epistem-ology.html (abgerufen am 15.02.2021). Dabei kommt bei Barad hinzu, dass die Entstehung von Welt auch nicht-menschliche Beziehungen relevant sind (als »part of the world's becoming«) und daher eher von »an ethics of worlding« zu sprechen ist, in der Ethik, Sein und Wissen vernetzt und gegenseitig bedingt sind. Karen Barad, *Meeting the universe halfway. Quantum physics and the entanglement of matter and meaning,* Durham: Duke University Press 2007, S. 392.

260 Vgl. dazu Kapitel I.1.

261 Gehring, op. cit., S. 474.

262 Waldenfels, op. cit., S. 109.

Hinsichtlich der Frage, ob Recht dem, *was da ist*, gerecht werden kann, werde Recht also jedenfalls dann zum »Werkzeug der Gewalt, falls die geltende Rechtsordnung nicht durch die Forderung nach Gerechtigkeit in Frage gestellt« werden kann.[263] Diesem Befund liegt bei Waldenfels ein *alteritätsethisches* Gerechtigkeitsverständnis zugrunde, welches davon ausgeht, dass Gerechtigkeit sich nur im Antworten auf den unverfügbaren Anspruch des Anderen ereignen könne – als singuläres Ereignis.[264] Zugleich formuliert Waldenfels aber eine oben bereits angesprochene *rechtliche* Gerechtigkeitsvorstellung, die einen »Gesichtspunkt des Dritten, der Recht und Gerechtigkeit ermöglicht«, unentbehrlich mache, der aber in alteritätsethischer Hinsicht stets ein »Moment der Ungerechtigkeit« innewohne.[265] Alteritätsethische Gerechtigkeit lässt sich daher in Bezug auf Recht fruchtbarer als dessen Unterbrechung denken, als Suspension der Entscheidung oder des rechtlich erhobenen Anspruchs auf Geltung. Diese könnte durch eine alteritätssensiblere Praxis des Hörens entstehen, zumal im Hören Alterität zur Geltung kommen kann und eigene Geltungsansprüche (vorerst) suspendiert werden.

bb. Kann Recht auf Alterität antworten?

Für die Frage, welche Rolle dem Hören und Gehört-Werden in Bezug auf eine alteritätsethisch sensible Responsivität des Rechts zukommt, ist für das Motiv *rechtlich antworten zu müssen*, ausschlaggebend, inwiefern Recht überhaupt antworten kann. In Bezug auf alteritätsethische Ir-/Responsivität des Rechts ist darüber hinaus auch noch ausschlaggebend, ob Recht als Ordnungsmacht auch im *alteritätsethischen* Sinne antworten kann. Diese Fragen adressiert Gehring in ihrem Aufsatz »Can the legal Order ›Respond‹? «.[266] Der Titel stellt, ebenso wie Spivaks »Can the subaltern speak? «, eine rhetorische Frage. Die Frage, ob die Rechtsordnung antworten kann, muss mit Gehring jedenfalls hinsichtlich der Möglichkeit, *alteritätsethisch* zu antworten, verneint werden: Das ethische Register im Anspruch der Anderen verstumme, sofern oder sobald er in einen rechtlichen Anspruch übersetzt werde.[267] Denn Recht könne als Ordnungsmacht nach selbstgesetzten Maßstäben nur antwor-

263 Ibid.

264 Daher ist Gerechtigkeit auch »rein als ›Konzept‹ oder ›Begriff‹ nicht erschöpfend zu erfassen«. Mit Bezugnahme auf Derrida, Lévinas und Waldenfels, vgl. Sophie Loidolt, *Einführung in die Rechtsphänomenologie. Eine historisch-systematische Darstellung*, Tübingen: Mohr Siebeck 2010, S. 19.

265 Waldenfels, op. cit., S. 67.

266 Gehring, op. cit.

267 »Within the law, there is no avoiding the form of the claim asserting a right inasmuch as the juridic only provides for the positing of title. But precisely

ten, wenn der Anspruch in die Sprache des Rechts transformiert wurde. Recht antworte also, wenn überhaupt, dann nur auf einen derart vereinnahmten, verallgemeinerten Anspruch der Anderen, dass es im Ergebnis auf sich selbst antworte.[268] Dabei lasse (modernes und positives) Recht als Ordnungsmacht den ethischen Anspruch gewissermaßen sehenden Auges außen vor, da es *bewusst* von Alterität exkludierenden Operationen geprägt sei, was Recht von anderen Ordnungsmächten unterscheide.[269] Gehring schreibt bezüglich des alteritätsethischen Anspruchs im juridischen Kontext: » [T]he precarious maxim that the claim must not, must never really be responded to is explicitly raised to the status of the achievement of the system«.[270]

Im Recht haben wir es daher mit Ordnungsmechanismen und Ausschlüssen zu tun, die sich teilweise als epistemische Gewalt auswirken.[271] Der bewusste Ausschluss von Alterität im und durch Recht tauchte bereits exemplarisch in Hobbes' Gründungsmythos des Rechts auf und ist ein wiederkehrendes Motiv. Der funktionale Ausschluss von Alterität führt aber insbesondere dann zu alteritätsethischer Irresponsivität, wenn die durch Übersetzung ins Rechtliche, die Alterität einverleibende und zugleich ausschließende Wirkung von Recht zum Qualitätsmerkmal desselben avanciert. Etwa, indem modernes Recht in gängigen Selbstbeschreibungen als Ordnung der Ordnungen charakterisiert wird: »Modern positive law is [...] aware of itself as an order of the orders«.[272] Alteritätsethische Irresponsivität bzw. das Verstummen des ethischen Registers ist damit explizit gemacht. Allerdings kann Recht durch diesen vorauseilenden Gestus, es sei von Anfang an gar nicht darauf ausgelegt, alteritätsethisch gerechte Antworten überhaupt zu produzieren, nicht von seiner alteritätsethischen Verantwortungslage befreit werden.

Das Motiv eines solchen alteritätsethisch irresponsiven Rechts wird verschieden bewertet. In Anschluss an Kant führt es zu einer liberalen Rechtsethik, dessen Errungenschaft in einer Trennung von Recht und Moral besteht. In rechtskritischer Perspektive wird es dagegen als gewaltvoll, unverantwortlich oder gar traumatisch in Bezug auf die alteritätsethische Bedingung von Recht gesehen. Bei Gehring wird der Ausschluss von Alterität darüber hinaus zum Dreh- und Angelpunkt für die

this transforms the claim in such a manner that its ethical register falls silent«: Ibid., S. 476.

268 Vgl. ibid., S. 491.: »[I]t will not feel the Other, but itself. It operates pragmatically. And the Other is not alien to it – albeit only the juridically transformed ›Other‹, not a radical other; it is at least sufficiently familiar with it to have its own ›responses‹ ready for it«, ibid., S. 493.

269 Vgl. ibid., S. 477.

270 Ibid., S. 493.

271 Vgl. dazu Schriever, op. cit., S. 87.

272 Gehring, op. cit., S. 493.

Frage, warum Recht gar nicht responsiv gegenüber dem Anspruch der Anderen sein *kann*. Dem füge ich die Frage hinzu: Warum ist modernes Recht taub gegenüber dem Anspruch der Anderen und begünstigt Praktiken des Über- oder Weghörens gegenüber dem ethischen Register im Anspruch der Anderen? Gehring beantwortet ihre Frage, indem sie »modernes positives Recht«[273] in doppelter Hinsicht als »irresponsiv«[274] bezeichnet, weil es der Singularität des einzelnen Anspruchs, selbst wenn es zu seinem Ziel erhoben würde, strukturell nicht gerecht werden könne. Das sei nicht nur die bedauernswerte Notwendigkeit von Recht als Ordnungsmacht, sondern dessen normatives Prinzip:

> »It is the basis for irreversible decisions, and these decisions are executed as equal treatment of the unequal and as unequal treatment of the equal.«[275]

Demnach hat Alterität im Recht als »Ordnungsmacht« eine spezifische Funktion.[276] Gehring denkt Recht von seinen Grenzen herkommend, die ihrerseits von der Alterität *des* Rechts und nicht von Alterität *im* Recht markiert werden. Alterität könne daher im Recht gar nicht oder, wenn überhaupt, nur in verrechtlichter Form zum Ausdruck kommen. Daher besteht die Vermutung, dass die Möglichkeit einer alteritätsethisch gerechten Antwort auf den Anspruch *der Anderen* jenseits der Grenzen des Rechts und nicht *im* Recht als Ordnungsmacht gefunden werden könne.[277] Mit anderen Worten: Der alteritätsethische Anspruch kann nur dort gehört werden, wo das vereinnahmende Recht nicht ist, wo es zurücktritt oder unterbrochen wird. Denn auch wenn Recht als Ordnungsmacht nicht gerecht auf den alteritätsethischen Anspruch antworten kann, wird der rechtliche Geltungsanspruch unter Umständen durch Alterität gestört und in Frage gestellt. Das gilt umso mehr, insofern die Tätigkeiten, die zur Entstehung von Rechtsgeltung beitragen, responsiver Subjektwerdung dienen und somit alteritätsethisch bedingt sind. In diesem Sinne wird der alteritätsethische Anspruch z.B. in den Institutionen des Rechts zwar auf irgendeine Art und Weise vernommen, aber oft als ›Störung‹ eingeordnet und daher meist eher überhört als angehört. Im Recht können so also alteritätsethisch gerechte Konstellationen entstehen, jedoch geht dies nicht auf Rechnung eines

273 »[M]odern positive law« im Sinne eines Rechts als Ordnungsmacht bildet den kulturellen Bezugspunkt ihrer Überlegungen, ibid., S. 471.

274 Vgl. ibid., S. 493.: »It may be that the law is thus in a certain manner doubly irresponsive«.

275 Ibid.

276 Ibid., S. 490.

277 Vgl. ibid., S. 473.: »It may be that a phenomenology of law, phenemenology of the genesis and application of law as *order*, cannot be aligned with the radically ethical motive of response«.

alteritätsethisch responsiven Charakters des Rechts. Solche Erfahrungen ereignen sich vielmehr widerständig, trotz der rechtlichen Form. Das zentrale Hindernis für ein alteritätsethisch responsives Recht verbirgt sich aus hörsensibler Perspektive hinter der Frage: *Can the legal order hear/listen?*

Recht ist, insoweit rechtliche Ansprüche auf Geltung in einer Anordnung der Stellvertretung erhoben werden, also im Namen des Rechts gesprochen wird, auf (menschliche) Resonanzkörper angewiesen, die diesem Geltungsanspruch Gehör schenken. Recht hört nicht, der rechtlich erhobene Geltungsanspruch wird gehört. Das von Gehring ausgemachte Verstummen des ethischen Registers lässt sich daher parallel zu Spivaks Aufsatz »Can the subaltern speak?« deuten: Das Problem ist nicht, dass alteritätsethische Ansprüche nicht artikuliert würden oder inexistent wären, sondern dass sie im Recht nicht gehört werden (können). Ein vermeintliches Verstummen der Alterität im Recht ließe sich dann als beredtes Schweigen deuten, welches dazu auffordert, sich mit unzureichendem Hören-Können des ethischen Registers in rechtlichen Institutionen auseinanderzusetzen. Dabei könnte es vor allem um institutionalisierte Praktiken des Überhörens oder Weghörens gehen, die dazu beitragen, den Anspruch der Anderen auszuschließen, sobald dieser in ethischer Weise erklingt. Damit ließe sich auch der Gedanke weiterverfolgen, dass Recht in seinem funktionalen Charakter dort Chancen auf Gerechtigkeit erhöht, wo es unterbrochen wird, wo »weniger« Recht mehr wäre, wo dessen Geltungsanspruch suspendiert oder auf rechtliches Antworten verzichtet wird.[278] Für die Arbeit an einem alteritätsethisch sensibleren Recht käme es also darauf, an Recht weniger die Aufgabe zuzuweisen, alteritätsethisch gerechte Antworten zu formulieren, sondern eher Räume für nicht-rechtliches Antworten zu schaffen, indem etwa Praktiken und Räume des Hörens gestärkt werden, die dem ethischen Register gewidmet sind. Diese Ansätze rühren an die Suche nach einem alteritätsethischen Rechtssinn, der recht-fertigend für ein alteritätsethisch sensibleres Recht wäre.

278 Gehring führt dazu weiter aus: »In its ›operative Character‹ (Waldenfels), it can be more or – perhaps better – it can be less than it is, as we can say with Waldenfels. Thus it may refer beyond itself in some points. But simply because this is not excluded, is the law already ethically legitimated *as law*? [...] I think not, [...]. It is not the claims of an Other that suddenly surface in the law – say when a judge has difficulties with his decision. Rather it claims that are quite familiar to the law that ›interrupt‹ the course of the law: there are no dilemmas that the law does not already know. That is to say, even interruptions will be dealt with in legal categories, and if the order is disturbed by being reminded of the ›blind spot‹ of its work in the course of performing its business, then it will not feel the Other, but itself.« ibid., S. 491.

b. Rechtliche Anordnung der Stellvertretung als alteritätsethische Anmaßung?

In diesem Teil der Arbeit hat sich herauskristallisiert, dass es sich bei Recht um eine Anordnung der Stellvertretung handelt, in der institutionell organisiert wird, nach welchen Regeln im Namen des Rechts gesprochen, d.h. rechtlich Anspruch auf Geltung erhoben werden kann und darf. Dabei stellt sich in einer Logik der Repräsentation die Frage danach, in wessen Namen gesprochen wird und wer überhaupt gehört werden kann, damit es nicht zu einer anmaßenden Fürsprache kommt. Grundsätzlich lässt sich die Frage nach der Möglichkeit gerechter Repräsentation in Sprache sprachtheoretisch stellen. Nach dem *linguistic turn* muss Sprache als Verweisungsgeflecht verstanden werden, in dem jedes sprachliche Handeln immer auch Sinnüberschreitungen hervorruft. Sie hat also, sofern an dem funktionalen Idealeines fixierbaren semantischen Sinnes festgehalten wird, strukturell eine Art transgressive bzw. anmaßende Eigenschaft. Verstehen ist demnach stets ein produktiver Vorgang und »[n]icht nur gelegentlich, sondern immer übertrifft der Sinn eines Textes seinen Autor«, schreibt Gadamer.[279] Positiv gewendet ließen sich diese Überlegungen als kreative und lebendige Kraft von Sprache bezeichnen. Dort, wo Sprache gesellschaftlich besonders wirkmächtig formt, etwa im Recht, stellt sich jedoch die Frage, wann dieses Sprachspiel mit den Worten von Lévinas zu einem ernsten, einem existenziellen Spiel wird. Das wird insbesondere dort relevant, wo normative Kraft von Sprache konkret als ermöglichend oder repressiv erfahren wird. Gesellschaftlich gefestigte Diskurse und geteiltes sprachlich gefasstes Wissen können sind Beispiele sprachlicher Techniken der Repräsentation. Sie können sich, insbesondere in rechtlichen Formen, teilweise als epistemische Gewalt herausstellen. Dieses Problem wird im Recht auch benannt und erfasst, zumal ein Bedürfnis besteht, die sprachlich ausgeübte Gewalt irgendwie zu recht-fertigen. Zum Beispiel durch den Verweis auf institutionell abgesicherte Praktiken des Gehört-Werdens derjenigen, in deren Namen oder über die (im) Recht gesprochen wird, wie ich nachfolgend erläutern werde.[280]

Zur Frage der Ir-/Responsivität des Rechts in alteritätsethischer Hinsicht lassen sich im Nachgang zum vorigen Kapitel zwei Punkte festhalten: Erstens, Recht ist alteritätsethisch irresponsiv, weil es *als Ordnungsmacht* nicht selbst antworten und hören kann, sondern wenn überhaupt, dann nur in rechtlicher Anordnung gehört und geantwortet wird. Zweitens, Recht ist alteritätsethisch responsiv, weil es nie zuerst da war, sondern immer nachträglich in Bezug auf den vor-ursprünglichen Anspruch

279 Gadamer, op. cit., S. 301.
280 Vgl. Dazu Kapiel III.2.

der Anderen in der Welt erfahrbar ist.[281] Offen bleibt jedoch die Frage, inwiefern geltendes Recht als Phänomen insgesamt als gerechte Antwort auf die alteritätsethische Herausforderung verstanden werden kann bzw. wie es sich auswirkt, wenn es als eine solche oder aber zumindest als eine *notwendige* Antwort auf die alteritätsethische Herausforderung inszeniert wird. Das alteritätsethische Problem geltenden Rechts ist dabei nicht nur, dass modernes kontinental-europäisches Recht in seinen Begründungsnarrativen weder alteritätsethisch sensible Erzählungen gestaltet noch einen alteritätsethischen Rechtsinn anstrebt und so den ethischen Anspruch bewusst ausschließt. Es besteht vor allem auch darin, dass es von Narrativen legitimiert wird, die dieses Vorgehen als notwendig für eine gerechtere Gesellschaft rahmen. Das scheint insbesondere der Fall zu sein, wenn der Anspruch erhoben wird, im Namen der Anderen oder zu Gunsten der Anderen rechtlich tätig werden zu *müssen*. Recht tritt dann als neutraler Dritter auf,[282] also als ein Medium, welches in einem operativen Verständnis von Recht als Ordnungsmacht strukturell im Namen des Anderen agiert. Diese Inszenierung steht jedoch in einem krassen Missverhältnis zu dem oben herausgearbeiteten Unvermögen, rechtlich auf den (alteritätsethischen) Anspruch der Anderen zu antworten bzw. diesen überhaupt hören zu können.[283]

Hier zeigt sich das repräsentative Grundproblem, dass es wenigstens ein Hören-Können dessen, was die Andere sagt, braucht, um in ihrem Namen sprechen zu können. Jedenfalls dann, wenn es nicht bevormundend sein soll. Das fehlende Mandat einer Fürsprache bzw. die aufgrund ungeeigneter Hörpraktiken im Recht womöglich bestehende Unmöglichkeit, sich dieses Mandat überhaupt »abzuholen«, zeigt sich an den Grenzen dessen, was sich in rechtlicher Form abbilden lässt. Und zwar dort, wo radikale Alterität in einem anmaßenden Gestus rechtlich überschrieben oder vereinnahmt wird. Das ethische Register im Anspruch der Anderen, welches sich wenigstens teilweise immer widerständig gegenüber einer Verrechtlichung erweisen muss, gerät aber *nolens volens* immer

281 Diese Nachträglichkeit arbeitet Waldenfels als substanziell für eine Antwortlogik heraus, vgl. S. 65.

282 Gehring beschreibt diesen Auftritt wie folgt: »This third element is never a common third [...] [it's] a universalising bringing to bear of the Other's perspective. It would be possible to reduce the specific ordering work of law to the neutral Otherness of validity claims standing above the parties, to the rule that for its part is interpreted as a ›claim‹. [...] [I]f the rule embodies a claim of reason, then the order, even compulsion can prove to be good in ethical-political terms. But does the law embody the Other's claim in this sense reliably enough? For a prudent phenomenology of the Other, this aspect of validity claims that legitimise the legal order can only be one among many«, ibid., S. 482.

283 Ibid., S. 477.

dort irritierend in Resonanz, wo Recht auf sein Anderes stößt. Es ist das A-Legale, was sich rechtlich teilweise in Illegalität[284] übersetzen lässt, wo ein rechtliches Weg- oder Überhören des ethischen Registers besonders existenzielle Folgen hat. Weg- und Überhören sind Praktiken des Hörens, die (un-)bewusst etwas wahrnehmen, es sich jedoch zum Zweck machen, das Vernommene nicht zur Kenntnis zu nehmen und die Aufmerksamkeit auf etwas anderes zu richten. Darüber hinaus kann es im Sinne des A-Legalen auch Fälle geben, in denen sich bewusst einer rechtlichen Vereinnahmung entzogen werden soll, dieses Schweigen aber nicht angemessen rechtlich übersetzt werden kann, wie in den folgenden Fällen:

> »The refugee who has burned his passport, thus abandoning his legal existence, so that he cannot be deported to the country that counted him as ›citizen‹. The senior who hides the fact that he has lost his memory and his capacity for action out of fear for his legal capacity. [...] [T]he victim and the perpetrator of an act that cannot be proven to have taken place at all«.[285]

Denn dort, wo es nicht nur um die Frage einer gerechteren Repräsentation des Anspruchs der Anderen im Recht geht, sondern darum, bewusst keinen Anspruch an eine Repräsentation in *dieser* Rechtsordnung zu erheben – Gehring fragt: »Is there not also a claim that stands *against* the legalisation of situations?«[286] –, muss eine Übersetzung ins Recht scheitern und einen angemaßten rechtlichen Geltungsanspruch nach sich ziehen.[287]

Beispiele reichen von der rechtlichen Erfassung von Menschen als Staatenlose oder eines »falschen« Staates Angehörige bis hin zu Zuschreibungen über Fähigkeiten, die Menschen zwar als rechtliche Adressat:innen, aber nicht als dessen Autor:innen einstufen, über die entschieden und in deren Namen (zu deren Wohl) gesprochen werden kann. In diesen Fällen handelt es sich um eine angemaßte Autorität, weil nicht zuletzt zumindest eine nur schwer zu überbrückende Diskrepanz zwischen Autor:innenschaft und Betroffenheit im und durch Rechtsgeltungsansprüche und deren Durchsetzung besteht. Gerade diese Situationen, zeigen parallel zur oben vorgenommenen Interpretation von Spivaks »Can the Subaltern Speak«, dass jeweils nicht einfach von einem totalen

284 Vgl. für eine Analyse des A-Legalen als etwas, was die Unterscheidung von Legalität und Illegalität unterläuft, Hans Lindahl, »Intentionality, Representation, Recognition. Phenomenology and the Politics of A-Legality«, in: Thomas Bedorf und Steffen Herrmann (Hg.), *Political Phenomenology. Experience, Ontology, Episteme,* Routledge 2019.

285 Gehring, op. cit., S. 475.

286 Ibid., S. 488.

287 Vgl. ausführlich zu dieser Problemlage: Brown, op. cit. Sie lässt sich auch als Fall epistemischer Gewalt durch Recht rahmen. Vgl. dazu Schriever, op. cit., S. 87.

Verstummen, Gehörlosigkeit oder ungenügendem Hören-Können gegenüber dem ethischen Register ausgegangen werden kann.[288] Denn die Möglichkeit des Schweigens derjenigen für die das Recht ungefragt eine Fürsprache organisiert steht als Ausdruck für sich, muss aber gehört werden können. Die Widerspenstigkeit eines solchen womöglich stillen, schweigenden ethischen Anspruchs hinterlässt Spuren in der rechtlichen Einordnung der Situation. Denn diese Situationen sprechen bereits *vor* einer rechtlichen Einordnung und dann auch *in* dieser Einordnung für sich. Die Frage ist vielmehr, ob und inwiefern diese stillen Ausdrucksweisen des ethischen Registers in ihrem Anspruch auf gerechte, (nicht) rechtliche Behandlung, etwa in den Institutionen des Rechts, gehört werden können, *bevor* sie dem rechtlichen Geltungsanspruch ausgesetzt werden. Die oben entfaltete These, dass das Verstummen des ethischen Registers als ein nicht Hören-Können oder Hören-Wollen, also als eine Praxis des Weghörens im Recht gedeutet werden könnte, zeigt sich zudem an den Grenzen des Rechts als alteritätsethische Herausforderung und Infragestellung dieser Praxis.

Wenn es stimmt, dass Recht selbst nicht hört, aber medial vermittelnd auf menschliche Praktiken des Hörens für seine Geltungskraft angewiesen ist, ja diese sogar strukturell organisiert. Dann geht dies mit der Vermutung einher, dass der Moment des Hörens in den Institutionen des Rechts wenigstens die Möglichkeit birgt, eine Unterbrechung des rechtlichen Geltungsanspruchs zu schaffen, in der auch in einer rechtlichen Anordnung der Stellvertretung auf das ethische Register des Anspruchs gelauscht werden könnte. Das bedürfte allerdings einer Verschiebung in dem inhaltlichen Sinn, den das Recht verfolgt. Es wäre eine Verschiebung von einem Recht, dass sich lediglich auf das eigene Antworten-Müssen in einer angemaßten Autorität beruft, hin zu einem, dass sich zuerst mit dem eigenen Hören-Können befasst. Mit Blick auf das Recht als Phänomen der Geltung möchte ich mich daher in einem ersten Schritt der Frage zuzuwenden, vom wem und wie der Anspruch auf Rechtsgeltung gehört wird und inwiefern im Hören des Rechtsgeltungsanspruchs ein emanzipatives Potential zum Tragen kommen könnte.[289] Zugleich kommt es darauf an, inwiefern sich im Recht auf ein Hören-Können der Stimme der Anderen berufen wird, um Geltungskraft zu legitimieren.[290] Beide Fragen knüpfen zunächst beim konkret geltenden Recht an. In einem zweiten Schritt steht perspektivisch die Frage an, wie ein alteritätsethischer Rechtssinn lauten könnte, der ein anderes, ein alteritätsethisch womöglich sensibleres Recht anleiten könnte.[291]

288 Vgl. Kapitel I.3.
289 Vgl. Kapitel III.1.
290 Vgl. Kapitel III.2.
291 Vgl. Kapitel III.3.

Wenn Recht mit Brown emanzipativ gedacht werden soll, gilt es jene »Paradoxie der Rechte [zu] ertragen«, aufgrund derer zwar ein mehr an Rechten für Personengruppen geschaffen werden kann, die in der Sphäre des Politischen das Nachsehen haben.[292] Dies ist aber nur um den Preis einer Essentialisierung zu haben, weil sich diese Gruppen auf jene Kategorien berufen müssen, die gerade Ausdruck der unterdrückenden Machtverhältnisse sind, die man durch die Berufung auf diese Kategorien überwinden möchte. Sofern rechtliche Geltungskraft ein kollektives Projekt ist, welches in seiner Beständigkeit, Abschaffung oder Transformation den Handlungsspielraum der Einzelnen oder der von seiner Geltung vornehmlich unterdrückend betroffenen Gruppe übersteigt, muss im geltenden Recht angeknüpft werden, ohne die Projektion in ein kommendes Recht aufzugeben. Jenseits der transformativen Arbeit am und im geltenden Recht gilt es daher auch die Suche nach einem alteritätsethischen Rechtsinn im Zusammenhang mit der Frage nach der Responsivität des Rechts weiterzuverfolgen. Etwa, indem Narrative aufgegriffen werden, die ein Recht imaginieren, welches rechtlich nur solche Ansprüche auf Geltung erhebt, die durch Anerkennungsmechanismen jenseits von Zwang und blindem Gehorsam wirksam werden können.[293] Auf der Suche nach einem alteritätsethisch sensibleren Recht sind Ansätze gefragt, die ein Recht imaginieren, welches selbst weniger Ansprüche auf Geltung erhebt und somit Raum für Nicht-Recht oder anderes Recht lässt, wo der Geltungsanspruch durch fehlende Anerkennung bzw. Ungehorsam nicht zu voller Geltung erstarkt. Der imaginative Raum betrifft dabei nicht nur die Ebene eines anderen Rechts am Reißbrett, sondern vielleicht effektiv vielmehr das kollektive Gedächtnis und die Imaginationskraft in Bezug auf post-souveräne Vorstellungen von und im Recht. Denn vor dem Hintergrund, dass die Geschichte der Souveränität als Erzählung, die einem alteritätsethisch sensiblen Recht Leben einhaucht und seinen Geltungsanspruch »autorisiert«, untauglich ist, sind alternative Narrative gefragt, die von einem alteritätsethisch sensibleren Recht erzählen oder wenigstens von einem Recht, welches die alteritätsethische Verantwortungslage nicht von sich weist.

Die in diesem Kapitel durchgeführte alteritätsethische Exposition des Rechts lässt diesbezüglich bereits folgende Vermutung zu: Ob es sich bei den Entwürfen jeweils um ein alteritätsethisch sensibleres Recht als das geltende Recht handelt, lässt sich daran messen, ob der Anspruch der Anderen (dieses Rechts) gehört werden kann. Zudem hat sich in diesem Kapitel gezeigt, dass zwar nicht zwingend rechtlich auf die alteritätsethische Überforderungslage geantwortet werden muss, Recht jedoch durch

292 Vgl. Wendy Brown, op. cit.

293 Dazu zählt etwa der Entwurf eines post-juridischen Rechts, das sich am jüdischen Recht inspiriert. Vgl. Loick, op. cit., 295ff.

Inszenierungen zur Geltung kommt, die mit Kafka gesprochen dazu führen rechtliches Antworten für notwendig zu halten. Allerdings *muss* sich Recht für Geltungsansprüche, sofern sie in der Welt sind und die sich zumindest teilweise als Antworten auf die menschliche Bedingung inszenieren und als solche verstanden werden, notwendigerweise alteritätsethisch verantworten. Gerade weil Recht nicht jenseits alteritätsethischer Verantwortung Anspruch auf Geltung erheben kann, wird ein anderes Denken über Recht und Arbeiten mit und im Recht erforderlich. Denn zum einen wird ein rechtliches Selbstverständnis unplausibel, welches die menschliche Bedingung von Recht nicht anerkennt und vorgibt ein rein formales zu sein. Denn Recht ist, jedenfalls so lange alteritätsethisch bedingt, wie es von rechtschaffenden Menschen hervorgebracht wird und sich zudem auf so etwas wie menschliche Subjektivität bezieht. Bezüglich tragender Erzählungen des Rechts löst die Entlarvung einer wirkmächtig performten Souveränität, die aber immer scheinbare Autonomie bleiben muss und die alteritätsethisch anmaßende Praxis im Namen anderer zu sprechen, ohne sie hören zu können, Verunsicherung in Bezug auf die eigene Dominanz aus. Wie genau wirkt sich eine solche Verunsicherung auf eine Rechtspraxis respektive deren Selbstwahrnehmung und -darstellung aus, die von Souveränitätserzählungen durchdrungen ist? Und wie kann ein alteritätsethischer Rechtsinn und dazu stimmige Narrative »dem Selbstverständnis der Rechtswissenschaft durch andere ›Weltbilder‹ neue Impulse […] geben«?[294] Antworten auf diese Fragen lassen sich auch in einem Recht, welches in einer phono- und logo-zentristischen Kultur verortet ist, vom Hören herkommend denken.[295] Denn so lange sich geltendes Recht in seiner Organisation oder Inszenierung tatsächlich als (notwendige) Antwort auf die alteritätsethische Herausforderung gibt, muss es sich seinerseits die Frage gefallen lassen, inwiefern alteritätsethische Ansprüche im Recht hörbar sind bzw. gehört werden. Die alteritätsethische Exposition des Rechts zeigt auf Punkte, an denen sich gängige Narrative zur Recht-Fertigung der Autorität geltenden Rechts am Maßstab seiner alteritätsethischen Verantwortung hinterfragen lassen. Zudem eröffnet sie, positiv gewendet, das Feld für transformative Überlegungen hinsichtlich der Frage, woran sich ein kommendes, alteritätsethisch sensibleres Recht orientieren könnte.

294 Vesting, op. cit., S. 42.
295 Vgl Kapitel I.1.

III. Alteritätsethischen Relevanz des Hörens und Gehört-Werdens im Recht: Beispiele und Potenzial

Die alteritätsethische Relevanz des Hörens und Gehört-Werdens zeige ich in diesem Kapitel exemplarisch entlang verschiedener Anknüpfungspunkte auf und stelle einen Bezug zum Spanungsverhältnis zwischen gegenwärtig geltendem und kommendem Recht her. Dabei sind Hören und Gehört-Werden im Recht jeweils auf zwei verschiedenen Ebenen von alteritätsethischer Relevanz: Erstens in Bezug auf deren performative Wirkmacht im geltenden Recht und zweitens in Bezug auf die stetig fortbestehende alteritätsethische Herausforderung von Recht.

Wie im letzten Kapitel dargelegt, kann Recht nicht selbst hören oder antworten, es könnte aber durchaus gerechtere Bedingungen des Hörens und Gehört-Werdens ermöglichen. Dafür gilt es den Sinn des Rechts, dessen Funktion, Aufgabe und vielleicht auch Wesensgrund, neu zu denken: Und zwar in Anerkennung seiner alteritätsethischen Bedingtheit. Die Suche nach einem solchen Sinn von Recht verfolge ich in diesem letzten Kapitel weiterhin unter dem Programm »Hören-Können *vor* dem Antworten-Müssen«. Die Priorisierung des Hören-Könnens betont den Ist-Zustand der leiblich-relationalen Bedingung von geltendem, menschengemachtem Recht. Denn erst von dieser grundlegenden Verletzlichkeit herkommend – also der Disposition empfindsam zu sein, angesprochen zu werden und den Ruf der Anderen zu vernehmen bzw. deren Präsenz wahrnehmen zu können – ergibt sich in der menschlichen Subjektwerdung die alteritätsethische Herausforderung: Antworten-Müssen. Im geltenden Recht schlägt sich das als unhintergehbare alteritätsethische Verantwortungslage nieder, aus der heraus eine Verantwortlichkeit im je eigene Mitwirken am geltenden Recht nicht abgestreift werden kann.

Hinsichtlich eines alteritätsethischen Soll-Zustands des Rechts, der vor allem die kollektive Imaginationskraft ins Zentrum der Aufmerksamkeit rückt, verstehe ich »Hören-Können *vor* dem Antworten-Müssen« als Herausforderung zur Arbeit an einem alteritätsethisch sensibleren Recht. Im Zusammenspiel der Sphären (Alteritäts-)Ethik, Politik und Recht richtet sich diese Herausforderung auf individueller Ebene also auf eine aktive Hingabe an eigene und fremde Verletzlichkeit und das Einnehmen einer (alteritäts-)ethischen Haltung. In der Sphäre des Politischen bedeutet dies etwa, kollektiv emanzipative Handlungsstrategien – auch jenseits geltenden Rechts – zu entwickeln. In der Sphäre des Rechts artikuliert sich die alteritätsethische Herausforderung als kreative Aufgabe, einen spezifisch *rechtlichen* Umgang mit ihr zu finden.

Darunter verstehe ich den Umriss einer Art genuinen Aufgabenbereichs des Rechts im Verhältnis von Alteritätsethik und Politik, der ausgehend von der sinnlich-leiblichen Bedingung des Rechts rekonstruiert wird und der insbesondere darin liegen könnte, Sorge für die Rahmenbedingungen des Hörens und Gehört-Werdens zu tragen.

Im geltenden Recht ist Hören-Können darüber hinaus als soziale Kompetenz und Kulturtechnik in verschiedenen Spielarten von praktischer Bedeutung, weil es die performative Unterseite stimmlich erhobener Ansprüche auf rechtliche Geltung bildet. Eine kunstfertige Hör-Praxis birgt im Verbund mit einer feinen Stimmung des Gehörs ein besonderes alteritätsethisches und emanzipatives Potential für geltendes Recht. Das skizziere ich entlang von zwei Positionen: Der Bedeutung des (Un-)Gehorsams im Hören rechtlicher Geltungsansprüche (1.) und dem rhetorischen und praktischen Einsatz der Figur des rechtlichen Gehörs (2.).[1] Von diesen Beispielen ausgehend schlage ich in einem letzten gedanklichen Schritt die Brücke zur Suche nach einem alteritätsethischen Rechtssinn im Verhältnis zur (Alteritäts-)Ethik und Politik (3).

1. Hören auf rechtliche Geltungsansprüche: Vorbereitung zum (Un-)Gehorsam

Das alteritätsethische Potenzial des Hörens im geltenden Recht geht zunächst von jenen Menschen aus, die rechtlich erhobene Ansprüche auf Geltung wahrnehmen und ihnen Gehör schenken (sollen), also gewissermaßen von den Adressat:innen geltenden Rechts. Nach einer kurzen Zusammenfassung der Bedeutung des Hörens für Recht als Phänomen der Geltung (a.), fasse ich das im ersten Teil der Arbeit herausgearbeitete emanzipative Potenzial des Hörens zusammen und beziehe es auf das Hören des rechtlich erhobenen Geltungsanspruchs (b.). Hören-Können bildet hierbei den Ausgangspunkt für kritisch-reflexive Praktiken des (Un-)Gehorsams (c.), die sich transformativ auf geltendes Recht auswirken können (d.).

a. Bedeutung des Hörens für Recht als Phänomen der Geltung (Zusammenfassung)

In der Einstimmung zu dieser Arbeit habe ich mein Vorverständnis von Recht skizziert. Dabei ging es mir darum, Recht als Phänomen der Geltung

1 Diese Arbeit kann nur erste Anknüpfungspunkte aufzeigen, aber vielleicht den Anlass zu umfassenderen Untersuchungen von rechtlichen Institutionen und Figuren des Hörens und Gehört-Werdens, etwa dem Verhör oder Anhörungen, geben.

zu verstehen, welches sprachlich bedingt und intrinsisch von Pluralität geprägt ist. Die alteritätsethische Relevanz des Hörens und Gehört-Werdens im geltenden Recht lässt sich in diesen drei Dimensionen nachvollziehen. Dabei kommt es darauf an, dass geltendes Recht nicht abstrakt im luftleeren Raum schwebt, sondern erst in einem lebendigen kulturellen Kontext erfahrbar und bedeutend wird. Denn » [a]lles konstituierte Recht ist immer schon in die sozialen Praktiken instituierter Ordnungen verstrickt«.[2] Als eine der vielfältigen sinnlichen und medialen Möglichkeiten der Verständigung habe ich mich hier auf die Kulturtechnik des Hörens konzentriert. Denn in einer Kultur, in der stimmliche und sprachliche Artikulation eine der dominanten Kommunikationsformen ist, sind die dazu gehörenden Praktiken des Hörens und deren soziale und performativen Effekte am Werk. In einer Kultur, in der größtenteils vom Sprechen herkommend gedacht wird, werden relevante expressive Formen, wie stimmliche Äußerungen, Willenserklärungen oder andere Sprechakte, aber selten zugleich als lediglich eine, und zwar die expressive Seite, der jeweils stattfindenden Hörpraktiken gelesen und verstanden. Vielmehr werden sie oftmals eher isoliert und als für sich stehende Ausdrucksformen betrachtet. Das hat unter anderem zur Folge, dass vermeintlich lediglich rezeptive Praktiken des Hörens strukturell weniger reflektiert werden als die expressive, stimmlich artikulierte Seite von Sprechakten. Die jeweils korrespondierenden Hörpraktiken sind aber ebenso Ausdruck von gemeinsam entwickeltem und geteiltem (praktischem) Wissen, das »Rechtsgeltung als institutionelles Projekt« ermöglicht, welches die Art und Weise regelt, *wie* Recht und *dass* Recht als geltend erfahren wird.[3] Hören-Können ist eine der leiblich-medialen Bedingungen des Rechts und wirkt daher konstitutiv für dessen Geltungsstruktur.

Gerade dieser sinnlich-leibliche Ausgangspunkt der Reflektion führt das geltende Recht stets auf seine alteritätsethische Bedingung und Verantwortung zurück. In dieser besteht in gewisser Hinsicht ein (politischer) Handlungsspielraum, dessen Varianz sich in der Pluralität von Recht(en) ausdrückt und zur unhintergehbaren »Politizität von Recht« führt.[4] Das meint den Umstand das Recht immer auch anders sein

2 Vesting, »Die Medien des Rechts und die impliziten Bedingungen rechtlicher Normativität. Zur Rolle der Literatur für das moderne Recht«, in: *PhiN*, 12 (2017), 107.

3 Vgl. Engelmann, op. cit.

4 »Das heißt nicht, dass Recht alles bedeuten kann [...], [e]s bedeutet nur, dass Recht ein Bedeutungsmedium ist, das seine Bedeutungen nicht für sich erzeugen und konservieren kann, und dass es deshalb von der politischen Gemeinschaft abhängt, in der es wirksam werden soll. Diese Feststellung hat selbst keinerlei politische Implikation, sie impliziert lediglich, dass die Feststellung des Rechts ein politischer Prozess ist. Die Möglichkeit radikaler

könnte und anderswo auch anders ist. In Bezug auf das Hören bedeutet dies, dass rechtlich erhobene Ansprüche auf Geltung in verschiedener Art und Weise (hörend) wahrgenommen werden können. Ein feiner gestimmtes Hören eröffnet zwar einerseits *nolens volens* den eigenen Körper als Resonanzraum für rechtliche Ansprüche, die stimmlich artikuliert werden, kreiert aber andererseits auch einen gedanklichen und imaginativen Freiraum im Hören und der hörenden Haltung selbst, der über die (rein) performative Kraft des Hörens in Bezug auf diesen Anspruch hinausweist. Diese Freiheit im Hören deute ich als emanzipatives Potenzial in Bezug auf geltendes Recht.

b. Emanzipatives Potenzial im Hören

Das emanzipative Potenzial des Hörens in Bezug auf geltendes Recht verorte ich in der These, dass sich im Hören eine kritisch-reflexive Vorbereitung zum (Un-)Gehorsam gegenüber dem rechtlichen Geltungsanspruch entfalten kann. Das hätte alteritätsethische Relevanz, weil sich darin eine Unterbrechung für einen alteritätssensiblen Zwischenraum in der Geltungsstruktur des Rechts eröffnen könnte. Die Herleitung dieser These ist getragen von Überlegungen zum Hören-Können aus dem ersten und zweiten Kapitel dieser Arbeit. Hier möchte ich die spezifische Möglichkeit einer Öffnung oder Sensibilität für die Resonanz der Alterität bzw. für deren Verdrängung im geltenden Recht durch das Hören-Können hervorheben.[5]

Im Kapitel zum Hören-Können habe ich dargelegt, inwiefern sich in dieser Existenzweise und kommunikativen Praxis des Hörens die Passivität und Aktivität verschränken.[6] Dabei wurde deutlich, dass die binäre Unterscheidung im Hören-Können als passiv wahrnehmender Exposition gegenüber der Welt und Hören-Können als aktiver kultureller Praxis (sprachlicher) Verständigung spätestens durchlässig wird, wenn Hören im Zusammenhang mit dem Verstehen gedacht wird.

Im zweiten Kapitel wurde Hören-Können im Verhältnis zum Antworten-Müssen und daher ausgehend vom alteritätsethischen Anspruch der Anderen gedacht.[7] In diesem Zusammenhang habe ich Hören-Können

Neuinterpretation erinnert so einerseits an die Offenheit des Rechts, andererseits an seine Politizität«, ibid., S. 173. Aufgrund der sozio-kulturellen Bedingtheit von Recht handelt es sich um eine »irreduzible Politzität«, ibid., S. 18.

5 Ein Problematik, die ich oben unter dem Stichwort der alteritätsethischen (Ir-)Responsivität von Recht als Ordnungsmacht thematisiert habe. Vgl. zur Frage, ob Recht das ethische Register im Anspruch der Anderen hören und auf diesen überhaupt antworten *kann,* vgl. Kapitel II.3.

6 Vgl. dazu insbes. Kapitel I.2.

7 Vgl. dazu Kapitel II.2.

als (einen) Ausdruck der leiblich und sinnlich bedingten menschlichen Existenzweise hervorgehoben, die sich mit Lévinas' Alteritätsethik als »radikale Passivität« bezeichnen lässt. Hören-Können ist in diesem gedanklichen Ansatz Voraussetzung der subjektkonstituierenden (Alteritäts-)Erfahrung, weil es ein Ausdruck jener leiblichen Bedingung ist, die uns vor-ursprünglich dem Anspruch der Anderen ausgesetzt sein lässt. Aber auch auf dieser zweiten Bedeutungsebene zum Hören-Können als Existenzweise schwingt eine Vorstellung aktiver kommunikativer Kompetenz mit, zumal eine hörende Haltung gegenüber dem alteritätsethischen Anspruch erst jene Bedingungen schafft, die ein differentes Verständnis der Anderen ermöglicht. Denn wenn jede »Exposition der Stimme [...] Anspruch auf ein hörendes Verständnis« ist, wird der hörende Körper buchstäblich zum stimmlich eingeforderten Resonanzraum der Anderen, wobei das hörende Verständnis aber nicht automatisch erfolgt, sondern immer »erst einzulösen ist«.[8] Zum Resonanzkörper der Stimmen Anderer zu werden ist in dieser Konstellation die Voraussetzung des vielleicht wichtigsten (sozialen) Effekt des Hörens in der Verständigung: gehört zu werden.[9] Im Zusammenhang mit dem Verstehen kommt es beim Hören als aktive bzw. bewusste hermeneutische Haltung demnach konstitutiv nicht nur darauf an, *ob* gehört wird, sondern auch, *wie* gehört wird. Das Ob und Wie bestimmen nicht nur, dass überhaupt etwas in der Sprache erklingen kann, sondern leiten auch das entstehende Verständnis des Gehörten an. Hörweisen unterscheiden sich hierbei je nach verfolgter Intention und gradueller Einstimmung auf die Situation, wie ich exemplarisch für Praktiken des Hin-, Zu- oder Weghörens skizziert habe. Das betrifft vor allem die Ausrichtung, Einstimmung und Intention der jeweiligen Hörweise. Mit Gadamer wurde der Zusammenhang zwischen Hören und Verstehen als »freie Öffnung in die Dimension des Anderen« herausgearbeitet.[10] Öffnung zur Alterität schließt »die Anerkennung ein, daß ich in mir etwas gegen mich gelten lassen muß, auch wenn es keinen anderen gäbe, der es gegen mich geltend machte«.[11]

Die damit einhergehende Suspension eigener, potenziell auch konfligierender Geltungsansprüche hat eine hermeneutische und alteritätsethische Dimension. Das Hören auf den alteritätsethischen Anspruch lässt sich zunächst als individuelle und situative Haltung gegenüber diesem Anspruch verstehen, die unter Umständen ein gerechtes, weil differentes Verständnis dessen, was die Andere sagt, ermöglicht.[12] In der oben dargelegten alteritätsethischen Verantwortungsstruktur wurde deutlich,

8 Espinet, op. cit., S. 101.
9 Einführend und ausführlich zum Begriff des Hören-Könnens vgl. Kapitel I.2.
10 Gadamer, op. cit., S. 48.
11 Gadamer, op. cit., S. 367.
12 Zum differenten Verstehen vgl. Espinet, op. cit., S. XVI.

dass man, einmal angesprochen, nicht *nicht* auf den alteritätsethischen Anspruch antworten kann. Diesen Zustand, der zugleich auch immer eine Herausforderung ist, habe ich Antworten-Müssen genannt. Die mit der Unmöglichkeit dieser In-Differenz gegenüber der Anderen einhergehende Verdammnis, antworten zu müssen, entfaltet sich in einer Asymmetrie, die verunmöglicht, der Anderen völlig gerecht zu werden. Mit anderen Worten: Man ist unweigerlich zum Antworten verurteilt, ohne jemals in einem erlösenden oder ausgleichenden Sinne gerecht antworten zu können, und ist daher unendlich verantwortlich gegenüber der Anderen.[13]

Auf der sprachlichen Ebene muss zu dieser überfordernden Situation hinsichtlich eines Verständnisses, welches auch in der Bedeutungsbildung dem gerecht wird, was die Andere meint, erschwerend hinzugefügt werden, dass es in Anerkennung der Derrida'schen *différance* ohnehin so ist, dass man in den Worten Gadamers stets »*anders* versteht, *wenn man überhaupt versteht*«.[14] In der Art und Weise, wie dem Anspruch der Anderen hörend begegnet wird, liegt jedoch die Chance, dass zunächst die »Redende von der stillen Antwort des Zuhörens aufgenommen wird«.[15] Dadurch kann im unendlichen Spiel der Verantwortungsstruktur ein Moment der Ruhe bzw. Suspension entstehen, bevor geantwortet werden muss. Hier liegt also noch vor dem Spielraum des Antwortens ein Spielraum des Hörens. In der Betonung der Wirkmacht des Hörens schwingt zugleich der von Spivak starkgemachte Aspekt des Gehört-Werdens als Form der Anerkennung im gesellschaftlichen Machtgefüge mit. Sofern es dabei um die Wahrnehmung von Stille geht, bildet z. B. eine feine, subversive Hörweise die Voraussetzung, damit die Macht des Schweigens zum Zuge kommen und etwa einen Ausschluss aus dem dominanten Diskurs bezeugen kann.[16] In Bezug auf die zwischenmenschliche Verständigung in der Sprache gilt damit der Moment der Suspension zuvörderst dem Geltungsanspruch des eigenen Wissens und- Erfahrungsschatz, indem etwa unweigerlich zum Zuge kommende eigene Vorurteile bewusst beiseitegelegt werden müssen, um die Andere zunächst lediglich hören zu können und dem aneignenden (Miss-)Verstehen entgegenzuwirken. So entsteht die Chance auf ein anderes, differentes Verständnis.

Zugleich wird der jeweils Anderen im Hören ein körperlicher Resonanzraum eröffnet, um im gesellschaftlichen Diskurs zur Geltung zu kommen. In Bezug auf den alteritätsethischen Anspruch, der zur responsiven

13 Vgl. einführend zu den zentralen Begriffen der Verletzlichkeit, Unmöglichkeit der In-Differenz und der Asymmetrie bei Lévinas Alteritätsethik Kapitel II.1.

14 Gadamer, op. cit., S. 302.

15 Gadamer, op. cit., S. 5.

16 Vgl. dazu Kapitel I.3.b.

Subjektwerdung herausfordert, lässt sich die damit verbundene Suspension als vor-ursprüngliche Infragestellung deuten. Sie exponiert die eigene Verletzlichkeit und ermöglicht eine Einsicht in die relationale Abhängigkeit von Anderen, die jedwede selbstgenügsame Autonomie oder Souveränität als phantasmatisch entlarven muss. Diese Einsicht kann aber durchaus auch produktiv durch eine aktive Hingabe an die Bezogenheit auf Andere und an die Praktiken der Sorge eingeholt werden. Diese haben ihrerseits autonomisierende Effekte und tragen dazu bei, handlungsfähige Subjekte hervorzubringen.[17]

c. Hören als kritisch reflexive Vorbereitung zum (Un-)Gehorsam

Im Verlauf dieser Arbeit habe ich eine Unterscheidung zwischen alteritätsethischen und rechtlichen Geltungsansprüchen eingeführt. Auch wenn das Hören auf den rechtlichen Geltungsanspruch von einer An-Ordnung der Stellvertretung geprägt ist und nicht wie der alteritätsethische Anspruch mit ethischer Gewalt, also unverhandelbar über das Subjekt hereinbricht, kommt es auf ähnliche Qualitäten im Hören an.[18] Die Einstimmung des Gehörs bzw. die Ausrichtung der hörenden Haltung ist entscheidend für die Frage, ob und inwiefern im Hören alteritätssensibel zwischen Praktiken des (Un-)Gehorsams vermittelt werden kann. Der rechtliche Geltungsanspruch konfrontiert uns, ebenso wie der alteritätsethische Anspruch zunächst als eine »äußere Instanz«. Wie Vischer in seiner Studie hervorhebt, unterbreche der rechtliche Anspruch damit den »unmittelbaren Denk- und Handlungshorizont des Subjekts«, und zwar »regelmäßig in zwangsbewehrter Anweisung«.[19] Vischer untersucht hier vor allem die äußere, stimmliche oder textliche, jedenfalls aber expressive Seite der Artikulation rechtlicher Geltungsansprüche, als etwas dem wahrnehmenden Subjekt Fremdes. Ich konzentriere mich flankierend vor allem auf die Wahrnehmung dieser Ansprüche, als etwas, was auch, wenn es von außen kommt, stets unter der Bedingung steht, im Inneren in Resonanz zu geraten, um Geltungskraft zu erlangen. Es geht mir also darum, inwiefern rechtliche Geltungsansprüche im Körper in Resonanz geraten und inwiefern ein Spielraum im Hören hier anders zum Tragen kommen kann als beim Hören auf den alteritätsethischen Anspruch.

17 Vgl. zu diesem Gedankengang, das Erleben von Autonomie als Markierung von gelungenen bzw. effektiven Sorgepraktiken zu fassen, Birte de Grisbourne in ihrem Vortrag auf der Konferenz SAFI Responsability, Verona, September, 2022: »There is no autonomy, but only an autonomization of individuals, which is achieved through caring relationships«.

18 Vgl. Kapitel II.2.

19 Vischer, op. cit., S. 13.

Der rechtlich erhobene Anspruch auf Geltung lässt sich im Gegensatz zum alteritätsethischen Anspruch, dem Lévinas mit der eindringlichen Bitte »Töte mich nicht« Ausdruck verliehen hat, eher abstrahiert als Vielfaches des Befehls ›Befolge meine Anordnung‹ vorstellen, der allerdings der rechtlichen Form nach mit der Androhung von Zwang bewehrt ist. Inhaltlich kann er mit verschiedenen normativen Anforderungen versehen sein. Sofern dieser Befehl in einer hörenden Haltung vernommen wird, die sich als freiheitliche Praxis bzw. als »freie Öffnung in die Dimension des Anderen« bezeichnen lässt,[20] könnte sich Hören auf rechtlich erhobene Geltungsansprüche transformativ und womöglich auch emanzipativ auf geltendes Recht auswirken. Denn in dieser Art zu hören liegt, wie oben ausführlicher dargelegt, ein Moment der Öffnung und der Suspension verschiedener Geltungsansprüche, deren Aushandlung den nachfolgenden Prozess des Verstehens beeinflusst.

Das betrifft im Hören als freie Praxis der Verständigung zunächst eigene Meinungen und Vorurteile, die suspendiert werden müssen, um dem, was gehört wird, Raum zu geben. Die aktive Öffnung gegenüber dem Anspruch der Anderen geht also nicht nur mit einer potenziell eigenen Horizonterweiterung im Verstehen einher, sondern zunächst vor allen Dingen mit einer Hingabe an die eigene Verletzlichkeit. Ein solches Hinhören ist daher eng mit Fragen der eigenen Subjektivität und Identität verknüpft, die durchaus auch eine existenzielle Dimension erreichen können, die im Extremfall z B. die Vorstellung der eigenen autonomen, souveränen Subjektivität als phantasmatisch freilegt bzw. auf die jeweiligen konstituierenden und sorgenden Beziehungen zurückführt.[21] Vor dem Hintergrund einer leiblich-relationalen und alteritätsethisch bedingten Subjektwerdung wird diese Exposition und Öffnung zwar als unhintergehbare, aber dennoch gestaltbare Bedingung kollektiven und kreativen Handelns lesbar.

Nach der Philosophin Katharina Hoppe gehe es beim »Bild des Offenen« im Kontext einer »Politik der Antwort« um

> »einen unbestimmten Moment, in dem eine neue Sortierung nötig wird, innegehalten werden muss und schließlich Neues entstehen kann – neue Kollektive, neue Handlungsspielräume. [...] Damit solche Momente möglich werden, bedarf es einer Haltung – und zwar einer ethischen Haltung –, die darin besteht, die Erschütterung des Selbst durch ›das Andere‹ ernst zu nehmen«.[22]

Hoppes Ausführungen stehen im Einklang mit der These, dass in der Sphäre des Politischen, sofern eine Politik der Antwort verfolgt wird, dem strategischen und alteritätssensiblen Hören eine wesentliche Rolle zukommt,

20 Gadamer, op. cit., S. 48.
21 Vgl. Kapitel II.2.c.
22 Vgl. unter Bezugnahme auf Haraway und Butler, m. w. N., Hoppe, op. cit., S. 21.

dessen innere Haltung mit Fragen der Ethik verschränkt ist. Eine ähnliche Funktion könnte auch einer hörenden Haltung im Recht zukommen. Allerdings ist hier der Moment der Öffnung und der Suspension im Hören etwas anders angeordnet und ausgerichtet. Denn in Bezug auf die Frage, welcher Geltungsanspruch suspendiert wird, ist dem Umstand Rechnung zu tragen, dass im Recht, im Gegensatz zum alteritätsethischen Anspruch, strukturell nicht im eigenen Namen, sondern im Namen Anderer bzw. im Namen des Rechts Anspruch auf Geltung erhoben wird. Daher ist insbesondere Recht in demokratischer und rechtsstaatlicher Ausprägung eine (An-)Ordnung der Stellvertretung. Sofern in dieser Anordnung implizit oder explizit rechtlich Anspruch auf Geltung erhoben wird, bilden soziale Praktiken des Hörens die sinnlich-wahrnehmenden Gegenstücke zur einer am Sprechakt orientierten performativen Rechtserzeugung. Sofern Recht als Phänomen der Geltung erstarkt, kommt es, wie mit Derrida herausgearbeitet, zu einer axiomatischen Verflechtung von Glaube, Narration, Autor:innenschaft und Titel, wodurch rechtlich erhobene Ansprüche in den gesellschaftlichen Text eingewoben werden.[23] In diesem Sinne schwebt der rechtlich erhobene Anspruch auf Geltung, wie die eingangs bemühte Ohrglocke von Magritte, im luftleeren Raum, auch wenn er teilweise in einer ähnlich surrealen Formalität inszeniert wird. Aber inwiefern wirkt sich das Hören-Können und Gehört-Werden in dieser axiomatischen Verflechtung auf das Erstarken rechtlicher Geltungsansprüche aus?

Meine These ist, dass es neben dem performativen, ko-signierenden Effekt des Hörens, um eine hörende Haltung der Adressat:innen rechtlicher Geltungsansprüche geht, durch welche ein reflexiver Zwischenraum von Praxen des (Un-)Gehorsams entsteht. Letztere stabilisieren Recht als Phänomen der Geltung alltäglich. Wie im Kapitel zur freien Entscheidung des Hörens und der Intentionalität verschiedener Hörweisen dargelegt, stellt sich die Frage nach der Geltungskraft des rechtlichen Anspruchs nicht zufällig in Bezug zu Praktiken des Hörens, worauf schon die etymologische Nähe zu Wortfeldern des Gehorsams und der Hörigkeit verweist.[24] Vielmehr stellt sich im Hören auf rechtliche Geltungsansprüche durch die mediale Anordnung der Stellvertretung die Frage, mit welcher Autorität sie erhoben werden, nahezu systematisch. Dabei ist insbesondere in Bezug auf den recht-fertigenden Einsatz des Hörens aber unbedingt zwischen dem alteritätsethischen Anspruch, der ohne jede weitere Legitimation durch sein bloßes in-der-Welt-Sein wahrgenommen werden und zur Geltung kommen muss, und dem rechtlichen, vermittelten Anspruch auf Geltung zu unterscheiden. Das gilt sowohl in Bezug auf Entstehung als auch in Bezug auf inhaltliche Legitimation

23 Vgl. Kapitel II.2.b.

24 Zum Zusammenhang von Hören und Macht vgl. Kapitel I.2.c. und I.3.

des rechtlichen Geltungsanspruchs, weshalb ich hier von einer doppelten Recht-Fertigung spreche. Denn letzterer wird erst durch verschiedene Arten der Inszenierung seiner Autorität am Leben gehalten, zu Recht gefertigt, indem z.B. unter Rückgriff auf gesellschaftlich geteilte Narrative der Glaube geschult wird, geltendes Recht für notwendig zu halten.[25] Seine Kraft entfaltet der rechtliche Geltungsanspruch daher in einem sprachlichen und kulturellen Gewebe, wobei ihm neben Praktiken des (Un-)Gehorsams auch Praktiken des Glaubens und der Gewalt[26] Stabilität verleihen und »die Grundlosigkeit der Rechtsgeltung«[27] überbrücken.

In meiner Lektüre von *Vor dem Gesetz* habe ich durch einen interpretatorischen Bezug der Torhüterparabel auf die Geltungskraft des Rechts beispielhaft skizziert, inwiefern rechtliche Geltungsansprüche explizit oder implizit erhoben werden. Dabei kam es insbesondere für implizite Geltungsansprüche auf die (sinnliche) Wahrnehmung der vorgefundenen Szenerie an. Erst in der Interpretation dieser Wahrnehmung, können implizite rechtliche Geltungsansprüche im Sinne des abstrakten rechtlichen Befehles, ›Befolge meine Anordnung‹, verstanden werden, denen dann (un-)gehorsam begegnet wird.

Aber auch die explizite Artikulation eines rechtlich erhobenen Anspruchs auf Geltung, etwa ein Urteilsspruch, ist medial bedingt, indem er auf Sprache und Körper im Raum angewiesen ist und durch die gesamte gerichtliche, »spezifische [...], ›intermediale Szenographie‹« geprägt wird.[28] Denn im Gegensatz zum alteritätsethischen Anspruch, der als

25 Zum Aspekt der Kraft der Fiktion für rechtliche Geltungskraft vgl. Kapitel II.2.a und b. Darüber hinaus hängt »Legitimation sowohl des Rechts per se als auch konkreter rechtlicher Entscheidungen [...] von dem Gelingen der Inszenierung von Eindeutigkeit, Klarheit, Autorität und Legitimität ab, welche hauptsächlich durch die weitgehende Invisibilisierung inszenatorischer Anteile der Rechtsentstehung erreicht wird«: Laura Münkler und Julia Stenzel, »Einleitung: Inszenierung und Recht – Funktionen, Modi und Interaktionen«, in: dies., *Inszenierung von Recht. Funktionen – Modi – Interaktionen* 2019, S. 14.

26 Zur Bedeutung von Praktiken des Glaubens für die Entfaltung von rechtlicher Geltungskraft vgl. Engelmann, op. cit. Zu Praktiken der Gewalt im Recht vgl. die Rezeption von Covers Gedankengängen im Zusammenhang mit Figuren der Souveränität bei Daniel Loick, *Kritik der Souveränität*, S. 234–240.

27 Vgl. mit Bezug auf die bodenlose sprachlichen Begründungstruktur von Recht, insofern es »in einer zerstreuten (zentrumslosen) Rationalität« ruht, Vesting, op. cit., S. 37. Ich füge hinzu: Der Verweis auf diese Relationalität und die Zerstreuung führt unweigerlich zu den Menschen und ihrer Verortung in der Welt zurück.

28 Unter Bezugnahme auf die Forschung von Wiens und Vismann vgl. Münkler und Stenzel, op. cit., S. 14.

Alteritätserfahrung in einer unmittelbaren Begegnung stattfindet, wird »Recht [...] inszeniert, damit es wahrgenommen wird [...] [,] also vermittelt und zugänglich gemacht«.[29]

Bei der »Inszenierung von Recht« lässt sich zwischen verschiedenen »Funktionen – Modi – Interaktionen« unterscheiden, die jeweils ihren Teil dazu beitragen, dass Recht Wirkungskraft entfaltet, indem es z. B. als »objektiv und gerecht in Szene gesetzt wird« oder indem die »Richtigkeit wie Eindeutigkeit« gerichtlicher Entscheidungen in Form und Inhalt deren Begründungen hervorgehoben wird.[30] Um performative Wirkkraft entfalten zu können und zu geltendem Recht zu werden (bzw. »für sein in-die-Welt-Kommen«[31]), ist »Recht [...] auf seine Inszenierung angewiesen«.[32] Diese Inszenierungen werden mit und durch Menschen mit Hilfe der von ihnen hervorgebrachten Medien und Kulturtechniken,[33] aber auch auf der Grundlage der sinnlich leiblichen Öffnung zur Welt und den entsprechenden rezeptiven Praktiken vollzogen.

Müller-Mall bezeichnet in ihrer Untersuchung der Performativität der Rechtserzeugung, die sie von der »Struktur des Sprechens bzw. des Sprachgebrauchs« ausgehend modelliert,[34] die Rechtsnorm als »rhetorisches Angebot«, dessen Autorität erst erzeugt werden und dessen Legitimität sich erst nachrangig erweisen könne und müsse.[35] In ihrer Rezeption von Derridas Überlegungen zur Gesetzeskraft spricht sie Rechtsnormen daher keine »dauerhaft etablierten Qualitäten einer Norm« zu.[36] Solche Qualitäten der Geltung entstehen vielmehr erst iterativ im gesamten Erzeugungszusammenhang.[37] Konstitutiver Bestandteil der Inszenierung von Recht ist das Hören, insbesondere dort, wo sich auf die Stimme, Sprechakte und »Körperkraft der Sprache« gestützt wird.[38] Jener rechtlich erhobene Anspruch auf Geltung, den Müller-Mall als »rhetorisches Angebot« bezeichnet, ist aber, damit er existiert, darauf angewiesen, überhaupt gehört zu werden. Das gilt sowohl für explizit erhobene rechtliche Geltungsansprüche als auch für solche, die implizit, etwa

29 Münkler, op. cit., S. 26.
30 Vgl. Münkler und Stenzel, op. cit., S. 12–13.
31 Sabine Müller-Mall, »Juridische Szenen: Vor dem Gesetz/Im Gericht/In Camera«, in: Laura Münkler und Julia Stenzel (Hg.), *Inszenierung von Recht. Funktionen - Modi - Interaktionen* 2019, S. 41.
32 Münkler und Stenzel, op. cit., S. 12.
33 Für eine ausführliche Analyse der Wirkmacht medialer Bedingungen auf das Recht vgl. Vismann, op. cit; Vesting, op. cit; Vesting, op. cit; Vesting, op. cit; Vesting, op. cit.
34 Müller-Mall, op. cit., S. 271.
35 Ibid., S. 274.
36 Ibid., S. 266.
37 Ibid., 265ff.
38 Vgl. dazu Gehring, op. cit.

durch eine innere Stimme aufgrund der wahrgenommenen Situation gegen sich selbst oder Andere im Namen des Rechts in Stellung gebracht werden. Zudem kann eine Entscheidung erst getroffen werden, nachdem gehört wurde, ob das jeweils in der Ansprache formulierte »rhetorische Angebot« angenommen wird, also in meiner Terminologie, ob dem rechtlich erhobenen Anspruch auf Geltung Gehorsam zu Teil wird.

Wie jeweils gehört wird, ist maßgeblich dafür, wie offen jener innere Raum der Reflektion sein kann, indem eine Entscheidung zum (Un-)gehorsam vorbereitet und gefällt wird. Dadurch wird der rechtliche Anspruch auf Geltung erst iterativ oder unterbrechend in eine breitere kulturelle Praxis und rechtliche Geltungsstruktur eingebunden. Überhaupt Gehör zu finden, reicht also zunächst zur performativen Konstitution des Geltungsanspruchs aus. Allerdings werden Fragen nach seiner Autorität und Legitimität und damit der iterativen Einschreibung in gesellschaftliche Bezüge in der Art des Hörens relevant, die ich als Vorbereitung des (Un-)Gehorsams verstehe. Derrida schreibt, wie eingangs aufgegriffen: »Es ist das Ohr des Anderen, welches mein Selbst für mich ausspricht und so mein autos konstituiert«.[39]

In den Kontext des Rechts übersetzt bedeutet dies, dass sich der Geltungsanspruchs zumindest performativ erst im Hören, also mit Hilfe der Hörenden, konstituiert, und zwar ungeachtet dessen, ob ihm sodann in einem weiteren Schritt Gehorsam zu Teil wird oder nicht. Die letzte Frage hat aber Einfluss auf der Legitimität der Autorität in Namen derer Anspruch auf Geltung erhoben wurde. Müller-Mall liest den Gehorsam in der Rechtsanwendung als Frage von »Ansehen und Anerkennung« und verbannt Gründe, die zum (Un-)Gehorsam motivieren, ausdrücklich ins jenseits ihres theoretischen Modells der performativen Rechtserzeugung.[40] Zugleich äußert sie, dass die Frage nach diesen Gründen nach einer »disziplinären Öffnung der Rechtswissenschaften« verlangt und aus einer »anderen [...] als der rechtswissenschaftlichen Perspektive betrachtet werden« müsse.[41] In der hörsensiblen Betrachtung der zum (Un-)Gehorsam motivierenden Gründe liegt die Chance einer Öffnung gegenüber alteritätsethischen Erwägungen. Und zwar insbesondere gegenüber der oben exponierten alteritätsethischen Verantwortung und Herausforderung geltenden Rechts. Damit eröffnet sich im Hören ein wesentliches Scharnier oder, wenn man so will, eine Durchlässigkeit, zwischen den Sphären des Rechts, der (Alteritäts-)Ethik und Politik.[42]

39 Derrida, op. cit., S. 71. Derrida schreibt im Original: »C'est l'oreille de l'autre qui me dit, moi, et qui constitue l'autos«. Derrida schreibt diese Worte zum Kontext der Autobiografie, die auch eine Form der Präsenz darstellt.

40 Müller-Mall, op. cit., S. 267–268.

41 Ibid., S. 273.

42 Vgl. dazu Kapitel II. 1. c.

Denn im bewussten Hören, welches einer alteritätsethisch geforderten Haltung entspricht, eröffnet sich jener innere kritisch-reflexive Zwischenraum, in dem rechtliche Geltung bewusst suspendiert wird. So wird Raum geschaffen, um den jeweils im narrativen Kontext weiter getragenen Rechtssinn zu erspüren, der den jeweiligen Nomos am Leben und damit in Geltung hält. Zugleich wird dieser Rechtssinn auch einer kritischen Hinterfragung zugänglich.

Das emanzipative Potential einer solchen hörenden Praxis liegt daher einerseits darin, zunächst überhaupt Aufmerksamkeit und Zeit für die je eigene, stille Beteiligung am institutionellen Projekt der Rechtsgeltung zu schaffen. Andererseits liegt es darin, dass im hermeneutischen Sinne womöglich bis dato Unerhörtes aktiver wahrgenommen wird. Etwa werden womöglich jene Spuren verdrängter alteritätsethischer Bedingung und Herausforderung des Rechts wahrnehmbar, die im rechtlich artikulierten Anspruch (unbewusst) mitschwingen. Das wiederum legt nahe, ihn im Anschluss als eine alteritätsethische Anmaßung zu deuten, und zwar im Namen der Anderen sprechen zu müssen.[43] Der Vergleich des Hörens auf den alteritätsethischen Anspruch und den rechtlich erhobenen Anspruch zeigt, dass es sich zwar jeweils um konkrete und individuelle Praktiken des menschlichen Hörens handelt, jedoch je nach Art des Anspruchs etwas anderes völlig auf dem Spiel steht. Allerdings kann das ethische Register nicht aus dem rechtlich erhobenen Anspruch auf Geltung gelöscht werden, sondern bricht sich so oder so in den Institutionen des Rechts, und zwar in der menschlichen Begegnung Bahn. Hier fordert das ethische Register geltendes Recht heraus. Wenn sich im Hören Zeit für diese Unterbrechung der rechtlichen Geltungsstruktur genommen wird, eröffnet das Gehört-Werden einen rechtlich gerahmten Ort für gesellschaftliche Aushandlungen. Dieses Hören verstehe ich als stille, aber transformative Teilhabe an politischen Aushandlungsprozessen, weil sie ggf. neue Antworten auf rechtliche erhobene Ansprüche vorbereitet und ermöglicht.

d. (Un-)Gehorsam als Festigung und Suspension rechtlicher Geltungsstruktur

In Bezug auf den rechtlichen Geltungsanspruch ist die Suspension, die das Hören erwirken kann, nicht zuletzt anders gelagert als im alteritätsethischen Anspruch, weil er in seiner Autorität in Frage gestellt werden kann. Denn die Inszenierung seiner Notwendigkeit hat, wie mit Kafka dargelegt wurde, einen fiktionalen Charakter, der wenig mit jener existenziellen Not(wendigkeit) des alteritätsethischen Anspruchs gemein hat,

43 Vgl. Kapitel II. 3.

der mit ethischer Gewalt über das werdende Subjekt hereinbricht und gehört werden will.[44] Die Person, die einen rechtlich erhobenen Anspruch auf Geltung hört, trägt daher zwar unweigerlich auch dazu bei, dass er performative Wirkkraft entfaltet. Die Frage, ob ihm (Un-)Gehorsam zu Teil wird, ist aber im Hören zunächst noch suspendiert. In diesem Sinne kann das Hören auf den rechtlich erhobenen Anspruch auf Geltung Zeit und Aufmerksamkeit bündeln, um z.B. auf die leiseren Zwischentöne und Differenzen jenseits der womöglich von Anfang an vermuteten oder unterstellten Botschaft in diesem Anspruch gehört wird. Das bedeutet auch Zeit und Raum, um jene Emotionen und Gedanken anzustoßen, die jenseits von reflexartigem Gehorsam Wege in Praktiken des kritisch-reflexiven Gehorsams oder widerständigen Ungehorsams eröffnen. Insoweit kann eine hörende Haltung jene inneren Zwischenräume aufspannen, die ein anderes Nachdenken über »das ›Konstitutive‹, wie auch das ›Prekäre‹ des Zusammenhangs von Recht und Inszenierung« ermöglichen.[45] Diese These lässt sich anhand je eigener juristischer Erfahrungen gedanklich durchspielen oder ansonsten anhand literarischer Beispiele, etwa der oben skizzierten Szenerie von Kafkas Torhüterparabel erproben.[46]

Im Verhältnis von (Alteritäts-)Ethik, Politik und Recht wäre diese Art, auf den rechtlichen Geltungsanspruch zu hören, zum einen der praktische Vollzug einer ethischen Haltung im Recht, die eine Politik des freiheitlichen und emanzipativen Umgangs mit geltendem Recht befördern könnte. Denn wenn wir uns Recht so vorstellen, dass es immer schon in Kraft war, bzw. auf kontinuierlich in einer Art linearen Entwicklung auf vorhergehende Ordnungen aufbaut – zurück zu Kafka: es muss vielleicht nicht für wahr, wohl aber für notwendig gehalten –, ist der Blick darauf verstellt, dass Recht als plurales und politisches Phänomen immer auch anders sein könnte und anderswo auch anders ist. Das ist destabilisierend und erklärt vielleicht auch das Unbehagen in Bezug auf Positionen, die ihre Perspektive auf Inszenierung von Recht richten und das gestalterische Element der Rechtsanwendung betonen und »Überzeugungsmechanismen [...], die auf anderen Faktoren als rationalen Argumenten beruhen« fokussieren.[47]

Eine alteritätssensible, hörende Haltung ermöglicht, diese Vorurteile zu hinterfragen. Der eigene Leib kommt dadurch als Resonanzkörper und Ort der Erfahrung zum Zuge, wodurch womöglich im Recht bisher Unerhörtes erklingen und reflektiert werden kann. Jenseits von Praktiken der Gewalt oder des Glaubens begünstigt ein Hören, welches

44 Vgl. zu dieser Differenzierung Kapitel III.3.a.

45 Münkler und Stenzel, op. cit., S. 15.

46 Vgl. Kapitel I.2.b.

47 Vgl. m. w. N., Münkler, op. cit., S. 27.

kritisch-reflexive Praktiken des (Un-)Gehorsams vorbereitet daher, starke, weil zwangsresistente Modi der Anerkennung rechtlicher Autorität. Wie oben angemerkt, sollen damit nicht jene Zweifel beiseite gewischt werden, welche die Frage aufwerfen, inwiefern es in rechtlichen Anordnungen überhaupt möglich ist, im Sinne einer *freien* Öffnung hinzuhören. Vielmehr verweist die verletzliche Öffnung im Hören auf die Kräfte der Angst (vor Gewalt), des Glaubens und der Überzeugung, die hier unter Umständen am Werk sind. Denn in Bezug auf die Frage, warum sich (un-)gehorsam gegenüber dem rechtlichen Geltungsanspruch verhalten wird, lässt sich die Entstehung von Rechtsgeltung auch im Spannungsverhältnis zwischen Glauben und Gewalt nachzeichnen.

An der einen Seite des Spektrums finden sich Praktiken des Anerkennens, die auf einem geteilten Glauben an das Recht beruhen, am anderen Ende Praktiken der Gewalt, die das Recht durch Furcht in Geltung halten. Den kafkaeske Merksatz, dass man Recht nicht für wahr, sondern nur für notwendig halten muss, damit es gilt, deute ich als verdichtete Form des Spannungsverhältnisses zwischen diesen geltungserhaltenden Praktiken des Glaubens bzw. des Überzeugt-Seins und Praktiken der Gewalt bzw. des Gezwungen-Seins. Eine freiheitliche Praxis des Hörens könnte in diesem Spannungsverhältnis vermittelnd einsetzen. Aber spätestens dort, wo Gehorsam im Ergebnis versagt wird, treten – zumindest bei zwangsbasiertem Recht – Praktiken der Gewalt auf den Plan. Jedoch hängt auch dieser Einsatz rechtlicher Gewalt mit der recht-fertigenden Kraft jener Narrative zusammen, die Hören und Gehört-Werden im geltenden Recht als gerechtigkeitsstiftend inszenieren.

In diesem Sinne lässt sich, wie ich im nachfolgenden Kapitel skizzieren werde, vor allem in Bezug auf verschiedene Formen rechtlicher Gewalt, eine Mobilisierung des rechtlichen Hörens und Gehört-werdens beobachten. Etwa bei rechtlichen Anhörungen derjenigen, gegen die der Geltungsanspruch des Rechts im Zweifel gewaltsam durchgesetzt werden soll. Erst in diesem Bezug wird die Gewalt als notwendig und gerechtfertig inszeniert, aus dem Druck eines juristischen Imperativs heraus, und zwar der Fiktion, dass rechtlich geantwortet werden müsse. Hier liegt die Verbindung zu der oben ausgearbeiteten Lesart geltenden Rechts als notwendiger Antwortordnung, die ich als alteritätsethische Anmaßung eingeordnet habe.[48] Aus verschiedenen rechtlichen Anordnungen des Hörens in den Institutionen des Rechts und unter der Annahme, dass diese auf der Ebene des Verfassungsrechts bestehen, lässt sich ein irgendwie geartetes Bedürfnis ausmachen, den potenziellen Adressat:innen rechtlicher Gewalt zuzusichern, dass sie im Recht gehört werden, bevor die Gewalt droht. Zumindest werden Praktiken des Hörens vor allem nachträglich zur Recht-Fertigung von Geltungsansprüchen in diesem Kontext

48 Vgl. Kapitel II.3.

bemüht. Auf der Ebene narrativer Inszenierung von staatlichem Recht als notwendiger Ordnungsmacht wird sich auf kultivierte und institutionalisierte Formen des Gehört-Werdens im Recht berufen, um es insgesamt als rechtstaatlich, demokratisch oder menschenwürdig zu recht-fertigen. Dabei ist allerdings zu hinterfragen, ob oder wie die (implizit) versprochenen alteritätsethischen Effekte des Hörens und Gehört-Werdens im Recht überhaupt eingelöst werden können. Denn vor dem Hintergrund der obigen Überlegungen zur (Ir-)Responsivität von Recht muss angezweifelt werden, ob und inwiefern das alteritätsethische Register im Recht überhaupt erklingen, also gehört-werden kann. Daher liegt das emanzipative Potential im Hören auf den rechtlich erhobenen Geltungsanspruch also nicht zuletzt darin, in einer hörenden Haltung einen Zwischenraum für die Hinterfragung bestehender Vorurteile zur Notwendigkeit des geltenden Rechts zu öffnen. Darin lassen sich dessen verletzliche Stellen, die alteritätsethische Verantwortung sowie das jeweils eigene Mitwirken an der Rechtsgeltung als institutionellem Projekt exponieren.

Die Suspension des rechtlich erhobenen Anspruchs auf Geltung im Hören wirkt demnach vorbereitend, um eine kritische Interpretation desselben vorzubereiten, die sich sodann womöglich auch in Praktiken des (Un-)Gehorsams manifestiert.[49] Wird diesem Moment des Hörens mehr Aufmerksamkeit gewidmet, würde die unabwendbare (interpretative) Beteiligung an der Herstellung von Rechtsgeltung, welche Cover als »welterhaltend«[50] einstuft, jene (alteritätsethischen) Bedingungen berücksichtigen können, unter denen Recht bzw. plurale Nomoi und deren recht-fertigende Narrative lebendig werden. Dadurch geraten insbesondere solche Narrative in Bedrängnis, welche rechtliche Autorität in alteritätsethisch anmaßender Weise recht-fertigen.[51] Ein Bewusstsein um die alteritätsethische Bedingung von Recht und der Relevanz des Hörens und Gehört-Werdens zeigt sich exemplarisch am narrativen Einsatz des Grundsatzes des rechtlichen Gehörs im modernen Recht.

2. Rechtliches Gehör als Recht-Fertigung

Im letzten Kapitel ging es um das Hören aus Perspektive der Adressat:innen rechtlich erhobener Ansprüche auf Geltung. Nun soll es um Praktiken des Hörens innerhalb institutionalisierter rechtlicher Rahmenbedingungen, um das Hören im Namen des Rechts, gehen. Dabei konzentriere

49 Vgl. beispielsweise zu verschiedenen Formen zivilen Ungehorsams, die sich im modernen, geltenden Recht als Interpretation verfassungsrechtlicher Geltungsansprüche lesen lassen, Akbarian, op. cit., 126ff.

50 Cover, op. cit., S. 13.

51 Vgl Kapitel II.2.c.

ich mich vor allem auf Formen des Hörens, die (implizit) zur Recht-Fertigung herangezogen werden, um im Namen des Rechts Anspruch auf Geltung zu erheben. Damit geraten einerseits jene Menschen in den Blick, die ihr Ohr dem Recht leihen, weil es als Ordnungsmacht selbst nicht hören kann. Andererseits geht es beispielhaft um die dazugehörigen institutionellen Rahmenbedingungen und Normen. Die dabei jeweils konkret stattfindenden Hörpraktiken werden aber, so die These, ihrerseits durch die mediale Anordnung des Rechts geprägt. Am recht-fertigenden Einsatz des Grundsatzes des rechtlichen Gehörs zeigt sich daher exemplarisch die sinnlich-leibliche Bedingung der medialen Anordnung der Stellvertretung, die Recht ist (a.). Auf dieser Basis kann am Beispiel einiger institutionalisierter Hörweisen der (implizite) recht-fertigende Bezug auf ein gerechtigkeitsstiftendes Potential des Hörens im geltenden Recht, alteritätsethisch hinterfragt werden. Dafür skizziere ich für einen Vergleich eine Auswahl im Recht institutionalisierter Formen des Hörens (b.). Diese stützen die folgende These: Je mehr rechtliche Gewalt im Spiel ist, desto stärker ist der recht-fertigende Bezug auf rechtliche Arten des Hörens ausgeprägt. Das zeigt sich besonders beim Recht auf richterliches Gehör (c.) und dem richterlichen Hören auf das letzte Wort bzw. das Schweigen der Angeklagten (d.). Letzteres lässt sich mit Figur des subversiven Schweigens neu deuten (e.).

a. Hören und Gehört-Werden als sinnlich-leibliche Bedingung recht-fertigender Bezüge

Recht-fertigende Bezugnahmen auf Hören-Können bzw. Gehört-Werden sind im Recht in zweierlei Hinsicht alteritätsethisch relevant: Erstens, weil in der Berufung auf leibliches Hören-Können und auf die sozialen Effekte dieser Kulturtechnik die leibliche und mediale Bedingung von Recht explizit wird. Zweitens, weil der recht-fertigende Bezug auf Institutionen des Hörens und Gehört-Werdens im Recht Auskunft über den Rechtssinn geltenden Rechts gibt. Die leibliche Materialität im Hören-Können ruft zunächst grundlegend jene Bedingungen ins Gedächtnis, unter denen wir Recht als Ordnungsmacht inszenieren und als geltend erfahren können. Im Hören auf den Geltungsanspruch verkörpern die Adessat:innen desselben das Recht und wirken so an seiner performativen Erzeugung mit. Das gilt jedenfalls, sofern er stimmlich artikuliert wird. Darin mit eingenommen sind aber auch solche diffusen oder impliziten rechtlichen Geltungsansprüche, die sie sich selbst gewissermaßen mit einer inneren Stimme des Rechts vortragen. So oder so spielt sich dieser Prozess jedoch in einer körperlichen Bedingung ab, weshalb ich die These vertrete, dass der jeweilige Körper, der eine juristische Erfahrung macht bzw. einen rechtlich erhobenen Geltungsanspruch vernimmt, zum Resonanzkörper des Rechts wird.

Etwas anders stellt sich die Situation dar, wenn sie vom Recht herkommend gedacht wird, welches selbst keine Ohren hat. Stellt man sich die Ohren des Rechts vereinheitlicht vor, so ergibt sich ein seltsames, weil überdimensioniertes Bild. Sie wären dissoziiert und führen uns vor Augen wie surreal es ist, sich Recht als ein (an-)fassbares Objekt zu denken, obwohl oftmals so darüber gesprochen wird, als sei es das.[52] Zumal Recht als Ordnungsmacht keinen genuinen Körper hat und immer auf geliehene Materialität baut, ist es auf fremde Resonanzkörper angewiesen.[53] Die Ohren des Rechts, sofern man sie so nennen möchte, sind also geliehen und dezentral verteilt. Das verdeutlicht exemplarisch, dass Recht insgesamt auf mediale Vermittlung angewiesen ist, um zum Ausdruck zu kommen zu können. Recht als Ordnungsmacht kann daher zwar, wie bereits dargelegt, als verdichteter Ausdruck gesellschaftlicher Aushandlungsprozesse gelesen werden, der maßgeblich durch die Kraft der Fiktion als eine kognitive oder geistige Leistung bestimmt wird. Dieser kann aber als gedanklicher Prozess dennoch nicht hinter seine leiblich-medialen Bedingungen zurückgehen. Sowohl die leibliche Bedingung als auch die hermeneutischen und alteritätsethischen Dimensionen des Hörens und Gehört-Werdens sind daher im Recht von Relevanz.

Abbildung 5: Begehbares Ohr: Jonathas de Andrade – »With the heart coming out of the mouth« (2022)

Auf der narrativen Ebene geben recht-fertigende Bezüge auf den Grundsatz rechtlichen Gehörs Auskunft über bestehende Vorstellungen von Gerechtigkeit in der rechtlich geordneten Welt. Diese Vorstellungen verdichten sich unter Umständen zu einem Sinn von Recht, der es in Geltung hält, auch wenn er dessen alteritätsethische Bedingung und Herausforderung womöglich nicht hinreichend reflektieren kann. Denn in der Tiefe der meist oberflächlich bleibenden

52 Auf dem eingefügten Foto ist eine Plastik eines um die 5 Meter groß dimensionierten menschlichen Ohres abgebildet, durch dessen Öffnung nacheinander drei Menschen in das Innere des brasilianischen Pavillons auf der Biennale im Mai 2022 in Venedig gelangen.

53 Vgl. dazu die Deutung von Recht als Anordnung der Stellvertretung, in der in fremden Namen gehört und geantwortet werden muss, Kapitel II.2.b. Das gilt Jedenfalls solange diese dominanterweise sprachlich und stimmlich organisiert ist. Zur Dominanz dieses sinnlichen Registers vgl. Kap. I.1.

Verweise auf Gerechtigkeit stiftende Potentiale und Effekte des Hörens, lässt sich neben dem bereits oben angedeuteten verzerrenden Effekt des Rechts auf tatsächlich stattfindende Praktiken des Hörens im Recht eine Art Verdrängung der alteritätsethischen Bedingung von Recht ausmachen. Zudem wird in recht-fertigenden Bezügen auf das Hören und Gehört-Werden (auf Alterität) in der Sphäre des Rechts dieser Praxis vielleicht mehr aufgebürdet, als in institutionalisierten Formen des Hörens und Gehört-Werdens unter rechtlichen Rahmenbedingungen geleistet werden kann. Das verdeutlicht sich insbesondere im Vergleich der Sphären von Alteritätsethik, Recht und Politik und der darin jeweils enthaltenen Rolle des Hörens und Gehört-Werdens. Die durch narrative Bezüge auf Gerechtigkeit gesteigerten Erwartungen an Effekte und Formalisierungen des Hörens, welches im Zusammenhang mit dem Verstehen als freiheitliche Praxis menschlicher Kommunikation herausgearbeitet wurde, führen womöglich eher dazu, das alteritätsethische Potential des Hörens zu ersticken. Letzteres zeigt sich z.B. im Titelbild der theologisch und rechtswissenschaftlich informierten Arbeit zum Grundsatz des rechtlichen Gehörs von Ethel Leonore Behrendt. Unter der Überschrift »Recht auf Gehör, Grundrecht und Grundwert« ist ein von Paragrafen überlagertes Kreuz abgebildet.[54] Die zweidimensionale bildliche und textliche Fixierung lässt sich im Gegensatz zum oben abgebildeten, plastischen, überdimensionierten und begehbaren Ohr als Sinnbild für den Versuch deuten, die Kulturtechnik des Hörens im Recht in doppelter Hinsicht zu mobilisieren.

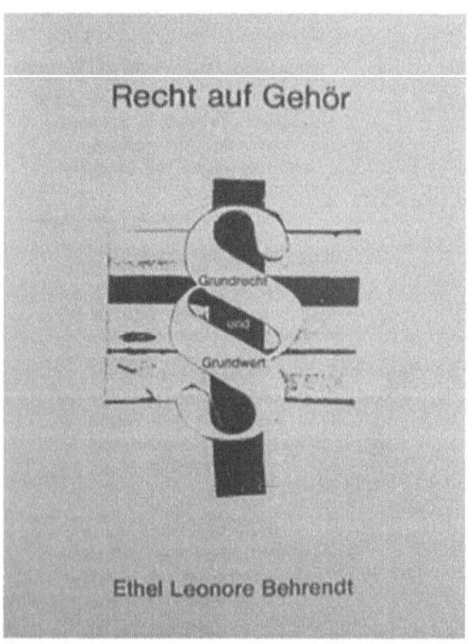

Abbildung 6: Paragrafenkreuz

In verschiedenen interdisziplinären Forschungsarbeiten zum rechtlichen Gehör kommt die Vorstellung zum Ausdruck, dass rechtliches Gehör recht-fertigend für erhobene Geltungsansprüche herangezogen werden könne und vielleicht sogar auch müsse. Das gilt

54 Behrendts Untersuchung entspringt ihren eigenen Worten zufolge »dem grundsätzlichen Anliegen, in oberste Rechtsgrundsätze unserer Verfassung rechtstheologisch hineinzuleuchten«, um so deren »Wesensgehalt unmittelbar auf biblische Zusammenhänge« zurückzuführen. Vgl. Ethel Leonore Behrendt, *Recht auf Gehör. Grundrecht und Grundwert,* München: Minerva Publ 1978, S. XIX. Behrendt ist an dieser Stelle der Arbeit durchaus einschlägig, insofern sie danach fragt, welche kulturell gewachsenen Narrative die Institution des rechtlichen Gehörs recht-fertigen. Allerdings wäre dies als eine Frage der Genese von Geltung und weniger als deren Berechtigung im alteritätsethischen Sinne zu verstehen.

insbesondere für den sich vom Grundsatz des rechtlichen Gehörs versprochenen gerechtigkeitsstiftenden Effekt als Ausgleich zur rechtlichen Befugnis, zu zwingen. Dabei sind es die jeweils anvisierten und behaupteten Zwecke des sinnlichen Registers des Hörens im Recht, die Einblicke in die narrative Genese des Grundsatzes vom rechtlichen Gehör zulassen. Dafür skizziere ich zunächst kursorisch die Bedeutung von verrechtlichten bzw. institutionalisierten Anordnungen des Hörens und Gehört-Werdens im geltenden Recht, um eine Idee davon zu bekommen, wann, wozu und in welcher Weise das Hören überhaupt als priorisierte mediale Form der Vermittlung und Kommunikation bemüht wird. Die jeweilige narrative Einbettung von Formen des Hörens und Gehört-Werdens im geltenden Recht, ist geprägt von der Verortung in einer Kultur des »Sprechens-ohne-Hinzuhören«.[55] Daraus folgt auch dass der recht-fertigende Einsatz des rechtlichen Gehörs von Phänomenen wie dem Logo- und Phonzentrismus nicht unberührt bleibt.

b. Vergleich Institutionalisierter Hörweisen im Recht

Ein kurzer Streifzug durch verschiedene institutionalisierte Formen des Hörens und Gehört-werdens im Recht zeigt, dass auf das tatsächliche, leibliche Hören umso strenger bestanden wird, desto mehr rechtliche Gewalt in der Anordnung und Durchsetzung des rechtlich erhobenen Anspruchs auf Geltung im Spiel ist. Diese Tendenz könnte Aufschluss darüber geben, wann und warum es zu einem Umschlagpunkt auf dem Spektrum verschiedener Arten und Weisen kommt, Gehorsam gegenüber dem rechtlichen Geltungsanspruch zu erwirken. Während sich diese Praxen auf einem Spektrum von Gewohnheit, Überzeugung, Glauben und Gleichgültigkeit situieren, steht immer dann der Einsatz von Gewalt zumindest potenziell im Raum, wenn es zum Ungehorsam kommt. Dieser Umschlagpunkt wirkt sich unter Umständen in der Geltungsstruktur der Rechtsordnung aus.[56] In einer feineren Stimmung des Hörens ließe sich dieser Umschlagpunkt zwischen Gehorsam- und Ungehorsam, respektive rechtlicher Resonanzen darauf aufspüren, reflektieren und, wie im vorigen Kapitel dargelegt, womöglich emanzipativ wenden.

Etwas anders ist die Situation gelagert, wenn man genauer in den Blick nimmt, ob und inwiefern im Recht verschiedene Arten und Effekte des Hörens angeordnet oder begünstigt werden und wozu sie eingesetzt werden. Bei dem kursorischen Überblick zu existierenden rechtlichen

55 Vgl. zur kulturellen und Ideen-geschichtlichen Verortung des Hörens, Kap. I.1.

56 Vgl. zu diesen Praktiken des Ungehorsams Akbarian, op. cit., 47ff., 65ff., 97ff.

Formen des Hörens kommt es mir zunächst darauf an, jeweils konkret zu benennen, wofür ein Raum des Hörens oder Gehört-Werdens rechtlich geschaffen bzw. gesichert wird oder zumindest werden soll. Geht es beispielweise um die Zusicherung, gehört zu werden, und damit um eine Art rechtlichen Anspruch darauf, dass die Person ihre Stimme erheben und vom Effekt des Gehört-Werdens profitieren kann? Oder zielen einige institutionalisierte Formen des Hörens nicht tatsächlich eher (lediglich) auf das Freihalten eines Raumes, in dem potenziell auch alteritätssensibel gehört werden kann? Wie mit Spivak im Kapitel zum Hören-Können in Bezug auf die Relevanz von Machtgefüge und Verortung der Hörenden und Sprechenden dargelegt, kommt es auch im Recht darauf an, welche Hörweisen und Positionen im jeweiligen institutionellen Rahmen begünstigt, befördert oder aber auch behindert werden.[57] Mit Rücksicht auf die performative Kraft des Hörens ist das auch ausschlaggebend dafür, was stimmlich überhaupt artikuliert werden kann.

Institutionalisierte Formen des Hörens und Gehört-Werdens im geltenden Recht lassen sich im Kontext staatlichen, modernen Rechts grob entlang verschiedener Bezugnahmen auf Normen sortieren. Klassischerweise entfaltet sich am Angelpunkt der Rechtsnorm eine Unterscheidung zwischen Ebenen der Rechtsgestaltung, Rechtsanwendung, im Sinne von Rechtsauslegung und -entscheidung sowie Rechtsdurchsetzung. Bei der Rechtsgestaltung spielt im parlamentarischen Kontext, in einem idealerweise horizontalen Machtverhältnis, die *institutionalisierte Möglichkeit, gehört zu werden* eine Rolle. In der Beratung des Parlaments im Gesetzgebungsverfahren ist z.B. in § 78 GOBT von der Möglichkeit einer »allgemeinen Aussprache« die Rede. Eine Verpflichtung, sich die Beratungen oder Aussprachen anzuhören, bevor abgestimmt wird, gibt es allerdings nicht. Hier wird also vom Recht der Rahmen gefestigt, unter bestimmten Voraussetzungen ein Recht, zu sprechen, anzuordnen. Wer dafür zuhören soll bzw. muss, ist nicht geregelt. Die Norm ist also vom Sprechen herkommend gedacht und die potenzielle Zuhörerschaft ist auf freiwilliger Basis zugegen – oder eben auch nicht. Im Parlament liegt damit die Zeit, die in das Hören auf die Anderen investiert wird, im freien Ermessen. Vom Hören herkommend reformuliert wäre diese Norm für die hörenden Personen also eine institutionalisierte *Möglichkeit, zu hören*. Eine Reformulierung vom Hören herkommend würde den Fokus auf die Rahmenbedingungen lenken, die das Zuhören erleichtern und sein Potenzial mobilisieren, bei Lesungen und Aussprachen über Gesetzesentwürfe einer Vielstimmigkeit derer gerecht zu werden, in deren Namen Gesetze erlassen werden sollen.

57 Zum Gehört-Werden als performative Bedingung des Sprechen-Könnens in der Welt und zum Potential subversiver Hörweisen vgl. Kap.I.3. Vgl. zudem Stix, op. cit.

Im Kontext der Rechtsgestaltung ist neben dem Gesetz der Vertrag eine zentrale Institution staatlichen modernen Rechts, die auf einer Einigung beruht, welche ihrerseits ein Mindestmaß an Kommunikation erfordert. Das Hören der anderen Partei ist unabdingbar, damit etwa Willenserklärungen überhaupt als performative Sprechakte entstehen und Einigungen erzielt werden können, sofern der Vertrag nicht schriftlich geschlossen wird. Dort, wo Parteien zur Vertragsgestaltung nicht direkt, sondern medial vermittelt miteinander kommunizieren und dabei eine Partei ihre eigenen Vorstellungen systematisch nicht (gleichberechtigt) einbringen kann, findet sich oftmals die Anordnung einer *Kompensation des Nicht-Hörens und Nicht-Gehört-werdens*. So z.B. bei Vertragsschluss mit vorgefertigten allgemeinen Geschäftsbedingungen. Die Interessen der anderen Partei müssen antizipierend mitgedacht werden, um den gesetzlich in diesem Feld vorgeschriebenen Anforderungen zu entsprechen. Vom Hören ausgehend gedacht, macht es jedoch einen Unterschied, selbst gehört zu werden oder (in vermeintlichen bzw. zugesprochenen Interessen) mitgedacht zu werden. Das emanzipatorische Potential des Hörens kann im vielleicht wohlmeinenden, aber bevormundenden Mit-Denken jedoch nicht wirksam werden. Vielmehr wird versucht, das Defizit im Gehört-Werden durch ein anmaßendes Sprechen über oder für andere zu kompensieren. Das kann zwar inhaltlich zu Institutionen wie Verbraucher:innen-Schutz oder ähnlichen rechtlichen Instrumenten führen, die Machtgefälle zwischen Vertragsparteien ausgleichen und einer idealisierten Augenhöhe näherbringen sollen. Aber das emanzipative Potential des Hörens, etwa der spezifische anerkennende Effekt, der dadurch entsteht, gehört zu werden, kann so nicht ersetzt werden. Abgesehen davon ließe sich auch darüber nachdenken, ob durch die Verlagerung in die Schrift dieses Machtgefälle nicht sogar verstetigt und stabilisiert wird, wenn es auch im Streitfall dem Beweis zugänglicher ist.

Im Kontext der Rechtsauslegung und -entscheidung ist das rechtlich vorstrukturierte Machtverhältnis oftmals gemischt (idealerweise horizontal zwischen streitenden Parteien und vertikal zur Richterin). Hier lassen sich institutionalisierte Formen der *Verpflichtung zum Hören und das Recht, gehört zu werden,* ausmachen. Der verfassungsrechtliche Anspruch auf rechtliches Gehör (Art. 103 I GG) soll etwa die Eröffnung des Rechtswegs garantieren, sichert aber teilweise auch ganz praktisch der vor Gericht stehenden Person das Recht zu, Gehör zu finden. Umgekehrt ergibt sich für die Richter:innen daraus die Pflicht, zu hören, worauf ich nachfolgend näher eingehen werde.

Im Kontext der Umsetzung und Durchsetzung staatlichen Rechts sind ebenfalls *institutionalisierte Verpflichtungen zu hören und Rechte, gehört zu werden,* zu finden. Im Verwaltungsverfahren bestimmt § 28 II VwVfG – Anhörung Beteiligter – im Wortlaut, dass es eine »Anhörung« geben muss, von der nur in gelisteten Ausnahmefällen abgesehen werden kann. In § 28 I VwVfG wird die Anhörung als »Gelegenheit« der Betroffenen, sich »zu äußern«, definiert und damit wiederum vom Sprechen ausgehend gedacht. Betroffene eines mündlichen Verwaltungsakts, etwa eines Platzverweises durch die Polizei, sind runtergebrochen verpflichtet, diesen zu hören und ihm Gehorsam zu schenken. Bei etwaigem Nicht-Hören(-Wollen), das sich unter Umständen in Praktiken des Ungehorsams äußert, wird dieses Nicht-Hören wiederum kompensiert. Allerdings nicht durch Mitdenken, wie im Beispiel der richterlichen Kontrolle von AGB, sondern im Wege einer tatsächlichen Durchsetzung der Anordnung via (Staats-)Gewalt. Im Regelfall wird aber von hörendem Gehorsam ausgegangen und in diesem Sinne gilt: Je mehr Anerkennung im Recht über das Hören hergestellt wird, desto weniger muss auf gewaltvolle Durchsetzung zurückgegriffen werden. Umgekehrt bedarf gewaltvolle Rechtsdurchsetzung aber meist einer vorigen institutionalisierten Form des Gehört-Werdens, auf das sich nachträglich recht-fertigend bezogen wird.

Insgesamt lässt sich in den hier beispielhaft zur Rate gezogenen rechtlichen Anordnungen des Hörens eine Tendenz festhalten, die selbst dort, wo Hören zur Anwendung bzw. Gestaltung von Recht als wichtig eingestuft wird, dennoch insgesamt vom Hören wegführt und durch andere mediale Ausdrucks- und Wahrnehmungsformen ersetzt wird. Anhaltspunkte dafür liefert z. B. der Mündlichkeitsgrundsatz im Zivilverfahren, bei dem eine stetig steigende Verlagerung ins Medium Schrift ersichtlich ist. Ähnlich betroffen sind Anhörungen in der Verwaltung, die ebenfalls größtenteils in die Schrift verlagert werden. Die Verschriftlichung birgt Vorteile der zerdehnten Kommunikation (im Medium Text aber womöglich zudem auch eine Zerstreuung der Autorität mit pluralisierendem, aber auch verschleiernden Aspekten) und findet ihre Gründe größtenteils in Effizienzerwägungen. Auch hier spielen entsprechende rezeptive Praktiken und Kulturtechniken, etwa das Lesen, eine nicht zu vernachlässigende Rolle, zu der sich gewisse Parallelen zum Hören ziehen lassen. Allerdings kann das Lesen der Schrift die medialen Besonderheiten des Hörens hinsichtlich der spezifischen, performativen Effekte nicht ersetzen, selbst wenn eine hörende Haltung beim Lesen eingenommen wird.[58]

c. Recht-Fertigender Einsatz des Rechts auf richterliches Gehör

Das verfassungsrechtlich verankerte Recht auf Gehör hebt sich allerdings deutlich von anderen rechtlichen Formen des Hörens ab, denn hieran hält die Rechtswissenschaft fest. Denn das tatsächliche Hören

58 Vgl. dazu Vesting, op. cit. Bestimmte Potentiale des Hörens fallen aber hier weg, wobei durchaus andere hinzukommen, wie ich zum Hören der Stimme als »Initial aller Medien« eingangs dargelegt habe. Vismann, op. cit., S. 161. Zur besonderen Relevanz der Stimme und des Hören im Recht vgl. Kapitel I.1.b.

wird – auch narrativ – als äußerst relevant eingestuft.[59] Dem Wechsel in andere mediale Formen der Vermittlung, z. B. in die Schrift, werden hier strenge Grenzen gesetzt. Das zeigt sich insbesondre im Strafrecht in der Ausprägung des Rechts auf das letzte Wort der Angeklagten. Zwar würden, laut höchstrichterlicher Rechtsprechung »[d]em Zweck des Gehörtwerdens [...] Stimme und Schrift gleichermaßen« dienen, wie Vismann in ihrer Analyse des Mediums der Stimme in der Rechtsprechung hervorhebt.[60] Aber dennoch werde im Namen der Unmittelbarkeit im Strafverfahren auf die Stimme als herrschendes Medium der Rechtsprechung zurückgegriffen. Vismann arbeitet die Unterschiedlichkeit der verwendeten Medien heraus und betont dabei vor allem auch forensische Defizite der Mündlichkeit, weshalb mündliche Verhandlungen ihres Erachtens auch kein »gleichwertiger Ersatz der Schrift« sein können.[61] Von diesem Standpunkt aus betrachtet, lasse sich immer schwerer rechtfertigen, warum hochwertige audiovisuelle Aufnahmen oder hybride Formate aus Präsenz und Zuschaltung dem medialen Anspruch an Präsenz nicht genügen sollen. Dennoch wird an der Mündlichkeit festgehalten. An diesem Festhalten lässt sich meines Erachtens eine narrative Aufladung des rechtlich angeordneten Hörens erkennen, der besonders in seinem recht-fertigenden Einsatz deutlich wird. Denn wenn technische Möglichkeiten audiovisueller Aufzeichnungen und hybride Formate so hochwertig werden, dass »der Medienvergleich nicht mehr so eindeutig für die anwesende Stimme ausfällt«[62], muss es andere Gründe geben, die uns an der präsentischen Mündlichkeit festhalten lassen. Vismann bringt aber selbst keine Gründe dafür vor, sondern schreibt vielmehr, dass » [e]in Argument im Namen von Mündlichkeit und Unmittelbarkeit«, dem Ersatz durch andere Medien lediglich »eine nostalgische Note entgegenzusetzen« habe.[63]

Ich denke, dass es unter anderem gerade diese nostalgische Note bzw. das kulturell etablierte Narrativ ist, sich in der Stimme und damit im Gehört-Werden als singuläre Person zeigen zu können, welches dem Institut rechtlichen Gehörs eine bleibende Attraktivität verleiht, um zur

59 Das verfassungsrechtlich zugesicherte Hören scheint auch empirisch betrachtet von hoher Relevanz zu sein: Art. 103 I GG ist das am meisten gerügte Grundrecht innerhalb des Verfassungsbeschwerdeverfahrens und wird auch im Ausgang der Verfahren als überdurchschnittlich erfolgreich bewertet. Vgl. m. w. N. Wolfram Höfling/Christian Burkiczak, in: Wolfram Höfling/Steffen Augsberg/Stephan Rixen, *Berliner Kommentar zum Grundgesetz*, Band V, Berlin: Erich Schmidt Verlag 2023, Art 103 I GG, Rn. 5.

60 Vgl. m. w. N. auf entsprechende höchstrichterliche Rechtsprechung, ibid., S. 115.

61 Ibid., S. 121.

62 Ibid., S. 122.

63 Ibid.

Recht-Fertigung herangezogen zu werden. Darüber hinaus besteht in der präsentischen Mündlichkeit eine andere, unmittelbare Exposition gegenüber der Anderen. Denn sie gibt Raum für eine menschliche Begegnung in den Institutionen des Rechts, von Angesicht zu Angesicht. Insofern ist das rechtliche Gehör, ohne audiovisuelle Aufzeichnungen zwar vielleicht wirklich nicht unbedingt in forensischer Hinsicht von Vorteil, aber doch in Bezug darauf aufschlussreich, welchen spezifischen Raum Recht im Verhältnis der Sphären (Alteritäts-)Ethik, Politik und Recht gegenwärtig einnimmt. Denn sofern Hören als freiheitliche, weil zwangsresistente Praxis verstanden wird, ist es als Mechanismus der Anerkennung nicht nur gegenüber rechtlich erhobenen Geltungsansprüchen, sondern auch umgekehrt zu deren Recht-Fertigung in einer An-Ordnung der Stellvertretung äußerst wirksam.

Die rhetorische Anziehungskraft dieser Idee besteht auch ungeachtet dessen, ob sie dann jeweils tatsächlich im Sinne einer freiheitlichen Praxis in rechtlichen Institutionen zum Einsatz kommt oder nicht, zumal sie der Kontrolle entzogen zu sein scheint. Und zwar, weil sie auch schon als Erzählung die Erfahrung und womöglich den Wunsch, gehört zu werden, mobilisiert. Das, was ich in diesem Zusammenhang als Zwangsresistenz des Hörens bezeichnet habe, bringt allerdings unvermeidlich eine gewisse Spannungslage mit sich, wenn sich darauf in den Rahmenbedingungen eines im Zweifel gewaltsam durchsetzbaren staatlichen Rechts gestützt werden soll.[64] In diesem Spannungsfeld des Hörens als Haltung, mit der es im alteritätsethischen Sinne dem Anspruch der Anderen in Einlösung deren Exposition in der Stimme zu begegnen gilt, und dem Hören, welches eine nachträgliche Recht-Fertigung (gewaltsam durchgesetzter) Geltungsansprüche im Recht dienen soll, drängen sich folgende Fragen auf. Erstens, was darf und kann von Richter:innen im Rahmen des Anspruchs auf rechtliches Gehör (nach Art. 103 I GG) überhaupt erwartet werden? Und zweitens: Schließen sich der freiheitliche Aspekt im Hören und ein potenziell zwangsweise durchsetzbarer rechtlicher Anspruch darauf nicht eigentlich aus? Denn ob und wie Richter:innen tatsächlich zuhören, entzieht sich der rechtlichen Kontrolle und kann jedenfalls insofern nicht erzwungen werden, als dass es sich maßgeblich um einen inneren Prozess handelt. Das gilt jedenfalls sofern tatsächlich jenes genaue und offene Hinhören gemeint ist, was, wie oben dargelegt, ein inneres, freiheitliches Moment der Intentionalität erfordert und nicht ein bloßes Absitzen, Weghören oder Aushalten des Vorgetragenen. Mit anderen Worten steht das Recht vor folgendem Problem, wenn Hören strukturell als Mechanismus nachträglicher Recht-Fertigung bemüht werden soll: Zugewandtes oder offenes, genaues Hinhören kann zwar rechtlich

64 Zur Zwangsresistenz und freiheitlichen Qualität des Hörens, vgl. Kapitel I.2.c.

angeordnet, aber nicht erzwungen werden. Gerade diese Zwangsresistenz bildet aber das oben ausgearbeitete freiheitliche und emanzipative Potential des Hörens, auf das sich, wie es scheint, recht-fertigend bezogen wird. Zwar bleibt diese Zwangsresistenz bestehen, wenn im Namen des Rechts gehört wird, das bedeutet aber auch, dass seine An-Ordnung womöglich vor allem einen symbolischen Charakter hat und in seiner Ausübung letztlich in der Sphäre des Ethischen verbleibt, auf das lediglich vertraut werden kann. In diesem Sinne bilden rechtliche Institutionen des Hörens und Gehört-Werdens auch hier ein Scharnier zu Sphären der Alteritätsethik und Politik. Sie öffnen einen Zwischenraum, in dem jene Menschen, die im Namen des Rechts Anspruch auf Geltung erheben, zuhören können und der Begegnung mit Anderen und deren singulären Geltungsansprüchen ausgesetzt sind. Aber reicht die bloße Chance darauf aus, dass eine alteritätssensible Haltung im Hören eingenommen wird, um es als recht-fertigendes Instrument zu akzeptieren und es als gerechtigkeitsstiftend im Namen des Rechts zu inszenieren? Und: Gibt das Recht selbst überhaupt Rahmenbedingungen vor, die zu einem solchen Hören auffordern?

Art. 103 I GG gibt mit dem Wortlaut, »[v]or Gericht hat jedermann Anspruch auf rechtliches Gehör«, lediglich Aufschluss darüber, *dass* vor Gericht eingefordert werden kann, Gehör zu finden, gibt jedoch keine nähere Auskunft darüber, *wie* gehört werden soll. In der Kommentierung zu Art. 103 I GG finden sich aber verschiedene Ausdifferenzierungen zu der Art des Hörens, die von Richter:innen in diesem Kontext erwartet werden darf. Diese Ausdifferenzierungen beinhalten nahezu durchgehend die Merkmale der Aufnahmefähigkeit und der Aufnahmebereitschaft des Gerichts. Das Gericht kann als Institution des Rechts aber nur vermittelt durch die Ohren der Richter:innen hören, wenn man sich überhaupt auf diese Metaphorik einlassen möchte. Der Resonanzkörper und insbesondere die Ohren der Richter:innnen werden also dem Recht zugeordnet, und ihre Körper werden streng genommen zu Medien des Rechts. Der Anspruch auf rechtliches Gehör nach Art. 103 I GG wird von Rechtsprechung und Kommentarliteratur zu verschiedenen Pflichten ausdifferenziert, die Aufschluss zu Rahmenbedingungen und Ausrichtung der geforderten Hörweise geben. Daraus ergibt sich zunächst der folgende grobe Überblick: Das rechtliche Gehör gliedert sich in drei Phasen mit entsprechenden Pflichten: Informationspflicht, Pflicht zur Kenntnisnahme und das In-Erwägung-Ziehen des Gehörten bei der Entscheidungsfindung.[65]

Als Vorbereitung zur zentralen Pflicht zur Kenntnisnahme, die mit dem Äußerungsrecht der Betroffenen korrespondiert, obliegt den

65 Über die Aufteilung in diese drei Phasen »des Art. 103 I GG besteht kein Streit«, Barbara Remmert in: Theodor Maunz/Günter Dürig/Rupert Scholz,

Richter:innen demnach zuerst eine Informationspflicht gegenüber den Betroffenen. Denn letztere sollen über Art und Umfang ihres Anspruchs auf rechtliches Gehör und den Verfahrensstoff in Kenntnis gesetzt werden. Diese erste Pflicht gibt Auskunft über die Rahmenbedingungen des Hörens und ordnet eine Art Versprechen oder Ankündigung gegenüber der angehörten Person an, dass sie gehört werden wird. Die eigentliche Phase des Hörens wird damit als Ausübung der Pflicht zur Kenntnisnahme bezeichnet und ausgeformt. Sie wird also vom Zweck des Äußerungsrechts herkommend gedacht.[66] Aus einer hörsensiblen Denkweise reformuliert bedeutet die Pflicht zur Kenntnisnahme, dass eine Haltung bzw. ein Modus des Zuhörens etabliert werden soll, der das Gesagte zunächst lediglich hört, also wörtlich zur Kenntnis nimmt, ohne gleich ein eigenes Verständnis aufzupfropfen. Diese Abspaltung wird dem hermeneutisch etwas komplexeren Zusammenhang von Zuhören und Verstehen aber nicht gerecht, sondern fällt eher der Vorstellung anheim, dass im sprachlich Artikulierten eine fixierte Botschaft stecke, die lediglich aufgenommen bzw. zur Kenntnis genommen werden kann. Etwas wohlwollender interpretiert zeichnet sich aber zum einen ein Bewusstsein davon ab, dass es zum einen so etwas wie eine offene hörende Haltung gibt, die einem vorgreifenden Verständnis zumindest widerstrebt. Und dass zum anderen eine solche Haltung auch in einem zweiten Schritt hilfreich für ein differenziertes Verständnis dessen, was vorgetragen wird, ist. Die Pflicht zur Berücksichtigung bestimmt damit rückwirkend auch die Einstellung der geforderten Hörweise. Dabei werden unter Rückgriff auf Interpretationen des Bundesverfassungsgerichtes im Wesentlichen die Aufnahmefähigkeit und -bereitschaft der Richterin diskutiert.[67] Spätestens in Bezug auf diese dritte Pflicht wird deutlich, dass das Hören hier vor allem dem Zweck dienen soll, ein individuelles Verständnis dessen, was gehört wurde, zu entwickeln. Denn die dritte Pflicht ist darauf gerichtet, das Gehörte inhaltlich bei der Entscheidungsfindung wenigstens in Erwägung zu ziehen, wenn es auch nicht begründend wirksam werden muss. Hier liegt meines Erachtens die Idee zugrunde, den Menschen als Individuum im Blick zu behalten, wenn die stets verallgemeinernde normative Arbeit des Rechts am Werk ist.

Im Rahmen dieser Arbeit sind also besonders die Begriffe der Aufnahmefähigkeit und Bereitschaft für die Zweckrichtung und für den

Grundgesetz Kommentar, Band VI, München: C.H. Beck 2022, Art. 103 I GG, Rn. 62. Vgl. zur Ausdifferenzierung dieser Pflichten und m.w.N, Höfling/Burkiczak, op.cit., Art 103 I GG, Rn. 43ff., 66ff., 91ff. Ebenso Helmuth Schulze-Fielitz in: Horst Dreier (Hg.), *Grundgesetz Kommentar*, Band III, 3. Aufl, Tübingen: Mohr Siebeck 2018, Art. 103 I GG, Rn. 20, 30ff., 48ff. und 60ff.

66 Vgl. Schulze-Fielitz, op.cit., Art.103 I GG, Rn. 56–59.

67 MwN dazu Schulze Fielitz, op. cit., Art. 103 I GG, Rn. 61–62.

recht-fertigenden Einsatz des rechtlichen Gehörs von Interesse, denn darin werden die Perspektive der Rechtsprechung und deren Kommentierung darauf bezogen offenkundig, *wie* genau gehört werden soll. Denn die Pflicht zur Kenntnisnahme setzt zwar die notwendige Bedingung dafür, dass das Gehörte auch bei der Entscheidungsfindung in Erwägung gezogen werden *kann*. Die Ausdifferenzierung in diese drei Pflichten zeigt meines Erachtens, dass diese verrechtlichte Hörweise von Anfang an von der nachträglichen Mobilisierung zur Recht-Fertigung der sodann ergehenden Entscheidung im Namen des Rechts konzipiert zu sein scheint. Allerdings wird dabei womöglich nicht genügend dem Umstand Rechnung getragen, dass das, *was* letztlich zur Kenntnis genommen und in der Entscheidungsfindung in Erwägung gezogen werden kann, wie oben dargelegt, davon abhängt, *wie* gehört wurde.[68] Wenn wir also die Erwägungspflicht als eine Phase des gedanklichen Nachklingens des rechtlichen Gehörten reformulieren, also als eine Rahmung des Hörens, dann gestaltet diese dem Hören nachgeordnete Pflicht die Hörweise maßgeblich. Und zwar, weil vor allem das Gehörte (und nicht nur das Gehört-Werden an sich) zur Legitimierung der richterlichen Entscheidung herangezogen werden. Daher adressiert streng genommen lediglich die zweite Pflicht die tatsächliche Praxis des Hörens, während die anderen beiden Pflichten auf die Situiertheit des Hörens verweisen und es in Bezug auf Ausrichtung und Intentionalität rahmen. Die herrschende Auffassung darüber, was genau die Aufnahmefähigkeit und -bereitschaft in der Kenntnisnahme ausmache und wo sie jedenfalls nicht mehr gegeben sei, lässt sich aus der Rechtsprechung herausfiltern. So wird etwa zunächst grundsätzlich davon ausgegangen, dass

> »jeder an der Verhandlung und Entscheidung beteiligte Richter die zur Ausübung des Richteramts erforderliche Verhandlungsfähigkeit und damit auch die *Fähigkeit besitzt, die wesentlichen Vorgänge der Verhandlung wahrzunehmen und in sich aufzunehmen*. Das wiederum setzt voraus, daß die bet. Richter körperlich und geistig in der Lage sind, der Verhandlung in allen ihren wesentlichen Abschnitten zu folgen«.[69]

Dabei werden die Anforderungen, die an diese vorausgesetzte Einstimmung des Hörens einer aufnahmefähigen und -bereiten Richterin im Allgemeinen zu stellen sind, aber nicht näher ausdifferenziert. Es folgen meist eher einige Beispiele und Grenzfälle, aus denen sich die Anforderungen herauslesen lassen. Das heißt: Auch wenn der gerichtlichen Kontrolle entzogen ist, *wie* die Richterin genau gehört habe, so wird zumindest eine Grenze gezogen, wenn es so aussieht, dass sie gar nicht gehört hat. In diesem Sinne fehle jedenfalls » [e]inem schlafenden Richter [...]

68 Vgl. dazu Kapitel II.2 und III.3.

69 BVerwG, 24.01.1986 (6 C 141/82), NJW 1986, 2721. Die Hervorhebung ist von AM.

die Aufnahmefähigkeit«.[70] Dabei besteht aber Streit darüber, wann die Anzeichen ausreichen, um festzustellen, dass tatsächlich »tief« geschlafen werde, denn nur das soll ausreichen, um die Tragfähigkeit der Recht-Fertigung durch rechtliches Gehör in Zweifel zu ziehen:

> »[S]elbst Zeichen einer großen Ermüdung, Neigung zum Schlaf und das Kämpfen mit dem Schlaf [sind] noch kein hinreichendes Anzeichen dafür, daß der betr. Richter die Vorgänge in der mündlichen Verhandlung nicht mehr wahrnehmen kann. Auch das Schließen der Augen allein, selbst wenn es sich nicht nur auf wenige Minuten beschränkt, beweist noch nicht, daß der Richter schläft; diese Haltung kann vielmehr auch zur geistigen Entspannung oder zwecks besonderer Konzentration eingenommen werden. Unter diesen Umständen kann erst dann davon ausgegangen werden, daß ein Richter schläft oder in anderer Weise ›abwesend‹ ist, wenn andere, sichere Anzeichen hinzukommen wie etwa tiefes, hörbares und gleichmäßiges Atmen oder gar Schnarchen, ruckartiges Aufrichten mit Anzeichen von fehlender Orientierung u. ä.«.[71]

In dieser Passage sind zwei Dinge hervorzuheben. Zunächst führt sie uns grundsätzlich vor Augen, inwiefern es äußerst schwierig ist, rechtlich eine innere Haltung anzuordnen und zu überprüfen, weil sich diese dem überprüfbaren Zugriff entzieht. Zudem erfolgt einerseits eine Art untere Grenzziehung bei der Fähigkeit der bloßen Wahrnehmung des Vorgetragenen. Andererseits wird in der Beschreibung potenziell verschieden zu deutender Hörhaltungen die singuläre und körperliche Präsenz der Menschen lesbar, die ihr Ohr dem Recht leihen. Das Hören scheint auch hier auf besondere Weise mit einer Idee von einer den anderen Menschen wahrnehmenden Präsenz verknüpft zu werden, die auch bei geschlossenen Augen der Richterin nicht in Zweifel gezogen werden würde. Diese Verknüpfung zeigt sich zudem in der Betonung, dass es im Ergebnis darum geht, dass die richtende Person nicht nur körperlich anwesend, sondern auch nicht gedanklich »abwesend« sein dürfe. Damit wird die Anforderung an eine hermeneutische Haltung jenseits einer bloß auditiven Wahrnehmung deutlich. Die Bewertung in Grenzfällen darüber, ob gehörlose, sehbehinderte, ermüdete oder gar abgelenkte Richterinnen im Einzelfall noch dem Anspruch auf rechtliches Gehör gerecht werden können, fällt unterschiedlich aus.[72] Hierbei wird nicht immer deutlich, ob nun im Ergebnis eher auf das sinnliche Register und die mediale Anordnung oder eher auf die geistige, also gedankliche Aufmerksamkeit abgestellt wird. In Bezug auf das *Wie* des rechtlichen Gehörs steht in der Zusammenschau der verschiedenen Fälle lediglich fest, dass die bloß tatsächliche Kenntnisnahme nicht genügt

70 Remmert, op.cit., GG Art. 103 Abs. 1 Rn.. 91.
71 Vgl. NJW 1986, 2721.
72 M. w. N. Höfling/Burkiczak, op.cit., Art. 103, Rn. 93.

und ein irgendwie geartetes interpretatorisches Mehr implizit erwartet wird, dass also eigentlich eine bestimmte intentionale Ausrichtung oder Einstimmung des Hörens erforderlich ist. Das zeigt sich nicht zuletzt in der Konkretisierung des rechtlichen Gehörs, als Vorgang, bei dem es darum gehe, »*die wesentlichen Vorgänge der Verhandlung wahrzunehmen und in sich aufzunehmen*«.[73]

Vismann richtet die Aufmerksamkeit auf diese Ausrichtung des Hörens, wenn sie schreibt: »Richter-Ohren filtern; sie hören allein das, was entweder einen Rückhalt oder Wiederhall in der Schrift hat«.[74] Das ist insbesondere hinsichtlich des alteritätsethischen Effekts des Hörens von Interesse. Zumindest dann, wenn er später im Sinne einer Institutionalisierung der flüchtigen Rede herangezogen werden soll, um eine Art Authentizität zu inszenieren. Und zwar mit dem Ziel, dass die Angeklagten, denen rechtlich Gehör geschenkt wird, selbst im Recht vorkommen sollen. An dieser Stelle ist wichtig festzuhalten, dass jedenfalls das Hören so institutionalisiert wird, dass es zuvörderst darum geht, dass das Gehörte wenigstens potenziell (später) bei der Entscheidungsfindung in Erwägung gezogen werden kann. Das weist darauf hin, dass das Hören vor allem mit Blick auf das Verständnis des Vorgetragenen geprüft wird und nicht etwa auf die Art der Wahrnehmung bzw. Anerkennung der Person, die sich stimmlich zeigt. Allerdings wird dieser anerkennende Effekt gegenüber dem singulären Menschen durch das Gehört-Werden aber zur Recht-Fertigung rechtlicher Geltungsansprüche durchaus nachträglich bemüht, wenn auch nicht angeordnet. Das ist kein grundsätzlicher Widerspruch jedoch würde sich der Effekt des Gehört-Werdens auch besser recht-fertigend bemühen lassen, wenn auch die Hörweise auf dieses Gehört-Werden der singulären Person ausgerichtet werden müsste. Zu dieser anderen Art das richterliche Gehör auszurichten komme ich gleich zurück.

Bis hierher lässt schon einmal festhalten, dass das Bundesverfassungsgericht jedenfalls zwischen verschiedenen Arten des Hörens unterscheidet bzw. davon ausgeht, dass es beim Recht auf richterliches Gehör um ein Hören geht, welches über die bloße Wahrnehmung hinausgeht. Davon ausgehend werden für das rechtliche Hören bestimmte weitere Kriterien eingefordert, die aber nicht das Hören an sich betreffen, sondern eher in der Entscheidungsfindung verortet werden. Das zeigt, dass diese Art des Hörens von Anfang an womöglich vor allem darauf ausgelegt ist, als recht-fertigendes Narrativ für Akzeptanz der gefällten Entscheidung zu sorgen. Nur vereinzelt finden sich in der kommentierenden Literatur Aussagen, die eine bestimmte Haltung der hörenden Person einfordern, die aber ihrerseits auch nicht für sich, sondern immer Zusammenhang

73 NJW 1986, 2721. Die Hervorhebung ist von AM.

74 Ibid., S. 124.

mit der Entscheidungsfindung stehen. Etwa: »Das Gericht muss [...] *innerlich bereit sein*, Äußerungen der Beteiligten *ernsthaft zu rezipieren*«.[75] Das mag daran liegen, dass Hören, wie in der phänomenologischen Skizze des Hören-Könnens oben dargelegt, ohnehin immer situationsbezogen ist und sich einer methodischen Erfassung widersetzt. Dies kennzeichnet es gerade als freiheitliche bzw. zwangsresistente Praxis. Dass Hören eine komplexe Praxis ist, die sich nur schwer kategorisch anordnen lässt, aber dennoch – wenn eine feine Stimmung des Hörens gegeben ist – ein irgendwie geartetes »Mehr« gegenüber der bloßen Wahrnehmung in Aussicht stellt, spiegelt sich dennoch in der Kommentarliteratur wider:

> »Für alle Phasen der Gehörfindung hat die Rechtsprechung *fein-nervige* Konkretisierungen erarbeitet, die weit über den Anspruch hinausgehen, ›gehört zu werden‹«.[76]

Die genaue Stimmung des richterlichen Gehörs müsse also rechtlich immer im Einzelfall betrachtet werden. Allerdings wird zur Recht-Fertigung der Entscheidungen, warum dem Anspruch auf rechtliches Gehör im Einzelfall genügt wurde oder nicht, dann wiederum auf relativ allgemeine Argumente in Bezug auf das Hören und auf die Institution rechtlichen Gehörs als solche zurückgegriffen. Letztlich käme es aber im Konkreten bei der Beurteilung zum rechtlichen Gehör auf »Eigenart«, »Denkungsart« und »Arbeitsweise« der Richter:innen an.[77] Das liegt nicht zuletzt daran, dass es sich um »einen inneren Vorgang [handele], der sich einer genauen Überprüfung entzieht«.[78] Auch wenn das Bundesverfassungsgericht bereits 1978 die Reichweite des rechtlichen Gehörs aufgrund detailreicher Rechtsprechung für »nahezu bis in die letzten Einzelheiten geklärt« hielt,[79] zeigen stetig neu aufkommende Fälle und die entsprechenden Ausschnitte aus Rechtsprechung und Kommentierungen, dass sich das Hören als Existenzweise dem methodisch

75 Höfling/Burkiczak, op.cit., Art. 103, Rn. 93. Vgl. auch Schulze-Fielitz, op.cit., Art. 103, Rn. 60.

76 Schulze-Fielitz, op.cit, Rn. 19. Hervorhebung von AM.

77 Zu einem Fall, bei welchem schon während der Schlussvorträge zeitgleich bereits Teile der Urteilsbegründung vorformuliert wurden, BGH NJW 1958, 31 (32).

78 Bezogen auf die Kenntnisnahme vgl. Nolte, in: v. Mangoldt/Klein/Starck, Grundgesetz, Art. 103 Abs. 1, Rn. 54.

79 Vgl. Rüping, in: Berliner Kommentar, Art 103, Rn. 74; *BVerfGE* 49, 252 (259). Das bedeutet aber nicht, dass im Hinblick auf das rechtliche Gehör vor Gericht »faktisch alles in Ordnung und rechtstheoretisch nichts mehr zu erforschen« ist. Vgl. Remmert, in: Maunz/Dürig, Art. 103, Rn. 7 mit Verweis auf Raimund Wimmer, *Die Wahrung des Grundsatzes des rechtlichen Gehörs*, DVBl. 1985, 773 (775).

kategorisierenden rechtswissenschaftlichen Zugriff weiterhin entziehen muss, aber dennoch als Praxis im Recht mobilisiert wird.[80]

Dieser Befund steht im Kontrast zu den hohen Erwartungen, die auf der anderen Seite in recht-fertigender Hinsicht an diese Institution gestellt werden. Diese Schwierigkeit wird dann mit dem Bezug auf vage, kulturell jedoch etablierten, Vorstellungen überbrückt, dass die Praxis des Hörens als solche gerechtigkeitsstiftend sei. In diesem Sinne lassen sich in der gängigen Kommentierung zu Art. 103 I GG verschiedene Spielarten der Vorstellung wiederfinden, dass das rechtliche Gehör die Entscheidung *gerecht* mache oder machen soll.[81] So wird etwa die die hohe Bedeutung dieses grundrechtsgleichen Rechts betont, welches als »objektivrechtliches Verfahrensprinzip und für ein rechtsstaatliches Verfahren schlechthin konstitutiv«[82] sei. Der Zusammenhang von Hören und Recht wird jedoch nicht tiefer erläutert, sondern durch eine tradierte, wenn auch nicht näher ausdifferenzierte Vorstellung von Gerechtigkeit gestützt, indem sich auf sogenannte »Urrechte« gestützt wird. So bezeichnet das Bundesverfassungsgericht das rechtliche Gehör als »Urrecht des Menschen«[83] oder variierend auch als »›prozessuales Urrecht‹«.[84] Es konkretisiere darüber hinaus nach der Rechtsprechung des Bundesverfassungsgerichts den Menschenwürdesatz aus Art. 1 I GG dahingehend, dass im gerichtlichen Verfahren der Betroffene »nicht Objekt der richterlichen Entscheidung sein, sondern [...] zu Wort kommen soll«. Gleichzeitig soll es, was mit Blick auf den absoluten Geltungsanspruch des Rechts etwas verwunderlich ist, als Garant dafür dienen, dass über das Recht der Person, die gehört werden soll, nicht »von obrigkeitswegen verfügt wird«.[85] Dabei wird aber selten genauer dargelegt, warum und vor allem wie das rechtliche Gehör derart gerechtigkeitsstiftend und konstituierend für das rechtstaatliche Prinzip sein soll. Allerdings wird es als eine Art Gegenstück zum letzten Wort der Angeklagten verstanden, dass seinerseits nur Sinn ergibt, wenn es auf offene Ohren stößt.

80 Daher wäre es lohnend, ein leiblich-sinnliches Verständnis von Recht zu entwickeln, wobei die hier versuchte hörsensible Annäherung nur ein sinnliches Register entfalten kann. Zu dem Bedarf einer umfassenderen Untersuchung dieser Art vgl. Kap. I.1.b.

81 Vgl. Schulze-Fielitz, in: Dreier, Art. 103 I GG, Rn. 11, der als Zwecke von Art. 103 I GG u. a. folgendes zusammenträgt: Ermöglichung (gesetzes-)richtiger und gerechter Entscheidungen, Grundvoraussetzung gerechten Richtens im Strafprozess, Gewährleistung der Möglichkeit und Integrität diskursiver Entscheidungsfindung vor Gericht.

82 BVerfGE 107, 395 (408) mit Bezugnahme auf BVerfGE 55, 1 (6).

83 BVerfGE 55,1 (6); 107, 395 (408); BVerfG (K), NJW 2006, 1048.

84 BVerfGE 107, 395 (408) mit Bezugnahme auf BVerfGE 55, 1 (6).

85 Vgl., mit Verweis auf BVerfGE 9,89 (95), 83, 188 (190); 86, 133 (144), Degenhart, in: Sachs, 7. Aufl., Art. 103 Rn. 2.

d. Stiftet das rechtliche Gehör Gerechtigkeit?

Vismann hat einen parallelen Befund in Bezug auf das im Strafrecht bestehende Recht auf das letzte Wort festgestellt. Sie schreibt: »Warum und seit wann es dieses letzte Wort vor Gericht überhaupt gibt, darüber verlieren die juristischen Kommentare kaum Worte«.[86] Insofern die Kraft des Hörens in Bezug auf Rechtsgeltung als Projekt kultureller Institutionen aber in einen weiteren Kontext eingebunden verstanden werden muss, stellt sich durchaus die Frage, inwiefern der recht-fertigende Bezug auf die Kraft des Hörens in alteritätsethischer Hinsicht hier zu überzeugen vermag. Oder ob nicht Institutionen des rechtlichen Gehörs im geltenden Recht womöglich auch eine gegenteilige Wirkkraft entfalten können. Fest steht, dass die an die performative Kraft des Hörens und Gehört-Werdens (implizit) geknüpften Erwartungen mit Blick auf verschiedene Vorstellungen von Gerechtigkeit extrem hoch sind. Nicht weniger als die Konkretisierung der Menschenwürde, die Abgrenzung zu totalitären Regimen und damit tragende Rechtstaatsprinzipien und Grundrechte werden in Anschlag gebracht. So soll etwa der Grundsatz des rechtlichen Gehörs der vor Gericht stehenden Person der »Möglichkeit und Integrität diskursiver Entscheidungen« dienen. Darüber hinaus soll er verhindern können, »dass mit dem Menschen ›*kurzer Prozess*‹ gemacht werde – z.B. auch durch ›Abschneiden‹ des Wortes«. Der Grundsatz rechtlichen Gehörs trage so dazu bei,

> »dass ›(gesetzes)richtige und gerechte Entscheidungen‹ ergehen [können], indem er eine ›*objektive, faire Verhandlungsführung*‹ gewährleistet«.[87]

Laut Bundesverfassungsgericht soll dieses Gehör also nicht weniger als die Absicherung von »gesetzesrichtigen und gerechten Entscheidungen«[88] ermöglichen, weil die »Anhörung [...] *Voraussetzung einer richtigen Entscheidung*« sei.[89] Dabei wird neben einer Verfahrensgerechtigkeit, der das Hören diene, wiederkehrend eine Art anerkennender Effekt des Hörens bemüht, welcher der oben skizzierten alteritätsethischen Gerechtigkeitsvorstellung nahesteht.[90] Etwa indem das rechtliche Gehör z. B. »als *Instrument zum Schutz des menschlichen Individuums* im gerichtlichen Verfahren«[91] eingeordnet wird.

Die Verweise auf tradierte Prinzipien des Rechts, die sich auf Rechtsstaatlichkeit, faire Verfahren oder aber auch die Würde des Menschen in

86 Cornelia Vismann, »Drei Versionen des Schlußworts vor Gericht«, in: *Zeitschrift für Ideengeschichte*, 2 (2008b), S. 13.

87 Vgl. M.w.N., v. Münch/Kunig, GG Art. 103 Rn. 7.

88 NJW 1981, 271.

89 Vgl. *BVerfG* Beschl. v. 8.1. 1959 – 1 BvR 396/55, *BVerfGE* 9, 89 (95).

90 Vgl. zu diesem Gerechtigkeitsverständnis Kapitel I.1.c.

91 Vgl. Remmert, op. cit., Art. 103 Abs. 1 GG, Rn. 22.

rechtlichen Prozessen beziehen, werden durch eine Kontextualisierung in der Geschichte und in kulturellen Bezügen womöglich genauer verständlich. Behrendt schreibt 1978 in ihrer rechtshistorischen und -theologischen Untersuchung zum »Recht auf Gehör als Grundsatz und Grundrecht« mit Verweis auf eine zu ihrer Zeit einschlägige Kommentierung von Art. 103 I GG: »Im ›Zuhören-Können‹ [...] und im ›Ausreden lassen‹ liegt eine besondere Stärke unseres Richtertums«.[92] Sie hebt hervor, dass dieser Kommentar von einer Verwurzelung des Rechts auf Gehör in der Menschenwürde ausgehe und daher die folgende These aufstelle: »Art. 103 I GG ›vermenschlicht‹ den Prozeß«[93]. Behrendt knüpft daran an und fragt in ihrer Arbeit, ob »hinter dem Postulat des rechtlichen Gehörs ein *richtiges* Hören steht, wenn ja, [...] wie es bewahrt oder geborgen werden könnte«[94]. Sie erfasst

> »›rechtliches Gehör‹ als Rechtsinstitut, [welches, A.M.] in allgemeine menschliche und gesellschaftliche Nöte eingelagert ist, die das ›Hörenkönnen‹ betreffen und [...] dringend Aufmerksamkeit [...] aller beteiligten Disziplinen bedarf«.[95]

Behrendt entfaltet ihre Untersuchungen im Folgenden aber in einer »eschatologischen Symbolik« mit Rückgriff auf christliche Narrative des Hörens und Gehört-Werdens und hat aus diesem Kontext heraus den »Rechtstaat als Auftrag« vor Augen.[96]

Meine Überlegungen zum Hören-Können vor dem Antworten-Müssen sollen an dieser Stelle hingegen vor allem die impliziten Bezüge auf (narrativ) zugesprochene Effekte des Hörens kritisch hinterfragen, die zur Recht-Fertigung geltenden Rechts herangezogen werden. Und zwar besonders die dem Hören zwischen den Zeilen zugeschriebene Bedeutung des Hörens zur Aufrechterhaltung von Rechtstaatlichkeit und Menschenwürde.

Mein normativer Ausgangspunkt dafür ist die oben entfaltete alteritätsethische Exposition und unhintergehbare Verantwortungslage geltenden Rechts. Denn, wie eingangs dargelegt, bleiben vor dem Hintergrund einer Differenzierung zwischen alteritätsethischen und rechtlichen Geltungsansprüchen folgende Fragen drängend: Ist in Rahmenbedingungen geltenden Rechts jener Raum, in dem ein Gehört-Werden, welches die versprochenen Effekte der Gerechtigkeit einlösen könnte, zu erwarten und überhaupt sinnvoll zu erhoffen? Oder soll und muss diese Art des Hörens auf das ethische Register in der Stimme der Anderen nicht doch vielmehr mit Lévinas in der Sphäre des Politischen und Ethischen verortet werden?

92 So mit Verweis auf Maunz/Dürig: Behrendt, op. cit., S. 42.
93 Ibid., S. 43.
94 Ibid., S. XX. Die Hervorhebung ist von AM.
95 Ibid., S. XXXI–XXXII. Sie fügt hinzu, »beteiligt sind eigentlich alle«.
96 Ibid., S. XXXII.

Geteilt werden kann insofern zumindest das Anliegen von Behrendts Arbeit im

> »kürzesten Nenner [...]: Hören als Grundwert – das geht jeden Menschen unseres rechtsstaatlichen Gemeinwesens als Rufenden und Hörenden existenziell an«.[97]

Im Gegenteil zu Behrendt berührt die Erklärung dieser These im Kontext meiner Arbeit jedoch nicht nur das Subjekt, sondern auch jeden rechtlich erhobenen Anspruch, der von Anfang an alteritätsethisch verantwortlich ist.[98] Das verfassungsrechtlich verankerte Recht auf Gehör, das in Rechtsprechung und Kommentarliteratur als Ausdruck eines objektiv-rechtlichen Prinzips und als subjektives Recht gehandelt wird, kann als Ausdruck einer langen prozessrechtlichen und kulturell etablierten Tradition bestimmter Verfahren verstanden werden, in denen geltendes Recht verortet ist. Am prägnantesten bleibt bis heute der Grundsatz der Mündlichkeit im Strafrecht bestehen, insofern er medial im strengen Sinne an Oralität in Präsenz geknüpft bleibt. Das letzte Wort der Angeklagten ist demnach ein vom Sprechen herkommend formulierter Ausdruck des Rechts, vor Gericht Gehör zu finden. In Bezug auf die Frage, welche Vorstellungen und Narrative tatsächlich bemüht werden, um diese rechtliche Institutionalisierung des Gehört-Werdens vor Gericht zu begründen, lohnt sich ein kurzer Blick in die Geschichte.

Rechtshistorisch entwickelt Rüping den Grundsatzes zum rechtlichen Gehör aus ca. zweitausend Jahren Rechtsgeschichte und hebt hervor, was dieses Institut maßgeblich beeinflusst hat.[99] Dabei unterscheidet er entlang einer Dreieckskonstellation, aus der Position der richtenden Person denkend, zwischen dem Gehör, welches *allgemein* einem Prozessbetroffenen gewährt wird, dem *beiderseitigen* Gehör der Prozessbeteiligten und jenen Rechten auf Stellungnahmen, die dazu dienen, dass sich streitende Parteien *wechselseitig* hören können bzw. müssen.[100] Von Interesse ist für mich vor allem der erste Punkt, allerdings können die anderen Sortierun-

97 Ibid., S. 40.

98 Vgl. Kapitel II.1. Das gilt auch für Recht jenseits rechtstaatlicher Verhältnisse, die Analyse des Grundsatzes rechtlichen Gehörs ist aber hier im deutschen, staatlichen Recht verortet. Behrendt hingegen schreibt, dass sie für diese These die »christliche Wahrheit [...] der frohen Botschaft letztbegründend heranziehe[n], und damit auch nicht auf Vertrauen gründen und Verantwortung zielen möchte«, vgl. ibid., S. XXXIII.

99 Vgl. Rüping, der dafür »unter ›rechtlichem Gehör‹ [...] zunächst die einem Prozeßbetroffenen gewährte Möglichkeit versteht, »durch Äußerungen aller Art auf eine gerichtliche Entscheidung Einfluß zu nehmen«: Rüping, *Der Grundsatz des rechtlichen Gehörs und seine Bedeutung im Strafverfahren* 1976, S. 12.

100 Ibid., S. 13.

gen Aufschluss darüber geben, inwiefern eine kulturell noch immer gegenwärtige Vorstellung davon besteht, das Hören und Gehört-Werden der Gerechtigkeit bzw. Fairness im (rechtlichen) Verfahren dienen.

Überlieferte Sprichworte und Redewendungen verschiedener Spielarten des Grundsatzes *audiatur et altera pars* sind Ausdruck davon, dass es als Bedingung von Gerechtigkeit verstanden wurde, alle Parteien gleichermaßen Gehör finden zu lassen. In der sprichwörtlichen Überlieferung galt in Sachen rechtliches Gehör zudem: » [W]er nicht richtig gehört wurde, wird nicht richtig verdammt«.[101] Sofern also die Auffassung bestand, dass nicht richtig gehört wurde, gibt es gewohnheitsrechtliche Bezüge auf eine fehlende Recht-Fertigung im Sinne einer fehlenden Legitimität der rechtlichen Entscheidung. Das zeigt sich etwa in der gewohnheitsrechtlichen Verwurzelung der Beschwerde »bereits 1521 [...]: ›So hindert ungedult/ Daß man mich nit / Nach altem sit / Zu ghör hat kummen laßen‹«.[102] In Bezug auf beiderseitiges Gehör, als Maßgabe eines gerechten Verfahrens, ist als plastische Voraussetzung einer gerechten Entscheidung überliefert, dass »ein Richter [...] zwei gleiche Ohren haben« müsse.[103] Dieser Bezug auf Ohren als sinnliche Organe des Gleichgewichts, die im Alltag buchstäblich Orientierung ermöglichen, überträgt sich damit derart ins Recht, dass auch hier das Hören Orientierung in Bezug auf verschiedene inhaltliche Anliegen stiften könne. Das zeigt sich nicht zuletzt in der kulturellen Praxis, sich im Konflikt an vermittelnde und möglicherweise auch richtende Dritte zu wenden. In dieser Richtung lässt sich auch Justitias Augenbinde ausdeuten, die sich nicht von Stand oder Aussehen der Anwesenden blenden lassen und in der Sache gerecht urteilen soll. Der Funktion der Sinne in Bezug auf die Wahrnehmung der Welt wird hier eine Dimension der Gerechtigkeit zugeordnet. Alteritätsethisch ließe sich das so deuten, dass man dem Anspruch der Anderen, wenn überhaupt, dann nur sinnlich wahrnehmend gerecht werden kann. Die sinnlich mediale Deutung, im Sinne der oben vollzogenen phänomenologischen Skizze des Hören-Könnens in hermeneutischer und alteritätsethischer Dimension, würde hingegen nahelegen, dass das Hören zugleich auch die hörende Person in ihrer eigenen Verletzlichkeit exponiert und der sprechenden Person Raum gibt, indem sie zu ihrem Resonanzkörper wird. In unserem Beispiel wäre das Justitia, als Klangkörper der streitenden Parteien. Das ist jener Effekt des Hörens, den ich dem Gehört-Werden zuordnen würde und dessen Ausdruck im geltenden Recht die Vorstellung beinhaltet, dass die singuläre Person im Prozess nur zur entscheidenden Zuordnungsadresse werden kann, wenn es Resonanzkörper gibt, die ihre Stimme erklingen lassen.

101 Vgl. m. w. N, ibid., S. 29.
102 Vgl. m. w. N., ibid.
103 Ibid., S. 30.

Vismann merkt kritisch an, dass wenn dem Gehört-Werden im Recht diese Bedeutung zukommen würde, dies auch bedeutet, dass das Recht die verletzliche Person als Ganze, d.h. »leibhaftig« will, also mit »Tränen, Gesten, [...] Zittern in der Stimme, dem Stottern, dem Sich-Versprechen«.[104] Rechtshistorisch geht mit verrechtlichten Hörweisen zudem die Tradition einher, Lügen der Angeklagten durch eine Probe der stimmlichen Authentizität entlarven zu wollen. Die (verletzliche) Exposition in der Stimme derer, die verurteilt werden sollen, wird hier nicht im Sinne einer freiheitlichen Praxis offen angehört. Die Hörpraxis verfolgt vielmehr das Ziel, die Äußerungen des verhörten Subjekts rechtlich in die eine oder andere Richtung nutzbar zu machen.[105] In der Wahrheitssuche vor Gericht ist daher stets auch »das geständige Subjekt« gefragt.[106] Insofern wird der Effekt des Gehört-Werdens im Sinne einer Anerkennung der Person zumindest dann pervertiert, wenn es darum geht, der Angeklagten als Person im Verfahren habhaft zu werden, zumal dem rechtlichen Gehör ein, wenn auch verblasster, Schatten inquisitorischer Prozesse anhaftet. Denn, mit Vismann gesprochen, sind damals wie heute »Reden vor Gericht [...] – im Unterschied zu Reden des Gerichts – [...] stets existentielle Reden, in denen es darum geht, die eigene Haut zu retten«.[107]

Um sich von Praktiken des Hörens in inquisitorischen Prozessen zu distanzieren, müssen Angeklagte nunmehr also besser schon *vor* ihrer Verurteilung gehört werden.[108] Aber reicht diese Abgrenzungsbemühung zu unfairen und unmenschlichen Prozessen aus, um gerechtigkeitsstiftende Potentiale des rechtlichen Gehörs tragfähig zur Recht-Fertigung des rechtlichen Geltungsanspruchs heranzuziehen? Rüping stellt in seiner rechtshistorischen Untersuchung heraus, dass der Grundsatz des rechtlichen Gehörs seit dem 19. Jahrhundert jedenfalls im (verfassungs-)rechtlichen Gewand erscheint. Das sollte

> »ursprünglich einzelnen Mißständen vorbeugen, ist aber dann wesentlich durch die Vorstellung des kontinentalen Naturrechts gefördert worden, nach der Lehre vom Staatsvertrag das Verhältnis zwischen Staat und Bürger und damit Eingriffe des Staates in die Individualsphäre festen Regeln zu unterwerfen«.[109]

Die oben bereits aufgegriffenen, auch in aktueller Kommentierung noch vorherrschend für den Grundsatz rechtlichen Gehörs hergestellten Verweise auf sogenannte (prozessuale) Urrechte tragen – neben der Prägung

104 Vismann, op. cit., S. 120–121.
105 Vgl. zu diesem Entstehungsprozess von sogenannten »Tatsachen der Rechtsprechung« ibid., 119ff.
106 Ibid., S. 120.
107 Vismann, op. cit., S. 16.
108 Ibid., S. 13.
109 Rüping, op. cit., S. 86.

gesellschaftsvertraglicher Vorstellungen in der kollektiven Imagination davon, warum Recht für notwendig gehalten wird – also auch Spuren naturrechtlicher Bezüge:[110]

> »Die kontinentale Rechtsphilosophie greift [...] noch im 19. Jahrhundert auf die Lehre der frühen Prozessualisten zurück und bezeichnet das Gehör, welches in dem angeborenen Trieb zur Selbsterhaltung wurzele, als Menschen- oder Urrecht«.[111]

Heute werden diese oder ähnliche Gründe für die Notwendigkeit des rechtlichen Gehörs und damit für ein Verfahren, was als gerecht akzeptiert werden soll, zusätzlich durch Bezüge auf die Kategorien der Rechtsstaatlichkeit und Menschenwürde entfaltet. In Rechtsprechung und deren Kommentierungen bleibt es dann aber weitestgehend bei »plakativen Formeln« und »[d]as Verhältnis der beiden Elemente [...] zueinander bleibt unklar«.[112]

In den immer wieder aufkommenden Bezügen auf Rechtsstaat und Menschenwürde werden jedoch durchgehend zweierlei Erwartungen bzw. bezweckte Effekte des rechtlichen Gehörs deutlich: Einerseits scheint es darum zu gehen, dass der Mensch als Individuum im Recht vorkommt und präsent wird. Das wird stets verknüpft mit der Möglichkeit, die eigene Stimme zu erheben und so selbst im Recht in Erscheinung treten zu können, um damit auf möglicherweise verzerrende Fürsprachen zu verzichten. Das rechtliche Hören soll also konstitutive Unterseite dafür sein, damit jemand stimmlich im Recht zur Geltung kommen kann. Diesen Aspekt greift Vismann in den »Medien der Rechtsprechung« kritisch auf, insofern sie mit Feuerbach und Mittermaier zwei »Stimmen für die Stimme« zur Sprache kommen lässt, deren Annahmen aber hinterfragt.[113] Wie Vismann mit medientheoretischem Schwerpunkt herausgearbeitet hat, gilt im deutschen Recht bereits seit ca. 1800 der Mündlichkeitsgrundsatz im »präsentischen Verfahren«, der zuvor bereits im französischen *code procédure civile et pénale* eingeführt wurde. Dabei gehe es nicht nur um die praktische mündliche Verhandlung vor Gericht, sondern vielmehr um ein »Prinzip der Mündlichkeit«, flankiert von »Unmittelbarkeit« und »Öffentlichkeit«.[114] Sie verdeutlicht unter Rückgriff auf Feuerbachs vergleichende Überlegungen zu den Medien Schrift und Stimme, dass es (seither) eine Idee im Recht davon gebe, dass sich das Subjekt im Recht gerade in der Stimme zeige. Sie arbeitet heraus, dass »das Subjekt als Träger von Rechten [...] in seiner Stimme« gründe und durch die »von Kant konturierten jurido-politischen Einheit

110 Vgl. Dazu auch Kapitel II.2.c.
111 Ibid., S. 89.
112 Ibid., S. 123.
113 Vismann, op. cit., S. 120.
114 Ibid., S. 112–113.

von Subjekt und Stimme« geprägt sei.[115] Für das letzte Wort des Angeklagten könne es daher

> »niemals einen Fürsprecher geben [...]. Das letzte Wort des Angeklagten gehört damit einem Typ der Rede an, die keine Stellvertretung duldet«.[116]

Bei Feuerbach avanciere das Medium der Stimme wörtlich zu einer »Gerechtigkeitspflege«, die davon abhänge, selbst die Stimme vor jener richtenden Person zu erheben, welche die Entscheidung treffen wird. Diese Vorstellung, dass gehört zu werden, Gerechtigkeit im Recht fördere, besteht im heutigen Recht auf rechtliches Gehör als Justizgrundrecht vor allem im Strafrecht fort. In Rechtsprechung und Kommentarliteratur wird aus diesem Kontext heraus abermals eine Zuschreibung der stimmlichen Authentizität ersichtlich, die in Rüpings begründenden Bezügen auf die Menschenwürde nicht weniger als die »Subjekt-Qualität« ausmache und in einem zweiten Schritt dazu dienen solle, die »Subjekt-Stellung im Prozeß zu verwirklichen«. Das Hören im Recht stünde dann unter dem »positiven Auftrag [...], die Personenqualität zu achten und zu verwirklichen«.[117] Dahinter sieht er ein bestimmtes »Menschenbild der Verfassung«, dass sich wörtlich zu zitieren lohnt:

> »Wenn der auf den mitmenschlichen Austausch angewiesene und sich darin verwirklichende menschliche Geist das Humanum konstituiert, kann man bei Verletzung des dialogischen Prinzips einen Verstoß gegen die Menschenwürde annehmen. Dieses fordert als Bereitschaft zum Gespräch und zur Kommunikation Verständnis für den anderen und seine Achtung als Partner. Es enthält damit Grundbedingungen jeder geistigen Auseinandersetzung. Sie liegen in dem Hinhören, Bedenken, Einbeziehen des Gehörten in die Antwort und deren Offenheit zu weiterer Kommunikation«.[118]

115 Ibid., S. 114.

116 Ibid., S. 123. Gem. § 258 II 2 StPO gebührt dem Angeklagten das letzte Wort. Es »ist ein höchstpersönliches Recht des Angeklagten und nicht übertragbar«: KK-StPO/Ott, 8. Aufl. 2019, StPO § 258 Rn. 14. »Dem Angeklagten muss das letzte Wort von Amts wegen erteilt werden, also auch dann, wenn er es nicht ausdrücklich verlangt (BGHSt 17, 28 (33) = NJW 1962, 500)«, ibid, Rn. 15.

117 Rüping, op. cit., S. 130.

118 Ibid. Daran wird auch in jüngeren Untersuchungen zur richterlichen Unabhängigkeit festgehalten, wobei es in Bezug auf Legal Tech gerade auf eine Differenzierung zwischen menschlicher und anderer Subjektivität für die richterliche Unabhängigkeit anzukommen scheint. »Die Nutzung automatisierter Anwendungen kann zu Verstößen gegen den Anspruch auf rechtliches Gehör führen«, Christoph Rollberg, *Algorithmen in der Justiz. Rechtsfragen zum Einsatz von Legal Tech im Zivilprozess*, Baden-Baden: Nomos Verlagsgesellschaft 2020, S. 220. Rollberg fragt, ob Legal Tech das Recht auf Gehör beschneiden könnte. Er steht im Ergebnis einem Einsatz kritisch gegenübersteht,

An der Unterseite dieser Überlegungen lässt sich mit Vismann jedoch vor allem der erwünschte Effekt des rechtlichen Gehörs kritisch betrachten, dass nur durch dieses (An-)Hören ein authentisches Rechtsubjekt überhaupt erst hervorgerufen werden könne. Demensprechend gibt der Grundsatz des rechtlichen Gehörs zugleich auch das Stichwort für eine »stimm- und authentizitätsversessene Justiz«, die sich laut Vismann im Ausgang von Feuerbach und Mittermaier formiert hat.[119] Daher gilt es gleichzeitig die verfolgten Effekte und Zwecke eines verrechtlichten Gehörs, etwa der Beweiswürdigung zu beachten. Denn sofern das emanzipative und vielleicht auch alteritätsethische Potential des Hörens rechtfertigend bemüht werden soll, ist zumindest fragwürdig, wenn dieses Hören zugleich auch immer potenziell gegen die Sprechenden gerichtet ist, um sie ihrer Tat zu überführen. Was aber wenn die Angeklagten ihr Recht zum letzten Wort nutzen, um zu schweigen?

e. Subversives Hören und Schweigen vor Gericht

Eine hörsensible Deutung bedenkt an dieser Stelle, dass auch das Schweigen nur da sein kann, wenn es gehört wird. So steckt im Hören vielleicht auch für Menschen, die im Namen des Rechts sprechen (sollen), jenes widerständige Potential, verschiedene Geltungsansprüche einen Moment lang zu suspendieren und Raum für eine Erfahrung der Alterität

allerdings ohne einen Verweis auf die medialen Bedingungen, die sich verändern, wenn nicht mehr wirklich gehört, sondern etwas in vorgefertigte Masken eines Programmes eingetippt wird. »Die Konzentration auf jene Tatsachen, die der Anwender in das System eingeben muss, um eine Entscheidung generieren zu lassen, kann dazu führen, dass andere Tatsachen, die eine Eignung des Falls zur schematischen Bearbeitung infrage stellen, aus dem Blick geraten, der Richter hierfür also ›blind‹ wird. Zudem drohen die Rechtsausführungen der Parteien für die Entscheidung im Ergebnis bedeutungslos zu werden, wenn das Gericht nur noch die für relevant erachteten Tatsachendaten in eine Eingabe-maske überträgt. Bereits die Heranziehung einer (noch auf das vorliegende Verfahren zu übertragenden) Entscheidungsvorlage kann dazu führen, sich gegen die »Musterlösung« sprechenden Argumenten zu verschließen. Dies dürfte erst recht im Hinblick auf Software gelten, die eine zügige Bearbeitung zahlreicher Verfahren in Aussicht stellt«, ibid., S. 145. Deutlich wird diese Position besonders in zwei seiner abschließenden Thesen zu Algorithmen in der Justiz: »5. Ob Richter automatisierte Anwendungen tatsächlich einsetzen, richtet sich nicht danach, was diese semantisch oder methodologisch zu leisten imstande sind, sondern nach ihrer Verfügbarkeit und der Praktikabilität der Bedienung. 6. Die Rechtsprechung ist natürlichen Personen als Richtern vorbehalten. Auf dem Boden des Grundgesetzes ist es dem Gesetzgeber verwehrt, Richter durch Computer zu ersetzen«: Ibid., S. 219.

119 Vismann, op. cit., S. 120.

zu schaffen. Denn korrespondierend zu einem solchen subversiven Hören tritt in Bezug auf das Recht zum letzten Wort dann die Macht des Schweigens auf den Plan. Denn mit John Cage gesprochen – »There is no such thing as silence« – steckt in diesem institutionalisierten Moment des Hörens, sofern geschwiegen wird, zumindest auch im Hören der Richter:innen auf dieses Schweigen eine Öffnung hin zur alteritätsethischen Sphäre und Begegnung. Indem vermeintlich nichts, oder nur die Stille bewusst wahrgenommen wird, füllt sie sich ähnlich wie bei Cages Arbeiten zur Stille mit all den Geräuschen, die das Hintergrundrauschen der Inszenierung vor Gericht ausmachen. So schärft sich unter Umständen z.B. die Aufmerksamkeit auf die mediale Anordnung des Gerichts und die Personen, die sich hier begegnen. Einmal mehr wird deutlich: Es kommt darauf an, wer *wie* zuhört, was rechtlich zwar angeordnet, aber nicht erzwungen werden kann.

Diese Art des subversiven Hörens könnte die Aufmerksamkeit weiter darauf lenken, dass das Recht auf Gehör unter Umständen auch als »Zwang zur Selbstartikulation« erfahren werden kann, die mit einem bewussten Schweigen durchbrochen wird.[120] Auch bei Behrendt findet sich die Deutung des Schweigens als bewusste und vielschichtige Artikulation:

> »Wenn sich ein Bürger kein Gehör verschafft, kann dies viele Gründe haben, auch Resignation an einer Umwelt mit tauben Ohren«.[121]

Für sie wird dieser Befund zum Ausgangspunkt, um zu kritisieren, dass nur, wer sich selbst äußern wolle, im Gerichtsverfahren als würdiger, engagierter Bürger gelesen werde, der am Verfahren mitwirkt. Das beinhalte eine moralisierende Hierarchisierung in Bezug auf andere, und zwar »nicht im Gegensatz zum Richter, sondern im Gegensatz zum schlafenden Rechtsgenossen«.[122] Vismann bringt das widerständige Potential des Schweigens noch schärfer auf den Punkt:

> »Dem verhörten Subjekt steht unter dem Zwang zur Selbstartikulation nur ein einziges Mittel zur Verteidigung zur Verfügung, das darin besteht, nicht zu reden. Das Recht zu Schweigen wird zum ureigensten Recht gegenüber einer Justiz der Unmittelbarkeit, die den Angeklagten leibhaftig will«.[123]

Unter Berücksichtigung, dass das Gefühl, gehört worden zu sein, nicht eingeklagt werden kann, wird die Idee, ein Recht auf Schweigen

120 Ibid., S. 123. Art. 103 IGG ist ein Recht auf Gehör, aber keine Äußerungspflicht; »Einfachgesetzlichen Äußerungspflichten, die das Prozessrecht beispielsweise in § 243 Abs. 2 S. 2 StPO (Vernehmung des Angeklagten zur Person) kennt«, vgl. Remmert, op.cit., Art. 103 Abs. 1 GG, Rn.. 64.

121 Behrendt, op. cit., S. 53.

122 Ibid.

123 Vismann, op. cit., S. 120–121.

innezuhaben, aber gleichsam tautologisch, denn nicht das Recht ermöglicht das Schweigen. Mit anderen Worten kann rechtlich zwar erlaubt sein, im letzten Wort der Angeklagten die Stimme nicht zu erheben; die Entscheidung dazu liegt aber bei der Angeklagten selbst. Und ob deren Schweigen vor Gericht Schlagkraft entfalten kann, liegt daran, ob es auch entsprechend gehört wird und werden kann, wofür es z. B. jene korrespondierenden Praktiken des subversiven Hörens braucht, wie ich sie oben mit Spivak skizziert habe.[124] Denn die Exposition der Stimme, die sich auch negativ, und zwar als Schweigen artikulieren kann, ist alteritätsethisch betrachtet zunächst stets (lediglich) der Anspruch auf ein hörendes Verständnis. Das kann vom Recht aber weder garantiert noch strukturell eingelöst werden.

f. Rechtliches Gehör und Gerechtigkeit: Die Öffnung eines Zwischenraums

Jedoch ermöglicht der institutionell freigehaltene Moment des rechtlichen Gehörs die Chance einer Unterbrechung im rechtlichen Verfahren mit all seinen Rollenverteilungen. Es gibt jenen Menschen, die im Namen des Rechts hören (sollen), die Möglichkeit, eine alteritätssensible Haltung oder gar eine subversiv hörende Haltung einzunehmen. Ob diese Möglichkeit ergriffen wird, liegt im Handlungsspielraum der Person, die dem Recht ihr Ohr leiht. Es liegt damit in den Sphären der Ethik und der Politik. Rechtlich kann sich streng genommen also recht-fertigend lediglich drauf bezogen werden, dass das Recht die Rahmenbedingungen für einen solchen Freiraum bereithält. Der Grundsatz rechtlichen Gehörs verspricht also eine Chance auf mehr Gerechtigkeit, aber mehr nicht. Denn der recht-fertigende Bezug auf eine Garantie, dass die Chance, alteritätssensibel zu hören, auch eingelöst wird – wodurch sich womöglich tatsächlich eine Art gerechtigkeitsstiftender Effekt in dem Gefühl, Gehör gefunden zu haben, faktisch einstellt – trägt nicht. Der Fokus in rechtlich institutionalisierten Formen des Hörens und Gehört-Werdens müsste sich also vielmehr auf jene Aspekte verschieben, die Recht womöglich auch leisten könnte: Das ist materiell und institutionell Rahmenbedingungen zu halten bzw. herzustellen, die ein alteritätssensibles Hören begünstigen und befördern.

Vor diesem Hintergrund lassen sich unter alteritätsethischen Gesichtspunkten die schwankenden Bezüge auf Rechtstaatlichkeit und Menschenwürde im Recht auf Gehör klarer greifen, kritisieren und eventuell auch neu fassen. Dafür müsste beiden Konzepten aber zunächst ein radikal relationales und sinnlich-leiblich bedingtes Selbstverständnis

124 Vgl. dazu Kapitel I.3.b.

zugrunde gelegt werden, wie er in Bezug auf die Menschenwürde jüngst in der Rechtsphilosophie von Regina Schidel vorgelegt und von mir in der alteritätsethischen Exposition des Rechts an verschiedenen Stellen nahegelegt wurde.[125] Denn jene Vorstellungen von Subjektivität oder Subjektkonstruktionen, die sich allein auf Rationalität oder Autonomie stützen, erweisen sich vor diesem Hintergrund nicht länger als tragfähig. Sie sind zudem phantasmatisch in Bezug auf die alteritätsethische Bedingung der Subjektwerdung, der menschlichen Bedingung geltenden Rechts. Die kritische Hinterfragung der Institutionen rechtlichen Gehörs und deren narrativen recht-fertigenden Einsätze in Bezug auf seine (vermeintlich) gerechtigkeitsstiftenden Effekte verdichten sich zu einem Ergebnis, das ich in drei gedanklichen Schritten zuspitzen möchte:

Erstens: Durch institutionelle Anordnungen des Hörens im Recht wird ein Raum geschaffen, in dem die Möglichkeit zur Unterbrechung der Geltungsstruktur besteht. In dieser Unterbrechung fungiert das offene Hören der Anderen als ein Scharnier zwischen den Sphären der Alteritätsethik, der Politik und dem Recht und öffnet einen Zwischenraum, in der die leibliche Bedingung geltenden Rechts reflektiert werden und die Notwendigkeit seiner Geltung hinterfragt werden kann. Allerdings kann rechtlich nicht garantiert werden, dass dieser Moment in diesem Sinne ergriffen und hörend eingelöst wird. Letzteres bleibt aufgrund der Zwangsresistenz im Hören einer (rechtlichen) Kontrolle entzogen und liegt in der ethischen Haltung und den politischen Handlungsspielräumen jener Menschen, die ihr Ohr und ihren Körper dem Recht in dessen institutionellen Anordnungen leihen.

Zweitens: Vor dem Hintergrund dieses Potenzials des Hörens und seiner Zwangsresistenz muss der narrative Einsatz des rechtlichen Gehörs als strukturelle Begründung der Autorität rechtlicher Geltungsansprüche grundlegend in Frage gestellt werden. Und zwar insbesondere, weil er im geltenden Recht de facto zu deren performativen Herstellung so wirksam einsetzbar ist und auch eingesetzt wird. Das gilt im besonderen Maße, wenn dieser Grundsatz im Angesicht von (gewaltsam) durchgesetzten rechtlichen Geltungsansprüchen zur Recht-Fertigung bemüht wird. Denn die tradierten Bezüge auf Rechtstaatlichkeit und Menschenwürde sind im Zusammenhang mit dem Hören zwar nicht zufällig verortet oder grundlegend in ihrem gerechtigkeits-stiftenden Potenzial von der Hand zu weisen. Sie können aber nur mit Hilfe eines radikal sinnlichen, relational-leiblichen Selbstverständnis produktiv gewendet werden. In diesem Sinne müssten herrschende Konzepte (demokratischer) Rechtstaatlichkeit und Menschenwürde jedenfalls durch die alteritätsethische Exposition und daraus resultierenden stetigen Herausforderung des Rechts einer kritischen Revision unterzogen werden, um den

125 Vgl. Kapitel II.1. Grundlegend dazu auch: Schidel, op. cit.

Grundsatz rechtlichen Gehörs in alteritätsethisch tragfähiger Weise und strukturell als recht-fertigendes Narrativ mobilisieren zu können.

Drittens: Unter diesen Voraussetzungen könnte ein feiner gestimmtes Gehör *in* den Institutionen geltenden Rechts und in Bezug auf dessen recht-fertigende Narrative eine Unterbrechung in dessen Geltungsstruktur und damit einen Ausblick auf ein kommendes, alteritätsethisch sensibleres Recht ermöglichen. Ein solches Recht müsste über Narrative gerechtfertigt werden, welche die alteritätsethische Bedingung des Rechts anerkennen und reflektieren können und diese nicht in einem traumatischen Gestus verdrängen oder zu annihilieren versuchen. Der Organisation von Räumen des Hören-Könnens der Ansprüche der Anderen bzw. dem Herstellen günstiger Rahmenbedingungen zum Hören und Gehört-Werden müsste eine Priorität *vor* dem rechtlichen Antworten eingeräumt werden. Rechtliches Antworten bedürfte darüber hinaus, sofern die Recht-Fertigung seiner Autorität z.B. auch anders als repräsentationstheoretisch zu überzeugen vermag, dann auch nicht länger einer Inszenierung als einzig mögliches oder gar notwendiges Recht zur Ordnung des menschlichen Zusammenlebens.

Die Rahmenbedingungen und Aufgaben *eines* möglichen anderen, alteritätsethisch sensibleren Rechts möchte ich probeweise im Ausgang eines alteritätsethisch rekonstruierten Rechtsinns im Verhältnis von Alteritätsethik, Recht und Politik imaginieren und unter besonderer Berücksichtigung der Relevanz des Hörens und Gehört-werdens in Ansätzen skizzieren und zur Debatte stellen.

3. Sorge für Rahmenbedingungen des Hören-Könnens und Gehört-Werdens als alteritätsethischer Sinn von Recht

Mit dieser Arbeit habe ich den Versuch unternommen, Recht insgesamt vom Hören herkommend zu denken. Im geltenden Recht kann eine hörende Haltung, wie im ersten Teil dieses Kapitels dargelegt, z. B. im Hören auf rechtlich erhobene Ansprüche auf Geltung alteritätssensible Zwischenräume eröffnen. In diesem letzten Kapitel möchte ich ausloten, inwiefern die Sorge um Rahmenbedingungen des Hören-Könnens und Gehört-Werdens einem alteritätsethischen Sinn von Recht entsprechen könnte. Dafür denke ich das Verhältnis von gegenwärtig geltendem und kommendem Recht als fließenden Übergang. Denn wie bereits im Kapitel zum Potenzial des Hörens auf den rechtlich erhobenen Geltungsanspruch deutlich wurde, kann hier keine trennscharfe Grenze gezogen werden. Im gegenwärtig als geltend erfahrenen Recht kommen momentan gesellschaftlich vorherrschende Menschenbilder, Stimmungslagen und Bedürfnisse zum Ausdruck. Allerdings hat Recht als ordnende

Macht stets auch einen gestaltend auf die Zukunft gerichteten Charakter; es festigt nicht nur normativ gesellschaftliche Machtverhältnisse, sondern kann auch deren Veränderung bewirken. Diese potenziellen Veränderungen betreffen nicht zuletzt die inhaltliche Ausgestaltung kollektiver Vorstellungskraft. Innerhalb dieser kann die menschliche Bedingung des Rechts mit Blick nach vorne neu wahrgenommen und dessen sinnlich leibliche Bedingung berücksichtigt werden. Für die Arbeit an einem zukünftigen, womöglich alteritätssensibleren, Recht möchte ich daher die Relevanz des Hörens und Gehört-Werdens auf zwei verschiedenen Ebenen hervorheben. Die erste Ebene betrifft die vom Hören herkommend gedachte Annäherung an einen Sinn von Recht, der die Arbeit an einem alteritätssensibleren Recht anleiten könnte. Ein solcher Rechtssinn könnte, wie bereits mehrfach in dieser Arbeit angeklungen, immer dort relevant werden, wo die Sphäre des Politischen in Bezug auf eine gerechte Verteilung von Aufmerksamkeit versagt. Die alteritätsethische Herausforderung des Rechts läge dann darin, zuerst rechtlich Sorge für Rahmenbedingungen zur Schaffung von Räumen des Hörens und Gehört-Werdens zu tragen, bevor abgewogen wird, ob rechtlich geantwortet werden muss. Die zweite Ebene betrifft die alteritätsethische Rekonstruktion eines Sinns von Recht, verstanden als dessen Wesensgrund im Verhältnis von Alteritätsethik, Recht und Politik. Dieser könnte einerseits Orientierung in Bezug auf die kritische Reflektion recht-fertigender Narrative bieten, die im geltenden Recht am Werk sind. Andererseits könnte er im Umschlagpunkt zwischen Gehorsam und Ungehorsam gegenüber rechtlichen Geltungsansprüchen einen geeigneten Prüfstein bilden. Denn dieser Sinn von Recht steht in einem responsiven Verhältnis zur alteritätsethischen Herausforderung des Rechts und kann seine sinnlich-leibliche Bedingung reflektieren. So kann die in diesem letzten Unterkapitel angestrebte alteritätsethische Wende in der Imagination der Wesensgründe bzw. dem Sinn von Recht etwa als Motivation zu (Un-)Gehorsam gegenüber rechtlich erhobenen Geltungsansprüchen, auch bereits im geltenden »Recht« Wirkung entfalten und dessen Transformation anstoßen.

Das Wort Rechtssinn referiert je nach Kontext auf verschiedene Bedeutungszusammenhänge, zwischen denen ich wie folgt differenziere: Erstens als Verständnis von etwas im Rechtsinne, zweitens als (individueller) Rechtssinn, welcher die vom Rechtsgefühl geleitete Unterscheidung Recht/Unrecht orientiert, und schließlich als Sinn von Recht, als dessen Aufgabe oder Wesensgrund (a.). Die begriffliche Differenzierung ermöglicht ein genaueres Verständnis der Relevanz des jeweils erfahrenen oder verfolgten Rechtssinns für Recht als Phänomen der Geltung insgesamt. Wenn dabei dem Sinn von Sinnlichkeit im Recht Rechnung getragen wird, eröffnet sich zusätzlich eine neue Perspektive darauf, welcher Sinn oder welche Sinne vom Recht in recht-fertigenden Narrativen geltenden Rechts bemüht werden. So kann ein genaueres Bild davon entwickelt werden, welcher Sinn von Recht gegenwärtig im Recht zum Ausdruck kommt (b.). Der alteritätsethisch rekonstruierte Sinn von Recht dient mir in diesem Zusammenhang zum einen als Kontrastfolie, um geltendes Recht in Bezug auf seine alteritätsethische Verantwortung zu hinterfragen. Zum anderen ist er Ausgangspunkt, um die primäre Aufgabe eines zukünftigen, alteritätssensibleren Rechts in Worte zu fassen und das Spannungsverhältnis zwischen Alteritätsethik, Politik und Recht besser zu verstehen (c.).

a. Von Rechtssinnen und dem Sinn von Recht

Das Wort »Rechtsinn« referiert auf die oben genannten drei verschiedenen Bedeutungszusammenhänge, die ihrerseits jeweils ein enges Verhältnis zu den jeweils mitschwingenden Gerechtigkeitsvorstellungen aufweisen. Auf der ersten Bedeutungsebene siedle ich diejenige Verwendung des Wortes »Rechtssinn« an, welche auf die Praxis verweist, etwas im Rechtsinne zu verstehen. Damit ist inhaltlich jene performative Kraft spezifisch rechtlicher Sprache bezeichnet, in der eine Übersetzungsleistung zwischen Lebenssachverhalten und deren rechtlicher Kategorisierung erfolgt, wobei an diese Einordnung meistens auch konkrete Rechtsfolgen geknüpft werden.[126]

Auf der zweiten und dritten Ebene unterscheide ich beim Rechtssinn hinsichtlich seines Bezugspunktes dahingehend, ob es um den Rechtssinn einer (individuellen) Person oder den Sinn von Recht geht. Denn im alltäglichen Sprachgebrauch verweist das Wort »Rechtssinn« auf den Sinn einer Person für Recht und Unrecht. Als eine Art Rechtsgefühl fungiert dieser Sinn für Recht einer Person als Orientierungshilfe, um das, was ihr oder anderen widerfährt, als Recht oder Unrecht einzuordnen. Recht und Unrecht wird dabei jedoch nicht zwingend im engen Sinne in Bezug auf vorherrschend geltendes, etwa staatliches Recht verstanden. Vielmehr wird die Bezeichnung des Rechtsinnes einer Person teilweise auch synonym mit deren Gerechtigkeitssinn gebraucht.[127]

Auf der dritten Bedeutungsebene verändert sich der Bezugspunkt vom Recht oder Unrecht empfindenden Subjekt hin zum Recht als Phänomen der Geltung insgesamt, indem nach dem Sinn von Recht als gesellschaftlicher Ordnungsmacht als solcher gefragt wird. Auf dieser dritten

126 Vgl. dazu https://www.dwds.de/wb/Rechtssinn (Verwendungsbeispiel). Als Beispiel kann etwa die Differenz im rechtlichen und alltagsverständlichen Gebrauch der Wörter »Eigentum« und »Besitz« herangezogen werden (abgerufen am 13.05.2025).

127 Vgl. dazu https://www.duden.de/rechtschreibung/Rechtssinn (abgerufen am 13.05.2025).

Bedeutungsebene kann es also zum einen um die Sinnhaftigkeit von konkretem, gegenwärtig oder in der Vergangenheit geltendem Recht gehen, zum anderen aber, auf einer abstrakteren Ebene, auch um die Frage nach dessen Wesensgrund als gesellschaftlichem Phänomen überhaupt. In Bezug auf gegenwärtig geltendes Recht besteht damit die Schwierigkeit, die gesellschaftliche Aufgabe oder Funktion von Recht herauszufinden oder jedenfalls jene zu benennen, die ihm gesamtgesellschaftlich zugeschrieben werden. Diese letzte Frage nach dem Wesensgrund von Recht als gesellschaftlichem Phänomen insgesamt eröffnet das Feld für diverse Einsichten und offenbleibende Fragen, die derzeit vermehrt unter dem Schlagwort Postfundamentalismus diskutiert werden. Hierbei geht es um die Frage, ob es so etwas wie ein tragendes Fundament geltenden Rechts im Sinne einer letztgültigen Begründung überhaupt gibt. Oder aber, ob sich nicht zuletzt im Angesicht diverser Wendungen in der Philosophiegeschichte, etwa des *linguistic turn* oder des *cultural turn*, nicht vielmehr eigentlich ausschließlich auf jene Vollzüge konzentriert werden müsste, die Recht im Sinne einer bedeutungsstiftenden Bewegung hervorbringen, ohne tatsächlich jemals so etwas wie einen Grund bzw. Anfang des Rechts markieren zu können. Während für die Frage des persönlichen (Un-)Gehorsams gegenüber geltendem Recht durchaus der individuelle Rechtssinn relevant ist, kommt es mir auf den nachfolgenden Seiten vorrangig auf das dritte Verständnis des Rechtssinns als Sinn von Recht an. Und zwar sowohl in Bezug auf gegenwärtig geltendes Recht als auch in Bezug auf Recht als gesellschaftlichem Phänomen insgesamt. Dabei halte ich den die gesamte Arbeit durchziehenden Schwerpunkt auf Sinnlichkeit im und von Recht als dessen leibliche Bedingung aufrecht, zumal er den Ausgangspunkt eines alteritätsethisch zu rekonstruierenden Rechtssinns bildet.

Derart nach dem Sinn von Recht zu fragen, führt mit Blick auf gegenwärtig geltendes Recht einerseits dazu, seine Recht-Fertigungszusammenhänge, also performative Hervorbringung und Legitimation, zu hinterfragen. Andererseits fordert die Frage nach dem Sinn von Recht auch dazu heraus, sich in die Zukunft gerichtet der Frage zu stellen, welchen gesellschaftlichen Herausforderungen Recht überhaupt gerecht werden kann, welchem Zweck oder welchen Zwecken es dienen sollte. Daher werde ich nachfolgend zum einen von der Suche nach einem Sinn gegenwärtigen, geltenden Rechts sprechen, der womöglich Spuren im geltenden Recht hinterlässt, und zum anderen einen alteritätsethisch rekonstruierten Sinn von Recht als Orientierungspunkt für eine Arbeit an einem alteritätssensibleren Recht anstreben und vorschlagen. Die Frage nach Orientierung gibt das Stichwort für die auf allen drei soeben skizzierten Bedeutungsebenen des Rechtssinns relevant werdenden Vorstellungen von Gerechtigkeit, die je nach Kontext mehr oder weniger explizit werden.

Wenn es etwa darum geht, etwas im Rechtssinne zu verstehen, lässt sich fragen, inwiefern die spezifisch vorgenommene rechtliche Einordnung von Lebenssachverhalten, die in juristischer Arbeit stets auf der Tagesordnung steht, der Sache selbst überhaupt gerecht werden können. Wie in der Einstimmung zu dieser Arbeit bereits angeklungen, stellt sich dieses ohnehin in der Sprache stets entstehende Problem der Verschiebungen – der Aufgabe einer gerechten Re-Präsentation in Sprache, welches Derrida so treffend mit der *différance* beschrieben hat – in einer verschärften Form im Recht. Und zwar spätestens dann, wenn potenziell sprachliche oder epistemische Gewalt sich in einem Kontext ereignet, in dem rechtlich erhobene Geltungsansprüche unter Androhung von (Staats-)Gewalt und entsprechenden institutionellen Einbindungen erhoben werden können. Woran sollte sich die (äußerst wirkmächtige) Übersetzung von Lebenssachverhalten in die Sprache des Rechts orientieren? Diese Frage verweist auf das Problemfeld von Juridifizierung, Naturalisierung und der Verstetigung von Machtverhältnissen durch Recht. Und zwar weil es aufgrund seiner sprachlichen Bedingung und performativ durch institutionelle An-Ordnungen erhöhten Wirkmacht unter Umständen zum Brennglas für sprachliche und epistemische Gewalt werden kann. Im Verständnis von Rechtssinn als Sinn für (Un-)Recht geht es bereits der Sache nach um eine Art gefestigtes Gefühl, welches eine alltägliche Orientierung für die Einordnung von etwas als Recht oder Unrecht schafft. Diese Art von Rechtsinn als Rechtsgefühl für Recht und Unrecht, kann sich je nach juristischem Erfahrungshorizont womöglich auch mit einem Gefühl für (Un-)Gerechtigkeit decken.[128] Inwiefern gibt ein solches Rechtsgefühl Auskunft über gesellschaftlich vorherrschende Vorstellungen von Gerechtigkeit?

Der jeweils auftauchende Bezugspunkt der Gerechtigkeit in den oben skizzierten Bedeutungsebenen des Rechtssinns ist darüber hinaus hilfreich, um zu verstehen, inwiefern diese drei Ebenen sich überschneiden bzw. zusammenwirken. Die verschiedenen Bedeutungsebenen stehen nicht im Widerspruch zueinander, sondern auf ihnen lassen sich vielmehr verschiedene Vollzüge im Recht als sprachlich bedingtem Phänomen der Geltung aus jeweils verschiedenen Perspektiven betrachten. So kann beispielsweise der Rechtssinn einer Person im Alltag zwar womöglich eher der Sphäre des Politischen als jener des Rechts zugeordnet werden, aber diese besteht nicht jenseits oder streng abgetrennt von Recht

128 Damit meine ich die Frage, ob eine juristische Erfahrung als ermöglichend oder unterdrückend/beschränkend in Bezug auf eigene Handlungsmacht wahrgenommen wird. Die Anknüpfung an diese Erfahrungen werte ich als einen Wissensschatz in Bezug auf die Frage, inwiefern Recht (Un-)Gerechtigkeit begünstigt. Insbesondere die Erfahrung, die als ungerecht wahrgenommen wird, kann Aufschluss darüber geben, inwiefern gegenwärtig geltendes Recht transformiert werden müsste.

als Phänomen der Geltung. Vielmehr taucht dieser Rechtssinn in relevanter Weise bei der Beurteilung bestehender Recht-Fertigungszusammenhänge auf. Beispielweise kann er konkret für das Mitwirken am geltenden Recht relevant werden, wenn er zur Grundlage für die Entscheidung gemacht wird, ob einem rechtlich erhobenen Anspruch auf Geltung Gehorsam zuteilwird oder nicht. Unter Umständen kann hier auch eine kollektiv sehr breit geteilte Vorstellung des Sinns von geltendem Recht, also der dritten Bedeutungsebene, zum individuellen Rechtssinn, der zweiten Bedeutungsebene, avancieren und umgekehrt. Der Rechtssinn kann also sowohl auf der zweiten als auch auf der dritten Bedeutungsebene als Orientierung in der individuellen Beteiligung am Recht als Projekt institutioneller Geltung dienen. Etwa bei der Frage, ob und wie im Namen des Rechts etwa Anspruch auf Geltung erhoben oder aber auch ob, und wenn ja wie, auf diese rechtlichen Geltungsansprüche gehört wird. Dass dabei jeweils ein Verständnis von Gerechtigkeit mit im Spiel ist, gilt, wie im Verlauf dieser Arbeit deutlich wurde, für den Sinn von gegenwärtig geltendem und kommendem Recht. Und zwar insbesondere dann, wenn der Sinn von Recht im Zusammenspiel der Sphären von Alteritätsethik, Politik und Recht sowie den ihnen dabei jeweils zugeordneten spezifischen Funktionen und Herausforderungen gedacht wird.

Wie einstimmend zu dieser Arbeit bereits aufgegriffen schreibt Vesting, dass »eine Gerechtigkeit realisierende Gesellschaft« unhintergehbarer Fluchtpunkt der Rechtsphilosophie ist und auch den Fluchtpunkt einer interdisziplinär informierten Rechtstheorie bilden müsse.[129] Die zeitliche Orientierung nach vorne, trägt dem mit der Frage nach dem Sinn kommenden Rechts Rechnung. Denn sie öffnet den Raum für die Imagination eines Rechts, in dem wir zukünftig leben wollen. Dieses könnte ein reflektierender Ausdruck vielfältiger Lebensweisen sein, also der alteritätsethischen Bedingung von Recht. Zugleich verweist die Offenheit in dessen möglicher Ausgestaltungen auch darauf, dass es nicht nur um die in die Vergangenheit gerichtete Suche nach dem *einen* Sinn gegenwärtig geltenden Rechts gehen kann – im Sinne einer Ursprungserzählung oder ähnlichen Versuchen in Bezug auf eine Letztbegründung seiner Geltungskraft. Vorstellungen einer solchen »Gerechtigkeit realisierende[n] Gesellschaft«[130] variieren unter Umständen aber nicht nur stark, sondern hängen vor allem auch entscheidend vom jeweils bemühten Gerechtigkeitsverständnis ab. Letzteres bildet also die mehr oder minder explizite Grundannahme, vor deren Hintergrund sinnvoll über den Sinn von Recht nachgedacht werden kann. Vesting macht seinerseits in diesem Kontext Anleihen an einem Derrida'schen Gerechtigkeitsverständnis, also einer stets im Kommenden einer noch zu-künftigen

129 Vesting, op. cit., S. 17.
130 Ibid.

Gerechtigkeit (»justice à-venir«),[131] wobei es seiner Ansicht nach aber entscheidend darauf ankäme,

> »den Ort, den Kontext und den Sprecher dieser ›kommenden‹ Gerechtigkeit genauer zu adressieren und darüber hinaus die epistemologischen wie medialen Möglichkeiten und Beschränkungen genauer zu analysieren, die den Anruf eines anderen Rechts, einer anderen Gerechtigkeit oder eines anderen Systems der Rechte rahmen«.[132]

Hier lässt sich einerseits eine Verbindung zum jeweiligen, oben bezeichneten *juristischen Erfahrungshorizont* ziehen, der mit einem spezifischen, verorteten Wissen über (Un-)Gerechtigkeit einhergeht und daher unter Umständen zur Schärfung eines alteritätssensiblen Gerechtigkeitsverständnis beitragen könnte. Es ist geht um jenen Ort, von dem aus der Ruf nach einem Recht erfolgen kann, welches eine »Gerechtigkeit realisierende Gesellschaft« z. B. gerade dort stützen könnte, wo die Sphäre des Politischen versagt oder eine alteritätssensible, ethische Begegnung versperrt ist. Der Ort, an dem die juristische Erfahrung stattfindet, und der Ruf nach einem anderen Recht artikuliert und gehört werden kann, ist ein sinnlich-leiblicher: Der menschliche Körper.

Die mit der vorliegenden Arbeit nahegelegte alteritätsethische Wende in Bezug auf die Suche nach einem Sinn von Recht, welcher postfundamentalistischen Einsichten Rechnung trägt und dennoch einer zu-künftigen »Gerechtigkeit realisierende[n] Gesellschaft« dienen könnte, muss daher von einem sinnlich-leiblichen Selbstverständnis ausgehend gedacht werden, um sich der doppelten alteritätsethischen Herausforderung von Recht stellen und seine menschliche Bedingung kritisch reflektieren zu können. Denn geltendes Recht kann, wie in der alteritätsethischen Exposition deutlich wurde, nicht hinter seine sinnlich-leibliche Bedingung zurückgehen. Diese Bedingung von Recht bei der Rekonstruktion eines alteritätsethischen Sinns von Recht nicht nur miteinzubeziehen, sondern diese buchstäblich vom Hören-Können, also der leiblichen Verletzlichkeit, Ausgesetztheit, Ansprechbarkeit und Empfänglichkeit herkommend zu denken, ist jenseits der kritischen Rückfrage nach dem Recht-Fertigungszusammenhang geltenden Rechts auch mit Blick auf ein kommendes Recht von Vorteil. Denn zwar bringt geltendes Recht, als Ausdruck kollektiver Emotionen und Einbildungskraft, stets auch ein »Interessen an den öffentlichen Angelegenheiten des Gemeinwesens zur Geltung«. Das bringt aber die »Sinnlichkeit nicht zum Verschwinden«, sondern kann, weshalb Benno Zabel von einem »expressiven Recht« spricht, »einen anderen differenzierteren Umgang der Akteure mit Vulnerabilität« ermöglichen.[133]

131 Vgl. Derrida, op. cit., S. 56.
132 Vesting, op. cit., S. 17.
133 Vgl. dazu m. w. N. zu Vismann, Steinhauer und Siegert: Benno Zabel, »Expressives Recht. Inszenierungen moderner Legitimität«, in: Laura Münkler

Damit wird bereits an dieser Stelle deutlich: Insbesondere im Sinne eines Gerechtigkeitsverständnisses ist auf allen drei soeben skizzierten Bedeutungsebenen ein alteritätsethisch rekonstruierter Rechtsinn von Relevanz für die Arbeit an einem kommenden, alteritätssensibleren Recht. Auf der dritten Bedeutungsebene ermöglicht er unter anderem ein genaueres Verständnis des Zusammenspiels von Alteritätsethik, Politik und Recht. Auf der zweiten Bedeutungsebene als Sinn für Recht und Unrecht von Personen, die im Namen des Rechts einen Geltungsanspruch formulieren, oder für Menschen, die solche rechtlich erhobenen Ansprüche auf Geltung vernehmen, ermöglicht ein alteritätsethisch informierter individueller Rechtssinn, eigenes Mitwirken am Recht alteritätssensibel zu reflektieren und verantwortungsbewusster zu gestalten. Hierbei kommt es darauf an, die oben bereits angeklungene Unterscheidung zwischen gegenwärtigem und kommendem Recht nicht trennscharf abzugrenzen, sondern als Fluchtpunkte einer Transformation zu denken, die geltendes Recht sowohl als Ausdruck bestehender gesellschaftlicher Vorstellungskraft liest, als auch dessen projizierende, gestaltende Kraft als Phänomen der Geltung mit Blick auf ein kommendes Recht ernst nimmt. Dann dürfte der Sinn von Recht aber nicht mehr nur als Wesensgrund oder Begründung für bestehendes Recht, z.B. von einem imaginierten vorrechtlichen Zustand herkommend, gedeutet werden. Vielmehr müsste zudem auch eine Projektion nach vorne stattfinden. Etwa im Sinne eines Rechts für eine kommende Gesellschaft, in der ein ausgewogenes Zusammenspiel von Alteritätsethik, Politik und Recht besteht. Dann könnte die Frage nach dem Sinn von Recht jenen imaginativen, gesellschaftlichen Raum aktiver gestalten, in den – mit Cover gesprochen – rechtlich Brücken gebaut werden können. Und zwar insbesondere dort, wo die Sphäre des Politischen aktuell versagt und alteritätsethische Begegnungen versperrt sind.

b. Sinn und Sinnlichkeit geltenden Rechts

Wie unter verschiedenen Blickwinkeln dargelegt, kann die jeweils bewegende und impulsgebende Kraft, die im Projekt der Rechtsgeltung am Werk ist, als dessen Rechtssinn verstanden werden. Dabei kommt es allerdings stets darauf an, aus welcher Position heraus und mit welchem Erkenntnisinteresse bzw. mit welcher intentionalen Haltung nach dem Sinn des Rechts gefragt wird. Geht es (lediglich) darum, den Sinn geltenden Rechts verstehen zu wollen, oder geht es auch darum, über dessen

und Julia Stenzel (Hg.), *Inszenierung von Recht. Funktionen – Modi – Interaktionen* 2019, S. 67. Zabel hat dabei vor allem die Rechtsanwendung vor Augen und meint mit den Akteuren Juristinnen, die an der Hervorbringung von Recht beteiligt sind, sowie die Modellierung und medialen Bedingungen der kulturellen Techniken, die sie bemühen.

Inhalt verhandeln zu wollen? Womöglich könnte das bloße Erkenntnisinteresse, den Sinngehalt geltenden Rechts verstehen zu wollen, wenigstens unbewusst auch unweigerlich dazu führen, nach eigenen Vorverständnissen und Gerechtigkeitsvorstellungen selbst einen Sinn von Recht anzunehmen und ihn als dessen Daseinsberechtigung zugrunde zu legen. Für jetzt genügt es festzuhalten: Sowohl die Fragenden als auch das, wonach gefragt wird – hier das geltende Recht –, *sind* jedenfalls verortet und sinnlich-leiblich bedingt. Denn geltendes Recht bzw. – in der Terminologie Covers gesprochen – der Nomos, in dem gelebt wird, ist stets kulturell eingebettet und entsteht in narrativen Bezügen, die auch ihrerseits verortet sind. Geschichten, die zu seiner Recht-Fertigung etabliert sind oder wenigsten breit kursieren, implizieren oftmals, wie etwa weiter oben in Bezug auf den vorrechtlichen Naturzustand deutlich wurde, zugleich eine kollektive Vorstellung einer rechtlich (un-)geordneten Realität im Zusammenhang mit einem spezifischen Menschenbild. Aus deren Zusammenhang heraus lässt sich jeweils eine dem Recht zugeordnete Aufgabe, ein zugeschriebener Sinn von Recht, herauslesen. Geltendem Recht wird aber auch, von weniger existenziellen Ausgangspunkten ausgehend gedacht, eine Sinnhaftigkeit zugeschrieben. Etwa, weil es nach entsprechenden Inszenierungen übergeordnete, aber durchaus praktisch relevante gesellschaftliche Aufgaben übernehmen könne und müsse: beispielsweise Frieden, Ordnung, Sicherheit, Berechenbarkeit oder aber auch Gerechtigkeit herzustellen. Das deutsche Recht suggeriert oftmals (Rechts-)Sicherheit als ein solcher Rechtsinn.

Die Frage nach dem Sinn von Recht kann also, wie eingangs differenziert, entweder schwerpunktmäßig vom Erkenntnisinteresse geleitet sein, verstehen zu wollen, warum gegenwärtiges Recht in der Art und Weise, wie es jetzt ist, als geltend erfahren wird. Die Frage nach dem Sinn von Recht kann aber auch eher auf die Potenzialität, Recht-Fertigung und die damit intrinsisch verbundene Politizität von Recht gerichtet sein, also auf die Frage, *warum* Recht genau *so* gelten *sollte,* wie es ist, oder inwiefern es anders sein könnte. Wird Recht als Phänomen der Geltung verstanden, welche maßgeblich kraft Fiktionen Wirkung entfaltet, kann die eine Frage nicht ohne ihre Verschränkung mit der anderen gedacht werden.[134] Wer mit einer wie auch immer gearteten Intention nach dem (inhaltlichen) Sinn geltenden Rechts fragt, fragt also stets auch nach dessen Recht-Fertigungszusammenhängen und ist dann schnell mit der Einsicht konfrontiert, dass es, ähnlich wie bei Letztbegründungsfiguren des Rechts, keine eindeutigen Antworten gibt. Vielmehr variiert die Auffassung darüber, was der Sinn geltenden Rechts sei, je nach gesellschaftlicher Position, verinnerlichten Menschenbild und persönlicher Biografie. Die Akzeptanz der gesellschaftlichen Vorstellungen, als deren Ausdruck

134 Für Beispiele zu dieser These siehe Kapitel II.2.

geltendes Recht verstanden werden kann, variiert dabei – so die hier verfolgte These – vor allem in Abhängigkeit von den je eigenen oder bezeugten juristischen Erfahrungen, von geteilten Glaubenssätzen, sowie verinnerlichten Narrativen in Bezug auf geltendes Recht. Daher müsste eigentlich eher von existierenden Rechtssinnen im Plural und weniger von dem einen Sinn von Recht im Singular gesprochen werden. Allerdings kommt im geltenden Recht nicht jeder individuell als geltend erfahrene oder aber auch angestrebte Sinn von Recht gleichermaßen zur Geltung. Vielmehr scheint geltendes Recht vor allem Ausdruck der jeweils dominanten kollektiven Einbildungskraft zu sein, die ihrerseits von spezifischen Menschenbildern geprägt ist und von bestimmten Emotionen und Bedürfnissen getragen wird, die kulturell vielfältig eingebunden sind. Sich der Frage nach dem Sinn geltenden Rechts trotz der Varianz der ihm zugeschrieben Sinnhaftigkeit zu stellen, bedeutet also nicht nur, sich potenziell mit einer Vielzahl legitimierender Narrative zu beschäftigen, sondern dabei nach Möglichkeit auch die jeweils zum Zuge kommenden Menschenbilder, Gerechtigkeitsvorstellungen, tragenden Emotionen und existenzielle Nöte zu bemerken und ggf. zu hinterfragen. Dabei ist insbesondere vor dem Hintergrund der Überlegungen in dieser Forschungsarbeit relevant, dass die entsprechenden recht-fertigenden Narrative geltenden Rechts vermutlich jene sind, die gegenwärtig am meisten Resonanz erfahren (können), also jene, die auf offene oder hörige Ohren treffen und die damit in den gesellschaftlichen Text tiefer eingewoben werden können.

An diese Frage nach der jeweils dominanten emotionalen und imaginativen Verankerung geltenden Rechts, die sich in der Annahme eines Sinns von Recht verdichtet, kann mit Zabels Gedanken zu »expressivem Recht« weiter anknüpft werden. Er schreibt, dass »Sinn und Sinnlichkeit [...] in den Inszenierungen moderner Legitimität ineinander« laufen.[135] Mit dem Bezug auf die Sinnlichkeit macht er in der Folge auf jene Emotionen und Bedürfnisse aufmerksam, die im inhaltlichen Sinn geltenden Rechts, das er »expressives Recht« nennt, seiner Auffassung nach schwerpunktmäßig zum Ausdruck kommen. Recht kann demnach als verdichteter – ich füge hinzu: von seiner alteritätsethischen Bedingung markierter – Ausdruck gesellschaftlichen Aushandlungsprozesse gelesen werden, die ihrerseits nicht unbeeindruckt von Ängsten und Hoffnungen bleiben und in denen verschiedenste Erwartungshaltungen an Recht als Ordnungsmacht entstehen. Diese lassen sich entsprechend auch in Inszenierungen geltenden Rechts wiederfinden bzw. leiten diese an. Als dominante Narrative und gesellschaftliche Vorstellungen, die modernes Recht als Ordnungsmacht recht-fertigen, habe ich verschiedene Figuren

135 Vgl. Zabel, op. cit., S. 56. Sinn ordnet er der normativen und Sinnlichkeit der natürlichen Ebene zu, ibid., S. 60.

der Souveränität im Recht hervorgehoben, wobei die Aufmerksamkeit exemplarisch vor allem Hobbes' vorrechtlichem Naturzustand galt.[136] Dabei hat sich gezeigt, dass dieses Narrativ, welches modernes Recht als eine notwendige Antwortordnung inszeniert, im Sinne von Derridas Neologismus der »*hantologie*« von seiner alteritätsethischen Bedingung, trotz dessen Verdrängung, spukhaft heimgesucht wird.[137]

Dieser Heimsuchung gilt es bei der Frage danach, welcher Sinn von Recht im geltenden Recht zum Ausdruck kommt bzw. kommen kann, mehr Aufmerksamkeit zu schenken. Denn sie kann Aufschluss darüber geben, welcher (potenzielle) Sinn von Recht gegenwärtig nicht zur Geltung kommen kann und weshalb. Der Komparatist Legrand bezeichnet die kulturellen Spuren dieser Heimsuchung als »Archiv des Rechts«, wobei er den Spuk, also die Spuren verdrängter Alterität, als einen konstitutiven Teil geltenden Rechts liest. Ich füge hinzu: Sie machen vor allem unweigerlich die alteritätsethische Verantwortung deutlich. Legrand schreibt:

> »For law to be as ›law‹ means for law to be constitutively visited by spectres, that is, by discursive formations (historical, political, economic, social, psychological, linguistic, cultural!) that, although not necessarily ›present‹ in the usual sense that they would be ›there‹, on the sheet of paper or on the computer screen, in so many words, graphically, are nonetheless present as the text of the statute or judicial decision inasmuch as they pertain to the fabric of the law at least as significantly as the express wording of the statute or judicial decision«.[138]

In Bezug auf die alteritätsethische Verantwortungslage des Rechts bedeutet dies einerseits, dass eine alteritätssensible Lesart des Rechts, und insbesondere seiner recht-fertigenden Narrative, jene Spuren im Recht freilegt, die seine alteritätsethische Bedingung bezeugen, auch wenn sie verdrängt oder explizit aus der Sphäre des Rechts verwiesen wurde.[139] Zudem ist diese Art der Heimsuchung durch Alterität ein Ausdruck davon, dass sich der alteritätsethischen Verantwortungslage nicht nur persönlich, sondern auch rechtlich und strukturell nicht nachhaltig entzogen werden kann.

Gegenwärtig geltendes Recht ist (zumindest hier vor Ort) stark von staatszentrierten Narrativen geprägt, in denen sich oftmals ein Sinn von

136 Vgl. dazu Kapitel II.2.c.

137 Im französischen Original heißt es bei Derrida: »le texte est hanté«, vgl. Derrida, op. cit., S. 68. In diesem Geiste schöpft Derrida den Neologismus der »*hantologie*«, was auf Französisch nicht unterscheidbar von der »ontologie« ist: »Appelons cela une *hantologie*. Cette logique de la hantise [est] plus ample et plus puissante qu'une ontologie ou qu'une pensée de l'être«, Derrida, op. cit., S. 31.

138 Pierre Legrand, »The Guile and The Guise: Apropos of Comparative Law as We Know It«, in: *Asian Journal of Comparative Law*, 16: 1 (2021), S. 176.

139 Vgl. dazu Kapitel II. 3.

Recht ausmachen lässt, der Recht funktional denkt. Recht soll etwa »die Macht der Staatsgewalt garantieren und gleichzeitig begrenzen, im Gegenzug jedoch einen umfassenden Schutz der Subjekte ermöglichen«.[140] Und zwar, wie Zabel schreibt, gegenwärtig vor allem durch die emotionale Antriebskraft einer Politik der Angst. Als »zentrale Legitimationsformel der Moderne« bringt er in Bezug auf das so hervorgebrachte Recht allerdings einen »*intrinsischen Eigenwert*« von Recht in Anschlag, nachdem »Rechte [...] nicht der Reflex einer Pflicht, sondern Pflichten der Reflex des Rechts« seien.[141] Das so herausgefilterte »Primat der Rechte« bleibe dabei seiner Ansicht nach im »Verhältnis von Recht, Ethik und Politik« prekär.[142] Alteritätsethisch rekonstruiert besteht zwar durchaus ein solches Spannungsverhältnis, allerdings hat sich auch nicht nur ein Primat der Alteritätsethik vor den anderen Sphären, sondern sogar seine Vor-ursprünglichkeit abgezeichnet, deren Bedeutung für einen genuinen Sinn von Recht ich im nachfolgenden Kapitel genauer darlege.

Um die Kreation eines Sinnes von gegenwärtig geltendem Recht nachzuvollziehen, fokussiert Zabel eine Politik der Angst, die sich nicht nur als eine der stärksten emotionalen Antriebskräfte modernen Rechts, sondern sogar als

> »Paradigma der Angst und Kontingenzbeherrschung, [...] als ›selbstevident‹ in das moderne Ordnungsdenken eingeschrieben habe.«[143]

Der Blick in Vergangenheit und Gegenwart geltenden Rechts zeige, dass staatliches Recht maßgeblich an einem »allgegenwärtigen Sicherheitsversprechen« teilhabe und daher Gefahr laufe, selbst zum »Gewährsmann eines panoptischen Regimes der Sorge zu werden«.[144] Als symbolische Ordnung in den Übersetzungsleistungen und in der Resonanz auf gegenwärtige dominierende Stimmungen und Bedürfnisse erlange dieses Recht aber zu viel Macht über die Subjekte und könne im Ergebnis die Verletzlichkeit als Bedürftigkeit nicht bewältigen, sondern wirke sich tendenziell eher verstärkend auf Ängste in der Erfahrung eigener Verletzlichkeit und daher mehr unterdrückend denn ermöglichend aus.[145] Zabel kritisiert eine Art angstgeleitete »moderne Sorge des Rechts«, die zu einer »exorbitanten Zunahme rechtlicher Regulierungen« führe.[146] Er beginnt mit der Suche nach dem Sinn des Rechts also am gegenwärtig geltenden

140 Zabel, op. cit., S. 58. Dieses emotionale Motiv der Recht-Fertigung wurde auch schon weiter oben in der Analyse des Souveränitätsphantasmas deutlich, vgl. Kapitel II.2.c.

141 Zabel, op. cit., S. 53.

142 Ibid., S. 54.

143 Ibid., S. 63.

144 Ibid., S. 52.

145 Ibid.

146 Ibid., S. 58.

Recht, jedoch durchaus mit einem eigenen normativen Ideal vor Augen, dass im Text teilweise auch anklingt, etwa wenn er postuliert, es müsse

> »Ziel jedes einigermaßen geordneten Gemeinwesens [...] sein, die Hochschätzung der freien Subjekte mit ihrer Bedürftigkeit und ihrem Schutzanspruch in Einklang zu bringen«.[147]

Dieses Ideal formuliert Zabel vor dem Hintergrund seiner Forschung, die er darauf ausrichtet, die »Bedingungsgefüge zwischen Faktizität und Geltung, zwischen dem *Gesellschafts- als Bedürfnissubjekt* und dem Legitimationsinteresse des Rechts präziser erfassen« zu können.[148] In diesem Punkt besteht daher eine gewisse Verwandtschaft zu einem alteritätsethisch informierten Ansatz, wie er hier verfolgt wird, wenn ich den Schwerpunkt auch mehr auf die alteritätsethischen Bedingungen und relationalen Praktiken gelegt habe, die so etwas wie freiheitlich handelnde Subjekte überhaupt hervorbringen. An einer Arendt'schen Politik orientiert fordert Zabel, dass wir

> »Recht und die Rechte als ein Medium interpretieren [sollten], das als Teil dieses Zusammenlebens und insofern als Motor gesellschaftlicher Teilhabe begriffen werden kann«.[149]

Damit ist er im Ergebnis gar nicht so weit entfernt von der Herausforderung, der sich zu stellen diese Arbeit einlädt. Daher lässt sich an den Sinn von Recht, den Zabel herausarbeitet, inhaltlich gut mit einem alteritätsethischen Rechtssinn anschließen, den ich nachfolgend vom Hören herkommend gedacht skizzieren werde. Unter dem Titel »expressiven Rechts« werden daher von Zabel sowohl die Frage nach gegenwärtigem Recht als auch jene Frage behandelt, die ich die Frage nach dem Sinn eines kommenden Rechts bezeichnet habe. Denn die

> »Expressivität [...] des Rechts verweist auf ein Kohärenz- und Legitimationsdenken, das uns als Gesellschafts- und Bedürfnissubjekte mitsamt unserer Sinnlichkeit anerkennt; das uns aber auch daran erinnert, dass es die Kraft der Freiheit ist, die uns überhaupt zu kompetenten Subjekten und Mitgliedern der Gemeinschaft macht«.[150]

Zabel liest Recht also nicht nur als Ausdruck einer kulturellen Verortung, welche vorherrschende Konzepte, Gefühle und körperliche Bedingungen (unpolitisch) reflektiert, sondern weist ihm zugleich projektiv die Aufgabe zu, auf solche Stimmungen und Gefühlslagen derart zu reagieren, dass Lebenskonzepte pluraler Gesellschaften nachvollziehbar werden und zu geteilten Vorstellungen avancieren können. Recht wird damit normativ der Sinn zugesprochen, dass es den »sozialen Kommunikations- und

147 Ibid., S. 57.
148 Ibid., S. 55.
149 Ibid., S. 64.
150 Ibid., S. 69.

Erfahrungsraum [...] nachhaltig gestalten soll«, indem es »*Orientierung* [...] durch eine erfahrungs- und kommunikationsgesättigte Normativität« schaffe.[151]

Mit einem alteritätsethisch rekonstruierten Rechtssinn lässt aich darüber hinaus zusätzlich adressieren, *wie* und auch *wem* durch Recht eine solche Orientierung ermöglicht werden soll und kann. Sofern die alteritätsethische Bedingung und responsive Subjektwerdung als menschliche Bedingung des Rechts berücksichtigt werden soll genügt es nicht lediglich jene »Freiheit [...], die uns überhaupt zu *kompetenten* Subjekten und Mitgliedern der Gemeinschaft« macht, zu betonen. Ich denke es muss bereits früher angesetzt werden, und zwar bei der sinnlich-leiblich bedingten Subjektkonstitution selbst, aus der heraus überhaupt erst jene freiheitliche Aufgabe erwächst: Jene soziale Freiheit, die ich mit Lévinas weiter oben als schwierige, dem werdenden Subjekt unweigerlich aufgegebene Freiheit herausgearbeitet habe.[152]

Kurz: Nicht erst die freiheitliche Kompetenz macht uns zu freien Subjekten, sondern schon unsere Verletzlichkeit und Empfänglichkeit gegenüber dem Angesprochen-Sein durch Andere. Das ist die alteritätsethische Bedingung jedweder Subjektwerdung und damit auch jedweden Rechts als menschengemachtem Phänomen. Es ist die Chance zur Verantwortungsübernahme, zur Ausübung dieser schwierigen Freiheit, die das Recht begünstigen bzw. sichern sollte, und zwar ungeachtet irgendwelcher vermeintlich die Freiheit auszeichnender (rationaler) Fähigkeiten oder Kompetenzen.[153]

Dieses Anliegen steht dem Ziel von Normen, »zuallererst die Sicherheit der Freiheit zu kommunizieren« und so »dem Sinn der Sinnlichkeit im Recht« zu entsprechen, auch nicht unbedingt entgegen. Allerdings knüpft die alteritätsethische Rekonstruktion des Rechts früher an, nämlich bei der sinnlich-leiblichen Subjektkonstitution, der die Verantwortlichkeit gegenüber der Anderen. Und zwar ungeachtet irgendwelcher (rationaler) Fähigkeiten oder jener Kompetenzen, die gesamtgesellschaftlich als wertvoll oder produktiv anerkannt werden, weil sie von Anfang an, qua Existenz, eingeschrieben ist.[154] Das »prekäre Verhältnis von Recht, Ethik und Politik« erfährt dann ganz bewusst eine andere An-Ordnung, indem die Alteritätsethik in dieser Trias als eine primäre, das Recht immer schon herausfordernde Stellung, Rolle berücksichtigt wird.[155] Die

151 Ibid., S. 51.

152 Vgl. dazu Kapitel I.2.c.

153 Schidel, op. cit., 257ff., 315ff.

154 Vgl. die oben bereits zitierte Passage, wobei die Hervorhebung von AM ist, Zabel, op. cit., S. 51.

155 Das wäre womöglich auch innerhalb Zabels Ansatz, der auf radikaldemokratische Ansätze, wie den von Rancière, Bezug nimmt. Es wäre zudem eine stringente Ergänzung seines Ansatzes, zumal Recht nach seiner Perspektive

»politische und soziale Öffnung des Rechts« wäre dann nicht mehr lediglich »zu begrüßen, [...] weil sie Freiheit, Recht und die Arrangements des Politischen in ein direktes Verhältnis zueinander setzt«,[156] sondern es stünde ein bewusster Umgang mit der ohnehin bestehenden sozialen und politischen Bedingung des Rechts zur Debatte. Ausgangspunkt wäre die alteritätsethische Bedingung des Rechts und seiner »Politizität«, in der wir uns – *nolens volens* – orientieren müssen.[157] Es bedarf also einer bewussten, politischen und sozialen Offenheit bei der Arbeit am geltenden Recht. Diese politische und soziale Öffnung verstehe ich vom Hören herkommend eher als eine aktive Hingabe an die ohnehin bestehende soziale und politische Offenheit und Bedingung des Rechts. Also als eine aktive Annahme der alteritätsethischen Herausforderung in der Sphäre des Rechts. Das bedeutet aber dennoch, dass die Sphäre des Rechts als unabhängig von (Alteritäts-)Ethik und Politik inszeniert werden kann, und im geltenden Recht auch durchaus wirkmächtig so inszeniert wird. Das wiederkehrende Bedürfnis nach einer Thematisierung der politischen und sozialen Offenheit, bzw. nach einer aktiven Öffnung des Rechts, deutet die Stärke dieser Inszenierung an und zeigt, dass es durchaus Erfahrungen gibt, die jenseits sozialer oder politischer Erfahrungen und Interaktionen als spezifisch rechtliche Erfahrungen wahrgenommen werden, und somit auch eine spezifische Sphäre des Rechts konstituieren können.

Die Suche nach der Sinnhaftigkeit geltenden Rechts führt – wie eingangs dargelegt – über die kollektive Imaginationskraft, als deren Ausdruck es verstanden werden kann, sowie über die Frage nach den Menschenbildern, die darin dominieren, zu den Narrativen seiner Recht-Fertigung. Das könnte den Gedankengang nahelegen, dass es diese Narrative selbst seien, welche dem Recht seinen Sinn verleihen, der in einer genauen Interpretation womöglich freigelegt werden könnte. Wenn wir aber versuchen, Recht als Phänomen der Geltung von diesem Netz an Narrativen zu entkleiden, entzieht es sich als Untersuchungsgegenstand jedoch umso mehr. So etwas wie einen nackten Sinn des Rechts, der darunter liegt, scheint es nicht zu geben. Mit Rückgriff auf die eingangs schon vorgenommene Verschiebung im Rechtsbegriff vom *was* auf das *wie* wird einmal mehr deutlich, dass ein von jeglicher Verortung und seinen recht-fertigen Narrativen entkleidetes Recht, also ein Recht ohne recht-fertigende Narrative und materieller Verortung nicht greifbar ist.

Legitimation nur beanspruchen könne, »wenn es die anthropologische Grundverfassung der Rechte und Interessen in besonderer Weise berücksichtig«, ibid., S. 55. Das habe ich als menschliche Bedingung des Rechts in alteritätsethischer Exposition begründet. Vgl. Kapitel II.1.

156 Ibid., S. 64.

157 Engelmann, op. cit., S. 18.

Es ist nicht einmal mehr eine leere Form; es ließe sich nur als körperloser Abgrund imaginieren. Auf den zweiten Blick rückt daher die Abwesenheit eines dem Recht eigenen Körpers in den Vordergrund und stützt den bereits weiter oben formulierten Gedanken, dass das Recht keine eigne Substanz oder Materialität hat.[158] Vielmehr ist es als Ordnungsmacht stets auf mediale Vermittlung angewiesen und darin zuvörderst auf seine sinnlich-leibliche Bedingung zurückgeworfen: Auf geliehene oder angeeignete Körper, zwischen denen sich performativ eine Bedeutung, ein wirksamer Sinn von Recht herausbilden kann.

Einem Sinn von Recht müsste sich also mit Rücksicht auf seine sinnlich-leibliche Verankerung angenähert werden. Das bedeutet auch konkrete juristische Erfahrungen zum Ausgangspunkt zu machen und im Kontext dieser Arbeit insbesondre das Vernehmen von rechtlich erhobenen Geltungsansprüchen oder deren Artikulation im Namen des Rechts. Diese gilt es dann kontextsensibel und mit Blick auf die geteilten Narrative und Vorstellungen zu interpretieren, welche die Erfahrung in eine rechtliche Geltungsstruktur einbetten. Denn es kommt nicht nur, aber auch darauf an, in welchem Kontext recht-fertigende Vorstellungen und Erzählungen entstehen und geteilt werden.

In ihren vergleichenden Überlegungen dazu, was es bedeute in Sphären der Kunst oder des Rechts Geschichten zu erzählen, hält Vanessa Rüegger fest, dass aber jedenfalls im Gegensatz zur Kunst

> »dem Recht der Traum einer Wirksamkeit, die über die Menschen hinaus auf ein ordnendes Prinzip verweist, weiter anhaftet. Und also sich selbst auch die Geschichte von den angeborenen Rechten weitererzählt, anstatt wie das unerschrockene Kind nur auf dessen Nacktheit zu zeigen«.[159]

Das impliziert eine wirkmächtige, gesellschaftlich geteilte Vorstellung eines Rechts oder jedenfalls von Rechten, welche ähnlich zu anderen Objekten irgendwie greifbar und erkennbar wären. Ebenso unerschrocken wie das Kind zeigt jedoch im übertragenen Sinne ein postfundamentalistisches Verständnis von Recht auf dessen Nacktheit. Und zwar indem, wie oben dargelegt, statische, lineare Letztbegründungen seiner Geltungsstruktur zurückgewiesen und praktische, kulturelle und medial eingebundenen Vollzüge betont werden. Darüber hinaus zeigt die Abwesenheit eines eigenen Körpers des Rechts – jenseits imaginativer Inszenierungen, aber meines Erachtens zuvörderst – auf eine andere Nacktheit, und zwar die Verletzlichkeit als leiblich-sinnliche Bedingung des geltenden Rechts.

158 Vgl. dazu Kapitel III.2 und II.2.b.

159 Vanessa Rüegger, »Eine Geschichte zu erzählen«, in: Laura Münkler und Julia Stenzel (Hg.), *Inszenierung von Recht. Funktionen – Modi – Interaktionen* 2019, S. 160.

Genauso unerschrocken wie auf die postfundamentale Bodenlosigkeit des Rechts müsste also in einem zweiten Schritt auf diese leiblich-sinnliche Bedingung des Rechts, auf dessen alteritätsethische Exposition und unhintergehbare Verantwortungslage gezeigt werden. Denn gerade diese Exposition veranlasst uns dazu sich der alteritätsethischen Herausforderung zu einer Recht-Fertigung trotz der Unabschließbarkeit aktiv zu stellen. Denn ebenso wie Letztbegründungsversuche des Rechts in Bezug auf einen allgemeingültigen Sinn des Rechts weiterhin zum Scheitern verurteilt sind, Recht aber dennoch konkret als geltend erfahren und performativ in Kraft gehalten wird, wirft geltendes Recht kontinuierlich die Frage nach seinem Sinn und seiner Verantwortlichkeit auf. Die Metapher des unerschrockenen Zeigens auf die Nacktheit des Rechts bedeutet daher, neben den Abgründen in den recht-fertigenden Narrativen des Rechts auch auf seine menschliche Bedingung zu zeigen, es alteritätsethisch zu exponieren. Die menschliche Bedingung des Rechts wird dann lesbar als eine gesellschaftlich auszuhandelnde Exposition in der fremden und eigenen Verletzlichkeit und in radikaler Interdependenz.[160]

Einen alteritätsethischen Rechtsinn zu rekonstruieren, bedeutet also, trotz eines postfundamentalistischen Verständnisses der Vollzüge von Recht, zu versuchen, eine Haltung einzunehmen, aus der heraus eine Recht-Fertigung im Sinne einer Begründung rechtlich erhobener Ansprüche auf Geltung eingefordert werden kann. Und zwar im Wissen um die eigene alteritätsethische Bedingung, die zu einem Hinhören und Hinsehen in Bezug darauf herausfordert, *welche* Gründe in der Recht-Fertigung von geltendem Recht jeweils dominieren. Denn Recht ist als praktischer Vollzug in der Welt, was heißt, dass das Weben und Verändern des gesellschaftlichen Textes ohnehin stattfinden, aber durchaus auch bewusst(er) bzw. aktiv(er) gestaltet werden können. Engelmann schlägt in diesem Zusammenhang vor, von einer »Arbeit am Recht« zu sprechen, die als »kulturelle Arbeit [...] alle die jeweilige Gesellschaft bestimmenden Institutionen durchzieht«.[161] Das habe ich an verschiedenen Stellen im Sinne einer Arbeit an einem alteritätssensibleren Recht aufgegriffen. Engelmann betont, »dass wir die Welt auch dann *machen*, wenn wir sie nicht *beherrschen*«.[162] Das entspricht auch vielen juristischen Erfahrungen. Denn es ist nicht notwendig, bis ins letzte Detail zu verstehen, wie genau Recht funktioniert, um es als geltend zu erfahren oder anderweitig an dessen Geltungserhalt beteiligt zu sein. Die Veränderung von Recht als Phänomen der Geltung übersteigt die eigene Handlungsmacht und ist zugleich auf eigenes Mitwirken angewiesen, welches die einzelne juristische Erfahrung stets in eine größere Geltungsstruktur einbettet. Dem

160 Vgl. dazu Kapitel II.1.
161 Engelmann, op. cit., S. 19.
162 Ibid.

rechtlichen Geltungsanspruch kann, sobald er vernommen wurde, mit Gehorsam oder Ungehorsam begegnet werden. Damit bleibt Rechtsgeltung als kollektives institutionelles Projekt aber, auch wenn es nicht von Einzelnen beherrschbar ist, der sozialen Gestaltung dennoch individuell wie kollektiv zugänglich. Es ist kann also mit Cover auch aktiv als »Projektion einer imaginierten Zukunft auf die Realität« genutzt werden.[163] Dabei spielen auch in der Wahrnehmung rechtlich erhobener Geltungsansprüche sowie in der Entscheidung, sich diesen gegenüber (un-)gehorsam zu verhalten, erinnerte Geschichten oder deren Fragmente eine Rolle, die geltendes Recht in seiner Sinnhaftigkeit bestärken, hinterfragen oder aber auch von einem anderen Recht erzählen. In Bezug auf die Inszenierungen von zeitgenössischem (staatlichen) Recht spitzt Rügger diesen Befund etwas provokant wie folgt zu:

> »Recht ist eine staatlich beglaubigte Geschichte, der Gerichtsaal ein Schauspiel, in der Fiktion – Erdachtes, Erdichtetes – in Realität verwandelt wird. Das Recht verändert sich mit jeder Geschichte, weil auch das Recht eine Erzählung ist. Was weiter? Man wird doch wohl noch Geschichten erzählen dürfen?«[164]

Die hier verfolgte Suche nach einem alteritätsethischen Rechtsinn, von dem ausgehend bestehende Vorstellungen des Sinns von Recht alteritätssensibel hinterfragt werden können, bietet Orientierung in Bezug darauf, *welche* Geschichten zu dessen Recht-Fertigung erzählt und gehört werden können (sollten). Und zwar mit besonderer Berücksichtigung der Frage, inwiefern die alteritätsethische Bedingung des Rechts in ihnen jeweils kritisch reflektiert und anerkannt oder aber auch verdrängt und anmaßend instrumentalisiert wird.

Die alteritätsethische Herausforderung des Rechts im Zusammenhang von Alteritätsethik, Recht und Politik ausgehend vom alteritätsethischen Anspruch zu rekonstruieren, bietet also keine Letztbegründung eines Sinns von Recht, wohl aber eine tragfähige Begründung, um weiterhin an der Praxis des Recht-Fertigens selbst festzuhalten. Sie ist dabei allerdings nicht als beliebig misszuverstehen, sondern hat einen geeigneten Ausgangspunkt zum kritischen Hinterfragen des geltenden Rechts zu bewahren. In Bezug auf geltendes Recht bedeutet dies, ernst zu nehmen, dass Recht und jede Art von Arbeit am Recht nicht im luftleeren Raum angesiedelt sind und auf inhaltliche Vorstellungen, geteilte Narrative, politische Ausrichtungen, tradierte Ängste und auch Gerechtigkeitsvorstellungen Bezug nehmen, die ihrerseits nicht neutral sind. Denn selbst wenn Recht in diesem Verhältnis immer noch als ein von jedwedem vermeintlichen Makel des Politischen befreiter (oder aber zumindest als streng abgetrennten) Bereich vorgestellt und auch

163 Cover, op. cit., S. 1604.
164 Rügger, op. cit., S. 161.

wirkmächtig so inszeniert wird, hängt, wie Engelmann in seiner Rezeption von Cover schreibt,

> »[d]er Idee des Nomos [...] immer die Notwendigkeit einer ›polis‹, einer politischen Gemeinschaft als Trägerin des Rechts an, die bestimmten Spielarten eines universalistischen Liberalismus unangenehm ist. Dieser universalistische Liberalismus, ein Liberalismus, der sich nicht als spezifische Kultur an einem Ort, sondern als neutraler Modus rechtsstaatlicher Vollzugsweisen überhaupt interpretiert, erscheint vor diesem Hintergrund nicht [...] ›utopisch‹ [...]. Utopisch heißt hier so etwas wie a-politisch, ohne polis, das heißt ohne geteilte normative Sinnwelt, ohne Nomos«.[165]

Ich würde hinzufügen: Utopisch heißt hier im engsten Sinne des Wortes ohne Ort. Ein a-politische Recht muss eine reine Projektion bleiben, es ist buchstäblich utopisch. Es ist allerdings als Produkt der Vorstellungskraft seinerseits leiblich-sinnlich verortet, denn es geht von phantasievollen Menschen aus. Aber eine Utopie eines körperlosen Rechts, eines Rechts ohne Ort, kann im Ergebnis nicht wirklich Brücken in ein a-politisches Recht bauen. Diese Vorstellung führt meines Erachtens vielmehr nur in die Dystopie eines körperlosen Nichts. So legen die Versuche geltendes Recht als a-politisch zu inszenieren daher oftmals lediglich den unmarkierten dominierenden Standpunkt im gesellschaftlichen Machtgefüge frei. Sie führen jenseits dieser privilegierten Positionen in der Folge zu einem Recht, das wohl weitestgehend mehr als dystopisch (also unterdrückend) denn als utopisch (im positiven Sinne allumfassend ermöglichend) erfahren wird. Die wichtigste Einsicht aus diesem Gedankenspiel ist jedoch, dass auch die Utopie eines a-politischen oder sogar unsinnlichen Rechts notwendigerweise einem sinnlich-leiblichen Körper entspringt. Letzterer ist, wie Foucault schreibt, jener

> »kleine utopische Kern im Mittelpunkt der Welt, von dem ich ausgehe, von dem aus ich träume, spreche, fantasiere, die Dinge an ihrem Ort wahrnehme und auch durch die grenzenlose Macht der von mir erdachten Utopien negiere«.[166]

In seinen gedanklichen Grenzgängen macht Foucault deutlich: Der Körper ist die vorgängige, leiblich-relationale Bedingung jedweder Imagination und deren potenziellen Auswirkungen in der realen Welt. Das gilt sowohl für ein Recht, welches als a-politisch vorgestellt wird und die eigene alteritätsethische Bedingtheit nicht berücksichtigt, als auch für

165 Engelmann, op. cit., S. 169. Engelmann betont, dass Cover in einem utopischen Konstitutionalismus eine Gefahr für Recht als kulturelle Ordnung verortet, die sich »auf alle Rechtsaufassungen übertragen lassen [dürfte], die rechtliche Bedeutung von gesellschaftlichen Sinnbildungsprozessen abstrahieren wollen«, ibid.

166 Foucault, op. cit., S. 34.

ein Recht, welches korrespondierend zur doppelten alteritätsethischen Herausforderung von Recht imaginiert wird und dessen Zweck sich an einem alteritätsethischen Sinn von Recht orientieren würde. Letzteres kann nicht tragfähig jenseits eines leiblich-sinnlichen Selbstverständnisses vorgestellt werden. Das gilt sowohl für die mit Lévinas und Butler nachgezeichnete responsive Subjektwerdung im Anspruch der Anderen als auch für Recht als Ausdruck gesellschaftlicher Imaginationskraft, weil es als menschengemachtes Phänomen buchstäblich sinnlich und körperlich bedingt ist. Daher muss das Verhältnis von Alteritätsethik, Recht und Politik von der Alteritätserfahrung herkommend gedacht werden, die mit Lévinas als Anspruch der Anderen bezeichnet werden kann und die das Hören-Können (als radikale und vorgängige Passivität an dessen Unterseite), als eine geteilte Verletzlichkeit und damit Offenheit gegenüber der Welt voraussetzt. Die Rekonstruktion eines Sinns von Recht, der im Verbund mit einer responsiven Subjektwerdung und einem entsprechenden Selbstverständnis steht, verortet die unhintergehbare Herausforderung und die Aufgabe von Recht – wie ich nachfolgend skizzieren werde – schwerpunktmäßig in der Sorge um materielle Rahmenbedingungen des Hörens und Gehört-Werdens.

c. Der Sinn von Recht im Verhältnis Alteritätsethik-Politik-Recht – Eine Rekonstruktion

Den alteritätsethischen Sinn von Recht rekonstruiere ich im Ausgang des Anspruchs der Anderen bei Lévinas und Butler unter besonderer Berücksichtigung seiner sinnlich-leiblichen Bedingung. Im obigen Abschnitt zur alteritätsethischen Exposition und doppelten Herausforderung von Recht wurde deutlich, dass Recht von Anfang an in einem Spannungsverhältnis zu den Sphären der Politik und (Alteritäts-)Ethik steht.[167] Ausgehend von der alteritätsethischen Exposition geltenden Rechts, ordne ich der Alteritätsethik in diesem Dreiecksverhältnis bewusst eine primäre – in Lévinas Worten: vor-philosophische – Stellung zu. Recht und die Sphäre des Politischen werden bei Lévinas erst mit dem Auftritt der Figur des Dritten relevant. Dabei kommt in meiner Interpretation von Lévinas dem Recht im vielstimmigen Anspruch der Anderen insbesondere dort die Aufgabe zu, eine gerechte Verteilung von Aufmerksamkeit zu organisieren, wo die Sphäre des Politischen in diesem Bezug versagt.

167 Vgl. Kapitel II.1.c.

aa. Alteritätsethik und Vielstimmigkeit generieren ein Bedürfnis nach Recht

Der gedankliche Ausgangspunkt der Alteritätsethik ist bei Lévinas nicht willkürlich im Anspruch der Anderen angelegt. Vielmehr arbeitet Lévinas die Alteritätserfahrung als der Subjektkonstitution und dem menschlichen Zusammenleben vor-ursprünglich heraus, worin meines Erachtens seine besondere Stärke liegt. Die Alteritätserfahrung, welche Lévinas als Begegnung mit der Anderen und das Vernehmen ihres Anspruchs vorstellt, steht damit vor jeder Normativität, Verantwortung oder Vernunft: »Das menschliche Dasein ist sozial, bevor es vernünftig ist«.[168] Diese menschliche Bedingung des Rechts habe ich weiter oben unter Bezugnahme seiner Figur des Antlitzes entfaltet.[169] Die Rekonstruktion der Figur des Antlitzes mit Butler *nach* Lévinas hat die Bedeutung der Sphäre des Politischen hervorgehoben und gezeigt, dass Ethik, wenn sie als Alteritätsethik gedacht wird, stets in einem vor-ursprünglichen Verhältnis zu jedwedem sozialen Phänomen wie Recht oder Politik stehen muss.[170] Denn aus dem vor-ursprünglichen Angesprochen-sein, das von einer sinnlich leiblichen Bedingung geprägt ist – ein Zustand, den Lévinas als radikale Passivität bezeichnet –, geht nicht nur die Subjektwerdung hervor, sondern zeitgleich auch eine unhintergehbare Verantwortungslage, die ich Antworten-Müssen genannt habe. Diese alteritätsethische Verantwortungslage ist bei Lévinas aber nicht nur die schicksalhafte Verurteilung, in Beziehung zu sein, sondern, positiv gewendet, zugleich auch Ausdruck von einer (Handlungs-)Freiheit, die aber ihrerseits ebenso von Anfang an eine sozial bedingte Freiheit ist. Lévinas nennt sie »›unbequeme Freiheit‹ (difficile liberté) «.[171] Wir sind demnach *nolens volens* dazu auffordert, diese Freiheit auszufüllen, das bedeutetet in ethischer Hinsicht eine Haltung in Bezug zum Anspruch der Anderen einzunehmen und eine Antwort auf ihre Ansprüche zu versuchen.[172]

168 Vgl. auch Wolzogen, op. cit., S. 11. Mit dem Verweis darauf, dass diese Formel von Alain Finkielkraut stammt, vgl. ibid., S. 122.

169 Vgl. Kapitel II.1.a.

170 Vgl. Kapitel II.1.b.

171 Vgl. Wolzogen, op.cit., S. 9.

172 »Damit unterläuft Lévinas den Begriff des Normativen schlechthin: Sozialität in der ›Nacht des Unbewußten‹ (Spur 326), ›früher als die Freiheit‹ (Spur 324), und streng genommen früher als die ›Verantwortung‹«, ibid., S. 210. Das ist bedeutsam für die vielfach aufgegriffenen Schnittstellen von Alteritätsethik und politischer Theoriebildung. Denn wenn mit Lévinas die Alteritätsethik als vor-normativ hergeleitet wird, dann ist die Frage nach einer ethisch-politischen Grundhaltung gerade nicht abschließend geklärt, sondern im Gegenteil ist ihre Dringlichkeit philosophisch nachvollzogen, mit der sie sich stets neu stellt und gerechtfertigt werden will.

Die Alteritätsethik ist hierbei aber gerade nicht die Lehre, die so etwas wie einen fixen Katalog moralisch richtiger oder einwandfreier Handlungsanweisungen vorgibt oder anleitet, was politische Aushandlungsprozesse ja auch obsolet machen würde. Sie muss vielmehr als unausweichliche Aufforderung zur Einnahme einer aktiven Haltung gegenüber der Anderen verstanden werden, als Aufforderung, die Herausforderung zur sozialen Freiheit wahrzunehmen, die als Bedingung jedweden subjektiven Handelns unhintergehbar in eine Verantwortungsstruktur eingebunden ist. Mit Butler lässt sich dieses Wahrnehmen der sozialen Freiheit als ein Ringen um Gewaltfreiheit in Präsenz eigener und fremder Verletzlichkeit bezeichnen. Dazu fordert vor allem Lévinas Figur des Dritten bzw. der vielstimmige Anspruch der Anderen heraus. Die im zweiten Kapitel dieser Arbeit nachgezeichnete alteritätsethische Herausforderung des Rechts im vielstimmigen Anspruch der Anderen betrifft die Sphären Recht und Politik aber nicht nur in ihrem Bestehen als solche, sondern auch in ihrer inhaltlichen Ausgestaltung, weshalb ich sie als eine doppelte Herausforderung bezeichnet habe. Ein alteritätsethischer Sinn von Recht muss also, wie weiter oben dargelegt, darauf ausgelegt sein, nicht nur mit der doppelten alteritätsethischen Herausforderung von Recht zu korrespondieren, sondern die menschliche Bedingung des Rechts, und das ist zuvörderst seine sinnlich-leibliche Bedingung, kritisch reflektieren können. Die spezifische Aufgabe von Recht muss sich dabei stets im Verhältnis von Alteritätsethik, Recht und Politik artikulieren lassen. Dieses Spannungsverhältnis verdichtet sich als ein Problem des Rechts und der Gerechtigkeit in Lévinas Figur des Dritten, die ich als alteritätsethische Überforderungslage im vielstimmigen Anspruch des Anderen bezeichnet habe und die unweigerlich zu einer Recht-Fertigung, also einem Mitwirken an der Entstehung von Recht als Ordnungsmacht und einer Begründung bzw. Legitimierung desselben herausfordert.[173] Denn in der philosophischen Anordnung der alteritätsethischen Überforderungslage entsteht meines Erachtens das Bedürfnis nach Recht als ordnender oder zumindest Orientierung stiftender Struktur, welche die konkrete Alteritätserfahrung, die individuelle Beziehung und Begegnung zur Anderen übersteigt. Die Überforderungslage im vielstimmigen Anspruch der Anderen liegt daher darin, nicht nur auf den Anspruch der konkreten Anderen hören und eine Antwort darauf finden zu müssen, sondern zugleich auch zum Resonanzkörper des darin anklingenden vielstimmigen Anspruchs zu werden und dabei eine gerechte Verteilung von Aufmerksamkeit vorzunehmen. Recht kann also in dieser Vorstellung nicht die Aufgabe übernehmen, diese Überforderung, die alteritätsethische Herausforderung, aufzulösen. Primär käme einem solchen Recht somit nicht die Aufgabe

173 Vgl. dazu Kapitel II.1.c.

zu, selbst rechtlich Antwort auf die alteritätsethische Überforderungslage zu geben oder gar geben zu müssen. Recht müsste vielmehr eine Art Medium sein, welches die Übernahme von Verantwortung und damit das Finden einer offenen Haltung gegenüber dem Anspruch der Anderen unterstützt.

Recht hätte dann gerade aufgrund seiner sinnlich-leiblichen Bedingung den Sinn, günstige Bedingungen zur Ausgestaltung der Sphäre des Politischen zu pflegen, indem es günstigere Rahmenbedingungen für eine gleichberechtigte Politik der Antwort herstellt. Der Antwort geht jedoch die Frage des Hören-Könnens und Gehört-Werdens voraus, weshalb die erste Aufgabe eines solchen Rechts sein müsste, Sorge für gerechte Bedingungen des Hörens und Gehört-Werdens, also die Grundlage für eine gerechte Verteilung von Aufmerksamkeit, zu schaffen.

bb. Artikulation der Sphären der Alteritätsethik, Politik und des Rechts

Die Sphären der Alteritätsethik, des Politischen und des Rechts lassen sich um diesen Sinn von Recht herum angeordnet nicht trennscharf voneinander abgrenzen, sondern sind wechselseitig verschränkt und durchlässig zu denken. Allerdings entsteht die Möglichkeit, sich in ihrem Verhältnis zueinander neu zu orientieren: Die Alteritätsethik fordert als verdichteter Moment der menschlichen Bedingung dazu heraus, in der Sphäre des Politischen an einer Politik der Antwort auf diese menschliche Bedingung mitzuwirken. An den Rändern dessen, was im Rahmen einer Politik der Antwort möglich ist, die sich mit Butler auch als ein Ringen um Gewaltfreiheit im Angesicht der Verletzlichkeit bezeichnen lässt,[174] entsteht das Bedürfnis nach einer stabilisierenden und stützenden rechtlichen Ordnung. In dieser An-Ordnung von Alteritätsethik, Politik und Recht lässt sich hinsichtlich der jeweiligen gesellschaftlichen Herausforderungen, Aufgaben und Funktionen der einzelnen Sphären entlang des Programms dieser Arbeit Hören-Können *vor* dem Antworten-Müssen differenzieren. Denn das Hören-Können geht der inhaltlichen Ausgestaltung jedweder Antwort nicht nur im Sinne einer sinnlich-leiblichen Empfänglichkeit für dieselbe voraus, sondern ist sogar für das Sprechen-Können und damit auch für das Einweben des Anspruchs der Anderen im sozialen Text konstitutiv.

Überblicksartig skizziert, gliedern sich die Funktionen der Alteritätsethik, der Politik und des Rechts entlang dieses Rechtsinns mit Blick auf die Arbeit am kommenden Recht dabei wie folgt: In der Sphäre der Politik ergibt sich aus der alteritätsethischen Bedingung eine Aufforderung zu einer Politik der Antwort. Insbesondere dort, wo eine solche Politik

174 Vgl. dazu Kapitel II.1.b.

durch bestehende Machtverhältnisse erschwert ist, könnte ein spezifisches Wissen darüber vorhanden sein, wie rechtlich besser Sorge für eine alteritätssensible Verteilung der Aufmerksamkeit und damit auch der Stimmgerechtigkeit getragen werden könnte. Das beinhaltet auch ein Wissen darüber, wodurch und warum das Gehört-Werden bestimmter Stimmen be- oder verhindert wird. Dem Recht als Ordnungsmacht wäre dabei zuvörderst auferlegt, gerechtere, weil alteritätssensiblere Bedingungen des Hörens und Gehör-Werdens zu begünstigen und zu schaffen.[175] Das kollektive Finden und Ausgestalten von Antworten auf die alteritätsethische Herausforderung bleibt damit schwerpunktmäßig in der Sphäre des Politischen verortet. Je besser das Recht die Rahmenbedingungen hierfür aufrechterhält, desto mehr könnte perspektivisch darauf verzichtet werden, ein *rechtliches* Antworten-Müssen auf die menschliche Bedingung zu Inszenieren. Die Sphäre der Alteritätsethik ist damit schließlich nicht mehr und nicht weniger als die menschliche Bedingung selbst, die unhintergehbar relational gedacht werden muss und zugleich dafür sorgt, dass eine Erfahrung des Selbst in Begegnung möglich wird.

Insofern Recht aber als Phänomen der Geltung nicht in einem luftleeren Raum am Reißbrett konzipiert und dann irgendwie neutral angewendet werden kann, sondern Recht vielmehr gegenwärtig immer schon kulturell gewachsen und stets in der Welt ist, bildet die alteritätsethische Herausforderung und der aus ihr rekonstruierte Sinn von Recht für geltendes Recht vor allem einen geeigneten Orientierungspunkt für dessen Kritik und kann die imaginären Rahmenbedingungen für eine in die Zukunft gerichtet Arbeit an einem alteritätssensibleren Recht abstecken. Um Missverständnissen vorzubeugen: Die in der Gegenwart womöglich utopische anmutende Vorstellung von einer zunächst sehr begrenzt erscheinenden Aufgabe des Rechts, und zwar *rechtlich* für alteritätssensible Rahmenbedingungen des Hörens und Gehört-Werdens in der Sphäre des Politischen Sorge zu tragen, ist nicht von einer naiven Vorstellung der menschlichen Bedingung oder Ignoranz gegenüber Aggressionen und Gewaltausübungen in der Welt getragen. Denn gerade, weil der alteritätsethische Rechtssinn *nach* Lévinas und *mit* Butler rekonstruiert wird, ist die alteritätsethische Aufgabe, die Recht normativ, d.h. jenseits und teilweise vielleicht auch in Reibung mit der Sphäre des Politischen zukommt, realistisch und geboten. Butler schreibt:

> »Wir mögen Interdependenz für eine glückliche und zukunftsträchtige Vorstellung halten, aber sie ist oft die Ursache für territoriale Kriege und Formen von staatlicher Gewalt. Tatsächlich bin ich nicht sicher, ob wir bisher in der Lage gewesen sind, darüber nachzudenken, dass

175 Vgl. zu Fragen der Ermöglichung dieser Teilhabe und zur Problematik eines logozentrischen Menschenbildes in Bezug auf das politische Subjekt, Schidel, op. cit., 377ff.

> Abhängigkeit auf der politischen Ebene nicht zu bewältigen ist – und zu welcher Angst, Panik, Abscheu, Gewalt und Dominanz sie führen kann«.[176]

Dieser Gedanke ist auch rund zehn Jahre später mit Blick auf das Weltgeschehen noch relevant und vielleicht aktueller denn je. Philosophisch rührt dieser fragende Gedanke von Butler, ob die menschliche Bedingung in Abhängigkeit von Anderen etwas Gutes sei, aus der Sphäre der Alteritätsethik. Es geht darum, den sinnlich-leiblichen Ausgangspunkt ernst zu nehmen, zum kritischen Referenzpunkt des Geschehens zu machen und die abstrakte Zuordnung gesellschaftlicher Aufgaben in Sphären der Politik oder des Rechts auf den Boden der Tatsachen zurückzuholen. Denn letztlich geht es auch in diesen beiden Sphären am Ende um Wahrnehmung und Gestaltung der jeweils singulären Begegnung mit der und dem Anderen in der Welt, also um die Alteritätserfahrung, in der konkret gehört und geantwortet wird.

Im Recht bedeutet dies, sich für jene Augenblicke zu sensibilisieren, in denen der eigene Resonanzkörper dem Recht in einer An-Ordnung der Stellvertretung aktiv geliehen oder wider Willen mobilisiert wird. Gemeint sind z.B. jene Momente, in denen der konkret und körperlich erfahrene rechtliche Anspruch auf Geltung als solcher gedeutet wird.[177] Denn in diesen Momenten wird die Durchlässigkeit der drei Sphären besonders deutlich: Die in der Begegnung mit Anderen individuell zu findende, alteritätssensible Haltung kann etwa ausschlaggebend für das Finden eines persönlichen Sinns von Recht und Unrecht sein, ein eigens zugrunde gelegter Rechtssinn, der sich beim (Un-)Gehorsam gegenüber rechtlich erhobenen Geltungsansprüche durch die oben skizzierte Eröffnung eines freiheitlichen Zwischenraums im Hören transformativ auf geltendes Recht auswirken kann.[178]

Insgesamt zeigt sich für die Trias Alteritätsethik, Politik und Recht vom Angelpunkt eines alteritätsethisch rekonstruierten Rechtssinnes ausgehend, dass die Aufforderung zu einer alteritätsethischen Wende im Nachdenken über geltendes und kommendes Recht keine Auflösung der Unterscheidung zwischen Recht und Politik oder gar ein Kurzschließen der rechtlichen oder politischen Sphäre in bzw. mit der Ethik bedeutet. Vielmehr zeigt es von Anfang an die bestehende Verwobenheit und lädt zu einem produktiven, verantwortlichen und reflektierenden Zusammenspiel dieser Sphären ein, unter Anerkennung ihrer wechselseitigen Bedingungen und der unweigerlich bestehenden, primären, weil herausfordernden Stellung der Alteritätsethik. Diese herausfordernde Stellung

176 Butler, op. cit., S. 702.

177 Für ein literarisches Beispiel einer solchen Situation vgl. meine Lektüre von Kafkas »Vor dem Gesetz« in Kapitel II.2.1 und 2.

178 Vgl. Kapitel III.1.

der ergibt sich auch aus einem psychoanalytisch und philosophisch informierten Nachdenken über Recht und den Sinn von Recht. Matthias Bertschinger schreibt in seinen Überlegungen hierzu:

> »Demokratie ist nicht das Erste, sondern das Zweite. Vor der gemeinsamen Gestaltung der Verhältnisse steht das Ankommenlassen des Anspruchs des Anderen [...]. Demokratie als Staatsform ist nicht autoritäre Herrschaft der Mehrheit, sondern eine Kultur des Hinsehens und Hinhörens«.[179]

Diese Sätze lese ich zum einen als eine Beobachtung der konkreten Ausformung einer gegenwärtigen Verschränkung der Sphären Politik und Recht – »Demokratie als Staatsform«. Zum anderen liegt im Verweis auf die »Kultur des Hinsehens und Hinhörens« eine konkrete Berücksichtigung der sinnlich-leiblichen Bedingung dieser Sphären, die immer auch im Verbund mit bestimmten Kulturtechniken und sinnlichen Wahrnehmungsmöglichkeiten zu denken sind. Der oben rekonstruierte alteritätsethische Sinn von Recht wäre in diesem Zusammenhang, für günstige Rahmenbedingungen, d. h. für diese »Kultur des Hinsehens und Hinhörens«, zu sorgen und insbesondere dort, wo diese in Bezug auf eine gerechte Verteilung von Aufmerksamkeit versagt, Möglichkeiten des Ausgleichs zu schaffen. Damit steht die alteritätsethische Herausforderung, die Aufgabe oder der Sinn von Recht stets im Zusammenhang mit einem Gerechtigkeitsverständnis. Und zwar vor allem in Bezug auf eine gerechte (und das bedeutet: auch alteritätssensible) Verteilung der Aufmerksamkeit. Diese kann Recht als Ordnungsmacht selbst nicht einlösen, ist aber dazu herausgefordert, günstige institutionelle Rahmenbedingungen hierfür bereit zu halten.

cc. Alteritätsethischer Sinn von Recht und gerechte Verteilung von Aufmerksamkeit

Die Gerechtigkeitsvorstellung im Nexus Alteritätsethik und Recht entsteht, wie oben mit Lévinas rekonstruiert, bereits in der Subjektkonstitution. Und zwar durch eine Überforderungslage in Bezug auf eine begrenzte Aufmerksamkeit und der Verantwortung gegenüber dem vielstimmigen Anspruch der Anderen. Auf die Frage »Wie kommt es, dass es Gerechtigkeit gibt? « antwortet Lévinas,

> »dass das in der Tatsache der Vielzähligkeit der Menschen liegt, in der Gegenwart des Dritten neben dem Anderen, wobei beide die Gesetze bedingen und das Recht begründen. Solange ich mit dem Anderen alleine

179 Bertschinger, op. cit., S. 531. Bei Bertschinger stehen diese Überlegungen jedoch zumindest auch in einem theologischen Kontext.

bin, schulde ich ihm alles; aber es gibt den Dritten. [...]. Man muss daher abwägen, denken, beurteilen, indem man Unvergleichbares miteinander vergleicht. Die interpersonale Beziehung, die ich mit dem Anderen herstelle, muss ich auch mit den anderen Menschen herstellen; es besteht also die Notwendigkeit, dieses Privileg des Anderen einzuschränken; daher die Gerechtigkeit. Diese muss, wird sie durch Institutionen ausgeübt, die unvermeidlich sind, immer durch die anfängliche interpersonale Beziehung kontrolliert werden«.[180]

In diesem Zitat kommt gebündelt zum Ausdruck, dass die alteritätsethische Herausforderung des Rechts, deren Existenz nach Lévinas »unvermeidlich« ist, stets als eine doppelte gesehen werden sollte: Sie betrifft zum einen die Genese und Existenz von Recht als menschengemachtes Phänomen überhaupt. Zum anderen führt sie Recht (und wie Lévinas schreibt: auch das Gesetz, welches sich der schwierigen Aufgabe des Vergleichens von Unvergleichlichen annimmt bzw. annehmen soll) zurück auf die Konfrontation mit der bestehenden Alterität, *die da ist* bzw. – in Lévinas Worten – letztlich von dieser »kontrolliert« wird. Dieser Referenzpunkt, die Alteritätserfahrung, ist in Bezug auf die Verantwortungslage und damit auch Recht-Fertigung geltenden Rechts das, was ich im modernen Recht, das teilweise durchaus bewusst überhörte, ethische Register im Anspruch der Anderen genannt habe. Recht wird als Ordnungsmacht durch dieses ethische Register im Anspruch der Anderen – in der Alteritätserfahrung, die stets auch in rechtlichen An-Ordnungen der Stellvertretung gegenwärtig ist oder aber Spuren ihrer Verdrängung enthält – an seine menschliche Bedingung erinnert.

Zwar kann Recht, wie oben dargelegt, das ethische Register selbst nicht hören, weil es als Ordnungsmacht keinen eigenen, sondern nur geliehene Resonanzkörper hat, aber es wird in jeder juristischen Erfahrung, die sich in seine Geltungsstruktur einwebt, an die Verantwortung, in der es steht, erinnert, etwa wenn rechtlich erhobene Geltungsansprüche auf die Ohren menschlicher Resonanzkörper treffen. Eine besondere Dissonanz ruft diese Erinnerung an die alteritätsethische Verantwortung geltenden Rechts hervor, wenn es im alteritätsethischen Sinne als anmaßende Antwort-Ordnung inszeniert wird. Das bedeutet, dass die rechtliche Antwort als notwendige Antwort auf die menschliche Bedingung inszeniert wird. Das hat die Frage aufgeworfen, wie und ob Recht als Ordnungsmacht überhaupt responsiv in Bezug auf seine menschliche Bedingung sein kann. Dabei hat sich gezeigt, dass es darauf ankommt, ob bestehende Recht-Fertigungen rechtlicher Antworten auf die menschliche Bedingung in Orientierung an einem alteritätsethischen Rechtssinn zu überzeugen vermögen oder nicht. Der alteritätsethische Sinn von Recht kann also einerseits dazu dienen, die Aufgabe von Recht

180 Lévinas, op. cit., S. 67–68.

hinsichtlich kommenden Rechts zu überdenken und gegenwärtig geltendes Recht dahingehend zu hinterfragen, ob es in der alteritätsethischen Überforderungslage und im Versagen der Sphäre des Politischen hilfreiche Orientierung stiften kann. Der alteritätsethische Sinn von Recht steht daher im Verbund mit der Derrida'schen Gerechtigkeit, also einer, die stets im Kommen ist und damit projekthaft als eine Orientierung an etwas funktioniert.[181] Es handelt sich also um ein Recht, welches im Dienst einer kommenden alteritätssensibleren Ordnung des menschlichen oder – mit Spivak gesprochen – planetaren Zusammenlebens, stehen könnte.[182] Lévinas schreibt in Erklärungen zu seiner Figur des Dritten: »In der Nähe des Anderen bedrängen mich – bis zur Besessenheit – auch all' die Anderen, die Andere sind für den Anderen«.[183] Der alteritätsethische Anspruch, der den Impuls zur responsiven Subjektwerdung gibt, muss daher als ein immer schon in sich heterogener und pluraler, als ein vielstimmiger Anspruch verstanden werden. Wird die doppelte alteritätsethische Herausforderung von Recht in dieser Situation nicht mehr in Bezug darauf gedacht, eine gerechte Antwort geben zu müssen, aber nicht zu können, sondern vom Hören herkommen konzipiert, dann lässt sich die Relevanz des Hören-Könnens und Gehört-Werdens in diesem Bezug wie folgt skizzieren:

Es geht darum, dass im Anspruch der Anderen zugleich die Ansprüche aller Anderen mitschwingen, wobei das werdende Subjekt im Angesicht einer begrenzten Aufmerksamkeitsspanne schicksalhaft dazu verurteilt ist, das Unvergleichliche zu vergleichen, um die eigene Aufmerksamkeit auszurichten. Wird diese Überforderung mit Butler in Bezug auf faktische Alterität gedacht, entsteht eine Verschränkung mit der Sphäre des Politischen, weil die Vielstimmigkeit nicht geordnet und gleichmäßig wahrnehmbar auf offene Ohren trifft, sondern bestehende Machtverhältnisse ein gleichberechtigtes Gehört-Werden der Anderen oftmals verhindern.[184] Neben einer sinnlich-leiblich begrenzten Aufmerksamkeitsspanne sind es die mit Spivak hervorgehobenen Prozesse der Subalternisierung, die verhindern, dass einige Stimmen überhaupt, geschweige denn gleichberechtigt, Gehör finden können. Die Figur des Dritten bei Lévinas wird also nicht nur zum Sinnbild einer harmonischen Vielstimmigkeit, sondern auch zum Sinnbild der Verzerrungen in der Wahrnehmung von (dominanten) Teilen einer Rechtsgemeinschaft, die an Recht glaubt und seine Normen maßgeblich in Geltung hält. Diesen Teilen

181 Vgl. Derrida, op. cit., S. 56. Das hat wohl auch Moebius im Kopf, wenn er von der rechtlichen Aufgabe als »Bewegung einer nie abgeschlossenen, zukommender Gerechtigkeit« bezeichnet, Moebius, op. cit., S. 61.

182 Zu der dafür erforderlichen Übersetzungsarbeit und zu Praktiken des subversiven Hörens in diesem Zusammenhang m. w. N., vgl. Kap. I.3.b.

183 Lévinas, op. cit., S. 344.

184 Vgl. dazu ausführlich I.3. und II.1.b.

gelingt es recht effektiv, von der unhörbar werdenden Heterogenität und Pluralität dessen, *was da ist,* zu abstrahieren, jedoch wird sie stets von dieser Heterogenität und Pluralität erneut heimgesucht. Zugleich ist die Vielstimmigkeit oder die Figur des Dritten, die bei Lévinas zum Vergleich des Unvergleichbaren aufruft, sofern sie teilweise mit der Praxis rund um Gesetz und Recht gleichgesetzt wird, auch mit der Aufgabe betraut, einen Raum für die Vermittlung dieser vielfältigen konfligierenden Ansprüche zu eröffnen.

Lévinas' Dritter darf hierbei aber nicht als personifizierte Figur des Normalen vorgestellt werden, sondern eher als eine vielstimmige Anrufung. Sofern diese in Resonanz gerät, tritt weniger deren Vereinheitlichung und mehr deren Bezeugung in den Vordergrund. Im Sinne dieser Arbeit geht es also darum, eine (hörende) Wahrnehmung zu entwickeln bzw. zu verfeinern, um der vielstimmigen Anrufung als Resonanzkörper dienen zu können. Ein Verweilen im Spielraum des Hören-Könnens vor dem Antworten-Müssen zeigt hier einmal mehr, inwiefern nicht nur in der Sprache, sondern insbesondere im Recht als sprachlich bedingtem Phänomen der Geltung die persönliche »Empfänglichkeit für Normen im Subjekt angelegt ist«.[185] Daher besteht die im Angesicht des Antworten-Müssens entstehende alteritätsethische Überforderung darin, dass im Sinne einer (er)lösenden Gerechtigkeit, die aus der alteritätsethischen Verantwortung entlassen würde, weder auf den einen noch gleichzeitig auf den Anspruch aller Anderen gerecht geantwortet werden kann.

Der dennoch unweigerlich zu wagende Versuch, dieser Verantwortung nachzukommen und plurale, möglicherweise konfligierende, Ansprüche nicht nur zu hören, sondern sodann auch gerecht auf sie zu antworten, stellt das werdende Subjekt in diesem Szenario insbesondere im Angesicht begrenzter leiblicher und zeitlicher Ressourcen vor unlösbare alteritätsethische Gerechtigkeitsprobleme. Mit Derrida habe ich die alteritätsethische Herausforderung daher auch als andauernde Suche nach einer kollektiven bzw. »institutionalisierte[n] Alteritätsinstanz« beschrieben, die einer kommenden Gerechtigkeit verpflichtet ist.[186] Die menschliche Bedingung führt also in Bezug auf die responsive Subjektwerdung dazu, dass wir im Lévinas'schen Sinne nicht *nicht* antworten können, sondern vielmehr immer antworten müssen, ohne aber den Ansprüchen all der Anderen dabei wirklich gerecht werden zu können. Diesem Antworten-Müssen ist aber stets die Problematik des Hören-Könnens vorgelagert und schon hier tut sich ein entscheidender Spielraum auf. Kurz: Bevor geantwortet werden kann, stellt sich notwendigerweise die Frage, auf was oder wen überhaupt geantwortet werden soll. Die Ansprüche und Stimmen, die gehört werden können, stecken den Bereich der Antworten ab, und darin stellt

185 Bedorf, op. cit., S. 345.

186 Derrida, op. cit., S. 340. Vgl. auch Moebius, op. cit., S. 61.

sich maßgeblich vor allem die Frage nach der Verteilung einer begrenzten Aufmerksamkeitsspanne. Den Aspekt des Versagens der Sphäre des Politischen hierbei ernst zu nehmen bedeutet, dass sich insbesondere an den Rändern des Diskurses, im jeweils vielleicht (noch) nicht Hörbaren, ein relevantes (Erfahrungs-)Wissen dazu auffinden lässt, wie rechtliche Rahmenbedingungen für diese Hörbarkeit geschaffen werden könnten.

Wie aber kann sich die alteritätsethische Überforderungslage, die sich zunächst auch im Rahmen juristischer Erfahrungen dann eher als Herausforderung darstellt, eine individuelle ethische Haltung einzunehmen, jener schwierigen Freiheit annehmen, diese Problemlage in Verallgemeinerungen des Rechts zu denken? Hier setzt Recht in seiner strukturgebenden Funktion ein. Denn das Problem einer Art Konkurrenz um gleiche Aufmerksamkeit, die Butler mit Blick auf die Möglichkeit, überhaupt als betrauernswert wahrgenommen zu werden, in der Sphäre des Politischen mit einem Ruf nach normativer Gleichheit adressiert hat, lässt sich mit der oben bereits erwähnten psychoanalytisch geprägten Sicht auf Recht adressieren, indem es bereits im Hier und Jetzt als eine Art »Steuerungsmittel im Anerkennungswettbewerb« verstanden wird.[187] Damit geht, wenn auch unterbewusst, ein Verständnis der Abhängigkeit von Anderen einher, die nach Bertschinger ein »›soziales Band zum Anderen‹« und »konstitutiv für einen *imaginären*, schwankenden und stets gefährdeten Stand über dem Abgrund der Freiheit« ist.[188] In Zabels Terminologie wäre es damit als expressives Recht ein Ausdruck des zumindest dominanterweise vorherrschenden Bedürfnisses nach Anerkennung in einer Konkurrenzsituation, die es zu organisieren oder deren Verteilung es zumindest wahrzunehmen gilt. Bertschinger führt dazu aus:

> »Recht organisiert einen wahnhaften Wettbewerb um das Begehrt*werden*, Respektiert*werden*, Geliebt*werden*, Bestätigt*werden*, Bewundert*werden* und auch Gefürchtet*werden*: einen Anerkennungswettbewerb, einen Wettbewerb um ökonomisches, soziales, symbolisches und – sofern es der Distinktion dient – kulturelles Kapital«.[189]

Bertschinger visiert eine Art Befreiung des Rechts aus diesem Anerkennungswettbewerb an, die von »bewussten Sprechern« angetrieben werde, die sich nicht länger »zu Gefangenen des Anerkennungswettbewerbs« machen ließen. Denn

> »[i]n wessen Dienst das Recht steht – ob im Dienst des unbewussten Begehrens und der Selbsttäuschung oder im Dienst von [...] *bewusstem Sprecher* –, hängt davon ab, wer wir sein und welche Zukunft wir (für unsere Kinder) schaffen wollen«.[190]

187 Bertschinger, op. cit., 427ff.
188 Ibid., S. 429.
189 Ibid., S. 427.
190 Ibid., 429, 433.

Diese Idee einer Transformation durch bewusstes Sprechen würde ich vor allem einer produktiven Gestaltung der Sphäre des Politischen, einer Politik der Antwort, zuordnen. Vom Hören herkommend gedacht ist aber ausschlaggebend, dass dieses bewusste, befreiende Sprechen seinerseits performativ nur entstehen und wirken kann, sofern es gehört wird. Es setzt also ebenfalls ein Gehört-Werden und vielleicht sogar ein Wissen um dieses Gehört-Werden voraus. Den Dritten bei Lévinas und seinen vielstimmigen Anspruch lese ich als eine Art verdichteten Ausdruck des oben benannten Anerkennungswettbewerbs, den ich in der Sphäre des Politischen verortet habe.

Die ungleichen Startbedingungen in diesem Wettbewerb lassen sich, wenn man sich auf diese Metaphorik einlassen möchte, mit Butlers Paradigma einer ungleich verteilten Betrauerbarkeit thematisieren. Denn Butlers Konzept der Betrauerbarkeit verdeutlicht, inwiefern Recht, sofern es steuernd auf eine Verteilung von Aufmerksamkeit wirken soll, normativ im Kern vor allem auf eine gleiche Anerkennbarkeit gerichtet sein müsste. Butler entwirft dieses Konzept im Widerstand zur unmöglichen Universalisierbarkeit des singulären Anspruchs der Anderen, die in der Reibung des Rechts mit Fragen der Alterität und der Frage nach Gerechtigkeit hervortritt. Die normative Forderung gleicher Anerkennbarkeit der Menschen wird hier mit dem Anspruch auf Singularität verschränkt, indem es gilt, zumindest an der Möglichkeit gleicher Anerkennungserfahrungen zu arbeiten. Die Betrauernswürdigkeit des Leids der Anderen ist nicht nur eine praktische und emotionale Frage der Empathie und des Trosts, sondern wird insbesondere dann existenziell, wenn ihre Abwesenheit und damit zugleich auch »unser Versäumnis, die einzelnen Faktoren von Identität zu ergründen, dazu führt, dass wir einigen unserer Mitmenschen die Menschlichkeit absprechen«.[191]

Wie mit Butler herausgearbeitet, zeigt sich in der Sphäre des Politischen oftmals, dass nur der Verlust jener, deren Leid in der Nähe spürbar ist, die etwa die gleiche Sprache sprechen oder eine wertgeschätzte Kultur teilen, konkret betrauert wird. Wie aber kann diese Kluft zwischen dem abstrakten Verständnis davon, dass alle die Bedingung der Verletzlichkeit teilen, und der wirklich erfahrbaren inneren Berührung durch den Verlust der (unbekannten) Anderen geschlossen werden? Oder anders gefragt: Wie können potenziell alle Menschen als gleich betrauerbar erfahren und damit als gleich menschlich anerkannt werden?

Im Verlauf der Arbeit hat sich hier ein gedanklicher Pfad zu Praktiken des Hörens eröffnet. Denn Hören ist eine sinnlich-leibliche Existenzweise, in der es in hermeneutischer wie alteritätsethischer Dimension zunächst darum geht, auch das Unverstandene erst einmal wahrzunehmen,

191 Ingenfeld, op. cit., S. 1.

es sein zu lassen und zu hören.[192] Eine Art Nebeneffekt dieses offenen, hingebungsvollen Hörens auf die Stimmen der Anderen könnte sein, dass das Gehörte die hörende Person in einer Art und Weise innerlich affiziert und ggf. auch ihr Vorverständnis oder ihre Vorurteile derart in Frage stellt, dass sich der Horizont der Betrauerbarkeit erweitert. Daher könnten eine feinere Stimmung des Gehörs und ihr entsprechenden alteritätssensible Hörpraktiken, zumindest wenn die Kommunikation im sinnlichen Register des Hörens und Sprechens abläuft, geeignet sein, um einen Weg in die Anerkennbarkeit des bis dato Unverstandenen zu eröffnen. Das ist insbesondere an den Stellen relevant, die ich Ränder des politischen Versagens genannt habe, also dort, wo durch eine mangelnde Wahrnehmungsmöglichkeit der Anderen eine Alteritätserfahrung zunächst versperrt zu sein scheint. Für die Frage nach dem Sinn und der Funktion von Recht in diesem Zusammenhang, gilt es also zu bedenken, ob es möglich und vielleicht sogar notwendig wäre, solche Bedingungen einzufordern und an ihrer Herstellung zu arbeiten, in denen die abstrakte Anerkennung *aller Anderen* als betrauernswert genügt, um eine Verantwortungsübernahme diesbezüglich in der Sphäre der Politik zu erzeugen.[193]

Umgekehrt stellt sich die Frage, warum Recht einen solchen Raum womöglich nicht (er-)schaffen kann – oder jedenfalls nicht ohne ein kollektives Ausschöpfen politischer Handlungsfreiheit und individueller Alteritätserfahrungen. Hier kommt der alteritätsethische Sinn von Recht wiederum als Orientierung zum Tragen. Denn wenn der Sinn von Recht darin liegt, günstigere Rahmenbedingungen für eine gerechte Verteilung begrenzter Aufmerksamkeit zu schaffen, also auf das Ziel ausgerichtet ist, gerade dort gleiche Bedingungen des Hörens und Gehört-Werdens herzustellen, wo die Sphäre des Politischen (noch) versagt, geht es auch um eine Transformation geltenden Rechts. Der alteritätsethische Sinn von Recht ermöglicht also eine »kritische Reformulierung« des Sinns, welcher dem modernen Recht oftmals zugrunde gelegt wird, indem es insbesondere um jene Gestaltung »der öffentlichen Kommunikation und Verständigung« geht, die »im öffentlichen Raum […] Bedingungen der Möglichkeit anerkannten Handelns und Urteilens« bilden.[194] Jenseits der spezifischen Frage nach Hören und Gehört-Werden kommt Vischer in seiner Untersuchung zur »Fremdheit des Rechts« zu einem ähnlichen Ergebnis, wenn er schreibt, dass

192 Zur Chance auf ein differentes, weil alteritätssensibles Verständnis der Anderen durch ein feiner gestimmtes Hören, vgl. Kapitel II.2.

193 Der Menschenwürdebegriff von Schidel kann herangezogen werden, um hierfür die Rahmenbedingungen abzustecken. Vgl. zur Rechtfertigung des relationalen Menschwürdebegriffes, vgl. Schidel, op. cit., 177ff.

194 Zabel, op. cit., S. 65.

> »[d]ie unverfügbare Evidenz des Anderen [...] zur Kultivierung eines Rahmens an[hält], in dem sich die Alteritätserfahrung möglichst ungehindert ereignen, wiederholen, wachhalten und entfalten kann«.[195]

Vischer stellt dafür auf die »Pflege einer kritischen Spannung von öffentlicher Institution und gesellschaftlichen Kräften in der Rechtsverwirklichung« ab.[196] Damit sei vor allem auch die Alteritätserfahrung selbst zu unterstützen, insofern sich immer wieder aufs Neue die Aufgabe stelle, »an den Räumen zu arbeiten, in denen sich das vorgezeichnete Ringen aus der Differenzerfahrung so weit wie möglich entfalten kann«.[197] In Bezug auf Sprechakte als Teil dieser Erfahrung und der damit einhergehenden Verständigung bildet das Gehört-Werden, wie ich im ersten Teil dieser Arbeit dargelegt habe, die stille, aber konstitutive Unterseite des performativ wirksamen Sprechen-Könnens. Ein alteritätsethisch sensibleres Recht müsste sich auf die rezeptiven Bedingungen des Sprechen-Könnens und damit der Möglichkeit der Teilhabe an einer Politik der Antwort beziehen und versuchen, der Ökonomie der Aufmerksamkeit, die der Sphäre des Politischen zugrunde liegt, Halt zu geben. In Bezug auf andere sinnliche Register und deren synästhetisches Zusammenspiel wäre damit zunächst aber nur ein Teil der Aufmerksamkeit berücksichtigt, und zwar jener, in dem es um die Wahrnehmung sprachlichen Ausdrucks geht. Auch wenn dieser Teil ein sehr wirkmächtiger ist, wäre perspektivisch eine ähnliche Annäherung an das Phänomen Recht aus anderen sinnlichen Registern heraus aufschlussreich.[198]

Mit einem alteritätsethisch rekonstruierten Rechtsinn, entlang des Programms Hören-Können vor dem Antworten-Müssen lägen Praktiken des Antwortens und ihre Bedingung – das Hören des Anspruchs der Anderen–, als (menschliche) Praktiken nicht beim Recht selbst, sondern Recht stünde vielmehr vor der Herausforderung, Raum für diese Antworten freizugeben bzw. zu erhalten oder (wieder-)herzustellen. Vor dem Hintergrund eines solchen alteritätsethischen Rechtsinnes zeigt sich das geltende moderne Recht, welches medial als responsiv und also antwortend inszeniert und performt wird, in einem anderen Licht: Dessen Geltungsanspruch wird als alteritätsethische Anmaßung lesbar, die ihrerseits aber nicht der alteritätsethischen Verantwortung entfliehen kann und sich von ihr in Frage stellen lassen muss, weshalb es andere Narrative braucht, die ein alteritätsethisch sensibleres Recht anleiten könnten. Denn zumal modernes Recht als Ordnungsmacht selbst gar nicht (oder

195 Vischer, op. cit., S. 31.

196 Ibid., S. 31.

197 Ibid., S. 395. Vischer bezeichnet sogar den »Sinn des Rechts als Medium der Beziehung zum Anderen«, der allerdings lediglich »in ungewisser Flüchtigkeit erkennbar« werde, vgl. ibid., S. 395 und 398.

198 Vgl. dazu Kapitel I.1.b.

wenn, dann nur zufällig) alteritätsethisch gerecht antworten *kann*, muss es sich alteritätsethisch verantworten. Eine solche Verantwortungsübernahme kann aber nicht vom Recht selbst als Ordnungsmacht übernommen werden, sondern diese Herausforderung betrifft vielmehr jene Akteure, die in seinem Namen Anspruch auf Geltung erheben und deren Körper zum Resonanzkörper seiner Geltungsansprüche werden. Durch alteritätssensible Praktiken des Hörens könnte eine Öffnung hinsichtlich der alteritätsethischen Herausforderung des Rechts erfolgen, die sich transformativ auf geltendes Recht auswirken könnte, sofern sie einerseits alteritätssensibel und kritisch-reflexiv zum (Un-)Gehorsam gegenüber rechtlich erhobenen Geltungsansprüchen anleitet. Andererseits wird so Aufmerksamkeit für jene recht-fertigenden Narrative im geltenden Recht geschaffen, welche die alteritätsethische Bedingung verdrängen oder verleugnen, so dass ein Freiraum entsteht, sich an der kollektiven Imagination anderer Narrative zu versuchen. Diese können etwa zur Recht-Fertigung eines Rechts ansetzen, welches insbesondere dort günstigere *gesellschaftliche* Bedingungen für Antworten jenseits der Sphäre des Rechts schafft und dort Sorge für Rahmenbedingungen des Hörens und Gehört-Werden trägt, wo strukturelle Macht- und Gewaltverhältnisse dies erheblich erschweren. Dort, wo die Sphäre des Politischen in Bezug auf den vielstimmigen alteritätsethischen Anspruch versagt, könnte auch eine erhöhte Responsivität, im Sinne einer Sensibilität des Rechts und seiner Auswirkungen für alle betroffenen Anderen-in-der-Welt zu verorten sein.

Die alteritätsethische Verantwortung selbst bleibt damit hinsichtlich der zugebenden Antworten zuvörderst eine Frage der eigenen Haltung, die praktisch vollzogen werden muss und davon abhängt, sich der eigenen Verletzlichkeit und Abhängigkeit von der Anderen bewusst zu werden. Aus dieser Haltung heraus lässt sich eine alteritätssensible Politik der Antwort entwickeln.[199] Aufgabe des Rechts wäre es, tendenziell eher weniger als mehr Ansprüche auf Geltung zu erheben und sich der alteritätsethischen Herausforderung zuzuwenden, die ich als Überforderungslage skizziert habe und Sorge für gerechte Bedingungen des Hörens und Gehört-Werdens zu tragen. Die Übergänge zwischen Alteritätsethik, Recht und Politik sind demnach nicht trennscharf, sondern leben von einem Spannungsverhältnis, welches dem jeweiligen Bereich Aufgaben und Herausforderungen zuweist. Wenn davon ausgegangen wird, dass Recht sprachlich und kulturell eingebettet ist und damit seine Bedeutungszusammenhänge in einem Feld entstehen, dass der Sache nach »einen offenen Raum bildet, in dem um die richtige Interpretation gestritten werden kann«,[200] so muss sich der Frage gestellt werden, wer in diesem in

199 Hoppe, op. cit.
200 Vgl. dazu im Kontext der Rechtsinterpretation als Moment der Geltungserzeugung in kultureller Bedingung, Engelmann, op. cit., S. 200.

Zeit und Raum begrenzten Feld überhaupt sprechen, und das heißt zuallererst gehört werden kann.

Die Aufgabe von Recht besteht daher eigentlich nicht darin, Antworten auf seine alteritätsethische Herausforderung geben (zu müssen), sondern darin, Räume des Hörens und Gehört-Werdens für eine Politik der Antwort zu pflegen und so einen Raum des Normativen als Fläche der gesellschaftlichen Aushandlung unter Berücksichtigung eines Ausgleichs gesellschaftlicher Machtverhältnisse aufrecht und vor allem offen zu halten.

Dank

Dieses Buch ist eine leicht überarbeitet Version des Textes, der im Frühjahr 2024 an der Goethe Universität in Frankfurt am Main an der rechtswissenschaftlichen Fakultät als Doktorarbeit angenommen wurde. Prof. Dr. Dr. h.c. Thomas Vesting danke ich neben der Erstellung des Erstgutachtens in erster Linie dafür, dass er von Anfang an ein offenes Ohr für mein Thema hatte. Er hat mir den Freiraum gegeben, den ich für diese Arbeit brauchte. Prof. Dr. Sabine Müller-Mall gilt mein Dank für ihre inspirierende Arbeit zur performativen Rechtserzeugung, die Übernahme des Zweitgutachtens und ihre kritischen Rückfragen. Für die aufmerksame Lektüre des Manuskripts vor der Einreichung und für seinen Zuspruch danke ich Prof. Dr. Klaus Sachs, der die Arbeit als erster in Gänze gelesen hat.

Das Promotionsstipendium der Rosa-Luxemburgstiftung hat mir die materielle Freiheit verschafft dieses Buch zu schreiben und dafür gesorgt, dass mein politisches Engagement diese Zeit überlebt. Profitiert habe ich beim Verfassen dieser Arbeit von den konstruktiven Sitzungen und den Anmerkungen des Frankfurter Juristinnen*-Kolloquiums, sowie des Heidelberger Arbeitskreises der Rechtslinguistik. Ihr habt meine mehr und weniger fertigen Textteile gelesen und kommentiert, Ideen mit mir besprochen und mich in verschiedenen Phasen des wissenschaftlichen Arbeitens, meinem Ringen damit und auch emotional unterstützt. Ich danke euch: Nazli Aghazadeh-Wegener, Michaela Bstieler, Andreas Engelmann, Maria Gerdes, Lisa Lührs, Katja Leyhausen-Seibert, Thomas Seibert, Fabian Stenner, Pia Lotta Storf, Caro Stix, Friedemann Vogel und Nicole Zilberszac.

Amitiés Pierre Legrand, dir danke ich für unsere Kompliz:innenschaft, dafür in meiner Zeit an der Sorbonne ein exzellenter akademischer Lehrer gewesen zu sein und dafür meine ersten Überlegungen *à l'écoute de l'autre* begleitet zu haben. »L'idée vient en parlant« schrieb Kleist, aber nur, so füge ich hinzu, weil es Menschen gibt, die uns ihr Ohr leihen. Daher danke ich vor allem jenen Menschen, die mir auf ihre je eigene Weise so zugehört haben, dass ich meine Gedanken zum Hören-Können und Antworten-Müssen, gehalten in Freund:innenschaft, entwickeln konnte. Hier möchte ich zuerst Samira Akbarian nennen, meine Mitstreiterin, stets mit Rat und Tat auf meiner Seite. Regina Schidel danke ich für ihren Feinsinn und die philosophische Resonanz, Merlin Eichele für gute Gespräche und das Lesen auch roher Textteile und Hannafred Heuft für die treue Begleitung.

Ich danke meinen Eltern und Geschwistern, die auf verschiedene Weisen dazu beigetragen haben, dass ich mich eingehender mit dem Hören-Können befasst habe: Schön, dass ihr da seid. Last, but not least: Danke an den Koch und die Liebe: Sille Léon Rahm.

Leipzig, 14.05.2025

Abbildungsverzeichnis

S. 9
Abbildung 1: La Leçon de Musique or Son de Cloche (1968), René Magritte. *https://www.artsy.net/artwork/rene-magritte-la-lecon-de-musique-son-de-cloche* (abgerufen am 01.10.2025).

S. 73
Abbildung 2: Odysseus bei den Sirenen (1913), Ludwig Bock. https://www.artnet.com/artists/ludwig-bock/odysseus-bei-den-sirenen-g_aVIwDj4Yxpsofas-r23w2 (abgerufen am 01.10.2025).

S. 117
Abbildung 3: Untitled (shell in form of an ear), René Magritte (1956). *https://www.artnet.com/artists/ren%C3%A9-magritte/untitled-shell-in-the-form-of-an-ear-PSSMMsJW17JH77MQGVoT5Q2* (abgerufen am 01.10.2025).

S. 155
Abbildung 4: K. an der Tür. Screenshot aus Orson Welles Film »Der Proceß« (1962).

S. 227
Abbildung 5: Begehbares Ohr: Jonathas de Andrade – »With the heart coming out of the mouth« (2022), fotografiert in Venedig von Nicole Zilberscaz.

S. 228
Abbildung 6: Paragrafenkreuz – Titelbild von Grundsatz des rechtlichen Gehörs, Ethel Leonore Behrendt (1978).

Literatur

Ackermann, Max (2006a): »Hörwörter - etymologisch«, in: Volker Bernius u.a. (Hg.), *Der Aufstand des Ohrs. Die neue Lust am Hören*, Göttingen: Vandenhoeck & Ruprecht.

Ackermann, Max (2007b): »Ohr-Geschichten«, in: Volker Bernius u.a. (Hg.), *Erlebnis Zuhören. Eine Schlüsselkompetenz wiederentdecken*, Göttingen: Vandenhoeck & Ruprecht.

Adorno, W. Theodor und Horkheimer, Max (1969 // 2003): *Dialektik der Aufklärung. Philosophische Fragmente*, Frankfurt am Main: Suhrkamp.

Akbarian, Samira (2023): *Ziviler Ungehorsam als Verfassungsinterpretation*, Tübingen: Mohr Siebeck.

Apel, Max (2020): *Philosophisches Wörterbuch*, Berlin/Boston: De Gruyter.

Augsberg, Ino (2009a): *Die Lesbarkeit des Rechts. Texttheoretische Lektionen für eine postmoderne juristische Methodologie*, Weilerswist: Velbrück Wissenschaft.

Augsberg, Ino (2021b): *Elemente einer Theorie des expositiven Rechts*, Weilerswist: Velbrück Wissenschaft.

Azzouni, Safia und Böschen, Stefan (2015): »Erzählung und Geltung Ein problemorientierter Ausgangspunkt und viele Fragen«, in: Azzouni, Safia u.a. (Hg.), *Erzählung und Geltung. Wissenschaft zwischen Autorschaft und Autorität*, Weilerswist: Velbrück Wissenschaft.

Baer, Susanne (2021): *Rechtssoziologie. Eine Einführung in die interdisziplinäre Rechtsforschung*, Baden-Baden: Nomos.

Balke, Friedrich (2009): *Figuren der Souveränität*, Paderborn: Fink.

Baumann, Felix (2014): »Hören als aktiver Prozess. Was die Neurowissenschaft und Komponisten Neuer Musik über das Hören sagen«, in: *Trajekte*, 15: 29.

Barad, Karen (2007): *Meeting the universe halfway. Quantum physics and the entanglement of matter and meaning*, Durham: Duke University Press.

Brigitte Bargetz (2021): »Haunting sovereignty and the neurotic subject: contemporary constellations of fear, anxiety and uncertainty«, *Citizenship Studies* (25) 1, S. 20–35.

de Beauvoir, Simone (2004): *Le Deuxième sexe*, Paris: Gallimard.

Bedorf, Thomas (2003): *Dimensionen des Dritten. Sozialphilosophische Modelle zwischen Ethischem und Politischem*, München: Wilhelm Fink Verlag.

Behrendt, Ethel Leonore (1978): *Recht auf Gehör. Grundrecht und Grundwert*, München: Minerva Publ.

Benhabib, Seyla (2018): *Exile, Statelessness, and Migration. Playing Chess with History from Hannah Arendt to Isaiah Berlin*, Princeton: Princeton University Press.

Bernius, Volker (2007): »Neugierig werden auf Hörenswürdigkeiten«, in: Volker Bernius u.a. (Hg.), *Erlebnis Zuhören. Eine Schlüsselkompetenz wiederentdecken*, Göttingen: Vandenhoeck & Ruprecht.

Bertschinger, Matthias (2020): *Freiheit und Krisis. Psychoanalyse des Autoritarismus und psychoanalytische Rechtsanthropologie*, Basel: Schwabe Verlag.

Biber, Susanne (2010): *Mysterium der Wirklichkeit bei René Magritte*, Petersberg: Michael Imhof Verlag.

Bogdal, Klaus-Michael (Hg.) (1993): *Neue Literaturtheorien in der Praxis. Textanalysen von Kafkas »Vor dem Gesetz«*, Opladen: Westdt. Verl.

Brauner, Christina und Flüchter, Antje (Hg.) (2020): *Recht und Diversität. Lokale Konstellationen und globale Perspektiven von der Frühen Neuzeit bis zur Gegenwart*, Bielefeld: transcript University Press.

Brown, Wendy (2011): »Die Paradoxie der Rechte ertragen«, in: Menke, Christoph und Raimondi, Francesca (Hg.), *Die Revolution der Menschenrechte. Grundlegende Texte zu einem neuen Begriff des Politischen*, Berlin: Suhrkamp.

Brunner, Claudia (2007): »Rezension: Manuela Boatca, Claudia Neudecker & Stefan Rinke (Hrsg.) (2006), Des Fremden Freund, des Fremden Feind: Fremdverstehen in interdisziplinärer Perspektive«, in: *Forum Qualitative Sozialforschung Forum Qualitative Social Research* Volume 8, No. 3, Art. 23.

Brunner, Claudia (2017a): »Vom Sprechen und Schweigen und (Zu)Hören in der Kolonialität des Wissens. Paradoxe Überlegungen zur Analyse, Kritik und Entgegnung (nicht nur) epistemischer Gewalt«, in: Helmuth A. Niederle (Hg.), *Sprache und Macht. Dokumentation des Symposions.*

Brunner, Claudia (2020b): *Epistemische Gewalt. Wissen und Herrschaft in der kolonialen Moderne*, Bielefeld: transcript Verlag.

Buckel, Sonja; Christensen, Ralph und Fischer-Lescano, Andreas (Hg.) (2020): *Neue Theorien des Rechts*, Tübingen: Mohr Siebeck.

Buddenberg, Eva (2016): »Ethik und Politik im Ausgang von Levinas«, in: *Zeitschrift für praktische Philosophie*, 1.

Butler, Judith (2012a): »Gefährdetes Leben, Verletzbarkeit und die Ethik der Kohabitation«, in: *Deutsche Zeitschrift für Philosophie*, 60: 5.

Butler, Judith (2013b): *Am Scheideweg. Judentum und die Kritik am Zionismus,* Frankfurt am Main: Campus Verlag.

Butler, Judith (2020c): *Die Macht der Gewaltlosigkeit. Über das Ethische im Politischen*, Berlin: Suhrkamp.

Butler, Judith (2020d): *The force of nonviolence. An ethico-political bind*, London und New York: Verso.

Butler, Judith und Ansén, Reiner (2003): *Kritik der ethischen Gewalt*, Frankfurt am Main: Suhrkamp.

Butler, Judith und Critchley, Simon (2020): Interview: *The Force of Nonviolence*, https://www.youtube.com/watch?v=hTsd4Otj3R8 (abgerufen am 13.05.2025).

Castro Varela, María do Mar und Dhawan, Nikita (2015): *Postkoloniale Theorie. Eine kritische Einführung*, Bielefeld: transcript.

Charlotte Wiedemann, »Vom Weißsein sprechen«, in: *Le Monde diplomatique*, Januar 2020, S. 2.

Christensen, Ralph (2004): »Die Paradoxie richterlicher Gesetzesbindung«, in: Kent D. Lerch (Hg.), *Recht verstehen. Verständlichkeit, Missverständlichkeit und Unverständlichkeit von Recht*, Berlin: De Gruyter.

Coing, Helmut (1959): *Die juristischen Auslegungsmethoden und die Lehren der allgemeinen Hermeneutik*, Köln: Westdeutscher Verlag.

Cover, Robert M. (1986a): »Violence and Word«, in: *The Yale Journal of Law*, 95.

Cover, Robert M. (1997b): »The Supreme Court, 1982 Term -- Foreword: Nomos and Narrative«, in: *Harvard Law Review*, 4.

Czernin, Franz Josef (1992): *Sechs tote Dichter*, Wien: Sonderzahl Verl.

Del Buono, Zora (2000): »Der tödliche Gesang der Sirenen. Sirenen begleiten den europäischen Menschen seit fast dreitausend Jahren durch die Kulturgeschichte. Zumeist als sinnliche, aber verwerfliche Versuchung«, in: *mare*, S. 22.

Derrida, Jacques (1982a): *L'oreille de l'autre,* Montréal: VLB Editeur.

Derrida, Jacques (1983): *D'un ton apocalyptique adopté naguère en philosophie*, Paris: Galilée.

Derrida, Jacques (1993b): *Spectres de Marx. L'état de la dette, le travail du deuil et la nouvelle Internationale*, Paris: Galilée.

Derrida, Jacques (1994c): *Politiques de l'amitié suivi de L'oreille de Heidegger*, Paris: Galilée.

Derrida, Jacques (1995): *Positions. Entretiens avec Henri Ronse, Julia Kristeva, Jean-Louis Houdebine, Guy Scarpetta*, Paris: Éd. de Minuit.

Derrida, Jacques (1997d): *Marges de la philosophie,* Paris: Éd. de Minuit.

Derrida, Jacques (1998): *Demeure: Maurice Blanchot. Maurice Blanchot*, Paris: Galilée.

Derrida, Jacques (2000e): *Le toucher*, Jean-Luc Nancy, Paris: Galilée.

Derrida, Jacques (2002f): *De la grammatologie*, Paris: Éd. de Minuit.

Derrida, Jacques (2004): *Glas*, Paris: Galilée.

Derrida, Jacques (2005g): *Force de loi. Le »fondement mystique de l'autorité«,* Paris: Galilée.

Derrida, Jacques (2010): *Séminaire La bête et le souverain*, Paris: Galilée.

Derrida, Jacques (2015h): *Politik der Freundschaft*, Frankfurt am Main: Suhrkamp.

Derrida, Jacques (2017i): *Gesetzeskraft. Der »mystische Grund der Autorität«*, Frankfurt am Main: Suhrkamp.

Derrida, Jacques (2017j): *Préjugés. = Vor dem Gesetz*, Wien: Passagen Verlag.

Dhawan, Nikita (2007a): *Impossible speech. On the politics of silence and violence*, Sankt Augustin: Academia Verlag.

Dhawan, Nikita (2017b): »Können Nicht-EuropäerInnen philosophieren? Transnationale Liberalität und planetarsiche Ethik in einem globalen Zeitalter«, in: *Allgemeine Zeitschrift für Philosophie.*

Dombois, Florian (2002): »Wann Hören? Vom Forschen mit den Ohren«, in: *Chemie - Kultur- Geschichte: Festschrift für Hans-Werner Schütt*, Berlin: Verlag für Geschichte der Naturwissenschaften.

Dreier, Horst (Hg.): *Grundgesetz Kommentar*, Band III, 3.Aufl, Tübingen: Mohr Siebeck 2018.

van Dyk, Silke (2019): »Identitätspolitik gegen ihre Kritik gelesen. Für einen rebellischen Universalismus«, https://www.bpb.de/apuz/286508/identitaetspolitik-gegen-ihre-kritik-gelesen-fuer-einen-rebellischen-universalismus?p=all#footnode50-50 (abgerufen am 13.05.2025).

Ehrlich, Eugen (2022): *Grundlegung der Soziologie des Rechts*, Berlin: Duncker & Humblot.

Emrich, Wilhelm (1958): *Franz Kafka,* Bonn: Athenäum Verlag.

Engelmann, Andreas (2020): *Rechtsgeltung als institutionelles Projekt. Zur kulturellen Verortung eines rechtswissenschaftlichen Begriffs*, Weilerswist: Velbrück Wissenschaft.

Espinet, David (2016): *Phänomenologie des Hörens. Eine Untersuchung im Ausgang von Martin Heidegger*, Tübingen: Mohr Siebeck.

Espinet, David (2017): »Was heißt Zuhören?«, in: Maio, Giovanni (Hg.), *Vom Wert des Zuhörens. Für eine Kultur der Aufmerksamkeit in der Medizin*, München: Herder.

Esposito, Elena (2019): *Die Fiktion der wahrscheinlichen Realität*, Frankfurt am Main: Suhrkamp.

Ewald, François (2015): *Der Vorsorgestaat*, Frankfurt am Main: Suhrkamp.

Fiumara, Gemma Corradi (1990): *The Other Side of Language. A Philosophy of Listening*, London and New York: Routledge.

Flatscher, Matthias und Seitz, Sergej (2018): »Destruktion der Souveränität. Zum Verhältnis von Ordnung und Störung in Christoph Menkes Rechtsphilosophie«, in: Fischer-Lescano, Andreas / Franzki, Hannah / Horst, Johann (ed.): *Gegenrechte. Recht jenseits des Subjekts*, Tübingen: Mohr Siebeck, S. 165–185.

Flatscher, Matthias (2016): »Flatscher, Was heißt Verantwortung? Zum alteritätsethischen Ansatz von Emmanuel Lévinas und Jacques Derrida«, in: *Zeitschrift für praktische Philosophie*, 1.

Flatscher, Matthias und Sergej Seitz (2016): »Einleitung: Ethik und Alterität. Randgänge der Phänomenologie«, in: *Zeitschrift für praktische Philosophie*, 1.

Foucault, Michel (2012): *Vorlesung am Collège de France 1982/83*, Berlin: Suhrkamp.

Foucault, Michel (2013): *Die Heterotopien, der utopische Körper. Zwei Radiovorträge*, Berlin: Suhrkamp.

Foucault, Michel und Bischoff, Michael (2004): *Die Wahrheit und die juristischen Formen*, Frankfurt am Main: Suhrkamp.

Franzki, Hannah (2020): »Post-Juridische Rechtstheorien: Benjamin, Menke, Loick«, in: Sonja Buckel u.a. (Hg.), *Neue Theorien des Rechts*, Tübingen: Mohr Siebeck, S. 67–86.

Fricker, Miranda (2007): *Epistemic Injustice. Power and the Ethics of Knowing*, Oxford: Oxford University Press.

Fromm, Erich und Funk, Rainer (1991): *Von der Kunst des Zuhörens. Therapeutische Aspekte der Psychoanalyse*, Weinheim: Beltz.

Gadamer, Hans-Georg (1990a): *Gesammelte Werke Band 1. Hermeneutik 1 Wahrheit und Methode*, Stuttgart: UTB

Gadamer, Hans-Georg (Hg.) (2000): *Hermeneutische Entwürfe. Vorträge und Aufsätze*, Tübingen: Mohr Siebeck.

Geerts, Evelien (2016): *ethico-onto-epistem-ology,* https://newmaterialism.eu/almanac/e/ethico-onto-epistem-ology.html (abgerufen am 15.02.2021).

Gehring, Petra (2012): »Foucault'sche Freiheitsszenen«, in: dies. und Gelhard, Andreas Hg.), *Parrhesia. Foucault und der Mut zur Wahrheit*, Zürich: Diaphanes.

Gehring, Petra (2006): »Can the Legal Order ›Respond‹?«, in: Ethical Perspectives: *Journal of the european ethics network*, 13: 3.

Gehring, Petra (2015): »Ethik und Politik, Ethik als Politik, Ethikpolitik«, in: Gerhard Gamm und Andreas Hetzel (Hg.), *Ethik - wozu und wie weiter?*, Bielefeld: transcript.

Gehring, Petra (2019): *Über die Körperkraft von Sprache. Studien zum Sprechakt*, Frankfurt: Campus.

Gisinger, Ralf (2020): *Philosophien der Pluralisierung. Begegnungen des Politischen zwischen Gilles Deleuze und Jean-Luc Nancy*, München: Fink.

Glanert, Simone (2020): »Aujourd'hui, maman est morte: traduction littéraire et droit comparé / Today, mum is dead: literary translation and comparative law«, in: *Revue Droit & Littérature*, 4.

Han, Byung-Chul (1996): *Heideggers Herz. Zum Begriff der Stimmung bei Martin Heidegger*, München: Fink.

Haraway, Donna (1988): »Situated Knowledges: The Science Question in Feminism and the Privilege of Partial Perspective«, in: *Feminist Studies*, Vol. 14, No. 3 (Autumn, 1988), Vol. 14., Nr. 3.

Haraway, Donna (2008): *When species meet*, Minneapolis. Minn.: Univ. of Minnesota Press.

Harding, Sandra G. (2004): *The feminist standpoint theory reader. Intellectual and political controversies*, New York, NY: Routledge.

Hark, Sabine und Villa, Paula-Irene (2018): *Unterscheiden und herrschen. Ein Essay zu den ambivalenten Verflechtungen von Rassismus, Sexismus und Feminismus in der Gegenwart*, Bielefeld: transcript.

Harris, Angela P. (1990): »Race and Essentialism in Feminist Legal Theory«, in: *Stanford Law Review*, 42: 3.

Hasters, Alice (2020): *Was weisse Menschen nicht über Rassismus hören wollen. Aber wissen sollten*, Berlin: Hanserblau.

Heidegger, Martin (1967): *Sein und Zeit,* Tübingen: Mohr Siebeck.

Hetzel, Andreas und Posselt Gerald (2017), *Handbuch Rhetorik und Philosophie*, Berlin: De Gruyter.

Hiddleston, Jane (2007): »Spivak's ›Echo‹. Theorizing otherness and the space of response«, in: *Textual Practice*, 21: 4.

Hiebel, Hans H. (1993): »›Später!‹ - Poststrukturalistische Lektüre der ›Legende‹ Vor dem Gesetz«, in: Klaus-Michael Bogdal (Hg.), Neue Literaturtheorien in der Praxis. Textanalysen von Kafkas »Vor dem Gesetz«, Opladen: Westdt. Verl.

Hobbes, Thomas (2013): *Leviathan. Eine Auswahl: englisch/deutsch*, Stuttgart: Reclam.

Höfling, Wolfram/Augsberg, Steffen/Rixen, Stephan (2023): *Berliner Kommentar zum Grundgesetz*, Band V, Berlin: Erich Schmidt Verlag.

Homer und Möller, Melanie (2022): *Ilias. Odyssee. Zwei Bände im Schuber*, Ditzingen: Reclam Verlag.

Hoppe, Katharina (2017): »Politik der Antwort. Zum Verhältnis von Politik und Ethik in Neuen Materialismen«, in: *BEHEMOTHA Journal on Civilisation*, Vol.10.

Ingenfeld, Merle (2017): *Butler, transregional? – Anmerkungen zu Judith Butlers Vorträgen an der Uni Köln*, https://trafo.hypotheses.org/4724 (abgerufen am 20.01.2020).

Kafka, Franz (1986): *Der Prozeß*, Frankfurt a.M: S. Fischer.

Kafka, Franz (1986a): *Hochzeitsvorbereitungen auf dem Lande und andere Prosa aus dem Nachlass*, Frankfurt am Main: S. Fischer.

Kafka, Franz (2002b): *Der Proceß.*, Frankfurt am Main: Fischer Taschenbuch Verl.

Kafka, Franz (2008): *Beim Bau der Chinesischen Mauer. Und andere Schriften aus dem Nachlaß, in der Fassung der Handschrift*, Frankfurt am Main: Fischer-Taschenbuch-Verl.

Kafka, Franz und Bauer, Felice (Hg.) (1988): *Briefe an Felice und andere Korrespondenz aus der Verlobungszeit. Hrsg. v. Erich Heller, Jürgen Born*, Frankfurt/M: Fischer Taschenbuch Verl.

Kidd, Ian James, Medina, José und Pohlhaus, Gaile (Hg.) (2017): *The Routledge Handbook of Epistemic Injustice*, New York : Routledge.

Kim, Chae-Lin (2018): »(Nicht-)Hören: Deafness vs. Hearingness«, in: Zorn, Magdalena und Lenker, Ursula (Hg.), *(Zu-)Hören interdisziplinär*, München: Allitera Verlag.

Klein, Rebekka A. und Finkelde, Dominik (Hg.) (2015): *Souveränität und Subversion. Figurationen des Politisch-Imaginären*, Freiburg, München: Verlag Karl Alber.

Kleist, Heinrich von (2001): »Über die allmähliche Verfertigung der Gedanken beim Reden«, in: Helmut Sembdner (Hg.), *Heinrich von Kleist – Sämtliche Werke und Briefe*, München: dtv.

Kluge, Friedrich und Seebold, Elmar (2012): *Etymologisches Wörterbuch der deutschen Sprache*, Berlin: De Gruyter.

Knapp, Natalie (2013): *Kompass neues Denken. Wie wir uns in einer unübersichtlichen Welt orientieren können*, Reinbek bei Hamburg: Rowohlt-Taschenbuch-Verl.

Koller, Peter (1997): *Theorie des Rechts. Eine Einführung*, Wien: Böhlau.

Koschorke, Albrecht u. a. (2007): *Der fiktive Staat. Konstruktionen des politischen Körpers in der Geschichte Europas*, Frankfurt am Main: Fischer Taschenbuch-Verl.

Kostka, Alexandre und Schmidt Sarah (2009): »Alteritätsforschung / Interkulturalitätsforschung«, in: Schneider, Jost und Grundmann, Regina (Hg.), *Methodengeschichte der Germanistik*, Berlin, New York: De Gruyter.

Künzel, Christine (2015): »Imaginierte Fakten«, in: Hiebaum, Christian u.a. (Hg.), *Recht und Literatur im Zwischenraum. Aktuelle inter- und transdisziplinäre Zugänge : contemporary inter- and transdisciplinary approaches = Law and literature in-between*, Bielefeld: transcript.

Ladeur, Karl-Heinz und Augsberg, Ino (2007): *Toleranz – Religion – Recht. Die Herausforderung des »neutralen« Staates durch neue Formen von Religiosität in der postmodernen Gesellschaft*, Tübingen: Mohr Siebeck.

Latour, Bruno (2005): *Reassembling the Social. An Introduction to Actor-Network-Theory.*, New York: Oxford University Press.

Legrand, Pierre: »Antivonbar«, in: *JCL*, 2005: 1.

Legrand, Pierre (2014): *Pour la relevance des droits étrangers*, Paris: IRJS éditions.

Legrand, Pierre (2019): »What Is That, To Read Foreign Law?«, in: *JCL*, 14: 2.

Legrand, Pierre (2021): »The Guile and The Guise: Apropos of Comparative Law as We Know It«, in: *Asian Journal of Comparative Law*, 16: 1.

Leibniz, Gottfried Wilhelm: »Monadologie«, in: Ulrich Johannes Schneider (Hg.), *Monadologie und andere metaphysische Schriften*, Hamburg: felix meiner verlag.

Lévinas, Emmanuel (1983): »Détermination philosophique de l'idée de culture«, in: *Philosophie et culture : Actes du XVIIe Congrès mondial de philosophie*, Montréal: Editions du Beffroi – Editions Montmorency.

Lévinas, Emmanuel (1992a): *Jenseits des Seins oder anders als Sein geschieht*, Freiburg: Alber.

Lévinas, Emmanuel (2001): *En découvrant l'éxistence avec Husserl et Heidegger. Édition suivie d'Essais nouveaux*, Paris: Vrin.

Lévinas, Emmanuel (2004): *Ethique et infini. Dialogues avec Philippe Nemo*, Paris: Fayard.

Lévinas, Emmanuel (2009): *Totalité et infini. Essai sur léxtériorité*, Dordrecht, Paris: Kluwer Academic; Librairie Général Française.

Lévinas, Emmanuel (2022b): *Ethik und Unendliches. Gespräche mit Philippe Nemo*, Wien: Passagen.

Lévinas, Emmanuel und Krewani, Wolfgang Nikolaus (1993): *Totalität und Unendlichkeit. Versuch über die Exteriorität*, Freiburg: Alber.

Lévinas, Emmanuel, Wenzler, Ludwig und Wolzogen, Christoph von (2005): *Humanismus des anderen Menschen*, Hamburg: Meiner.

Lindahl, Hans (2019): »Intentionality, Representation, Recognition. Phenomenology and the Politics of A-Legality«, in: Thomas Bedorf und Steffen Herrmann (Hg.), *Political Phenomenology. Experience, Ontology, Episteme*, London: Routledge.

Loick, Daniel (2012): *Kritik der Souveränität*, Frankfurt am Main: Campus-Verl.

Loick, Daniel (2017): *Juridismus. Konturen einer kritischen Theorie des Rechts*, Berlin: Suhrkamp.

Loidolt, Sophie (2009): *Anspruch und Rechtfertigung. Eine Theorie des rechtlichen Denkens im Anschluss an die Phänomenologie Edmund Husserls*, Dordrecht: Springer Netherlands.

Loidolt, Sophie (2010): *Einführung in die Rechtsphänomenologie. Eine historisch-systematische Darstellung*, Tübingen: Mohr Siebeck.

Loidolt, Sophie (2019): »»Who One Is« - A Political Issue? Hannah Arendt on Personhood, Maximal Self, and Bare Life«, in: Thomas Bedorf und Steffen Herrmann (Hg.), *Political Phenomenology. Experience, Ontology, Episteme*, London: Routledge.

Marchart, Oliver (2004): »Das historisch-politische Gedächtnis. Für eine politische Theorie politischer Erinnerung«, in: Christian Gerbel u.a. (Hg.), *Transformationen gesellschaftlicher Erinnerung. Zur »Gedächtnisgeschichte « der Zweiten Republik*, Wien: Turia + Kant.

Maria do Mar Castro Varela, Nikita Dhawan (2012): »Postkolonialer Feminismus und die Kunst der Selbstkritik«, in: Hito Steyerl (Hg.), *Spricht die Subalterne deutsch? Migration und postkoloniale Kritik*, Münster: Unrast-Verl.

Theodor Maunz/Günter Dürig/Rupert Scholz (Hg.)(2022): *Grundgesetz Kommentar*, Band VI, München: C.H. Beck.

McIntosh, Peggy (1988): White Privilege: Unpacking the Invisible Knapsack.

Medina, José (2013): The epistemology of resistance. Gender and racial oppression, epistemic injustice, and resistant imaginations, New York: Oxford University Press.

Menzel, Anna (2014): »Être à l'écoute de l'autre - dans la comparaison des droits«, Mémoire sous la Direction de Pierre Legrand, inédit.

Menzel, Anna (2022b): »Brüchige Phantasien der Souveränität im Recht«, in: *Zeitschrift für Kritik - Recht - Gesellschaft*, 3, S. 374–381.

Merleau-Ponty, Maurice Jean-Jacques (1997): *Phénoménologie de la perception*, Paris: Gallimard.

Meyer, Petra Maria (2008): »Vorwort«, in: dies., *Acoustic turn*, München: Fink.

Moebius, Stephan (2003): *Die soziale Konstituierung des Anderen. Grundrisse einer poststrukturalistischen Sozialwissenschaft nach Lévinas und Derrida*, Frankfurt/Main: Campus-Verl.

Möllers, Christoph (2015): *Die Möglichkeit der Normen. Über eine Praxis jenseits von Moralität und Kausalität*, Berlin: Suhrkamp.

Motha, Stewart John (2018): *Archiving sovereignty. Law, history, violence*, Ann Arbor: University of Michigan Press.

Müller, Friedrich (2007): *Politik, (neue) Medien und die Sprache des Rechts*, Berlin: Duncker & Humblot.

Müller-Mall, Sabine (2012): *Performative Rechtserzeugung. Eine theoretische Annäherung*, Weilerswist: Velbrück Wissenschaft.

Müller-Mall, Sabine (2019): »Juridische Szenen: Vor dem Gesetz/Im Gericht/ In Camera«, in: Laura Münkler und Julia Stenzel (Hg.), *Inszenierung von Recht. Funktionen - Modi – Interaktionen*, Weilerswist: Velbrück Wissenschaft, S. 41–50.

Münkler, Laura (2019): »Inszenierung von Recht als Wirksamkeitsbedingung Warum und wie Recht inszenieren?«, in: Laura Münkler und Julia Stenzel (Hg.), *Inszenierung von Recht. Funktionen - Modi – Interaktionen*, Weilerswist: Velbrück Wissenschaft, S. 19–40.

Münkler, Laura und Stenzel, Julia (2019): »Einleitung: Inszenierung und Recht – Funktionen, Modi und Interaktionen«, in: dies., *Inszenierung von Recht. Funktionen - Modi – Interaktionen*, Weilerswist: Velbrück Wissenschaft, S. 8–18.

Nancy, Jean-Luc (1996a): *Être singulier pluriel*, Paris: Galilée.

Nancy, Jean-Luc (2002): *A l'écoute*, Paris: Galilée.

Nancy, Jean-Luc (2015): »Ascoltando«, in: Peter Szendy (Hg.), *Höre(n). Eine Geschichte unserer Ohren*, Paderborn: Wilhelm Fink; Fink.

Nancy, Jean-Luc (2016): *Singulär plural sein*, Zürich, Berlin: Diaphanes.

Nandi, Miriam (2009): *Gayatri Chakravorty Spivak. Eine interkulturelle Einführung*, Nordhausen: Traugott Bautz.

Nayar, Pramod K. (2015*): The postcolonial studies dictionary*, Malden, MA: Wiley Blackwell.

Neubauer, Marvin (Hg.) (2021): *Im Namen des Volkes. Zur Kritik politischer Repräsentation*, Tübingen: Mohr Siebeck.

Nietzsche, Friedrich Wilhelm (2021): *Götzen-Dämmerung. oder Wie man mit dem Hammer philosophiert*, BOER.

Nietzsche, Friedrich Wilhelm und Schlechta, Karl (Hg.) (1954): *Werke in drei Bänden. Band* 2, München: Hanser.

Radbruch, Gustav und Dreier, Ralf (Hg.) (2003): *Rechtsphilosophie. Studienausgabe*, Heidelberg: C.F. Müller.

Reuter, Julia (2002): *Ordnungen des Anderen. Zum Problem des Eigenen in der Soziologie des Fremden*, Bielefeld: transcript Verlag.

Riefenthaler, Helma (2015): »Ich ist ein/e Andere/r«, in: Violetta L. Waibel (Hg.), *Fichte und Sartre über Freiheit. Das Ich und der Andere*, Berlin: De Gruyter.

Rimbaud, Arthur (2009): *Oeuvres complètes. [oeuvres et lettres, 1868–1875. Oeuvres en prose et en vers, 1868–1873. Une saison en enfer. Illuminations. Lettres de Rimbaud et de quelques correspondants, 1870-1875. Vie et documents, 1854–1891]*, Paris: Gallimard.

Rimbaud, Arthur, Trzaskalik, Tim und Beck, Philippe (2010): *Prosa über die Zukunft der Dichtung. Die Seher-Briefe*, Berlin: Matthes & Seitz.

Ritter, Joachim, Gründer, Karlfried und Gabriel, Gottfried (2017): *Historisches Wörterbuch der Philosophie online*, Basel: Schwabe Verlag.

Robertson, Ritchie (2009): *Franz Kafka. Leben und Schreiben*, Darmstadt: WBG.

Rollberg, Christoph (2020): *Algorithmen in der Justiz. Rechtsfragen zum Einsatz von Legal Tech im Zivilprozess*, Baden-Baden: Nomos Verlagsgesellschaft.

Rosen, Lawrence (2017): *Law As Culture. An Invitation, Princeton*: Princeton University Press.

Rüegger, Vanessa (2019): »Eine Geschichte zu erzählen«, in: Laura Münkler und Julia Stenzel (Hg.), *Inszenierung von Recht. Funktionen - Modi – Interaktionen*, Weilerswist: Velbrück Wissenschaft, S.146–163.

Rüping, Hinrich (1976): *Der Grundsatz des rechtlichen Gehörs und seine Bedeutung im Strafverfahren*, Berlin: Duncker Humblodt.

Sartre, Jean-Paul (Hg.) (1993): *Das Sein und das Nichts. Versuch einer phänomenologischen Ontologie*, Reinbek bei Hamburg: Rowohlt.
Scheffer, Bernd (1993): »Interpretation und Blamage. ›Vor dem Gesetz‹ – Präambeln aus konstruktivistischer Sicht«, in: Klaus-Michael Bogdal (Hg.), *Neue Literaturtheorien in der Praxis. Textanalysen von Kafkas »Vor dem Gesetz«*, Opladen: Westdt. Verl.
Schidel, Regina (2023): *Relationalität der Menschenwürde. Zum gerechtigkeitstheoretischen Status von Menschen mit kognitiven Beeinträchtigungen*, Frankfurt: Campus Verl.
Schriever, Carla (2018): *Der Andere als Herausforderung. Konzeptionen einer neuen Verantwortungsethik bei Lévinas und Butler*, Bielefeld: Transkript Verlag.
Schwab, Gustav (1840): *Die schönsten Sagen des klassischen Altertums*, Stuttgart: Liesching.
Seibert, Thomas-Michael (2017): *Die Lehre vom Rechtszeichen. Entwurf einer allgemeinen Rechtslehre,* Berlin: Duncker & Humblot.
Seibert, Thomas-Michael (2017): »Recht ist Zwang. Ein Modell der Rechtsphilosophie«, in: Friedemann Vogel (Hg.), *Recht ist kein Text. Studien zur Sprachlosigkeit im verfassten Rechtsstaat*, Berlin: Duncker & Humblot.
Seinecke, Ralf (2015), *Das Recht des Rechtspluralismus*, Tübingen: Mohr Siebeck.
Seitz, Sergej (2018): »Zwischen Ethik und Politik. Butler und das Denken der Alterität«, in: Gerald Posselt u.a. (Hg.), *Judith Butlers Philosophie des Politischen. Kritische Lektüren*, Bielefeld: transcipt.
Somek, Alexander (2017): *Rechtstheorie zur Einführung,* Hamburg: Junius.
Somek, Alexander (2018): *Rechtsphilosophie zur Einführung*, Hamburg: Junius.
Spivak, Gayatri Chakravorty (1990): *the postcolonial critic: interviews, strategies, dialogues*, New York: Routledge.
Spivak, Gayatri Chakravorty (2009a): *Outside in the teaching machine*, New York: Routledge.
Gayatri Chakravorty Spivak (2014b): »Wer hört die Subalterne? Rück- und Ausblick«, in: *Zeitschrift LuXemburg*, 20.
Spivak, Gayatri Chakravorty (2020c): »Ein Gespräch über Subalterintät«, in: Gayatri Chakravorty Spivak und Hito Steyerl (Hg.), *Can the subaltern speak? Postkolonialität und subalterne Artikulation, Wien*, Berlin: Verlag Turia + Kant.
Spivak, Gayatri Chakravorty, Joskowicz, Alexander, Nowotny, Stefan und Steyerl, Hito (2011): *Can the subaltern speak? Postkolonialität und subalterne Artikulation*, Wien: Turia + Kant.
Spivak, Gayatri Chakravorty und Morris, Rosalind C. (Hg.) (2010): *Can the subaltern speak? Reflections on the history of an idea*, New York: Columbia University Press.
Spivak, Gayatri Chakravorty und Steyerl, Hito (Hg.) (2020): *Can the subaltern speak? Postkolonialität und subalterne Artikulation*, Wien, Berlin: Verlag Turia + Kant.

Stegmaier, Werner (2013): *Emmanuel Levinas zur Einführung*, Hamburg: Junius.

Steiner, George (1988 // 1997): *Errata. An examined life*, New Haven: Yale University Press.

Steyerl, Hito (Hg.) (2012): *Spricht die Subalterne deutsch? Migration und postkoloniale Kritik*, Münster: Unrast-Verl.

Stix, Carolin (2023): *Subalternität, Rassismus, Recht. Eine Analyse der deutschen Rechtsprechung*, Berlin: De Gruyter.

Stuby, Anna Maria (1992): *Liebe, Tod und Wasserfrau. Mythen des Weiblichen in der Literatur*, Wiesbaden: VS Verlag fur Sozialwissenschaften GmbH.

Sullivan, Nikki (2007): *A critical introduction to queer theory*, New York: New York University Press.

Trabant, Jürgen (1990a): *Traditionen Humboldts*, Frankfurt am Main: Suhrkamp.

Trabant, Jürgen (2012b): »Der akromatische Leibniz: Hören und Konspirieren«, in: Holger Schulze (Hg.), *Gespür - Empfindung - kleine Wahrnehmungen. Klanganthropologische Studien*, Bielefeld: transcript.

Verter, Mitchell (2019): *The Anarchism of the Other Person*, https://theanarchistlibrary.org/library/anonymous-the-anarchism-of-the-other-person (abgerufen am 02.03.2019).

Vesting, Thomas (2018): »Das moderne Recht und seine Abhängigkeit von einer institutionsgebenden Macht«, in: Leghissa, Giovanni u.a., *Potential regieren,* München: Wilhelm Fink, S. 105–122.

Vesting, Thomas (2011): *Die Medien des Rechts. Sprache*, Velbrück Wissenschaft.

Vesting, Thomas (2011): *Die Medien des Rechts. Schrift*, Weilerswist: Velbrück Wissenschaft.

Vesting, Thomas (2013): *Die Medien des Rechts. Buchdruck*, Weilerswist: Velbrück Wissenschaft.

Vesting, Thomas (2013): »»Zuhören ist Lesen mit dem Ohr«. Zur einmaligen Allianz von Schrift und Sprache im jüdischen Recht«, in: Karl-Heinz Ladeur und Ino Augsberg (Hg.), *Talmudische Tradition und moderne Rechtstheorie. Kontexte und Perspektiven einer Begegnung*, Tübingen: Mohr Siebeck.

Vesting, Thomas (2015): *Die Medien des Rechts. Computernetzwerke*, Weilerswist: Velbrück Wissenschaft.

Vesting, Thomas (2015*): Rechtstheorie. Ein Studienbuch*, München: C.H. Beck.

Vesting, Thomas (2017): »Die Medien des Rechts und die impliziten Bedingungen rechtlicher Normativität. Zur Rolle der Literatur für das moderne Recht«, in: *PhiN*, 12.

Vesting, Thomas (2018): *Staatstheorie. Ein Studienbuch*, München: C.H. Beck.

Vesting, Thomas (2021): *Gentleman, Manager, Homo Digitalis. Der Wandel der Rechtssubjektivität in der Moderne*, Weilerswist: Velbrück Wissenschaft.

Vischer, Benedict (2021): *Die Fremdheit des Rechts*, Weilerswist: Velbrück Wissenschaft.

Vismann, Cornelia (2011): *Medien der Rechtsprechung*, Frankfurt a.M.: S. Fischer.

Vismann, Cornelia (2008): »Drei Versionen des Schlußworts vor Gericht«, in: *Zeitschrift für Ideengeschichte*, 2.

Vismann, Cornelia (2011): »Die Macht des Anfangens«, in: *Zeitschrift für Medien- und Kulturforschung*, 2: 2.

Vismann, Cornelia und Weitin, Thomas (Hg.) (2006): *Urteilen/Entscheiden*, München, Paderborn: Wilhelm Fink Verlag.

Volkmann, Uwe (2018): *Rechtsphilosophie. Ein Studienbuch*, München: C.H. Beck.

Waibel, Violetta L. (2015): »Der Blick des Anderen, den Anderen erblicken«, in: dies., *Fichte und Sartre über Freiheit. Das Ich und der Andere*, Berlin: De Gruyter.

Waldenfels, Bernhard (2005a): »Freiheit angesichts des Anderen. Levinas und Sartre: Ontologie und Ethik im Widerstreit«, in: Thomas Bedorf (Hg.), *Verfehlte Begegnung. Levinas und Sartre als philosophische Zeitgenossen*, Paderborn, München: Fink.

Waldenfels, Bernhard (2006b): *Schattenrisse der Moral*, Frankfurt am Main: Suhrkamp.

Waldenfels, Bernhard (2010): *Phänomenologie in Frankreich*, Berlin: Suhrkamp.

Waldenfels, Bernhard (2015): *Sozialität und Alterität. Modi sozialer Erfahrungen*, Berlin: Suhrkamp.

Waldenfels, Bernhard (2016): *Antwortregister*, Berlin: Suhrkamp.

Waldenfels, Bernhard (2016c): *Grundmotive einer Phänomenologie des Fremden*, Frankfurt am Main: Suhrkamp.

Waldenfels, Bernhard (2017): »Rhetorik, Alterität und Responsivität«, in: Andreas Hetzel und Gerald Posselt (Hg.), *Handbuch Rhetorik und Philosophie*, Bielefeld: transcript.

Weeg, Hilde (2007): »Im Haus der Sprache«, in: Volker Bernius u.a. (Hg.), *Erlebnis Zuhören. Eine Schlüsselkompetenz wiederentdecken*, Göttingen: Vandenhoeck & Ruprecht.

Wiethölter, Rudolf (2013): »»L'essentiel est invisible pour les yeux»«, in: Christian Joerges und Peer Zumbansen (Hg.), *Politische Rechtstheorie Revisited: Rudolf Wiethölter zum 100. Semester*, bremen.

Wolf, Harald (2012): »Einleitung«, in: ders., *Das Imaginäre im Sozialen. Zur Sozialtheorie von Cornelius Castoriadis*, Göttingen: Wallstein Verlag.

Wolfgang Welsch (2006): »Auf dem Weg zu einer Kultur des Hörens«, in: Volker Bernius u.a. (Hg.), *Der Aufstand des Ohrs. Die neue Lust am Hören*, Göttingen: Vandenhoeck & Ruprecht.

Wolzogen, Christoph von (2005): *Emmanuel Levinas - Denken bis zum Äußersten*, Freiburg: Alber.

Zabel, Benno (2019): »Expressives Recht. Inszenierungen moderner Legitimität«, in: Laura Münkler und Julia Stenzel (Hg.), *Inszenierung von*

Recht. Funktionen – Modi – Interaktionen, Weilerswist: Velbrück Wissenschaft, S. 5173.

Zabel, Benno (2020): »Recht, Angst, Vulnerabilität«, in: *Rechtswissenschaft*, 11: 3.

Zilberszac, Nicole (2023): »Olfactory Drama: A Fictional Conversation Between the Corpse of Jeanne d'Arc and the Law«, in: Andreas Philippopoulos-Mihalopoulos/Danilo Mandic/Caterina Nirta/Andrea Pavoni, *Smell,* Westminster University Press, S. 313–320.

Zilberszac, Nicole (2024): » Legal Objectivity – Towards a material and embodied approach«, in: Leyhausen-Seibert, Katja u.a., *Wissen in Recht und Sprache – Viele Stimmen, vage Grenzen*, Duncker Humblot: Berlin, S. 87–100.

Zweigert, Konrad (1971): *Bd. 1. Grundlagen*, Tübingen: Mohr Siebeck.

Theorie des Rechts

---

bei Velbrück Wissenschaft

Ino Augsberg
Die Lesbarkeit des Rechts
Texttheoretische Lektionen für eine
postmoderne juristische Methodologie
224 Seiten · ISBN 978-3-95832-222-6 · EUR 29,90
Elemente einer Theorie des expositiven Rechts
180 Seiten · ISBN 978-3-95832- 247-9 · EUR 24,90

Leo Merlin Eichele
Wo steht dem Recht der Kopf?
Zur radikalen Demokratietheorie des Rechts
416 Seiten · ISBN 978-3-95832-395-7 · EUR 44,90

Benedict Vischer
Die Fremdheit des Rechts
Aufzeichnungen eines fragilen Versprechens
432 Seiten · ISBN 978-3-95832-243-1 · EUR 39,90

Thomas Vesting
Die Medien des Rechts: Sprache
216 Seiten · ISBN 978-3-942393-05-8 · EUR 24,95
Die Medien des Rechts: Schrift
232 Seiten · ISBN 978-3-942393-06-5 · EUR 24,95
Die Medien des Rechts: Buchdruck
232 Seiten · ISBN 978-3-942393-53-9 · EUR 24,90
Die Medien des Rechts: Computernetzwerke
240 Seiten · ISBN 978-3-95832-059-8 · EUR 29,90
Gentleman, Manager, Homo Digitalis
Der Wandel der Rechtssubjektivität in der Moderne
264 Seiten · ISBN 978-3-95832- 240-0 · EUR 34,90